LA SAGA DES MENUHIN

MOSHE MENUHIN

LA SAGA DES MENUHIN

Autobiographie de Moshe Menuhin

Traduit de l'américain par Marie-Françoise Cachin

PAYOT, PARIS
106, Boulevard Saint-Germain
—
1984

A ma chère Marutha, mère dévouée entre toutes. Jamais cette *Saga des Menuhin* n'aurait pu voir le jour sans elle qui a su être à la fois une épouse et une mère merveilleuse et idéale.

L'édition originale de cet ouvrage a été publiée en Grande-Bretagne
par Sidgwick & Jackson Limited. *The Menuhin Saga*.

REMERCIEMENTS

Je tiens à exprimer ma profonde gratitude aux personnes dont les noms sont mentionnés ci-dessous :

Pour le temps qu'ils ont généreusement accordé à la lecture du premier manuscrit de ce livre et pour m'avoir honoré de leurs conseils et de leurs suggestions : au regretté Sidney M. Ehrman, gentleman de la vieille école, représentant de la meilleure tradition de la profession de juriste et remarquable philanthrope ; à Alexander Fried, critique musical distingué et érudit qui, non seulement a suivi depuis le début la carrière de mon fils, mais a aussi été, pendant quarante ans, l'ami de la famille ; à Ezra Shapeero, ami très proche depuis le moment où il habita chez nous, à Steiner Street, dès les années vingt ; au Rabbin Elmer Berger, Président de American Jewish Alternatives to Zionison Inc. ; au Dr Henry G. Fischer, conservateur d'égyptologie au Metropolitan Museum de New York et professeur au Département des Beaux-Arts de l'Université de New York ; à Pearce Davies, ancien correspondant de l'Associated Press et rédacteur en chef du *San Jose Mercury;* à Ralph Henderson, ancien collaborateur du Groupe de Presse Scripps-Howard ; et au Captain John Killeen, U.S. Navy (Rtd.).

Pour les témoignages de véritable amitié qu'ils ont manifesté à ma femme et à moi-même et pour l'aide morale qu'ils nous ont apportée lors des procès et des épreuves que nous avons traversées, surtout ces dernières années (ainsi qu'à tous les autres amis dont les noms sont mentionnés çà et là dans ce livre) : à mon meilleur ami, John D. Boden, et à sa regrettée, sa chère épouse Inez ; à notre médecin de famille qui a toujours répondu rapidement et sans se plaindre au moindre de nos appels — même au milieu de la nuit —, le Dr Horace Jones, et à sa femme Betty ; à Nordie Davies, la femme de Pearce ; à « Hep » et Grace Phelps ; à Ted Rauh ; au Dr Emmett Henderson, mon urologue et délicieux ami, et à sa sœur Ynes ; à Richard et Jeannie Wood ; au professeur Irving Sussman ; à Ralph et Martha Lee Henderson ; à Amy Killeen, la femme de John ; à Paul et Blanche Curtis ; à Walton, Hildegund et Elaine

Wickett et à leur fille Elaine, pianiste de talent ; au contre-amiral Paul Summers et à sa femme Jean ; au Dr et à Madame Ching-chang Tsao ; à l'ancien maire de Los Gatos, Eugene Merrill, et à sa femme Leona ; au Dr et à Madame Robert O'Reilly ; à Monsieur et Madame William Enfield ; à mon otolaryngologiste, le Dr Don McCleve ; à Monsieur et Madame Ralph M. Wagner ; à l'orthopédiste de ma femme, le Dr Franck Griffin ; à notre ophtalmologue, le Dr Patrick H. Marrone ; à mon cardiologue, le Dr G. James Tobias ; au Dr Frederick W. Schilla ; et à Madame Margaret Vassalo, nurse d'une exceptionnelle compétence.

Pour l'édition de ce manuscrit et pour son autorisation de reproduire dans cette autobiographie une large part du matériel contenu dans les onze heures d'émission de radio qu'il a enregistrées avec moi et dont il possède l'exclusivité du copyright, à Colin D. Edwards.

A notre fils Yehudi Menuhin, pour m'avoir permis de reproduire ici la lettre et le témoignage qu'il écrivit lors de la mort de sa sœur, notre fille Hephzibah.

A ma secrétaire Julia Lyon, pour son travail remarquable et pour les encouragements qu'elle m'a prodigués.

Aux auteurs ou aux détenteurs de copyright de toutes les autres citations utilisées dans ce livre, pour m'avoir autorisé à les reproduire.

M. M.

REMERCIEMENTS DE L'ÉDITEUR

Que soient remerciés ici pour leur aide considérable : John Goldsmith, de Londres, pour le travail d'édition ; Sheldon R. Brunswick, de l'Université de Californie, à Berkeley, pour m'avoir aidé à déchiffrer les termes hébreu et yiddish du manuscrit ; ainsi que Margaret Thalhuber et ses collègues pour la mise au point de la terminologie.

C. D. E.

CHAPITRE PREMIER

JEUNES ANNÉES

(1893-1904)

Selon le calendrier juif, auquel mes parents, rigoureusement orthodoxes, se référaient pour mesurer le passage du temps, je suis né le premier jour du mois de Kislev 5654 [1] à Gomel, grande ville russe, comprenant une minorité juive relativement importante, et située dans la moitié orientale de la « Zone d'Etablissement ».

Ce territoire s'étendait sur sept cents kilomètres à l'Ouest de la Russie, de la Baltique à la Mer Noire. Les Juifs avaient le droit d'y résider de façon définitive dans la plupart des villes, mais il leur était interdit de s'installer à la campagne.

Mon père, Yitzhak (Isaac) Mnuchin [2], était un marchand de tissu aisé qui avait hérité d'une petite affaire de famille prospère quand son père avait décidé de se retirer en Terre Sainte. Grand-père Mnuchin était l'arrière-petit-fils d'un rabbin hassidique bien connu, le Rabbi Levi Yitzhak de Berditchev, et notre vie familiale était réglée par des rituels religieux, des cérémonies, des coutumes et des principes qui, de la naissance à la mort, devaient nous enserrer dans un tel réseau d'obligations quotidiennes qu'il nous eût été impossible d'y échapper, même si nous en avions eu envie.

Mon père mourut le jour de mon quatrième anniversaire. Il

1. *Editeur :* cette date correspond au 10 novembre 1893 de l'ère chrétienne. Dans l'année juive, Kislev est le troisième mois après Tishri et Heshvan, et l'année 5654, année bissextile (en termes du calendrier chrétien), a débuté le 11 septembre 1893.

Moshe Menuhin : Pour devenir officiellement américain, on m'a demandé de donner ma date de naissance selon le calendrier chrétien. Sachant seulement que c'était en 1893 et que le mois juif de Kislev peut commencer entre le début novembre et le début décembre, j'ai donné une date approximative, le 12 novembre. Cette date est restée ma date de naissance officielle, pour l'état civil et pour ma famille.

2. J'ai changé mon nom en Menuhin lorsque je suis devenu citoyen américain.

n'avait que trente-deux ans. Je n'ai presque aucun souvenir de lui, sinon que je suis entré par hasard, sur un tricycle qu'on venait de m'offrir, dans notre salle de séjour où son corps avait été placé sur le sol, dans un linceul de draps blancs, des bougies allumées près de la tête. Quelqu'un m'ordonna de m'arrêter. J'obéis sans comprendre ce que j'avais fait de mal.

Ma mère restait seule avec trois autres enfants en plus de moi : son fils aîné, Layvik, et deux filles plus âgées que moi, Mooshkeh et Shandel. Ma mère envoya Layvik et Mooshkeh vivre à Jérusalem chez grand-père Mnuchin. Shandel, ma plus jeune sœur, et moi restâmes à Gomel.

A la maison nous parlions un yiddish comportant de nombreux mots d'hébreu et non le jargon appelé yiddish qu'utilisent les Juifs de New York, auxquels sont inaccessibles les œuvres merveilleuses de Mendele Mokher Seforim même s'ils peuvent comprendre les livres de cet autre auteur extraordinaire qu'est Sholem Aleichem [1].

Selon la coutume juive en vigueur en Russie, où il n'y avait pas alors de communautés de Juifs réformistes ou de Juifs conservateurs, seuls les garçons étaient autorisés à recevoir un enseignement en hébreu. Les filles juives n'y avaient pas accès, à moins qu'un frère, un père, un oncle ou quelque autre parent ne fût disposé à prendre le temps de les instruire en cachette. On considérait que les femmes avaient suffisamment à faire à s'occuper des repas, à déterminer ce qui était *kasher* et *tref* (non-*kasher*), et à faire les préparatifs pour les fêtes et les jours saints.

Mooshkeh et Shandel fréquentèrent donc des écoles russes et apprirent à parler russe aussi bien que yiddish, alors que moi je n'appris pas du tout cette première langue. Cependant, les perspectives d'avenir qui s'offraient à mes sœurs, après qu'elles eurent obtenu leur diplôme du lycée, étaient limitées par les règles et les coutumes de la forme orthodoxe de notre Judaïsme. Les femmes juives ne devaient pas être employées et travailler pour d'autres ; elles devaient se consacrer aux besoins de leur propre famille qui, généralement et contrairement à la nôtre, ne pouvait pas se permettre d'avoir des domestiques. Quelques femmes juives particulièrement intelligentes, et qui disposaient d'un certain capital personnel, créaient et géraient leur propre affaire, surtout quand leur mari avait choisi de consacrer tout son temps

1. A la différence de Mendele Mokher Seforim, Sholem Aleichem n'écrivait pas en hébreu ou en yiddish enrichi de mots d'hébreu.

aux études et observances religieuses, ce qui, le plus souvent, ne leur rapportait pas grand-chose sur le plan financier. Mais, étant donné notre vie religieuse intense et les relations que nous avions avec des rabbins, je pense que Mooshkeh et Shandel auraient rencontré une violente opposition si elles avaient manifesté la moindre ambition d'être des femmes indépendantes.

En règle générale, à cette époque, le gouvernement n'intervenait pas dans nos affaires religieuses, et les communautés juives en Russie étaient essentiellement autonomes, si ce n'est que nous devions de temps en temps verser des pots de vin à des fonctionnaires pour obtenir certaines autorisations nécessaires. Quelles que soient les régions juives dans lesquelles j'ai vécu durant le temps que j'ai passé en Russie, je ne me souviens d'aucun crime commis, ni d'avoir vu un policier.

Dans la Russie tsariste, la majorité des Juifs croyants pratiquaient une forme naïve, orthodoxe, du Judaïsme des Prophètes. Dans le cas de ma famille, il s'agissait du Hassidisme, un Hassidisme romantique, gai, humain, dogmatique, impliquant danses, chants, festins, non comme soulagement profane aux exigences de notre foi mais comme partie intégrante de celle-ci, pour en rehausser la ferveur [1]. Les Hassidim avaient une foi sans borne et ils fermaient les yeux sur les *tsores*, les difficultés et les persécutions dont étaient victimes les Juifs de Russie de temps à autre depuis 1821 ; ils conservaient un optimisme joyeux, peut-être irréaliste mais néanmoins pleinement ressenti. Ils étaient fermement convaincus qu'avant longtemps, Dieu enverrait le Messie pour racheter l'Humanité tout entière. Lorsqu'Il se manifesterait, à Jérusalem bien sûr, tous les Juifs de Russie se rendraient là-bas pour L'accueillir. Je les ai entendus parler d'un « métro souterrain » qui les conduirait en Terre Sainte. Mon grand-père, Yehudah Laib Mnuchin, avait fait en sorte d'éviter tous ces tracas en rejoignant Jérusalem alors qu'il avait encore quelques années à vivre.

Lorsque j'eus l'âge, j'entrai dans un *heder*, école secondaire juive ouverte aux garçons mais non aux filles, et j'étudiai la *Tanakh* (pour les chrétiens : l'Ancien Testament), le Livre des Prophètes, et quelques autres Livres saints. Je n'aborderais le *Talmud* qu'une fois entré dans une *yechiva* [2].

1. *Editeur :* Un choix de textes sur le Hassidisme, que Moshe Menuhin considérait comme essentiels, est proposé dans l'Appendice 1.

2. On restait à la *yechiva*, école religieuse juive, jusqu'à l'âge de dix-huit ans, âge auquel un Juif orthodoxe devait se marier. Les jeunes filles juives n'étaient pas admises

Mais, en dehors de la maison, le centre de ma vie quotidienne était la synagogue. En tant que Juifs orthodoxes, nous y allions trois fois par jour pour des offices religieux : le matin pour les prières de la *Schacharit;* au crépuscule, vers quatre heures et demie ou cinq heures, pour les prières de la *Min'ha ;* et après le coucher du soleil pour les prières de la *Ma'ariv,* durant lesquelles je me joignais au *minyane,* quorum de dix hommes adultes requis avant le début du service. Etre *adulte* signifiait avoir plus de treize ans. Les femmes n'avaient pas le droit de s'asseoir dans la synagogue avec les hommes et les garçons. Elles devaient aller à la *veibisher schul,* l'école des femmes, à l'étage, où elles pouvaient lire le *tseenah u'reeneh,* texte yiddish des offices, et elles pleuraient et bavardaient ainsi avec Dieu Tout-Puissant, soulageant leur cœur de tous ses fardeaux.

La prière la plus fascinante dont il était donné lecture dans la synagogue était l'*Ethique de nos Pères ;* l'un des six chapitres devait être lu chaque jour du Sabbat, depuis le Sabbat après la Pâque juive jusqu'au Sabbat avant *Roche Hachana,* le Nouvel An juif. Ces enseignements magnifiques constituaient l'essence même de la vie juive orthodoxe, autoritaire, authentique, infaillible, fondamentaliste.

Un rabbin orthodoxe a résumé ainsi les choses : « Sur l'échelle des six cent treize préceptes de la *Torah,* nous, Juifs ordinaires, pouvons tous nous élever jusqu'aux cieux et atteindre le trône du Tout-Puissant. Par la pratique de Ses préceptes, le peuple juif se révèle à Dieu et au monde. »

Il y avait d'autres occasions pour des prières : prières pour les morts lors des services funèbres, prières des mariages, prières pour la cérémonie de la circoncision, prières pour la rédemption du premier-né, bénédictions avec des bougies allumées lors du Sabbat et des fêtes, *Kiddouche, Kaddiche, Havdalah, Taschlik, Hanoukka, Pourim,* et des douzaines d'autres événements particuliers qui transmettent les préceptes destinés à maintenir l'intégralité d'une vie juive.

Selon les Juifs orthodoxes de la vieille Russie, était un bon Juif celui qui vivait en suivant le code archaïque, *Shulchan Aruch,* deux cent quarante-huit de ses six cent treize règles imposant des

---

dans les *yechivas.* Le *Talmud* est l'ensemble des adjonctions (commentaires, folklore, légendes, lois et interprétations spéculatives, *pilpul*) de la Bible. Il a été constitué sur une période de mille ans ; après quoi, comme la Bible, il a été déclaré saint.

exigences formelles au croyant et trois cent soixante-cinq autres des interdictions.

Le Jour du Sabbat, on n'avait pas le droit de travailler. Il était interdit de faire de la cuisine. Il était même interdit d'éteindre les lampes chez soi. Pour effectuer cette tâche, il y avait un goy du Sabbat qui passait dans les foyers juifs les uns après les autres.

Le Jour du Sabbat, on ne mettait pas ses *tefilline :* il s'agit des phylactères, petites boîtes plates munies de compartiments, contenant de minuscules fragments de parchemin sur lesquels étaient inscrites les écritures les plus sacrées. On devait avoir deux *tefilline*. A chacun d'entre eux était attachée une longue lanière de cuir *kasher*. Lorsque nous assistions aux prières du matin, en semaine, nous nous fixions un phylactère sur le front en enroulant la lanière autour de la tête et nous placions l'autre sur le bras gauche, au-dessus du coude, la lanière enroulée autour du bras jusqu'aux doigts.

Je suis né gaucher et une grande discussion s'éleva dans la famille pour savoir à quel bras je devais porter le phylactère. Pour résoudre le problème, je dus apprendre à écrire de la main droite et suis devenu droitier, donc capable d'enrouler le phylactère autour de mon bras gauche, comme il était dit dans les Ecritures.

Un autre article que tout Juif orthodoxe se devait de porter en certaines occasions était l'*arba kanfot tsitsot,* chasuble à quatre pans avec quatre pompons, dont les fils devaient être enlacés d'une certaine façon. Je passai des heures entières à confectionner un *arba kanfot tsitsot*. En fait, j'en confectionnai plusieurs afin d'en avoir toujours un de propre, quand les autres étaient à la lessive.

La veille du *Yom Kippour,* Jour de l'Expiation, nous étions censés expier tous nos péchés en sacrifiant à la maison une volaille qui faisait fonction de bouc émissaire dans cette cérémonie. Les hommes prenaient des coqs, les femmes des poules, les femmes enceintes un coq et une poule. Nous attachions les pattes de la volaille du sacrifice, la levions au-dessus de nos têtes, la retournions en disant trois fois : « Ceci est mon renouveau, ceci est ma rédemption. Ce coq (ou cette poule selon le cas) va être tué et je pourrai jouir d'une vie longue, heureuse et paisible. »

Je me rappelle le *shochet,* le tueur rituel, venant à la maison pour surveiller les cérémonies d'indulgences préliminaires exigées. Celles-ci terminées, il tuait les volailles une par une, tandis que nos prières se mêlaient aux cris des pauvres poulets qui s'agitaient, et nous nous sentions tous aussi purs que des nouveau-nés. En yiddish nous appelions la cérémonie qui marque la fin de l'expiation : le *shlogen kapores*.

Puis il y avait les bénédictions que nous devions prononcer chaque jour, depuis l'instant du réveil jusqu'au coucher. Il y en avait au moins cent vingt, et plus il y en avait, mieux c'était, disait mon grand-père. On bénissait Dieu en se levant et en se lavant. « Béni sois-Tu, Dieu Tout-Puissant qui nous as ordonné d'être propres. » On le bénissait par de longues prières avant le petit déjeuner et après le petit déjeuner, et il en allait de même pour tous les autres repas. Si l'on mangeait un fruit entre les repas, il y avait une bénédiction avant et après. Lorsque nous buvions : « Béni sois-Tu, ô Dieu, Toi qui nous as donné l'eau pour étancher notre soif. » Je prononçais probablement deux cent vingt bénédictions par jour, pour être sûr qu'il n'en manquait pas sur les cent vingt exigées. Je buvais de l'eau et je mangeais un fruit plus souvent que je le souhaitais, pour avoir une raison de prononcer une bénédiction. Et avant de m'endormir le soir, je disais mes prières de *Kreatchmah*. J'étais aussi consciencieusement religieux que n'importe quel Juif orthodoxe : ma religion m'absorbait complètement, elle me permettait d'être pleinement satisfait de ma vie.

J'avais une bonne voix, suffisamment bonne pour qu'on me demande de chanter dans plusieurs chœurs, et je pris des leçons de chant. Bien que ne sachant pas lire la musique, j'appris à chanter les chants du Sabbat du vendredi soir, ceux du samedi soir, le *Mitsoeh Malkha* (Sortie de la Reine), les mélodies de la *Sim'hat Torah* et les *Selichot*, et les divers hymnes religieux. Je découvris que ma lecture des passages hebdomadaires de la *Torah*, du Livre des Prophètes, et les lamentations déchirantes du *Tich'a Be-Av* (le Neuf du Mois de l'Av [1]) avaient été une bonne préparation pour le chant.

Le samedi après-midi, après la sieste, nous, les enfants, retournions à la synagogue une heure avant *Min'ha*, l'office du crépuscule, pour écouter le *Maguide*, c'est-à-dire le conteur-prédicateur. Ce n'était pas un rabbin mais un laïc, et il pouvait nous captiver pendant des heures et nous faire rire aux éclats avec ses histoires et ses légendes. Ces séances représentaient l'un des rares divertissements de notre vie. Nous y prenions autant de plaisir qu'à nos longues randonnées à la campagne, qui nous

1. Jour de jeûne.

apportaient le soulagement nécessaire après l'atmosphère lourde et confinée du ghetto.

Lorsque je vivais à Gomel, en Russie blanche, il y avait un peu plus de cinq millions de Juifs dans l'empire du tsar, qui comprenait à cette époque la majeure partie de ce que représente aujourd'hui la Pologne centrale et orientale. Ils formaient à peu près quatre pour cent de la population totale de la Russie. Quatre-vingt-quatorze pour cent d'entre nous vivaient dans la « Zone d'Etablissement », quatre-vingt-deux pour cent dans les grandes et les petites villes. En vérité, dans nombre d'entre elles, nous constituions presque toute la population, et dans neuf provinces occidentales la majorité de la population urbaine. Cependant, il était interdit aux Juifs de vivre, de travailler, ou de faire commerce à Saint-Pétersbourg, Moscou, Kiev et dans d'autres villes importantes, sans une autorisation spéciale, généralement réservée aux prostituées, aux musiciens, aux marchands de certaines denrées et aux étudiants dont les parents s'étaient engagés à payer les études de neuf étudiants Gentils[1], dans les écoles en question. Je connais un musicien célèbre dont la mère s'est fait passer pour prostituée afin de pouvoir emmener son fils étudier à Moscou avec le grand professeur Leopold Auer.

Partout en Russie, y compris dans la « Zone d'Etablissement », il y avait des restrictions quant aux emplois que nous pouvions occuper. A l'exception, je crois, des métiers de boucher, de cordonnier et de tailleur, les Juifs n'étaient pas autorisés à exercer des professions spécialisées. Il nous était également interdit d'être fermiers, même en Ukraine, où il y avait beaucoup de Juifs dans les régions rurales. Les Juifs étaient donc pour la plupart obligés de devenir marchands, *shacher macher* (revendeurs) et *luftmenschen* (hommes travaillant à la commission), s'ils voulaient gagner leur vie convenablement[2]. Cela n'était pas très *kasher*, car cela leur permettait souvent d'exploiter leurs semblables, Juifs et Gentils.

1. Gentils : nom que les Juifs et les premiers chrétiens donnaient aux païens. (N.d.T.)

2. Près de 73 % des gens employés dans le commerce dans la « Zone d'Etablissement » étaient des Juifs, et 31 % parmi les artisans. Dans d'autres régions de la Russie, on trouvait parmi les Juifs des marchands, des artisans, des sages-femmes, des infirmières, des médecins, des dentistes, et des diplômés de l'université, là où il n'y avait pas eu d'expulsion totale des Juifs, ou encore là où ils étaient parvenus à trouver du travail dans les périodes où les lois d'exclusion furent allégées, comme entre 1859 et 1881.

Ceux qui, parmi les Juifs, parvenaient à entrer à l'université pour y étudier la médecine, les sciences, la musique, le droit, etc., avaient souvent du mal à trouver un emploi après avoir obtenu leur diplôme, et ils devaient aller en chercher en Suisse, en Allemagne et dans d'autres pays occidentaux.

Les Juifs ne s'étaient pas trouvés tout de suite confrontés à cette discrimination : on leur avait d'abord permis de posséder et de travailler la terre et de jouir d'autres libertés ; beaucoup avaient occupé des postes importants dans les gouvernements russes, au sein du Cabinet même, et quelques généraux juifs s'étaient illustrés dans l'Armée impériale russe. Mais désormais les choses avaient changé : peu de jeunes Juifs étaient intéressés par une carrière militaire ou dans la police ; la religion ayant pris de l'importance dans la vie des Juifs de Russie, les jeunes gens devaient consacrer la majeure partie de leur temps à la prière et à l'étude des Livres saints.

Bien évidemment, l'Armée russe continuait à recruter de la chair à canon pour ses guerres. Peu de temps avant ma naissance, quand l'armée cherchait des recrues, de jeunes Juifs furent enlevés et enrôlés de force avec les Gentils. Dans les camps militaires, on ne se contentait pas de leur apprendre à être de bons soldats, mais on essayait de les convertir au christianisme. Ce fut une raison supplémentaire pour que les familles juives ne veuillent pas faire entrer leurs fils dans l'armée.

Je ne me souviens pas d'avoir connu dans mon enfance de cas de Juifs enlevés par l'armée, mais ils étaient soumis à l'incorporation comme tous les autres jeunes Russes, et jour après jour, je voyais ceux de notre famille ou du voisinage partir pour leur service militaire.

Je me souviens aussi avec horreur de jeunes Juifs qui allaient chez le boucher se faire couper l'index, le doigt qui sert à appuyer sur la gâchette, et d'autres qui plongeaient une seringue dans une tasse contenant une substance malodorante (il s'agissait de phénol) et s'en versaient dans les oreilles ; à la suite de quoi ils déclaraient qu'ils étaient sourds et échappaient ainsi à l'armée du tsar.

A l'âge de huit ans environ, je déclenchai presque un pogrom contre les Juifs de Gomel — c'est en tout cas ce que craignirent tous nos compatriotes juifs du quartier. Un vendredi, en fin d'après-midi, je jouais dans la rue près de chez nous : je posais un bâton pointu de quinze centimètres en équilibre sur une motte de terre ou un pavé et je m'amusais à frapper ensuite sur l'une des extrémités. Lorsqu'il s'élevait en l'air, je tapais sur le bâton avec une batte de ma fabrication. Au cours d'un de ces jeux, le bâton vola tout droit de l'autre côté de la rue et brisa le carreau d'une personnalité du gouvernement qui habitait en face. Je crus mourir de peur sous le choc. Mes compagnons de jeu s'enfuirent et, en quelques minutes, nos voisins verrouillèrent portes et fenêtres car des rumeurs se répandaient en ville : mon « crime » allait certainement déclencher un pogrom.

C'est alors qu'une chose inattendue arriva : la personnalité en question se présenta à notre porte ce soir-là et frappa doucement. « Laissez-moi entrer, s'il vous plaît. N'ayez pas peur. »

Tremblante, ma mère ouvrit la porte. Il entra, ôta son chapeau et nous adressa un sourire amical.

« Les Juifs n'ont rien à craindre, lui assura-t-il. Il ne va rien se passer. Tout ce que je vous demande, c'est de payer le carreau cassé. »

Les paroles rassurantes de ce brave Gentil étaient sincères. Il n'y avait pas eu de pogrom contre les Juifs en Russie depuis plus de dix-sept ans. Il ne pouvait pas savoir qu'on en déclencherait un à Gomel même, deux ans plus tard.

A cette époque, les Juifs étaient persuadés qu'il y avait un *problème* juif éternel et que nos vies continueraient à en dépendre jusqu'à l'arrivée du Messie, qui nous libérerait de la persécution et délivrerait le monde de sa cruauté. Cela faisait depuis toujours partie de la trame de ma vie ; nous en parlions sans cesse dans nos prières, dans nos chants, à la synagogue et en famille. Il y avait autant de propositions de solutions au *problème juif* que de Juifs pour en discuter, et cela vérifiait bien l'axiome selon lequel « là où il y a deux Juifs, il y a trois opinions ». Chez nous, foyer juif typique de la « Zone d'Etablissement », existait un sens profond de l'exil, de la persécution, de la peur et de la haine des *goyim*, les non-Juifs. L'étalon ultime pour juger tout ce qui concernait nos existences se résumait à ceci : « Est-ce bon pour les Juifs ? »

Quant à ma mère, il n'était pas jugé bon pour elle qu'elle restât sans mari longtemps après la mort de mon père. Pendant quatre ans, elle avait différé l'échéance, mais elle finit par accepter d'examiner une offre de remariage (émanant probablement d'un parent) avec un dénommé Israel Libo, courtier en céréales et négociant en fruits, qui vivait à Ekaterinoslav (aujourd'hui Dnepropetrovsk), à cinq cent vingt kilomètres au sud-est de Gomel : il était veuf et avait quatre enfants qui vivaient avec lui. Il prétendait être disciple du célèbre rabbin de Loubavitch de cette époque, le Rabbi Shalom Dov Baer Schneersohn, qui, me semble-t-il, était le frère de ma mère [1].

Ma mère m'emmena voir ce dernier à Loubavitch, pour m'initier à la vie de sa « cour » et pour s'assurer que M. Libo était bien un Hassid sérieux qui suivait les règles de conduite du rabbin de Loubavitch, ses prières et sa philosophie, y compris le chant et la danse, et non l'un des *Misnodgin,* ces Juifs orthodoxes non-hassidiques qui cherchaient à exprimer leur religiosité et à communiquer avec le Tout-Puissant d'une manière plus modérée et se consacraient avant tout à la connaissance théologique.

Loubavitch était située à l'ouest de Smolensk, à deux cent soixante-dix kilomètres au nord de Gomel. Nous nous y rendîmes de nuit, en train, et je me souviens d'avoir dormi perché sur la troisième ou la quatrième couchette. En fait, cela ressemblait davantage à une étagère qu'à une couchette. Une voiture couverte et un élégant cocher goy nous attendaient à notre arrivée le lendemain matin, à la gare la plus proche de la « cour » de mon oncle. Nous avons voyagé deux ou trois heures à travers forêts et petits villages. J'étais particulièrement excité à la vue des beaux chevaux du célèbre rabbin qui nous tiraient derrière eux, leur robe luisante, les naseaux fumant. Je trouvais que c'était l'illustration parfaite du terme « fougueux coursiers ».

Son Eminence nous accueillit et je fus plongé dans la vie de sa « cour », qui rivalisait (du moins l'imaginais-je) avec celle d'un roi. La propriété comprenait des hectares et des hectares de terre, des jardins pleins de fleurs, et des endroits réservés aux animaux, sauf aux porcs. C'était des Gentils qui s'occupaient d'eux, car un Hassid ne doit pas accomplir de telles tâches. Il était exceptionnel, sinon impossible, de voir un Juif traire des vaches comme Teyve, le personnage du « Violon sur le toit ».

Nous passâmes plusieurs mois à Loubavitch où l'on me connaissait comme le *einikel* (petit-fils) du rabbin puisque je descendais, par ma mère, du fondateur du Hassidisme Habad, Shneur Zalman de Liady [2], qui était en fait mon trisaïeul. Je fus surpris de devenir l'objet de vénération des Hassidim qui fréquentaient la « cour » de mon oncle.

1. J'appartiens à la sixième génération des Schneersohn. Alors que j'écris cet ouvrage, le rabbin dans la tradition de Loubavitch actuel, le Rabbi Menachem Mendel Schneersohn, dirige la communauté juive hassidique du monde, depuis son quartier général de Brooklyn, à New York.

2. Liady est à environ vingt-cinq kilomètres de Loubavitch.

Aux repas, il y avait régulièrement de dix à vingt personnes à la table du rabbin, où j'avais toujours ma place. Nous étions servis uniquement par des Juifs. Que Dieu nous garde d'être servis par des *goyim !* Tout devait être *kasher* dans tous les sens du terme : le contact même des mains d'un *goy* sur une bouteille de vin bouchée et scellée la rendait *tref* (non-*kasher*), et un Juif n'était pas autorisé à en boire le vin.

Les plats se suivaient : assiettes garnies de poisson, de viande et autres bonnes choses, beaucoup plus que je ne pouvais en consommer, mais c'était délibéré. Une fois dites les prières concluant le repas, les invités récupéraient dans nos assiettes, la mienne et celle du rabbin, ce que nous y avions laissé (les *shirayim fon ein rebbesohns einikel*), pour leur femme et leurs enfants. Ces restes étaient en quelque sorte considérés comme sacrés.

Des chants accompagnaient toujours les repas : des chants mystérieux, sans paroles, chantés avec ferveur, les yeux levés au ciel le plus haut possible, vers Dieu. De cette façon, j'appris beaucoup de musique hassidique et lorsque j'eus un fils, presque vingt-cinq ans plus tard, souvent je lui chantai ces mélodies.

Ceux qui étaient présents aux repas qu'offrait mon oncle à Loubavitch dansaient également avec exaltation, mais pas avec des femmes, que Dieu nous en garde ! Les femmes n'étaient pas autorisées à paraître dans la salle à manger. Non, il s'agissait de danses fraternelles pour lesquelles les hommes mettaient les bras sur les épaules de leurs compagnons et chantaient tout en dansant. Il me semble me souvenir de ces embrassades spirituelles et chaleureuses, autre moyen, je suppose, de se rapprocher de Dieu. Les Hassidim ne parvenaient pas à comprendre comment on pouvait prier ou manger sans chanter et danser, des danses pleines d'exaltation mystique et d'extase, au point qu'ils croyaient vraiment flotter en l'air. Enfant d'un triste foyer sans père, je trouvais tout cela satisfaisant sur le plan des émotions, mais aussi quelque peu perturbant. Ce ne fut que plus tard, chez mon grand-père à Jérusalem, que je fus capable d'apprécier toute la poésie et la philosophie du Hassidisme Habad, l'humilité, la compassion et l'identification intime à Dieu dans chaque aspect de la vie quotidienne, accompagnées par l'exaltation et la joie des chants et des danses.

A part ces moments exaltants où l'on chantait et dansait à la gloire de Dieu, l'activité que préférait le petit garçon que j'étais à Loubavitch, c'était de faire voler mon cerf-volant avec les enfants des quelques Gentils au service de mon oncle. Je n'avais pas besoin d'aller très loin pour cela, car la limite des terres de mon oncle correspondait à celle de la ville où ils habitaient.

On m'avait dit de ne pas parler aux *goyim,* mais je dois admettre que j'étais un Juif bien particulier. Je ne haïssais pas les *goyim* et je ne voyais aucune raison qui pût me convaincre de ne pas leur parler. Je ne craignais même pas de manger de la nourriture non-*kasher*. S'ils l'avaient su, mes aînés eussent été très certainement déçus, peut-être même furieux. Ils ne l'ont jamais su, car je ne le faisais jamais à l'intérieur de la « cour » de mon oncle.

Un jour, à la sortie de la ville, de jeunes garçons, des Gentils, me firent signe et me demandèrent si je voulais faire voler un cerf-volant avec eux. J'acceptai et allai chez mon oncle chercher de quoi faire un cerf-volant : quelques feuilles de papier épais, un peu de farine pour faire de la colle, quelques tiges que l'on pouvait aplatir, et du gros fil de laine d'une pelote que ma tante gardait dans sa chambre pour repriser les chaussettes. Ayant emprunté un couteau bien aiguisé dans la cuisine et chipé quelques harengs salés dans un baril dans l'arrière-cuisine, nous partîmes vers les champs de pommes de terre jouxtant la ville. Là, avec l'aide de mes nouveaux amis, je me fabriquai un splendide cerf-volant. Sa queue était parfaite, son cadre aussi, et il s'éleva bientôt dans le ciel, flottant magnifiquement au gré du vent.

Je ne connaissais que quelques mots de russe et eux ne connaissaient pas le yiddish ou l'hébreu ; c'est pourquoi notre conversation, au cours de cette partie de cerf-volant et d'autres ultérieures, fut très limitée ; mais nous nous entendions bien. Nous écrivions des messages sur des bouts de papier, nous faisions un trou au milieu de chacun, puis nous les attachions à la corde du cerf-volant et les faisions monter jusqu'en haut. Nous les appelions des « télégrammes ».

Pendant que je confectionnais mon cerf-volant, les autres avaient allumé un feu et disposé des pommes de terre dans la cendre chaude pour les faire cuire, avec les harengs par-dessus. Quand tout fut cuit à point, nous fîmes un petit festin dont le souvenir me met toujours l'eau à la bouche.

Appartenant au *Peuple Elu,* ma conscience orthodoxe aurait dû me dire que je commettais le crime des crimes, en restant en compagnie de ces *shkotzim* (garçons appartenant au peuple des Gentils), mais ce furent toujours pour moi des heures de bonheur. En vérité, c'est en jouant avec des *shkotzim* que j'ai passé les meilleurs moments de mon enfance.

Cette idylle ne dura pas longtemps car, convaincue que M. Libo ferait un mari « religieusement convenable », ma mère annonça sa décision de l'épouser. Nous retournâmes à Gomel et nous nous mîmes bientôt en route pour Ekaterinoslav, où il habitait. Shandel vint avec nous. Nos liens avec Gomel étaient définitivement rompus et, Dieu merci !, nous fûmes absents lors du pogrom d'août 1903.

A Ekaterinoslav, ma vie scolaire se poursuivit de façon strictement juive. On ne fit rien pour me mettre dans une école de Gentils où j'aurais reçu un enseignement moderne [1]. Je connaissais déjà presque par cœur le Livre des Prières, la Bible, les Prophètes, l'*Ethique de nos Pères,* et je connaissais aussi la plus grande partie du *Schulchan Aruch,* le code des rituels. Là encore, je me retrouvai dans un *heder,* où j'étudiais le Livre des Prières, la Bible et les Commentaires, de l'aube jusqu'à huit ou neuf heures du soir, six jours par semaine. On nous gavait de tout cela en yiddish, notre langue maternelle, et tandis que nos esprits s'affinaient sans aucun doute, notre développement tant physique que général était, lui, sacrifié.

Ce *heder* n'avait qu'une seule pièce. Les cours se faisaient dans la salle de séjour chez notre *melamed* (ce qui signifie professeur). Ce n'était pas un rabbin mais nous l'appelions Rabbi, mot hassidique pour désigner un rabbin. Il n'était ni décontracté, ni amical. Il faisait régner la discipline au moyen de gifles retentissantes ou de fessées sur le postérieur nu. Sa femme, qui manifestement connaissait sa place, passait la majeure partie de sa journée à la cuisine, la pauvre !

Cette salle de séjour qui nous servait de classe était incroyablement sale et infestée de mouches, mais ces mouches se révélèrent être notre seule source de distraction. Les quatre autres élèves et moi faisions des concours pour voir qui en attraperait le plus. Le *shamess* (chef de classe), nommé secrètement, tenait un compte scrupuleux de nos exploits.

Il arrivait parfois, alors que je me penchais pour attraper une mouche pour ma collection, que le *melamed* posât son pied en chaussette sur ma main et la piquât d'une longue épingle qu'il serrait entre les orteils et qui traversait sa chaussette. Nous le voyions rarement porter des chaussures en classe : pourquoi les

1. Le quota des Juifs dans les écoles d'Etat russes était de dix pour cent. Les Juifs constituaient à l'époque 4,13 % de la population du pays.

user ? Il était de toute évidence très pauvre et toujours en dettes avec son boucher ou sa logeuse. De tels hommes pleins d'abnégation continuaient à former des Juifs qui connaissaient les Saintes Ecritures, génération après génération, mais ils défoulaient leurs frustrations sur nous, les enfants, et probablement aussi sur leurs femmes.

Rentrer à la maison à pied, tard le soir, surtout l'hiver, nous remplissait de terreur, mes camarades et moi, bien que nous fussions escortés d'un accompagnateur professionnel, *baglayter*, qui portait une lanterne. Quelquefois, notamment à Noël, nous voyions des bandes avancer dans les rues avec des torches, accompagnées de prêtres portant des icônes et des croix, et nous entendions des mots que nous pouvions identifier : « Mort aux Juifs ! ». Nous nous mettions à courir pour sauver notre vie et nous arrivions à la maison hors d'haleine et tout tremblants. Le soir, dans mon lit, je ramenais les couvertures sur ma tête, mais après ce genre d'expérience, mon sommeil était peuplé de cauchemars.

A cette époque, le gouvernement et le clergé exhortaient les masses à persécuter et à attaquer les Juifs, boucs émissaires bien utiles pour détourner l'esprit du peuple russe des échecs, de la vénalité et des pratiques tyranniques du régime du tsar. Le gouvernement estimait que les agressions contre les Juifs constitueraient une soupape de sûreté pour évacuer le ressentiment populaire et contiendraient pour un temps la pression de la révolution qui se préparait. La plupart des agressions qui avaient eu lieu comprenaient davantage de vols et de coups que de meurtres ; mais à Pâques 1903, rompant une période de quatre-vingt-dix ans de relative tranquillité, des bandes de chrétiens organisèrent à Kishinev, en Bessarabie, un pogrom de trois jours qui causa la mort de quarante-cinq Juifs et en blessa cent quatre-vingt-six, tandis que sept cents maisons et six cents magasins appartenant à des Juifs furent détruits. Les instigateurs du pogrom furent jugés et condamnés, et le Gouvernement exprima ses regrets, mais les pogroms, importants ou non, se renouvelèrent en Russie, à l'intérieur comme à l'extérieur de la « Zone d'Etablissement », pendant trois années encore, et en général avec quelque complicité officielle [1].

1. Entre le 18 et le 29 octobre 1905, selon le calendrier occidental, il y eut six cent quatre-vingt-dix pogroms dans six cent soixante localités de Russie ; sauf pour vingt-quatre d'entre eux, ils eurent lieu dans la « Zone d'Etablissement ». Huit cent dix Juifs furent tués et sept cent soixante-dix gravement blessés. Trois millions de dollars furent collectés dans d'autres pays pour venir en aide aux familles des victimes.

Les Juifs devaient aussi souffrir de persécutions plus « légales » ; beaucoup furent arrêtés et jugés sous de fausses inculpations. Des avocats accoururent du monde entier pour se joindre aux avocats russes, juifs et gentils, et défendre les Juifs lors de ces procès.

C'est au moment où se passaient ces tragiques événements que le chef d'une nouvelle organisation juive, l'Association Mondiale pour le Sionisme, fit son apparition en Russie. Il s'agissait de Théodore Herzl, Juif hongrois correspondant de la *Neue Freie Zeitung*, célèbre quotidien viennois. Il chercha à obtenir audience auprès du tsar, mais n'y parvenant pas, il sollicita un entretien auprès du ministre de l'Intérieur, Wenzel von Plehve, l'un des principaux organisateurs de la campagne contre les Juifs de Russie. Herzl demanda à von Plehve de lui écrire une lettre déclarant que le gouvernement russe apportait son soutien matériel et moral au projet sioniste, incitant les Juifs d'Europe à partir pour la Palestine et y établir un nouvel Etat juif. En échange de quoi, Herzl promit que le mouvement sioniste ferait tout son possible pour aider le gouvernement russe à se débarrasser des éléments révolutionnaires et socialistes parmi les Juifs de Russie. C'est le même Herzl qui, quelques années auparavant, avait déclaré qu'il allait convertir tous les Juifs au socialisme afin de vaincre l'antisémitisme. Il avait proposé à une autre personnalité influente, le Pape, de convertir tous les Juifs au catholicisme, en échange de son soutien.

Pour moi, il n'y a aucun doute que ce sont les révolutionnaires de Russie, les socialistes et les communistes, qui faisaient tout leur possible pour y combattre l'antisémitisme. Pendant les pogroms, je m'en souviens parfaitement, ce sont les patrouilles révolutionnaires des ouvriers qui demandaient à leurs femmes de se déguiser en religieuses et leur faisaient porter des icônes dans les familles juives afin d'égarer les bandes de pogromistes.

Lorsque les jeunes Juifs virent des révolutionnaires prendre position contre l'antisémitisme, beaucoup rejoignirent les Gentils lors de leurs réunions clandestines. J'observais souvent des adolescents de notre communauté, un peu plus âgés que moi, qui se rendaient furtivement à ces assemblées illégales pour y lire des brochures révolutionnaires, rédigées en russe, mais bientôt publiées également en yiddish. Parmi eux, il y avait ma sœur Shandel, à ma connaissance la plus fière de tous les Mnuchin. Désireuse de s'intégrer totalement à la vie russe, elle souhaitait, en collaboration fraternelle avec ses camarades russes, créer les conditions d'une vie plus heureuse, plus harmonieuse, pour tous les peuples constituant la nation russe.

Je me souviens d'avoir entendu de jeunes révolutionnaires fredonner leurs chants dans les pièces du fond de notre maison. L'un de ceux-ci en particulier : *Yest v rossii mnogo bolvanov; pervyi iz nik Nikolai Romanov* (« Il y a des quantités d'imbéciles en Russie, le premier d'entre eux est Nicolas Romanov »), faisait allusion au tsar Nicolas II.

J'étais encore trop jeune pour me joindre à eux et, de toute façon, j'étais coincé par mon judaïsme prophétique sous sa forme hassidique, qui voulait ignorer la persécution tandis que nous attendions le Messie. Mais j'admirais ces jeunes révolutionnaires russes, héritiers des nobles idéaux de génies tels que Tolstoï. Ils en avaient assez de l'injustice. Leur objectif n'était pas d'instaurer le communisme mais de renverser l'ordre établi et d'instituer la justice pour tous les Russes. Les Juifs qui se joignirent aux Gentils contribuèrent pleinement, et même au-delà, à toute une série de protestations et de soulèvements. Ils versèrent leur sang aussi bien dans les actions qui échouèrent que dans celle qui parvint à renverser le régime tsariste. Les révolutionnaires juifs voulaient s'assimiler à la nouvelle société russe et ils ne recherchaient pas une identité ethnique, sociale et culturelle, juive[1]. Je suis fier que ma sœur ait été des leurs, en dépit des contraintes et des restrictions qu'imposaient notre famille et notre communauté juives orthodoxes.

Les relations de Shandel avec les enfants de M. Libo, dans notre nouveau foyer à Ekaterinoslav, furent assez pénibles pour elle. Il en fut de même pour moi. Au cours de notre premier été là-bas, j'avais été ravi de voir des douzaines de chariots de fermiers goys des environs arriver chez notre beau-père, aux portes des remises. A cette occasion, ils apportaient des chargements de pastèques et d'une variété délicieuse de cantaloups. D'autres fois, ils apportaient du grain. Au cours du second été que nous passâmes là-bas, une scène horrible se déroula : le cours du blé

1. L'écrasement de leur rêve de liberté et de démocratie par le régime de Staline, ajouté aux effets d'une propagande habile décrivant le Sionisme raciste comme un socialisme démocratique juif, détourna de nombreux jeunes révolutionnaires juifs, en Russie, de leur volonté de s'intégrer à la société russe et de faire ainsi disparaître l'antisémitisme des *goyim*. Ils en conclurent qu'ils avaient besoin de « l'Etat Juif » de Herzl pour accomplir ce que d'autres Européens avaient accompli : coloniser, conquérir et dominer. Ils pensaient que l'alternative pour les Juifs revenait à opprimer ou à demeurer eux-mêmes opprimés. C'était tragique.

ayant chuté, Libo ne put leur proposer le prix qu'ils considéraient juste. Je les entendis crier et protester et il dut se produire des violences car je vis qu'on emportait Libo, inconscient, par l'escalier de fer jusqu'à nos appartements. Tous les enfants se mirent à pleurer, et moi avec. En voyant cela, mon demi-frère me poussa à coups de pied dans les escaliers en criant : « Pourquoi pleures-tu ? Ce n'est pas ton père ! »

La chute du prix du blé eut une répercussion immédiate sur notre niveau de vie. Les enfants n'eurent plus droit, pour le petit déjeuner, qu'à du thé et du pain. Le beurre et la confiture disparurent de la table. Ce fut ma première expérience des difficultés financières. Les insultes de mon demi-frère continuèrent. Ma mère ne pouvait pas faire grand-chose pour m'aider ; elle avait bien assez de mal à se débrouiller, pour la première fois de sa vie, avec un petit budget pour nourrir une famille de six enfants, plus un autre qui allait bientôt arriver, car elle était enceinte. Elle décida que c'était trop et qu'elle allait m'emmener à Jérusalem chez mon grand-père Mnuchin. A bien des égards, c'était une bonne solution car j'avais fort besoin de conseils sages et affectueux de parents ou de grands-parents, pour me donner le sens de l'énigme que me posait la vie et des fardeaux contre-nature qui pesaient sur mes jeunes épaules : je n'avais pas encore dix ans.

Ma mère avait d'autres raisons de penser qu'il me serait bénéfique d'aller en Palestine. Là-bas, je pourrais approfondir mon éducation religieuse auprès de mon grand-père, qui jouissait d'une sorte de statut semi-officiel de rabbin au sein de la communauté hassidique. Il y avait aussi le fait que la situation s'aggravait pour les Juifs de Russie. La peur d'un massacre généralisé était présente à l'esprit de chacun. Il y avait eu un pogrom à Ekaterinoslav vingt ans auparavant et le « pogrom » était un sujet de conversation quotidien à table, à la maison, à la synagogue, dans les magasins, au marché. Nous autres, enfants, nous en parlions à l'école. Le sujet était dans l'air, nous le respirions chaque jour.

Des pressions cyniques émanaient du gouvernement : « Un tiers des Juifs doit émigrer, un tiers se convertir au Christianisme, le reste mourra de faim. » Bientôt des centaines de milliers de Juifs se mirent à émigrer en Europe occidentale, en Amérique du Nord, en Amérique du Sud, en Afrique du Sud. Pendant cette période, très peu de Juifs émigrèrent en Palestine. La plupart de ceux qui s'y décidèrent le firent pour des raisons religieuses, comme mon grand-père, et non pas pour ériger un Etat Juif à la Herzl.

Les autorités russes ne s'opposèrent pas au départ des Juifs ; au contraire, elles encourageaient et facilitaient l'émigration [1]. Dans leur précipitation à quitter le pays, de nombreux émigrants furent victimes d'escroqueries. Quand ils arrivaient dans les ports allemands, ils découvraient que les billets qu'ils avaient achetés pour New York ne comprenaient pas en fait le prix de la traversée. Nombre d'entre eux, sans un sou, mouraient de faim, jusqu'au moment où les Juifs allemands ou anglais s'organisèrent pour les aider. Seul un petit nombre de Juifs restés en Russie se convertit au Christianisme, et la plupart d'entre eux devaient retourner au Judaïsme emplis de honte et de remords. Un grand nombre de jeunes Juifs se tournèrent vers l'athéisme, l'agnosticisme, et en politique vers le socialisme et le communisme, qu'ils furent nombreux à abandonner plus tard pour le sionisme, quand ils virent et souffrirent les excès de Staline. L'ultime conséquence de tout ceci fut que les Juifs des ghettos de Russie (comprenant alors la Pologne) éprouvèrent de l'amertume non seulement à l'égard des Gentils de Russie, mais à l'égard de tous les Gentils en général. Il leur devint impossible de sortir de la « Zone d'Etablissement » comme des gens normaux, avec une philosophie de la vie harmonieuse et une attitude objective à l'égard d'autrui.

1. Pour la plus grande partie du début de ce siècle, entre 100 000 et 200 000 Juifs quittèrent la Russie chaque année. Dans la période 1900-1914, un million et demi entrèrent aux Etats-Unis, dont beaucoup venaient de Palestine. Il y en avait davantage à quitter la Palestine pour l'Amérique qu'il y en avait à entrer en Palestine en provenance de Russie.

Dans certains pays occidentaux, l'immigration juive devint une question politique brûlante. En Grande-Bretagne, quelques-uns des discours les plus virulents à l'encontre des réfugiés juifs venant d'Europe de l'Est furent prononcés par Arthur Balfour, politicien conservateur et membre du Cabinet (Premier ministre de 1902 à 1905) qui, en tant que ministre des Affaires Etrangères, fut l'auteur de la « Déclaration Balfour ». C'était un allié naturel du Sionisme, comme Plehve l'avait été en Russie, et comme le Kaiser en Allemagne et Malan en Afrique du Sud allaient le devenir.

CHAPITRE II

YEHUDAH LAIB MNUCHIN

(1904-1908)

Autant qu'il m'en souvienne, aucun événement particulier ne marqua notre voyage vers la Palestine en 1904. A cette époque, obtenir des visas ne posait pas de problème. Ma mère m'emmena à Odessa où nous embarquâmes sur le paquebot russe *Kornilov* pour un voyage de deux semaines jusqu'à Jaffa. Après une escale à Constantinople (de nos jours Istanbul), nous passâmes par les Dardanelles et Smyrne (de nos jours Izmir). Il était facile de traiter avec les fonctionnaires turcs : une simple pièce discrètement glissée dans la main assurait au voyageur un sourire amical et une entière liberté d'action.

Nous jetâmes l'ancre, si ma mémoire est bonne, à environ deux milles des côtes de Jaffa. Comme la côte était dangereuse, des marins arabes vinrent nous chercher en barque et nous ramenèrent, par une étroite passe d'eau bouillonnante, vers la douane où les fonctionnaires arabes de l'administration turco-ottomane nous firent rapidement accomplir les formalités. Nous prîmes aussitôt la route pour Jérusalem où nous attendait grand-père Mnuchin.

J'aimai le père de mon père la minute même où je le vis. C'était un homme de haute taille, très beau, avec une barbe blanche, et qui respirait l'énergie et l'enthousiasme. Bien qu'il fût un prince du Hassidisme dont il possédait l'esprit et la philosophie, il avait éliminé de sa vie tout le fatras ritualiste pour ne conserver que l'essence pure de sa foi. Le *Shulchan Aruch* était son guide et je me souviens qu'il répétait souvent cette parole : là où se tient le pécheur repentant, le juste lui-même ne peut avoir accès. La veille du *Yom Kippour*, il avait coutume de se rendre chez ses amis et ses voisins pour leur demander pardon si, en actes ou en paroles, il les avait offensés. A moi aussi, il demandait pardon :

« *Maishkeleh,* si j'ai fait quelque chose de mal envers toi, s'il te plaît, pardonne-moi. »

J'avais juste dix ans, mais nous devînmes très vite copains. Pourtant il était constamment sur mes talons. S'il me surprenait en train de paresser, il me disait gentiment : « *Maishkeleh,* pourquoi ne récites-tu pas les Psaumes ? », puis plus tard : « *Maishkeleh,* puisque tu as récité les Psaumes, pourquoi ne prends-tu pas le *Pirké Avot,* l'*Ethique de nos Pères* pour l'étudier ? »[1].

Il n'y avait ni réprimande, ni punition, ni menace, mais un simple encouragement à être un bon Juif. Le vendredi après-midi, quand grand-père était à la *mikvah,* petite piscine couverte et chauffée où il faisait ses ablutions rituelles en l'honneur du Sabbat, j'avais une heure à ma disposition pour jouer dehors : c'était ma seule heure de liberté de la semaine. Je m'activais alors à la fabrication d'un cerf-volant que je lançais puis faisais redescendre, et que je cachais avant le retour de grand-père. Les cerfs-volants étaient encore ma grande passion, la plus grande joie de mon enfance. Un jour, la brise était si idéale et la course de mon cerf-volant si majestueuse dans le ciel, que je perdis toute notion du temps. Grand-père apparut. Il s'approcha de moi calmement, m'embrassa avec précaution afin de ne pas faire bouger mon cerf-volant et me dit : « *Maishkeleh !* les Juifs sont en exil. Le Temple est détruit. Laisse les *goyim* jouer avec les cerfs-volants ! Un enfant juif devrait consacrer son temps aux livres. Il devrait lire les *Tehillim,* lire les Psaumes et se préparer au saint Sabbat ! »[2].

Bien entendu, peu de temps après mon arrivée en Palestine, on m'inscrivit au *heder* afin d'y poursuivre une éducation juive traditionnelle ; mais, rétrospectivement, je m'aperçois que les conversations que j'eus avec mon grand-père, ses chansons, ses lectures des livres saints, me furent bien plus profitables que toutes les longues heures passées à l'école.

Mes jours et mes nuits n'étaient qu'étude et lectures. Je « récitais » et re-récitais sans fin les Psaumes, je méditais sur les livres préférés de mon grand-père. Dans son bureau, il y en avait

1. Même aujourd'hui, je continue à prendre le *Pirké Avot* pour le lire et je l'offre à mes amis en guise de présent.

2. Je ne refis un cerf-volant que vingt ans plus tard. C'était à New York pour mon fils Yehudi.

des centaines rangés sur des rayons : tous étaient de nature mystique ou religieuse et tous étaient en hébreu. La nuit, grand-père lisait et priait davantage qu'il ne dormait. Souvent, dans le silence de la nuit, bien avant que le coq ne chantât, j'étais réveillé par sa douce voix mélodieuse et tremblotante, suppliante et cependant si naturelle, comme s'il avait une conversation intime avec Dieu.

Les Sabbats et les jours saints étaient pour nous de véritables fêtes. Entre les divers plats qui composaient le dîner, auquel mon grand-père conviait toujours quelqu'un — en général, un inconnu qu'il avait rencontré à la synagogue après les offices, ou un étranger en visite à Jérusalem, ou tout simplement un pauvre être affamé en quête d'un repas copieux —, grand-père avait l'habitude de me faire chanter avec lui d'entraînants chants hassidiques. Bien qu'il en eût lui-même composé beaucoup, il avait certainement dû apprendre la plupart d'entre eux lorsque, jeune Hassid, il avait été en pèlerinage aux centres hassidiques les plus importants : Loubavitch et Berditchev. Quelquefois, il s'arrêtait de chanter et me laissait poursuivre seul, cherchant à vérifier s'il m'avait communiqué son enthousiasme. Lorsque je chantais à pleine voix et avec fougue, il reprenait avec ardeur, m'encourageant à force de compliments à « pénétrer l'esprit du chant » jusqu'à ce que, satisfait, il me laissât à nouveau chanter seul. C'était un jeu plein de gaieté.

J'attendais toujours avec une certaine impatience le samedi après-midi et le samedi soir, la fin du Sabbat, car alors mon grand-père et moi faisions beaucoup de choses ensemble. Nous passions l'après-midi à lire et à discuter l'*Ethique de nos Pères* et les « Prophètes », puis la soirée était consacrée à des choses plus superficielles : chanter des chansons plus profanes, raconter des histoires ayant trait aux grands *Tsadikim,* les grands maîtres hassidiques du passé.

Bien qu'il fût plongé dans sa religion, grand-père était néanmoins conscient des besoins matériels des gens. Par exemple, il était courant qu'il dotât de pauvres jeunes filles juives sur le point de se marier, à qui l'on demandait de donner une somme d'argent à leur futur époux. Grand-père payait également la cérémonie et assistait au dîner qui suivait, auquel il m'emmenait avec lui. Il était toujours l'invité d'honneur. La discussion à table, en yiddish, portait invariablement sur les Juifs, le Judaïsme, Dieu, et ce que Dieu attendait de nous. Grand-père avait bien des choses à dire sur ces sujets, mais ses propos étaient toujours agrémentés d'humour, et il parvenait à égayer tout le monde grâce à des chansons improvisées qui faisaient sa renommée, à de remarquables bouts rimés et jeux de mots élaborés à partir des noms des mariés, qu'il composait spontanément. Il parlait et même chantait à propos de leur avenir commun, de leurs responsabilités de fururs parents et de Juifs ; les autres invités, comprenant à leur tour son manège, finissaient par se joindre à lui.

Peu de temps après mon arrivée en Palestine, mon frère Layvik annonça qu'étant âgé de dix-huit ans, il allait émigrer en Amérique. Il avait appris que certains Juifs s'étaient enrichis là-bas, et il était lui aussi prêt à tout pour réussir dans la vie. Il n'était pas enclin aux études et ne partageait pas mes intérêts : lorsqu'il partit pour New York, je restai seul avec mon grand-père et ma grand-mère. Ma sœur aînée, Mooshkeh, s'était mariée depuis notre arrivée en Palestine et Shandel était encore en Russie avec ma mère.

Quelquefois, grand-père demandait à mon école une autorisation d'absence afin que je pusse l'accompagner en voyage. Il croyait aux bienfaits, physiques et religieux, d'un changement d'air. Très souvent, nous empruntions la diligence tirée par trois chevaux, pour aller à Hébron prier sur les *Mearah Hamachpaloh*, c'est-à-dire sur les tombes d'Abraham, d'Isaac et de Jacob — pratique que je poursuivis même après que mon grand-père fut devenu trop malade pour voyager. Ce lieu saint est vénéré à la fois par les Arabes et les Juifs : les Arabes priaient en haut des marches et nous en bas, aussi longtemps que nous le désirions et en toute quiétude.

A Hébron, nous séjournions dans un hôtel juif où un merveilleux petit déjeuner nous était servi : d'énormes omelettes faites avec du fromage de chèvre frais et des œufs cuits dans du beurre doux. A proximité des tombes d'Abraham, d'Isaac et de Jacob, on pouvait aussi goûter à des raisins odorants et aux cerneaux de noix. Mais la plus grande joie de ce voyage était le trajet en diligence. Je m'asseyais toujours devant, à côté du cocher arabe, qui me permettait de tenir les rênes lorsque la route était droite.

Ces longs voyages à Hébron étaient des moments merveilleux ; grand-père et moi parlions et discutions de la vie comme de vieux amis. J'ai gardé le souvenir de certaines de ses citations favorites parmi lesquelles :

— « Celui dont la sagesse excédera les actes verra sa sagesse disparaître. »

— « Celui qui fera honte à son prochain en public ne participera pas à l'Autre Monde. »

— « Mieux vaut être la queue du lion que la tête du renard. »

— « Ce monde est comme le vestibule de l'Autre Monde, prépare-toi dans le vestibule afin de pouvoir pénétrer dans la salle du banquet »[1].

— « Sois parmi les persécutés et non parmi les persécuteurs. »

— « Le mal est le premier pas vers le bien. »

Grand-père dissertait longuement et avec passion de la valeur relative de la douleur et du plaisir, du bien et du mal, et de la difficulté de les distinguer de façon nette et absolue.

« Tu ne peux apprécier le bien que lorsque tu as goûté au mal. Tu ne peux véritablement apprécier le plaisir que lorsque tu as éprouvé la douleur. Le bien dans la vie ne se situe que progressivement au-dessus du mal », avait-il l'habitude de dire.

Grand-père faisait preuve d'une éloquence particulière en ce qui concernait le Jour de la Rédemption et la Venue du Messie. Il parlait toujours de la *Yerouchalaim Dilma'alah,* la Jérusalem céleste ; le concept d'une Jérusalem terrestre ou temporelle ne l'intéressait pas, et il considérait avec une profonde méfiance le sionisme et l'idée d'un Etat juif en Palestine.

Il citait le prophète Michée :

« Vous qui construisez Sion avec du sang et Jérusalem avec de la méchanceté. »

Ou Isaïe :

« Ils changeront leurs épées en socs de charrues et leurs lances en émondoirs. »

Il devenait presque violent lorsqu'il parlait de nationalisme séculier juif et de Théodore Herzl, qu'il considérait comme un « *goy* juif » et par conséquent indigne de conduire le peuple juif. « Herzl, disait-il, est allé de cour en cour dans toute l'Europe pour obtenir un Etat juif à tout prix et par n'importe quel moyen. Pourquoi ? Afin que les Juifs deviennent des *goyim ?* » On savait bien que Théodore Herzl n'était pas un *Talmid Haham* ou un *Lamdan,* un homme maîtrisant parfaitement la culture juive, mais un *Am-*

1. Grand-père avait sa propre mélodie pour celle-ci : un thème à variations. Bien des années après, mon fils Yehudi m'a souvent entendu chanter des mélodies de mon grand-père, lorsque nous parcourions de longues distances dans notre voiture, et plus tard lorsque nous traversâmes les Etats-Unis en train, en wagons-lits. Mon fils nota bon nombre de ces thèmes musicaux. J'espère qu'il aura un jour assez de temps et d'inspiration pour introduire quelques-unes de ces mélodies juives authentiques dans des rhapsodies pour violon.

Ha'aret, c'est-à-dire un ignorant en cette discipline. On savait aussi que Herzl et son loyal associé, le Professeur Max Nordau, avaient ouvertement admis qu'ils ne restaient Juifs qu'à cause de l'antisémitisme. Cela choquait mon grand-père, ce Juif éternel.

Grand-père avait un conte favori qu'il m'a raconté d'innombrables fois, pour illustrer sa thèse au sujet de ces soi-disant dirigeants qui prétendaient parler au nom du peuple juif. Un tsar russe avait demandé que l'on fît venir à la Cour un vrai rabbin afin de s'entretenir avec lui. Les dirigeants de la communauté juive, dont le rabbin fut choisi après qu'ils l'eurent proposé pour cette tâche, le persuadèrent ensuite de raser sa longue barbe traditionnelle, de couper ses boucles caractéristiques de Hassid, et de remplacer son cafetan et son *strimel,* coiffure orientale bordée de fourrure des rabbins hassidiques de cette région et de cette époque, par un costume d'homme d'affaires et un chapeau russe normal, afin d'impressionner le tsar. Le tsar cependant fut outragé quand il vit le rabbin : « Sortez, rugit-il, j'ai assez d'hypocrites autour de moi. Je désirais rencontrer un saint homme authentique, porte-parole des Juifs. »

Grand-père dénonçait aussi Théodore Herzl comme imposteur, ajoutant : « Le Messie ne sera ni un diplomate ni un politicien, mais un érudit et un prophète. » Il disait clairement que selon lui le fondateur du sionisme n'appartenait ni à l'une ni à l'autre de ces catégories.

Ma grand-mère se consacrait entièrement à la surveillance de la cuisine et du nettoyage de la maison. Il m'incombait de faire les courses. En raison de la mauvaise santé de grand-père, nous avions quitté Mea Shearim, le quartier juif orthodoxe de Jérusalem, pour nous installer dans la colonie juive de Bokhara, dans les collines où l'air était plus pur et plus sain. Je descendais la colline à pied jusqu'à Mea Shearim, prenait le « jitney »[1] pour me rendre au centre de Jérusalem. Ensuite, j'allais dans les magasins juifs pour y acheter de la nourriture *kasher* et dans les magasins arabes pour les fruits et légumes, et revenais chargé à la maison.

Je marchandais en arabe avec les marchands arabes de fruits et légumes et en yiddish et en hébreu avec le boucher juif. Comme j'étais fort en arithmétique, j'obtenais de bons prix, chose que ma

1. Un jitney est une limousine ou petit bus urbain privé qui prend et dépose les voyageurs à des endroits déterminés sur un trajet fixe, et ceci, à moindre frais. Les horaires en sont fixes et ce système a été mis en place pour compléter le système des transports urbains.

grand-mère appréciait particulièrement, et en même temps je prélevais ma « commision », en m'assurant qu'elle n'était pas trop importante. Je connaissais bien les lois de la Bible et les appliquais à mes propres problèmes matériels en usant de la casuistique et de la rationalisation, afin que ma conscience ne me torturât pas trop. Je portais les lourds paquets jusqu'à notre attelage puis je repartais à pied de Mea Shearim à notre maison de Bokhara.

Grand-mère était une Juive orthodoxe typique. Quelquefois, tôt le matin, des paysannes arabes s'arrêtaient chez nous pour vendre des poulets, des œufs, du fromage de chèvre et du beurre. Généralement, je marchandais avec elles en arabe, mais parfois grand-mère voulait s'y essayer. Malheureusement, elle marchandait en russe. Un jour, je protestai :

« Grand-mère, ces femmes ne parlent pas russe. Pourquoi leur parles-tu en russe ?

« Parce que ce sont toutes des *goyim* », me rétorqua-t-elle.

Grand-mère avait beaucoup de *tsores* (elle avait beaucoup de soucis et était très irritable). Elle ne parvenait pas toujours à rester aussi calme et pratiquante qu'une « bonne Juive » aurait dû l'être, et sa colère soudaine se manifestait par des cris hargneux. Grand-père répondait invariablement d'une voix douce : « *Mereh, Mereh, krich nit in bloteh* » (Marie, Marie, ne descends pas dans la boue).

Après de telles « scènes », on entendait grand-père murmurer une prière : « *Onoh Adonoy Hoshioh no* » (Que Dieu me vienne en aide), et cela s'arrêtait là.

Ma grand-mère et moi, nous partagions un secret. Elle avait soudoyé le *rabbi* de mon école afin que j'eusse un après-midi chaque semaine pour rendre visite à ma tante Yoheved. Yoheved était la seule fille de ma grand-mère, elle lui était très chère et, depuis quelques années, on l'avait internée dans un asile d'aliénés. Mon grand-père n'était pas au courant de ces visites : Yoheved était un sujet tabou. Grand-mère me raconta plusieurs fois en pleurant l'histoire de Yoheved, son dernier enfant.

« Quand ta sœur Mooshkeh et ton frère Layvik vinrent vivre avec nous, ta tante Yoheved était une jeune fille normale, en bonne santé et très douce. Lorsque ta sœur Mooshkeh, qui avait environ le même âge, arriva, elle enchanta tout le monde, les garçons comme les filles. Elle était si intelligente et si vive. Cela a bouleversé la pauvre Yoheved qui devint terriblement jalouse. Elle se sentait isolée et délaissée et elle avait du mal à faire face à ses problèmes d'adolescente. Sa santé mentale en fut affectée. »

En préparation à mes visites secrètes à Yoheved, grand-mère

confectionnait des sucreries spéciales pour sa « petite fille » : *chremzlach, tayglach, ayerkichlach, mandelach,* et autres friandises juives qui fondaient dans la bouche. Elles étaient soigneusement arrangées sur des assiettes empilées les unes sur les autres et enveloppées dans une petite nappe. Grand-mère me glissait quelques pièces dans la main et chuchotait : « *Maishkeleh,* va doucement et fais bien attention. Porte tous ces plats à Yoheved, parle-lui gentiment, et reviens tout me raconter, comment elle se porte, ce qu'elle fait et comment tu la trouves. »

Grand-père n'autorisait pas grand-mère à voir sa fille. A cette époque, la folie était une disgrâce et une calamité dans une famille juive, et il ne fallait pas en parler. « Punition de Dieu, volonté de Dieu. Quoi que Dieu fasse, il fait toujours pour le mieux. » C'étaient les seules paroles que mon grand-père prononçait les rares fois où il abordait le sujet.

J'aimais bien mes visites à l'asile ; elles représentaient une diversion bienvenue. Un jour, après avoir attendu assez longtemps que Yoheved eût fini le festin que sa mère lui avait préparé (elle pouvait avaler d'énormes quantités de nourriture), je lui demandai de se presser et de me rendre les assiettes. Elle saisit la fourchette et la lança comme une flèche à travers la grille de la porte de sa cellule. J'en porte encore la cicatrice sur le visage.

Dès que j'arrivais à la maison, grand-mère me prenait à part et me pressait de questions au sujet de sa « petite ». Elle souriait, soupirait, puis versait des larmes amères.

Un jour, tante Yoheved mourut brutalement. Personne n'alla à son enterrement.

Lors d'une Pâque juive, notre maison dans la colonie juive de Bokhara fut ouverte aux Gentils. Un groupe de personnalités des consulats américain et anglais avait demandé la permission de venir chez nous pour assister aux cérémonies. Grand-père les avait également invités à notre repas. Une table séparée avait été dressée pour eux, mais ils mangèrent et burent comme nous : du pain azyme symbolisant la fuite précipitée d'Egypte, des herbes amères comme l'amertume de l'esclavage en Egypte, un mélange de vin et de noix représentant le mortier des pyramides, et du vin pur pour célébrer la perspective de l'ère messianique. Je jouai mon rôle en posant les quatre questions dont les réponses se trouvaient dans la *Haggadah*, c'est-à-dire le livre de l'histoire de la Pâque. Pendant tout ce temps, grand-père fut très aimable et très animé, mais dès que les invités étrangers furent partis, il alla jusqu'à leur table et, avec un sourire, prit toutes les bouteilles de vin qui avaient été ouvertes (il y en avait un bon nombre), les emporta dehors et les vida dans le caniveau. Quelques-unes des bouteilles étaient presque pleines et je ne comprenais pas un tel gaspillage. Je demandai : « Quel mal les *goyim* ont-ils fait au vin ? »

Grand-père sourit et expliqua que, selon le code des lois juives, tout vin ouvert par un goy devenait *yayin nesech*, du « vin païen » et par conséquent imbuvable.

Avant de partir, l'un des invités avait apporté en cadeau un panier de conserves de fruits. C'était la première fois de ma vie que je voyais un aliment en conserve. Je me tournai vers ma grand-mère et lui demandai : « Comment les ouvre-t-on ? »

« Demain soir, *Maishkeleh*, après le coucher du soleil, nous te laisserons t'attaquer à ce problème », m'assura grand-mère. C'était la veille du Jour Saint, période pendant laquelle, comme lors du Sabbat, un Juif n'est pas autorisé à travailler.

Le lendemain, lorsque le soleil fut couché, je pris une boîte portant l'image appétissante d'un fruit étrange, un ananas, demandai un gros clou et un marteau à ma grand-mère et fis pénétrer le clou dans le couvercle de la boîte à plusieurs reprises jusqu'à ce que le couvercle ressemblât à une passoire. Le liquide qui commença à sortir était exquis. Mais comment faire sortir « la grosse pomme » ? J'essayai d'ouvrir la boîte en pressant avec mes doigts et lorsque l'ananas put enfin être extrait, en petits morceaux, mes doigts saignaient abondamment. Ce que je consommai n'était qu'ananas et sang mélangés. Mais c'était divin.

L'expérience la plus douloureuse de mon enfance fut mon désir d'apprendre à jouer du violon. Je supposais que mon grand-père apprécierait l'affinité entre le chant qu'il me faisait pratiquer si souvent et le violon. Il m'encouragerait certainement à apprendre. Cependant, quand je lui demandai de prendre des leçons, il fut visiblement choqué.

« Tu veux devenir un... *klezmer ?* »

Un *klezmer* était un musicien qui jouait lors des mariages ou en des occasions similaires.

« C'est si vulgaire, si impie. Un Juif ordinaire et commun peut jouer du violon au cours des mariages, mais *pas* le petit-fils d'un rabbin hassidique ! Chanter ? Ah, c'est bien différent. Les anges dans les cieux chantent. Chanter est pour l'homme une façon de s'unir à Dieu. »

Malgré l'éloquence de grand-père, je ne parvenais pas à comprendre la différence : j'aimais écouter les *klezmerim* faire chanter leurs violons. Ils ne jouaient jamais à partir de partitions mais improvisaient comme les gitans.

Le mari de notre blanchisseuse jouait du violon et l'enseignait à de jeunes musiciens ambitieux. Un jour, je fis preuve d'indépendance et accomplis un acte quelque peu audacieux : j'allai jusqu'à la blanchisserie et, faisant allusion à l'attitude de mon grand-père, demandai au professeur de violon de me donner des leçons en secret. Il accepta, ce qui me transporta au septième ciel. J'aimais les leçons et adorais le violon ; le simple contact avec l'instrument me grisait. Mais mon bonheur fut de courte durée, car après trois leçons seulement l'affaire s'ébruita et parvint aux oreilles de mon grand-père, qui était souffrant à cette époque. J'avais été pris en train de jouer du violon ! Grand-père me fit venir dans sa chambre : « *Maishkeleh, Maishkeleh,* tu devrais avoir honte », dit-il affectueusement mais d'un ton sévère. Les leçons de violon cessèrent instantanément.

Grand-père était un Juif orthodoxe pratiquant, mais il se refusait à suivre certaines coutumes. L'une d'elles consistait à cracher par terre à la synagogue à un certain moment de la dernière prière, quand Dieu est proclamé Roi Suprême de l'Univers [1]. Mon *rabbi* avait l'habitude de nous dire que l'action de cracher était à l'intention de ceux qui persécutaient notre peuple. Le sol de la synagogue était transformé en patinoire, tellement il était glissant. Je n'ai jamais vu mon grand-père cracher.

La maladie de grand-père s'aggravait. Il était en train de mourir d'une affection de la vésicule biliaire (ou bien était-ce un cancer ? je n'ai jamais su la véritable cause de sa mort ni de celle de mon père). Ce pilier de mon existence était devenu un invalide, qui ne se préoccupait que de sa santé, ses souffrances, ses médecins, ses médicaments, ses traitements.

J'avais presque quatorze ans et me trouvai tout à coup totalement indépendant. Je me sentais plus mûr que tout autre garçon de mon âge, mais l'angoisse que faisait naître cette insécurité physique et émotionnelle réapparut. Si grand-père devait mourir, il n'y aurait plus personne pour veiller sur moi, pour me guider et m'aider. Je commençai alors à prendre seul mes propres décisions et un vague projet se forma dans mon jeune esprit : « Aller en Amérique ! »

Tel un fil d'or, dans chaque lettre que je recevais de mon frère

1. Cette prière, utilisée par les martyrs juifs comme chant de mort, est appelée « *Aleynou le-chabeah* » (il est de notre devoir).

Layvik [1], alors en Amérique, ressortait le thème : « Subviens à tes besoins et ne sois pas un parasite ». Cette idée de gagner sa vie s'opposait totalement à la morale des Juifs de Jérusalem, selon laquelle les Juifs de la Diaspora avaient le devoir d'aider les Juifs de Palestine qui, de leur côté, priaient et vivaient pour eux, quoiqu'à vrai dire, ils « vivaient d'eux » plutôt que pour eux.

Dans ses lettres, mon frère décrivait les merveilles de l'Amérique, comment il gagnait sa vie et comment les gens à New York réussissaient à bien s'entendre, Juifs et Gentils réunis ; tous essayaient d'être de bons Américains, de se fondre en un seul peuple, de vivre en harmonie et d'apprendre la tolérance et non la haine. Il insistait sur ce fait, en ajoutant que les Juifs n'avaient pas peur des *goyim;* d'ailleurs, ils travaillaient ensemble dans les mêmes magasins et les mêmes usines.

Pour préparer mon émigration en Amérique, je commençai à apprendre seul le français et l'anglais, durant la pause du déjeuner à l'école. J'avais fait en secret l'acquisition de quelques livres qui fournissaient une traduction élémentaire des mots et des expressions yiddish en français et en anglais. J'avais pris l'habitude de me retirer dans la synagogue déserte et d'arpenter, dans un sens puis dans l'autre, l'espace séparant la porte de l'arche sainte, tout en répétant les mots et les expressions d'une voix chantante. J'essayais de mémoriser au moins vingt mots nouveaux par jour. Je pensais avoir besoin du français, car mon projet était d'embarquer à Jaffa sur un paquebot français pour rejoindre Marseille, puis d'aller en train jusqu'au Havre en passant par Paris, pour prendre finalement au Havre un paquebot français qui me conduirait à New York.

Je compris bien vite qu'une heure par jour n'était pas suffisante pour mener des études sérieuses. Il me fallait plus de temps et un endroit plus sûr. Je découvris un lieu idéal, un parc loin de la foule de l'école, et surtout loin de l'arche de la Torah dans la synagogue où je me sentais coupable de me livrer à des activités profanes et si peu *kasher*. Le parc était situé dans l'admirable quartier russe : un banc sous un acacia luxuriant et ombreux dans de merveilleux jardins m'offrait la retraite idéale qui permettait une concentration soutenue. J'achetai un livre de lecture anglaise élementaire et un dictionnaire bilingue anglais-yiddish, et commençai à faire de grands progrès, passant plusieurs heures par jour dans mon école privée et improvisée.

1. En Amérique, on l'appelait Louis.

Ce n'était pas loin de la cathédrale orthodoxe russe, où des milliers de pèlerins priaient et chantaient. Partis de Galicie, la Russie ukrainienne blanche, ces pèlerins à l'aspect pitoyable arrivaient en masse à Jérusalem, entassés comme des bêtes dans des paquebots qui reliaient Odessa et Trieste à Jaffa. Ils venaient en Terre Sainte pour se tremper les pieds dans l'eau du Jourdain et visiter les Lieux Saints, avec l'espoir d'obtenir ainsi un visa pour le Paradis.

Alors qu'assis sur mon banc, je me bourrais le crâne de tous ces mots anglais, des échos de la musique douce et solennelle provenant de la cathédrale m'arrivaient aux oreilles. D'abord, celle-ci me rappela les pogroms nocturnes de Gomel, les icônes, les torches et la soif brutale de violence envers les Juifs. Mais je commençai peu à peu à réfléchir : « Ici, nous ne sommes pas en Russie ; c'est un territoire arabe. Les Arabes sont des gens simples et bons. Ils n'ont jamais fait de mal à personne, ni à moi ni à qui que ce soit de ma connaissance. Ne vivons-nous pas entre Juifs à Jérusalem et ne nous y sentons-nous pas à l'aise ? Ne louons-nous pas nos ânes aux Arabes à la Porte de Jaffa durant la Pâque et pendant la semaine des *Soukkot ?* Et ne sortons-nous pas de la ville pour aller à Motzah où le seul et unique fermier juif vit en parfaite harmonie avec sa famille au milieu des Arabes ? Ici, les Russes, comme les Juifs, ne sont que des visiteurs ou des résidents dont on accepte qu'ils vivent comme ils en ont l'habitude. Le gouvernement est censé être turc, mais on ne rencontre guère de Turcs, car ce sont les Arabes qui font marcher la machine gouvernementale. »

La musique commença à m'attirer, à me séduire, à me fasciner. Un désir fou s'empara de moi : pourquoi ne pas entrer dans la cathédrale pour voir les *goyim* prier et chanter ?

La première fois que je ressentis ce désir, une force intérieure résista à cette grande tentation et la repoussa. Ma conscience me torturait : « un bon Juif », aller dans une église de *goyim* et regarder des icônes ? Mais que dirait mon grand-père mourant ? mes professeurs et mes camarades ? Outre la disgrâce, je craignais d'être foudroyé par le Tout-Puissant.

Mais le lendemain, alors que je regardais les pèlerins entrer en procession dans la cathédrale, ils m'apparurent si humbles, si inoffensifs et si simples, que je m'interrogeai :

« Ne prient-ils pas Dieu à l'instar de mes compatriotes ? »

Je repoussai mes boucles derrière mes oreilles (un Hassid devait en effet porter une longue mèche de cheveux tire-bouchonnée qui descendait sur chaque tempe) et ainsi, vêtu de mon cafetan, je ressemblais parfaitement à un Arabe. Je parlais en outre couramment l'arabe.

Je pénétrai en silence dans l'immense cathédrale. J'avais le cœur battant. L'atmosphère qui y régnait était solennelle, ouatée, favorable à la prière et à la méditation. Puis les chants commencèrent. Ils chantaient avec ferveur, sincérité et humilité. Ils chantaient merveilleusement. J'appréciais également les moments de recueillement dans la cathédrale bondée. Pas un soupir, pas un murmure. Bien que l'odeur de transpiration fût suffocante, je savais me trouver dans un lieu saint. Mes yeux étaient emplis de larmes et mon cœur débordait de joie.

Dès lors, chaque samedi matin, au lieu d'aller à la synagogue, je me rendis dans le quartier russe et pris part aux services religieux dans la cathédrale. Je ne comprenais pas les prières puisqu'elles étaient dites en langue slave, mais j'appris à chanter les hymnes. Je me souviens de ces cantiques et de ces notes aussi vivement que des chants hassidiques de mon grand-père.

Quel est aujourd'hui mon sentiment de Juif à l'égard de tout cela ? Je n'éprouve ni regrets ni sentiment de culpabilité. Ce fut une expérience religieuse intéressante. Après tout, Jésus de Nazareth, *Yehuchuah ha Notzri,* était cent pour cent juif. S'il a jamais existé un Juif pur, porteur de la morale juive, c'est bien lui. Ce fut un prophète, que l'on peut bien élever au même rang qu'Isaïe, Ezéchiel, Malachie, Amos, Zacharie et Michée dans le grand *vestibule de la Renommée* qu'est l'histoire juive.

Juifs et Chrétiens ont les mêmes lois : « Tu ne tueras point », « Tu aimeras ton prochain comme toi-même », « Tu ne convoiteras pas la femme de ton voisin », « Tu ne voleras pas », « Tu ne feras pas à ton prochain ce que tu ne veux pas que l'on te fasse », et surtout « Repens-toi ! »

D'innombrables parties du Nouveau Testament sont aussi nobles que les préceptes et les règles que nous ont transmis les prophètes juifs et devraient être sacrées pour nous tous, sans qu'il faille les modifier. Il devrait en être de même des autres religions qui proclament de hautes valeurs morales pour guider leurs adeptes, y compris la religion musulmane qui s'inspire des préceptes judéo-chrétiens fondamentaux. Tous les hommes du monde devraient être frères, sans tenir compte de leur héritage théologique. Quelle que soit notre race ou notre religion, nous devrions, nous devons nous émanciper de tout obscurantisme, des Saintes Ecritures et des forces tribales.

Durant ces années passées en Palestine, il n'y avait guère plus de trente-cinq mille Juifs pour six cent mille indigènes arabes, musulmans et chrétiens. De plus, nous étions pour la plupart des immigrants. Du vivant de mon grand-père, il n'existait pas encore de coopératives ou de collectivités agricoles, mais il y avait cependant quelques colonies rurales juives. A Rehovoth, le fils de mon grand-père possédait une grande propriété où il cultivait la vigne et des melons. On m'y envoya pendant quelques semaines, le dernier été de la vie de mon grand-père, alors qu'il était au plus mal. Pendant ce séjour, je me gavai comme d'habitude de raisins et de melons puisqu'ils étaient censés être bienfaisants. Peut-être était-ce vrai ? Cependant je finissais toujours par me rendre malade à force d'en manger.

Il y avait à Rehovoth d'autres jeunes Juifs européens, mais on me tenait à l'écart. Ils portaient des vêtements modernes, des pantalons et des chemises, alors que moi j'avais un cafetan, une sorte de longue robe, et des *péhots,* de longues mèches bouclées sur les oreilles. Les autres se moquaient de moi et cela me contrariait. Je nourrissais le désir secret de m'habiller comme eux et d'avoir une apparence plus occidentale ; mais j'aurais alors ressemblé à un *goy,* et cela n'aurait jamais été admis dans une famille juive orthodoxe.

Un de ces garçons suscitait tout particulièrement mon admiration : Yoshpeh. Il était beau et montait à cheval aussi bien qu'un Arabe. Il remporta même une fois un prix au concours équestre annuel. Son père était un riche Juif sud-américain qui, bien que travailleur, ne réussissait pas très bien. Il avait acheté pour planter des orangers davantage de terres que ses moyens le lui permettaient ; il dut attendre pendant quatre ou cinq ans la première récolte.

A l'époque, je passais des heures dans les vignes de mon oncle à observer tout simplement les travailleurs arabes qui ramassaient le raisin, le chargeaient sur des chameaux, puis allaient au pressoir. Parfois, les surveillants arabes m'offraient de monter sur leur chameau. Ils se montraient toujours affables. C'étaient des fermiers des alentours qui ne cultivaient pas seulement leurs terres, mais travaillaient également pour les « gentlemen farmers » juifs qui portaient toujours des costumes de ville, avec cols et cravates, et des souliers bien cirés... par un Arabe. Les Juifs ne faisaient que superviser le travail effectué par les *goyim.*

A ce moment-là, presque toute la terre, les maisons et les entreprises de Palestine appartenaient aux Arabes, et les fermiers, les ouvriers, qualifiés ou non, étaient également presque tous arabes ; j'ai rarement vu des ouvriers juifs, des garçons de ferme juifs, ni d'ailleurs de véritables fermiers juifs. Telle était la situation avant la venue des pionniers sionistes qui arrivèrent de Russie, comme David Ben Gourion.

L'une des rares exceptions était ce Juif dont la ferme était située dans les montagnes, à Motzah, à des kilomètres de Jérusalem. Il cultivait la terre pour faire vivre sa famille et c'était le seul fermier juif de toute la région. Quand nous arrivions, mes amis et moi, à dos d'âne, tôt le matin, il nous servait le petit déjeuner et nous donnait des fruits. Il nous racontait comme il s'entendait bien avec ses voisins arabes. Il fut pour moi une grande source d'inspiration[1].

A la fin de chaque séjour chez mon oncle, un de ses employés me conduisait le matin en voiture à cheval jusqu'à Ramleh. Là, je m'asseyais à l'extérieur de la gare et attendais, jusqu'à trois heures de l'après-midi, le train en provenance de Jaffa qui me ramènerait à Jérusalem. Aucun Juif ne s'était jamais installé à Ramleh, mais personne ne m'inquiétait. Je n'avais pas du tout l'impression d'être un étranger. Je ne rencontrais pas plus de difficultés à Lydda, autre communauté arabe que je visitai. J'étais libre d'agir à ma guise et d'acheter tout ce que je voulais. Je me rappelle avec grand plaisir ces Arabes qui me distrayaient ou qui discutaient avec moi. A cette époque, je parlais couramment l'arabe, bien que, malheureusement, je n'aie jamais eu l'occasion d'apprendre à le lire où à l'écrire.

Lorsque j'y pense, je me rends compte qu'à part mon vénéré grand-père, les Arabes m'ont apporté plus de joie que les Juifs que j'ai connus en Palestine, car ils étaient plus proches de la réalité, alors que la plupart des Juifs vivaient avec une peur panique de se mêler aux *goyim*. Les Arabes auraient pu nous éliminer facilement, s'ils avaient voulu. Ils gouvernaient la Palestine ; ils ne constituaient pas uniquement la population active, mais appartenait à l'administration, à la justice et à la police. Bien que le pays fît partie de l'Empire turc-ottoman, je ne vis jamais un fonctionnaire turc pendant les années où je vécus en Palestine. Tout était

1. Après la guerre israélo-arabe de 1948-1949, j'ai entendu dire qu'un fermier juif avait été tué à Motzah pendant le combat qui provoqua la mort de tant d'innocentes victimes : Juifs, Musulmans et Chrétiens. Je ne sais pas si c'était ce monsieur si gentil que je connaissais — ou peut-être son fils, s'il en avait un.

arabe et il n'y avait pas d'oppression. On ne me fit jamais violence, pas une seule fois, et personne ne se mêla de notre vie.

Malgré cela, on encourageait déjà un sentiment anti-arabe. De temps en temps, durant les derniers mois de la vie de mon grand-père, je m'échappais subrepticement la nuit, pour aller à la *Beth-Ha'Am*, la Maison du Peuple, où des Juifs sionistes laïques allaient écouter des discours et des conférences que donnaient des gens comme David Ben Gourion, qui venait de débarquer d'un bateau en provenance de Russie [1]. Ils soulevaient l'enthousiasme de leur public avec le slogan : « *Amenu, Artsenu, Moladetenu* » (Notre Nation, notre Pays, notre Terre natale) et ils faisaient allusion à la Palestine, bien que peu, sinon aucun, d'entre eux y fussent nés. Mon grand-père Mnuchin et d'autres Juifs orthodoxes sérieux ne se seraient pas laissé prendre à de telles sottises, mais bien des gens y furent sensibles.

Grand-père mourut en 1908. Je n'avais pas encore quinze ans. On l'enterra sur le mont des Oliviers et, devant sa tombe ouverte, je récitai le *Kaddiche*, la prière pour les morts, la voix entrecoupée de sanglots.

Ma grand-mère alla vivre chez son fils à Rehovoth ; j'allai vivre à Mea Shearim, banlieue nord de Jérusalem, avec ma sœur Mooshkeh qui était mariée et avait trois enfants. Ma sœur Shandel, que ma mère envoya de Russie, m'y rejoignit bientôt.

Grand-père m'avait laissé deux cents dollars en espèces. Je mis cet argent sur un compte que j'ouvris à la Banque Anglo-Palestinienne, en attendant le jour où je pourrais l'utiliser pour payer mon voyage si convoité vers l'Amérique, où j'espérais trouver de l'argent pour subvenir à mes besoins comme mon frère Layvik.

Afin de me préparer à ma future vie, à ma vie moderne, je coupai mes *péhots*. Je cessai d'aller à la *yechiva*, l'école talmudique où j'étais entré après le *heder*, m'achetai un pantalon, une chemise, une veste, et m'inscrivis, près de Mea Shearim, dans une petite école privée qu'un Juif américain, Jacob Cohen, dirigeait, pour y apprendre l'anglais et la comptabilité. C'était un excellent professeur.

1. Ben Gourion émigra de Russie en Palestine en 1906.

CHAPITRE III

LA JÉRUSALEM D'AUTREFOIS

(1908-1909)

Le *Schnorerei*, c'est-à-dire la mendicité à l'échelle universelle, constituait la ressource essentielle des Juifs de Palestine. Le mari de Mooshkeh, Avremeleh Hochstein, appartenait à l'armée des collecteurs de fonds de Jérusalem, fondateurs, directeurs et responsables professionnels de multiples hospices de vieillards, orphelinats, hôpitaux et écoles, créés soi-disant au nom du Judaïsme et de Dieu, mais qui en réalité faisaient vivre confortablement leurs fondateurs.

Les revenus de presque toute la population juive de Jérusalem, et d'un bon nombre de Juifs dans les autres villes de Palestine, provenaient de la *chalukah,* c'est-à-dire de l'argent qu'envoyaient régulièrement les communautés juives d'Europe, et qui leur permettait d'avoir gratuitement logement, médicaments, eau, et presque tout ce dont ils avaient besoin de la naissance à la mort. Il existait un précédent biblique à la *chalukah :* « l'accord entre Isaac et Zébulon », selon lequel les fils de Jacob auraient décidé qu'en échange des prières faites par Isaac, Zébulon travaillerait pour les faire vivre tous les deux. Ce principe s'est étendu aux Juifs de la Diaspora qui se devaient de travailler pour subvenir aux besoins de leurs « frères » en Terre Sainte : leur récompense les attendait au Paradis, où les Juifs palestiniens étaient sûrs d'occuper les places d'honneur aux tables dorées, tandis que les Juifs « ordinaires » de la Diaspora seraient assis à l'écart. Cette théorie justifiait également l'oisiveté presque totale des Juifs palestiniens : le travail risquait de les détourner de leurs fonctions premières, à savoir la prière, les études talmudiques et une vie sédentaire et pieuse.

« La *Torah* est la meilleure *schorah* », la Torah est la meilleure marchandise, dit un vieux proverbe qui avait pris une signification et une dimension toutes nouvelles dans la Jérusalem d'autrefois. En conséquence, Jérusalem constituait le rêve du mendiant et le paradis des cléricaux. A cette époque, le Baron Hirsch et Lord Rothschild distribuaient des millions de dollars par an pour aider les Juifs de Palestine, et la rumeur se propagea chez les Arabes que les Juifs vivaient « *a la kiss il Baron* » (« aux crochets du Baron »).

Un groupe de Juifs de Palestine méritait une place au paradis, celui des *Yechiva-bochurim,* composé de jeunes Juifs polonais et russes qui étudiaient dans les *yechivas* et qui étaient si pauvres qu'ils devaient compter sur des familles juives de leur pays pour les nourrir six jours sur sept. Leur spiritualité était authentique.

Les véritables érudits orthodoxes venaient rarement, pour ne pas dire jamais, de Jérusalem, ville vivant de la charité. Ils venaient des ghettos miséreux de Russie et de Pologne. Jérusalem, Tibériade et Safed, les trois centres du fanatisme orthodoxe en Palestine, constituaient en revanche un royaume de *schnorers* (mendiants) professionnels. Il existait même en Palestine des bénéficiaires de *chalukah* qui n'avaient pas besoin d'argent. Je me souviens d'un Juif très aisé qui possédait un vaste domaine sur lequel il cultivait de la vigne et des melons ; ses vignes produisaient un vin excellent.

A Jérusalem, rares étaient les Juifs qui travaillaient pour un salaire ou qui étaient productifs. Certains Juifs yéménites travaillaient comme maçons, bijoutiers, menuisiers, mais la majorité de la communauté, très organisée, excellait en matière de mendicité. On avait divisé Jérusalem et Jaffa en « districts ». Chacun recevait son district et avait un jour par semaine pour y « exploiter » les familles juives. Malheur à quiconque osait envahir un district un autre jour que le sien ! Les Juifs yéménites avaient atteint le summum du parasitisme : ils trouvaient le moyen de mendier auprès des mendiants.

Dans la rue principale de Jérusalem, près de la porte de Jaffa, se trouvaient de nombreux hôtels, tenus par des Juifs et essentiellement destinés aux touristes anglais et américains, quelques magasins modernes, certains appartenant à des commerçants juifs, et enfin la Banque Anglo-Palestinienne, récemment établie par le Congrès sioniste. Mais, en général, les affaires n'étaient pas entre les mains des Juifs. Il s'agissait plutôt d'un monde musulman et chrétien dans lequel les vingt-cinq mille membres de la puissante communauté juive vivaient en parasites. Il n'existait rien dans la ville qui ressemblât à une communauté juive salariée.

Je mûris vite dans mon nouvel environnement. Avant d'atteindre mes quinze ans, je fus pratiquement en mesure de subvenir à mes besoins. Je passais au moins trois heures par jour à l'école de M. Cohen et l'étude de la comptabilité commença à me fasciner. En fait, je tirai rapidement parti de mes connaissances. Je persuadai un de mes amis, dont le père avait une petite entreprise à Jérusalem, de prendre des leçons de comptabilité avec moi. Je traduisais tout en hébreu et, en un rien de temps, le père du garçon utilisa le nouveau système dans son magasin. Je gagnai ainsi assez d'argent pour payer mes frais de scolarité.

Je trouvai une source de revenus plus conséquente par l'intermédiaire de mon beau-frère, qui était directeur d'un hospice de vieillards. Il l'avait fondé avec des parents à lui et ensemble ils dirigeaient l'affaire comme une entreprise familiale — au nom de Dieu évidemment. Il existait des méthodes bien définies pour collecter les fonds destinés à de telles institutions. Ils provenaient de la population juive du monde entier, par l'intermédiaire de messagers et de dons postaux. Les messagers étaient appelés *meshoolochim :* ils étaient envoyés en tant qu'émissaires, agents et receveurs, et des centaines d'entre eux voyageaient ainsi de ville en ville en Amérique, en Angleterre, en Afrique du Sud, en Australie et en Russie, à la recherche de dons en faveur de leur institution. Ils portaient de longs cafetans noirs, avaient des boucles de cheveux sur les oreilles et une barbe. Grâce à l'aide des orthodoxes croyants, ils disposaient de longues listes de donateurs, et se rendaient chez les particuliers, dans les entreprises et dans les synagogues, afin de collecter des fonds. Ils déduisaient leurs frais de l'argent collecté (transport, hôtel, restaurant et frais divers), sans oublier une bonne commission. Ils envoyaient le reste à Jérusalem.

Une source de revenus encore plus importante provenait des réponses au courrier considérable que nous envoyions, et c'est là que je jouais un rôle essentiel à l'hospice d'Avremeleh. Comme toutes les autres institutions à vocation charitable, les hospices de vieillards possédaient une liste d'adresses sélectionnées dans les annuaires étrangers. On parcourait les annuaires pour y trouver des noms à consonance juive. Mon travail consistait à libeller les adresses sur les enveloppes, insérer les lettres de demande de *schnorerei,* imprimées en yiddish, en hébreu, et dans les langues étrangères appropriées, cacheter et timbrer les enveloppes et les mettre par paquets de cent. J'étais payé au paquet. Des milliers de lettres circulaires furent ainsi envoyées avant *Roche Hachana* et *Yom Kippour,* et je devins un véritable expert en libellé d'adresses. Mes revenus étaient impressionnants et ceux de l'hospice de vieillards devaient être prodigieux. Chaque fois qu'un bateau arrivait à Jaffa, mon beau-frère et moi-même nous rendions aux bureaux de poste russe, autrichien et turc de Jérusalem, pour y retirer les énormes sacs de courrier.

Je dus également m'adapter à la vie religieuse de Mea Shearim. Bien que rares fussent les Juifs orthodoxes de Mea Shearim qui auraient osé ne serait-ce qu'envisager manquer les trois offices quotidiens de *Schacharit, Min'ha et Ma'ariv,* seule la population religieuse âgée et rigoriste rendait son culte dans la synagogue principale, qui se trouvait en général à moitié vide, sauf pendant le Sabbat. La plupart des gens, qui ne voulaient pas perdre de temps en dévotions, entraient et sortaient à toute vitesse dans une de ces synagogues miniatures, les *shtiblekh,* qui bordaient la rue menant à la synagogue principale. Dans cette avenue régnait une atmosphère de foire bruyante et animée, mais il ne s'agissait nullement d'une chasse à la bonne affaire, mais de la recherche du « dixième homme » pour atteindre le *minyane,* le quorum de dix adorateurs nécessaire pour commencer l'office. A l'instant même où un *minyane* était constitué, le chantre commençait à réciter les prières à toute allure. Des *shtiblekh* proposaient souvent deux offices pour chacune des trois prières quotidiennes.

Il arrivait parfois qu'une bonne âme comptât les personnes présentes et découvrît, comble de l'horreur, qu'il n'y avait que neuf hommes. Le chantre, qui avait jusque-là débité ses prières sans reprendre souffle, s'arrêtait net, comme si tout à coup on avait mis un coup de frein aux rouages de la religion. Quel tohu-bohu ! Des protestations et des cris fusaient de toute part. « Non ! Non ! Ah ! Ah ! », jusqu'à ce que quelqu'un fût littéralement amené de force de l'extérieur pour atteindre le fameux quorum. Le chantre reprenait alors ses prières en redoublant de vitesse pour rattraper le temps perdu dans cette course quotidienne qui opposait les *shtiblekh* voisines. Le manque de convenance et d'humilité, le bruit et la médiocrité qui les caractérisaient, contrastaient avec la piété de la vie de mon grand-père, avec la beauté, la dignité, le recueillement et la solennité que j'avais découverts dans les cathédrales russes orthodoxes, et m'éloignèrent non seulement des *shtiblekh* mais également de la synagogue. Je commençais à méditer : « Dieu n'est pas juif, Dieu est universel. » Je me souvenais des paroles du prophète Amos : « N'êtes-vous pas semblables à des Ethiopiens à mes yeux, ô enfants d'Israël. » Je commençais à chercher Dieu en dehors de la synagogue plutôt qu'à l'intérieur, là où les gens confondaient les cérémonies rituelles, bruyantes et superficielles avec la prière contemplative, avec l'abnégation de soi dans la prière, qui, à mon avis, représente l'essence même de la religion. Je voulais avoir le même contact direct inspiré et intime avec Dieu que celui que mon grand-père connaissait à chaque instant de la journée, qu'il fût en train de prier ou non.

Il existait une spécialité ultra-orthodoxe qui me fait frissonner chaque fois que je me souviens d'en avoir été témoin dans la synagogue de l'hospice de vieillards [1]. Un jour on m'y convoqua d'urgence.

« On va exorciser un *dibbuk*, un esprit du mal, du corps d'une jeune Américaine. »

Un homme grand, bien habillé, et sa fille de vingt ans furent amenés à l'hospice. Ils avaient un air solennel, mais discutaient normalement tandis qu'on les faisait entrer dans la synagogue. A l'intérieur attendait un groupe de rabbins portant des châles de prières sur la tête. Chaque rabbin avait la corne de bélier appelée *shofar* à la bouche. Les portes furent verrouillées, les fenêtres fermées, les rideaux tirés. On ordonna à la jeune fille de s'allonger sur la table, où on la recouvrit d'un châle de prières. Après les prières, les rabbins se mirent à souffler tous ensemble dans leur corne de bélier. Puis le chef des rabbins s'approcha de la jeune fille et s'adressa directement à l'esprit du mal :

« Ecoute, *dibbuk !* Je t'ordonne de quitter cette femme. Passe par un organe ouvert et sans risque et laisse-la tranquille ! Au nom de Dieu ! »

Cela dura au moins une heure. La jeune fille se tordait, gémissait et avait de l'écume aux lèvres comme si on la torturait. Les rabbins attendaient. Mais rien n'annonçait le départ du *dibbuk*. Alors le chef rabbin se remit à l'œuvre :

« Je t'ordonne, esprit du mal, de sortir. Nous sommes venus ici au nom du Dieu d'Israël pour te chasser du corps de cette femme vertueuse, va-t'en ! »

Les cris, les injonctions, les ordres, les vieilles incantations rituelles, les *shofars* et l'air vicié de la pièce pleine de monde

1. Le rabbin Churgin, père de Pinkhos Churgin, un ami à moi qui devait fonder plus tard l'Université de Bar Illan en Israël, était le chef spirituel de l'hospice.

semblaient faire perdre la tête à la jeune fille. Enfin, les exorcistes partirent, on ouvrit les fenêtres et on aida la victime trempée de sueur à se relever, le *dibbuk* apparemment plus solidement installé que jamais. Quelqu'un nous raconta plus tard qu'elle et son père avaient parcouru l'Inde et la Chine pour la faire exorciser. Leur dernier recours avait été la cabalistique du Judaïsme orthodoxe.

Vers la fin de 1908, j'éprouvais la plus complète désillusion quant au mode de vie de la plupart des Juifs orthodoxes de Palestine. J'étais plus que jamais convaincu que mon *tchwek*, ma destinée, se trouvait en Amérique. C'est ainsi qu'un beau jour, je me rendis au bureau de la compagnie maritime française à Jérusalem et me renseignai auprès d'un employé sur les traversées les moins chères pour l'Amérique. Je possédais les deux cents dollars que mon grand-père m'avait laissés, et quelques économies que j'avais réalisées grâce à mon travail d'« écritures » à l'hospice. J'obtins un billet de bateau pour Marseille, un billet de train Marseille-Paris, ainsi qu'un titre de voyage Paris-Le Havre-New York. A quinze ans, je me sentais prêt à commencer une vie nouvelle dans un nouveau pays.

Je n'avais pas peur, j'étais plein d'enthousiasme et de rêves, mais j'étais également très jeune et complètement seul. A l'instant même où le bateau quittait Jaffa, je fus pris du mal de mer et restai là, pitoyable, allongé sur ma couchette supérieure, jusqu'à Marseille. Mon compagnon de cabine m'ignorait totalement et le steward ne venait que rarement me voir. Dans le vieux train brinquebalant qui m'emmena de Marseille à Paris, je fus pris d'une forte fièvre. En arrivant, je laissai mes bagages dans un petit hôtel et pris le bus pour aller au siège de la compagnie maritime française. Je réussis à me faire comprendre, mais faillis m'évanouir lorsqu'on me dit que j'étais trop jeune pour continuer : je n'aurais pas le droit d'aller en Amérique seul, sans être accompagné d'un parent ou d'un tuteur, avant l'âge de 16 ans.

Dans mon français hésitant, je protestai qu'on aurait dû me donner cette information à Jérusalem. Je ne pouvais pas me permettre un voyage d'agrément à Paris. L'employé était compatissant et il me conduisit auprès d'un supérieur, qui sembla sincèrement désolé pour moi. Séance tenante, il organisa mon retour en Palestine gratuitement, en seconde classe, et il s'arrangea pour que le prix du voyage initial me fût remboursé là-bas.

Le prochain bateau à vapeur en partance pour Jaffa ne levait l'ancre que cinq ou six jours plus tard. J'explorai Paris en bus, tout en séjournant dans un petit hôtel bon marché, et en me nourrissant de baguettes croustillantes et d'une variété infinie de fromages. A mon retour à Marseille, je me considérais déjà comme un voyageur chevronné. Cette illusion fut déçue lorsque nous fîmes escale trois jours à Alexandrie pour décharger des marchandises. Trois Juifs palestiniens qui revenaient d'Amérique me proposèrent de me joindre à eux pour faire un tour en ville. Tard dans l'après-midi, nous nous retrouvâmes dans les rues étroites du quartier des prostituées. C'était un monde que j'ignorais, fait de curiosité malsaine, de femmes à demi nues qui proposaient de leur voix rauque des caresses brûlantes en vous tirant par la manche, en vous embrassant et en vous enlaçant au beau milieu de la rue. Mes compagnons éclatèrent de rire devant mon attitude horrifiée. Je pris mes jambes à mon cou et courus comme un fou en direction, me semblait-il, du port. Sans même connaître le numéro de la jetée, je retrouvai tant bien que mal le bateau, le S. S. *Caledonia*.

Pendant le reste de mon séjour à Alexandrie, je ne quittai pas la douceur sécurisante du bateau, et lorsque mes anciens compagnons embarquèrent à la dernière minute, je refusai tout contact avec eux.

Lorsque nous arrivâmes à Jaffa, j'avais décidé que, quoi que je fisse en attendant d'avoir seize ans, j'en avais fini de Jérusalem. Je ne voulais surtout pas retourner vivre chez ma sœur Mooshkeh, même si je devais renoncer à mon autre sœur, Shandel, que j'aimais tendrement.

En fait, les événements rendirent de toute façon impossible mon retour immédiat à Mea Shearim. Une épidémie de choléra s'était déclarée en Palestine et les zones qu'il me fallait traverser pour rentrer à Jérusalem avaient été mises en quarantaine. Je restai donc à Jaffa et, au cours de mon séjour, on me présenta à un certain M. Shankin, promoteur, qui était comme moi apparenté à la famille éloignée de Asher Ginzberg, représentant de la *Wissotzky Tea Company* et qui écrivait en hébreu des essais inspirés sur le Judaïsme et les grandes questions concernant la communauté juive, sous le pseudonyme de Ahad Ha'Am. M. Shankin me prit en amitié et me conseilla d'essayer d'entrer dans la nouvelle école secondaire juive mais laïque, appelée lycée Herzlia, en l'honneur du fondateur du Sionisme, Théodore Herzl, mort en 1904. Ce lycée était situé à Tel-Aviv, communauté proche de Jaffa où s'étaient installés environ deux mille Juifs. Quelques-uns d'entre eux étaient commerçants, tailleurs ou cordonniers, mais la plupart étaient des Juifs orthodoxes qui passaient la majeure partie de la journée à prier dans les synagogues ou à étudier les Livres Saints. Ceux qui n'étaient pas à la charge de leurs enfants vivaient de la *chalukah* collectée auprès des Juifs du monde entier.

Shankin me conduisit un jour au lycée Herzlia pour rencontrer le directeur, M. Matman. J'expliquai que je connaissais parfaitement l'hébreu, le *Talmud*, les Prophètes et les cinq livres de la *Torah* mais ni la géographie, ni l'histoire, ni l'arithmétique, ni même l'hébreu moderne — ou du moins pas suffisamment pour prétendre entrer dans la classe supérieure qui était alors la troisième. L'école n'était ouverte que depuis quatre ans, et chaque année elle ouvrait une nouvelle classe, d'un niveau supérieur. Il était clair que j'avais besoin de suivre un cours préparatoire pour rattraper mon retard dans les matières où mes connaissances étaient insuffisantes. On se mit d'accord et il fut entendu que je serais admis au lycée lorsque j'aurais des résultats satisfaisants, un peu plus tard dans l'année.

Matman me fit visiter l'école. J'étais abasourdi : c'était la première fois que je voyais une école où il y avait entre chaque heure de cours une pause pendant laquelle les élèves pouvaient sauter, danser, chanter, siffler, flirter librement, et où ils semblaient véritablement prendre du plaisir à leurs études. Ils venaient tous de Russie ou de Rehovoth, ou encore de Richon-le-Zion, les deux colonies juives privées « riches » de Palestine. Pas un seul d'entre eux ne venait de Jérusalem.

Se posa alors le problème de mes moyens de subsistance. M. Shankin me procura une sorte de bourse qui couvrait mes frais de scolarité et quelques dollars d'argent de poche par mois pendant ma première année au lycée. Ma mère proposa de m'envoyer quelques roubles par mois, et mon frère Layvik cinq dollars par mois. Avec un budget très serré, je parvins à payer la location d'une chambre et du pétrole pour ma lampe, à me nourrir et à me vêtir. Je vivais essentiellement de pain, de beurre, de fromage de chèvre et occasionnellement de fruits. Je me jetai à corps perdu dans mes études, veillant souvent des nuits entières pour combler mes lacunes dans les matières où j'étais faible, et parvins ainsi à les maîtriser suffisamment pour réussir mon examen d'entrée au lycée. J'allais bientôt fêter mes seize ans. L'école fermait pour *Roche Hachana*, *Yom Kippour*, *Soukkot*, bien que, devais-je découvrir, personne de l'école, pas plus les élèves que les professeurs, n'allât à la synagogue. Lorsque le lycée rouvrirait, je serais élève de seconde. C'est du moins ce que je croyais.

CHAPITRE IV

MOOSHKEH ET SHANDEL

J'étais tout excité à l'idée d'annoncer à mes sœurs mon succès aux examens, et impatient d'aller à Jérusalem toucher le remboursement de mon billet au bureau de la compagnie maritime française. Je pris donc le train à Jaffa. En arrivant, plutôt que d'aller directement à Mea Shearim, je me rendis à pied dans les collines pour déposer un colis pour un ami, à la colonie juive de Bokhara. C'était une chaude soirée d'été et l'exercice me fit transpirer. Lorsque j'arrivai chez Mooshkeh, je me sentais faible et fiévreux. En l'espace de quelques heures, ma température monta en flèche et je fus pris de violentes douleurs à l'estomac. On fit venir le vieux médecin de famille, qui me prescrivit son remède favori, peut-être le seul, d'ailleurs, de sa connaissance : de l'huile de ricin. Mais malgré cela — ou à cause de cela — mon état s'aggrava. Après deux jours de douleurs atroces, on fit revenir le même médecin et il me prescrivit encore de l'huile de ricin. De dépit, je lui jetai mon soulier à la figure en hurlant : « De grâce ! Appelez-moi un vrai médecin ! »

Il se trouvait qu'un nouveau médecin, Juif français, s'était installé récemment à Jérusalem. Je suppliai mes sœurs de l'appeler et il accepta de venir m'examiner immédiatement. Il diagnostiqua une appendicite aiguë nécessitant une opération d'urgence. Or c'était le soir du *Yom Kippour*.

On me transporta sur un brancard jusqu'à la clinique *Shaareh Zedek,* qui appartenait au Docteur Wallach et se trouvait à peine à deux kilomètres de là. Le Docteur Wallach, bon chirurgien bien que parfois excentrique, refusa d'opérer le soir du *Yom Kippour*. « Ce n'est peut-être pas aussi grave que mon confrère français le prétend, et je pourrai quand même assister aux offices à la synagogue. »

Cependant, voyant que j'étais plus mort que vif et que la douleur était insupportable, il fit appeler le Docteur Gruesenberg, Allemand goy qui était le chirurgien le plus réputé de Jérusalem. Gruesenberg reconnut que mon état était sérieux, mais il n'était pas d'accord avec le diagnostic du médecin français.

Ce dernier me raconta toute l'histoire cinq ans plus tard, alors que je quittais la Palestine pour l'Amérique, et que je voulais savoir exactement ce qui s'était passé, pour le cas où les symptômes réapparaîtraient.

« Quand le Docteur Gruesenberg vous a ouvert, le pus a jailli ; il y en avait jusque sur la lampe au-dessus de la table d'opération. Même à ce moment-là, ils ne voulaient pas vous enlever l'appendice. J'ai dû proférer tous les jurons de la langue française pour qu'ils le fassent. Mais ils ont laissé tant d'adhérences que j'ai bien peur que vous ayiez quelque problème de ce côté-là. »

Il avait raison. J'ai payé cher la petite guerre franco-prussienne qui s'était livrée autour de ma personne à Jérusalem. Je n'ai pas pu dormir sur le côté jusqu'à ce que, bien des années plus tard, je me fisse opérer de la vésicule biliaire à New York, et que l'on m'extirpât du même coup les adhérences laissées à Jérusalem.

Je restai immobilisé à l'hôpital cinq ou six mois, avec une plaie ouverte et suppurante. Bientôt, je commençai à aller mieux et écrivis à l'un de mes futures camarades de classe pour lui demander de m'envoyer ses cours afin que je pusse poursuivre mes études.

Lorsque je fus autorisé à sortir de l'hôpital, je retournai à Jaffa et ma sœur Shandel vint s'occuper de moi. Nous avions loué une maison à un Arabe, à mi-chemin entre Jaffa et les dunes de sable où d'autres logements devaient être construits pour les Juifs. Shandel devint pour moi une mère, une sœur et une amie. Je profitais de sa compagnie, de son dévouement, de son encouragement, de son sacrifice, mais je ne lui apportais guère en retour. J'avais trop peu d'imagination, j'étais trop absorbé par mes études, pour me rendre compte qu'elle était torturée intérieurement par quelque tragédie secrète.

Shandel avait environ vingt ans quand elle quitta Jérusalem pour venir vivre avec moi à Jaffa. C'était la dernière des quatre enfants Mnuchin à avoir quitté la Russie pour la Palestine, sur décision de notre mère. Elle était jolie, douce, gaie, jeune et en pleine santé en arrivant à Jérusalem. Mais lorsqu'elle vint vivre avec moi, après une année passée avec Mooshkeh, elle avait complètement changé. Je soupçonnais même que quelque chose de mystérieux et de tragique s'était produit, blessant son âme sensible et passionnée et tuant en elle toute joie de vivre.

Le mariage de ma sœur Mooshkeh avec Avremeleh Hochstein n'était pas réussi. Avremeleh était un homme élégant dont la gaieté apparente avait quelque chose de juvénile ; mais sous ce vernis se cachait un être d'une avarice maladive. Sa mesquinerie était telle qu'il ne pouvait pas supporter que l'on mangeât du pain frais. Ce spectacle était un supplice pour lui, et il nous rapportait du pain rassis de l'hospice de vieillards où il travaillait. De même, il n'aurait jamais bu de l'eau fraîche de sa propre citerne, à moins qu'elle ne fût mélangée à de l'eau de pluie du réservoir de la commune, eau souvent putride utilisée pour laver les murs, les carreaux, le sol et à l'extrême rigueur le linge. Avremeleh se glissait souvent dans la cuisine pour verser un peu de cette « eau puante » (comme on l'appelait couramment) dans le potage, le ragoût ou le café. Plus d'un repas familial dut être jeté après qu'Avremeleh en eut mis une trop grande quantité.

Mooshkeh devait truquer avec beaucoup d'ingéniosité les comptes de la maison, surtout si elle voulait acheter du chocolat ou des sucreries. Avremeleh considérait les sucreries comme une dépense exorbitante et quasi-obscène. Mooshkeh, de son côté, était une femme intelligente et pleine de qualités, mais une menteuse invérée. « Elle ment comme un arracheur de dents », disait-on d'elle. La tristesse de Shandel venait de là, de cette famille sans amour, au cœur de l'obscurantisme de la Jérusalem ultra-orthodoxe.

J'ai appris plus tard qu'avant de venir vivre avec moi, Shandel avait eu une aventure romantique mais brève avec un charmant jeune homme, du nom de Samuel König, que j'avais très bien connu et beaucoup aimé. La famille König était venue à Jérusalem des Etats-Unis : ils parlaient donc tous anglais. Ils faisaient avec succès le commerce du grain et étaient établis juste à l'extérieur de la grande porte de Mea Shearim. Mme König était une mère merveilleuse, douce et sage, qui consacrait sa vie à l'éducation de ses enfants, et leur famille si heureuse avait été pour moi un refuge et une source de consolation à Jérusalem.

Je savais vaguement qu'il y avait eu une aventure sentimentale entre ma sœur Mooshkeh et Berl König, le fils aîné, mais elle n'avait abouti à rien. Il y avait eu également une idylle passionnée entre mon frère Layvik et Libbeh König, l'une des filles, mais elle aussi avait été un échec. L'aventure entre Shandel et Samuel König n'avait pas échoué : elle avait été sabotée. Mooshkeh se mit à intercepter les lettres d'amour que Samuel envoyait à Shandel : c'était avant que Shandel ne vînt vivre avec moi. Elle pensa que Samuel l'avait oubliée et cessa d'écrire. De son côté, Samuel supposa que Shandel ne l'aimait plus et, désespéré, il se rendit à Paris où il se suicida, à ce qu'on m'a dit.

A l'instigation de Mooshkeh, Shandel fut présentée à un professeur d'hébreu, rouquin et revêche, qui travaillait dans la colonie juive de Rehovoth. Shandel ne pouvait ni ne voulait aimer cet homme. Il venait souvent chez nous à Jaffa, décidé à gagner la main de Shandel. C'était un grand conteur d'histoires et il m'amusait beaucoup ; mais Shandel s'arrangeait toujours pour disparaître quand il arrivait. Pourtant, sous la pression de Mooshkeh, elle finit par donner son consentement.

Le mariage eut lieu à Rehovoth où il habitait, et je pris la diligence à Jaffa pour arriver une heure avant la cérémonie. Shandel se jeta dans mes bras sans pouvoir contrôler ses larmes. Quand elle fut un peu calmée, elle me donna une petite bague en or, toute fine, en forme de lacs d'amour [1].

« *Maishkeleh,* dit-elle, un jour tu te marieras ; marie-toi par amour. Je veux que tu donnes cette bague de ma part à ta bien-aimée. Il faut aimer pour vivre. »

C'est Samuel König qui avait dû lui donner cette bague.

Ce soir-là, après la cérémonie du mariage, et après que je fus reparti pour Jaffa, Shandel avala une bouteille entière de phénol et mourut dans d'atroces souffrances.

Quand j'appris la nouvelle le lendemain (il n'y avait pas de liaison téléphonique ou télégraphique entre Jaffa et Rehovoth), je fis le serment que, s'il m'arrivait de tomber amoureux et de me marier, ma femme et mes enfants ne verraient jamais Mooshkeh ni ma mère qui, en abandonnant ses enfants, avait contribué à cette tragédie. J'ai été fidèle à ce serment.

Aujourd'hui, devenu un vieil homme, je suis plus indulgent à l'égard de ma mère et de Mooshkeh. Elles aussi furent victimes d'un mode de vie essentiellement destructeur, imposé par une forme fossilisée, rigide et fanatique du Judaïsme orthodoxe.

Le suicide de Shandel fut l'événement qui traumatisa mon adolescence et n'a jamais cessé de me faire souffrir. Ma vie, mais aussi celle de mes enfants, en ont été profondément affectées.

1. Lacs d'amour : en forme de 8 couché. (N.d.T.)

J'estimai que je n'avais pas le droit d'exposer ma famille aux influences qui avaient ruiné la vie de Shandel. Aussi peu conventionnelle et aussi douloureuse que fût cette décision, je l'ai toujours respectée.

La photographie de Shandel est encore accrochée au mur de ma chambre et rares sont les jours où je ne contemple pas son visage triste et où je ne pense pas à sa vie brisée. Jusqu'au jour de ma mort, elle me manquera.

Et la bague ? Je fus fidèle à sa dernière volonté. Je l'ai donnée à ma bien-aimée Marutha, de la part de Shandel, le jour de notre mariage à New York, le 7 août 1914[1].

1. Plusieurs années après, Marutha donna la bague à la première femme de Yehudi, Nola. Quand leur mariage se brisa, je demandai une seule chose à Nola : rendre la bague de Shandel. Nola fut assez gentille pour le faire et je la redonnai à Marutha en lui faisant promettre de ne plus jamais s'en séparer de toute sa vie.

CHAPITRE V

DE NOUVEAUX AMIS

(1910-1913)

Le choc provoqué par la mort de Shandel m'aida sans doute à devenir adulte. Souffrant violemment de mon immaturité et de mon inexpérience, je me reprochai de n'avoir pas prévu et en quelque sorte empêché le suicide de ma sœur bien-aimée. J'avais le sentiment d'avoir failli à mon devoir de frère, et je résolus d'autant plus de réussir au lycée Herzlia. Bien sûr, il y avait là de fort bons professeurs pour m'aider ; une douzaine environ étaient en tous points remarquables. Le professeur Luria nous enseignait l'histoire et le professeur Benzion Mossinson[1], érudit d'origine russe, jovial et plein d'entrain, qui s'était lié d'amitié avec Théodore Herzl pendant ses études en Suisse, traitait des Prophètes, même si l'école n'utilisait pas de manuels en hébreu. Bien que sa méthode fût essentiellement analytique, le professeur Mossinson apprenait à ses élèves à révérer les Prophètes qui étaient un atout pour notre nation et faisaient partie intégrante de notre héritage.

Pour moi, l'universalisme des Prophètes et leur sens de la justice sociale étaient en contradiction avec le nationalisme fanatique et borné que le directeur, le Dr Matman, essayait de nous inculquer pendant ses cours de littérature hébraïque moderne. Avec son rigorisme habituel, il disait aux élèves ce qu'ils devaient croire et quel devait être le but de leur vie. Il contrôlait sévèrement nos discussions et ne les laissait jamais s'éloigner de son point de vue. Il nous faisait clairement comprendre que nous étions un peuple « élu », que la Palestine était « notre patrie », comme si notre petit nombre par rapport à la population arabe n'avait aucune importance. Son école devait être

1. M. Mossinson, qui avait émigré d'Europe en Palestine en 1907, devint directeur du lycée Herzlia en 1912, l'année qui précéda l'obtention de mon diplôme.

un « temple sacré », digne de son roi et messie : Théodore Herzl.

Le monde devrait être fatigué des « peuples élus » qui se proclament meilleurs que les autres.

Il n'y avait, au lycée, qu'un seul enseignant qui n'était pas très compétent : le professeur d'arabe. Arabe lui-même, je pense qu'on l'avait engagé uniquement pour satisfaire à l'exigence gouvernementale qui rendait obligatoire l'inscription d'un cours d'arabe à tout programme scolaire. Mais ce n'était pas une matière obligatoire, et l'école ne faisait rien pour encourager les élèves à suivre ces cours. Maintenant, je regrette de n'avoir pas profité de cette occasion pour apprendre l'arabe écrit. Je choisis le français pour pouvoir lire Emile Zola et quelques autres livres français licencieux, comme *Thérèse Raquin,* morbide et fascinant, dont tous les garçons et les filles de ma classe discutaient.

Il n'y avait aucun office religieux au lycée, et de toute ma scolarité, je n'y ai jamais rencontré de rabbin. Les matins de Sabbat, nous avions des conférences sur le sionisme, ou bien nous chantions. Le slogan « *Amenu, Artsenu, Moladetenu* » (« Notre nation, notre pays, notre terre ») nous était rappelé à tout instant, lors des assemblées du samedi matin ou de nos randonnées à la campagne. Nous devions le réciter sans cesse en classe, même pendant les cours de sciences. On nous disait qu'il fallait chasser les Arabes méprisables de notre *moladet* — qui n'était pourtant pas notre propriété mais la leur — et on citait la Bible comme justification. Tous les textes des Prophètes de l'Ancien Testament étaient utilisés dans un sens nationaliste. Bien que l'école fût fermée pour toutes les fêtes et jours saints juifs, la Bible était traitée dans nos cours comme de la littérature utile à notre endoctrinement et à notre formation de futurs chefs du nouvel Etat juif, celui que les sionistes devaient créer et dont nous, disciples consacrés du sionisme, allions avoir le privilège d'être les administrateurs [1]. Nos « études hébraïques » comprenaient seule-

1. Le garçon qui était assis à côté de moi au cours des quatre ans que je passai au lycée était un garçon très intelligent, bien qu'intellectuellement chicaneur. Il s'appelait Moshe Shertok, mais il changea son nom pour celui de Sharett quand l'Etat d'Israël fut créé en 1948, et qu'il devint le premier ministre des Affaires Etrangères. Après avoir obtenu son diplôme du lycée Herzlia, il était allé étudier le droit à Constantinople. Quand la Première Guerre mondiale éclata, lui et quelques autres volontaires sionistes s'engagèrent dans les forces turques pour combattre les Britanniques au Moyen-Orient. Shertok (Sharett) devint officier attaché au commandement des forces turco-allemandes en Palestine. Durant la Première Guerre mondiale, les leaders du sionisme en Europe s'allièrent au Kaiser Guillaume. Le quartier général du sionisme resta à Berlin. Sharett devint plus tard Premier ministre d'Israël.

ment la littérature moderne et étaient consacrées pour une large part à des discussions et des débats sans fin sur l'avenir de « notre patrie ». Dans cette atmosphère exaltée d'idéalisme fébrile, nous avions le sentiment de vivre dans un monde enchanté. C'était une nouvelle vie de Juifs à part entière qui remplaçait celles des ghettos d'autrefois en Europe de l'Est, dont étaient originaires bon nombre d'entre nous. Nous étions heureux et pleinement satisfaits.

Voici quelques extraits des œuvres que nous devions étudier, mémoriser et réciter comme notre nouvelle doctrine :

Peretz Smolenskin (1842-1885) :

« Le salut des Juifs réside dans leur différence. La re-nationalisation apparaîtra comme l'unique solution au problème juif. Les Juifs sont détestés non pas à cause de leurs convictions religieuses, ni de leur richesse réputée, mais parce qu'ils sont faibles et sans défense. Ce dont ils ont besoin, c'est de force et de courage. Ils ne les retrouveront jamais si ce n'est dans un pays qui leur appartienne. » (Jacob Raisin, *The Ḥaskalah Movement in Russia*, Jewish Publication Society of America, 1914, p. 262.)

Nahum Sokolov :

« ... l'antisémitisme était indéracinable ; la lutte contre les Juifs était une lutte à mort ; l'émancipation même ne peut faire disparaître l'animosité innée d'un peuple envers un autre peuple. La haine éternelle envers le peuple éternel persistera jusqu'à la fin des temps prédite par les prophètes d'autrefois. » (Essai *Sinat Olam Layam Olam,* Haine éternelle envers le peuple éternel, Varsovie, 1882.)

Docteur Leo Pinsker, chirurgien connu à Odessa (Russie) :

« La haine envers les Juifs est platonique, c'est une maladie mentale héréditaire que deux mille ans ont tant aggravée qu'elle est devenue incurable. Le problème juif étant international, il ne peut être résolu que par le nationalisme. Loin, très loin se trouve le havre de paix vers lequel nos âmes se tournent. Nous ne savons même pas si c'est à l'Est ou à l'Ouest. Mais la route ne peut sembler trop longue à ceux qui errent depuis deux mille ans. » (Pamphlet *Auto-emancipation*, Berlin, 1882.)

Je me rendais compte, malgré tout, qu'il existait une alternative au sionisme politique de Herzl. Elle se trouvait dans le « sionisme spirituel » de Ahad Ha'Am, qui écrivait :

« Il n'y a qu'un seul objectif dont nous puissions vraiment nous rapprocher, c'est l'objectif moral, la libération de notre esclavage intérieur. C'est en renforçant notre effort commun dans tous les secteurs de notre vie nationale que nous nous préparerons pour une vie digne et libre.

Après des souffrances millénaires, la question est de savoir si le peuple juif accepterait comme mission historique la création d'un petit Etat qui serait une fois de plus convoité par ses voisins plus puissants »[1].

Ahad Ha'Am séduisait mon cœur et mon esprit. Son hébreu était fascinant et ses arguments convaincants. A chaque fois qu'il publiait un nouvel article dans la presse hébraïque, c'était un événement mondial pour ses admirateurs et ses disciples, et les politiciens sionistes étaient frappés de terreur. La précision logique avec laquelle il exprimait ses idées, la beauté poétique de sa prose et la hauteur de ses principes moraux étaient autant d'arguments convaincants. Je trouvais étrange que les professeurs regardassent avec méfiance ce géant intellectuel à qui tant d'autres rendaient hommage. Chaque fois que je le citais dans les discussions que nous avions presque tous les jours sur le sionisme et le futur Etat d'Israël, j'étais interrompu et réprimandé par le Dr Matman, par ailleurs fort aimable : « Moshe Mnuchin vient de Jérusalem, il a été influencé par les missionnaires américains et anglais. »

A vrai dire, je n'avais jamais rencontré de missionnaires à Jérusalem ou ailleurs, et encore moins discuté avec eux.

Au lycée Herzlia, on n'étudiait jamais Ahad Ha'Am et on en discutait rarement : il était considéré comme un exalté, un intellectuel radical dangereux.

Le lycée Herzlia avait été fondé en 1904, année où Théodore Herzl, alors âgé de quarante-quatre ans, était mort d'une crise cardiaque. On craignait que la toile d'araignée politique qu'il avait réussi à tisser ne disparût en même temps que lui. Jadis, les rabbins de l'ancienne Jérusalem juive, comprenant que leur régime politique ne survivrait pas, avaient demandé aux conquérants romains — et ils furent entendus — le droit de franchir les portes croulantes de la Jérusalem politique, afin d'établir des centres d'érudition où seraient étudiées les valeurs spirituelles éternelles du Judaïsme prophétique. Le lycée Herzlia fut fondé dans le but de faire revivre et de conserver l'esprit du magicien

1. Cité par Alex Bein dans son livre *Theodor Herzl : a biography* (Jewish Publications Society of America, 1941), pp. 258-259 dans l'édition de 1945.

politique qui venait de disparaître. Sa fondation coïncida avec le réveil politique des Arabes de Palestine et d'ailleurs. Les Arabes constituaient l'ossature de la Palestine. Ils étaient dix fois plus nombreux que les Juifs ; leurs ancêtres avaient vécu en Palestine pendant plus de mille ans, certains pendant plusieurs millénaires. L'augmentation subite de la population juive devenait une menace évidente : si une coexistence pacifique devait prévaloir à l'avenir, comme cela avait été le cas dans le passé, alors le moment critique était venu, le moment historique où pourrait s'établir une collaboration fraternelle, un respect mutuel, une confiance réciproque, et surtout une patrie à double nationalité, libérée des haines et des rivalités des grandes puissances.

Il eût été possible qu'une ère nouvelle, plus raffinée encore que l'âge d'or de la civilisation médiévale judéo-arabe, surgisse. Mais non ! Le moment historique était passé, l'occasion idéale manquée, tout cela pour que les Juifs deviennent pareils aux « autres nations sur terre ».

Déjà, j'entendais les sionistes recommander aux Juifs de Palestine : « Ne va pas chez un dentiste arabe ; ne va pas chez un commerçant arabe ; n'achète pas de fruits ou de légumes chez un Arabe » — alors que sans les épiciers arabes nous n'aurions pas eu assez à manger. Ces appels des sionistes à la discrimination anti-arabe annonçaient la future campagne pour « la conquête de la production et du commerce », avec en parallèle, dans le domaine de la propriété et du fermage, « la campagne pour la conquête des terres », et dans le domaine de l'emploi « la campagne pour la conquête du travail », dont le slogan était : « Sur le sol juif et dans les entreprises juives, n'employez que des Juifs »[1].

Durant mes années de lycée, il m'arriva souvent d'aller en Galilée travailler quelques jours dans un des nouveaux *kibboutzim* (communautés d'ouvriers et d'agriculteurs) où l'on pouvait enfin trouver quelques fermiers juifs de bonne foi. Comme c'était le cas pour les anciennes colonies juives, les terres des *kibboutzim* avaient

1. Des responsables de la Fédération des syndicats juifs, l'*Histadrout,* longtemps dirigée par David Ben Gourion, mettaient des piquets de grève à l'entrée des entreprises juives qui employaient des ouvriers arabes. Ils accablaient d'injures les patrons, les traitant de traîtres du peuple juif, jusqu'à ce qu'ils remplacent tous leurs ouvriers arabes par des Juifs. Cela se passait, bien entendu, au moment où eut lieu une forte émigration des Juifs d'Europe vers la Palestine sous mandat britannique, longtemps après l'époque où je vécus en Palestine, alors dominée par les Turcs.

été rachetées aux riches propriétaires arabes, absents la plupart du temps, vivant en ville et même à l'étranger. Les métayers arabes et leurs familles avaient été expulsés et n'avaient pratiquement rien reçu en compensation de la perte de leur seule source de revenus. Les *fellahs* n'avaient pratiquement jamais eu de contacts avec leur propriétaire, si même ils en avaient eu ; mais à présent ils avaient un ennemi identifiable devant eux : les Juifs qu'ils voyaient s'installer sur les terres qu'ils avaient eux-mêmes travaillées, que parfois leur père, leur grand-père, et leur arrière-grand-père avaient travaillées. Leur haine de l'envahisseur juif ne prit pas tout de suite la forme du nationalisme arabe ; à cette époque, les conflits s'exprimaient localement et étaient limités, mais, de chaque côté, les leaders politiques attisaient cette haine qui déjà prenait l'allure d'une rage dévastatrice. Nous lisions dans les journaux hébreux des articles sur les agriculteurs juifs massacrés par les *fellahs* dépossédés.

Il fallait parfois également craindre les attaques de bédouins nomades affamés et assoiffés : leurs zones de pâturage ayant souffert de la sécheresse, ils ne pouvaient plus nourrir leurs troupeaux de moutons et de chèvres. Ils se jetaient alors sur les fermes, les orangeraies et les vignobles qui appartenaient aux Arabes et aux Juifs, pour y trouver de la nourriture et de l'eau, et s'en emparaient souvent par la force.

Pour se défendre, et aussi pour punir leurs agresseurs, les colons juifs organisèrent des groupes de tireurs d'élite à cheval, chargés de patrouiller autour du camp et de parcourir la campagne après une attaque, pour débusquer les coupables. On appelait ces gardes à cheval des *shomerim*. Ils étaient habillés en Arabes et portaient la *kaffiya,* coiffure arabe maintenue par un cordon. La plupart d'entre eux avaient appris l'arabe. Je les regardais souvent partir à cheval dans la nuit par groupe de deux ou trois, armés jusqu'aux dents. C'étaient des garçons courageux et, dans leurs costumes splendides, le fusil à l'épaule, avec leur allure romantique, en particulier aux yeux des jeunes filles, ils avaient un effet tout à fait déplorable sur nos flirts. Quand un *shomer* arrivait, les garçons ordinaires que nous étions devenaient moins que rien. J'en rencontrais parfois à la *Beth-Ha'Am,* la Maison du Peuple, à Jérusalem, si bien que je savais ce qu'ils représentaient pour les jeunes filles, et aussi pour les jeunes gens : nous les admirions et les enviions tous.

A Rehovoth, il y avait aussi des *shomerim*. Plus d'une fois, alors que j'étais chez mon oncle, j'ai entendu sonner la cloche du beffroi et j'ai vu les fermiers, armés de fusils, s'en aller à cheval, à dos d'âne ou à pied, sur le lieu d'une échauffourée entre des *shomerim* et des bédouins pillards. Il m'est arrivé une fois de voir des hommes revenir le visage couvert de sang. Rien n'était prévu sur place pour les premiers secours.

Malgré tout, je ne pense pas qu'il s'agissait, de la part des bédouins, d'actes dirigés contre les Juifs, et je n'ai jamais rencontré d'hostilité de la part des ouvriers et des commerçants arabes. Les querelles entre villages juifs et arabes étaient rares, les uns et les autres cherchant à tirer de ce pays à moitié aride de quoi survivre.

La mère de deux de mes amis de lycée, dame juive d'Afrique du Sud, cherchait à louer une chambre de son logement. Demeurant seul après la mort de Shandel, je la pris. Je ne mis pas longtemps à m'apercevoir que dans la maison voisine habitait une jeune fille d'une beauté fascinante, venue elle aussi de Russie, Marutha Sher.

Lorsque je la vis pour la première fois, elle montait sur le toit pentu de la maison qu'elle habitait avec sa mère. Elle avait l'air si intrépide et si téméraire que j'en demeurai paralysé ; mais très vite je ressentis une grande admiration pour cette jeune personne qui, bien que se conduisant comme un garçon, restait douce et féminine. Je ne crois pas que Marutha se soit rendu compte que je la regardais. Quand nous nous rencontrâmes en 1910, elle fit à peine attention à moi. J'avais dix-sept ans, elle en avait un peu plus de quinze ; mais on lui aurait donné plus, tant en raison de son physique que de son comportement. Son attitude indépendante m'intimidait et ce n'est qu'un an après que je pus lui parler, grâce à sa mère.

Je rendais souvent visite à Mme Sher quand Marutha était sortie. C'était une femme aimable, douce et généreuse, qui m'accueillit comme je ne l'avais jamais été depuis mes visites à Mme König à Jérusalem.

La circulation s'arrêtait littéralement chaque fois que Marutha sortait. Juifs, Arabes, jeunes et vieux se retournaient pour voir cette jolie jeune fille blonde aux yeux bleus, si distante et élégante, et pourtant si modeste et raisonnable. Au fur et à mesure de nos rencontres, favorisées par les bons offices de sa mère, elle devint l'unique confidente avec qui je pouvais discuter de sujets sérieux, y compris du sionisme et de tout autre problème. Nos promenades quotidiennes me donnaient une occasion inespérée de parler anglais et de discuter de l'Amérique, le pays de mes rêves.

Notre amitié me devint rapidement indispensable. A seize ans, Marutha possédait une personnalité déjà bien affirmée : attirante, drôle, douce, attachée à ses convictions personnelles de façon inébranlable, résolument indépendante.

Marutha semblait aimer me surprendre. Un jour, peu après notre première rencontre, comme nous nous promenions dans le quartier chic de Jaffa où résidaient les touristes étrangers, et que nous traversions le Jardin du *Parc Hotel*, nous nous retrouvâmes devant une pâtisserie allemande offrant tout un choix de gâteaux couverts de crème particulièrement appétissants. Un café élégant jouxtait la pâtisserie. Marutha insista pour que nous entrions goûter les gâteaux et boire une tasse de chocolat chaud. Je cédai et l'accompagnai à l'intérieur, en priant le ciel qu'elle se contente d'une seule pâtisserie, car je ne pouvais me permettre davantage avec l'argent que j'avais en poche. Je me limitai à un gâteau, mais Marutha commença à en prendre plusieurs et à se moquer de moi : « Tu n'aimes donc pas ces gâteaux, Moshe ? Qu'est-ce qu'il y a ? »

Je fus obligé d'avouer que je n'avais pas assez d'argent pour payer la note inévitable.

Elle sourit et se hâta de me rassurer. A l'avenir, quand nous sortirions, chacun paierait sa quote-part ; mais cette fois-ci j'étais son invité. Sa mère et elle venaient souvent dans ce café et les garçons la connaissaient bien. Elle fit mettre nos consommations sur le compte de sa mère. Mon assiette se retrouva couverte de pâtisseries et je mangeai tout mon content. En partant, Marutha laissa un joli pourboire au garçon.

L'attitude de Marutha envers l'argent ne cessait de m'étonner. Elle y était superbement indifférente — un trait de caractère important dont nos enfants devaient hériter.

Je me souviens d'un jour où nous allâmes en excursion à Mikveh Israel, école d'agriculture ouverte par le Baron Hirsch, pas très loin de Jaffa. Marutha s'était munie d'un *medgidah*, équivalent d'un dollar d'argent, mais elle le perdit en cours de route. Elle nous l'annonça aussi naturellement que si elle avait perdu un penny. Je fus consterné et assez choqué d'une attitude aussi cavalière.

Le tempérament plein d'entrain de Marutha, son ouverture d'esprit et son intelligence vive offraient un contrepoids idéal à ma vie de lycéen. Elle me permit d'élargir mon horizon et m'empêcha de me refermer sur moi-même et d'avoir l'esprit étroit.

C'est à ce moment-là que ma situation financière commença à me poser un sérieux problème. Ma mère rencontrait l'opposition de plusieurs membres de sa famille, choqués qu'elle dût subvenir à mes besoins pendant mes études dans ce qu'ils appelaient des *apikorssim,* des lycées d'hérétiques. Ses envois d'argent devinrent de moins en moins réguliers et je me couchai souvent l'estomac vide. Mais la vie devint un peu plus facile le jour où j'obtins quelques cours à donner à de jeunes émigrés nouvellement arrivés de Russie et qui préparaient l'examen d'entrée au lycée, et lorsque je fus engagé par la propriétaire de la pension où résidaient beaucoup d'élèves du lycée. Ma tâche consistait à les surveiller pendant les repas, en échange de quoi j'avais droit à un repas gratuit par jour ; mais elle me donnait souvent des extras : des sandwiches, des fruits, des morceaux de gâteau, que j'emportais chez moi.

Malgré cela, je n'arrivais pas toujours à laisser intact ce que j'avais à la banque pour mon émigration en Amérique, comme j'en avais fait le vœu. Je retirais de temps en temps quelques dollars que je remplaçais dès que je le pouvais, par exemple lorsque mon frère Layvik m'envoyait le montant de plusieurs mois en une fois pour compenser les mois où je n'avais rien reçu. Je m'offrais alors une de mes sorties préférées : monter dans un des canots arabes qui traversaient l'étroit passage où la mer se déchaînait entre de gros rochers pour emmener passagers et vivres jusqu'aux paquebots ou aux bateaux de guerre qui mouillaient à quelques kilomètres des côtes, et pour ramener des passagers à terre, comme ils l'avaient fait pour ma mère et pour moi en 1903, et à nouveau pour moi après ma première tentative malheureuse pour atteindre l'Amérique. Ces canots étaient aussi, à l'époque, le seul moyen pour transporter les marchandises entre la côte et les bateaux. J'avais une très grande admiration pour les *bacherie,* ces passeurs arabes habiles, grands et forts, qui manœuvraient ces embarcations. Ils étaient vraiment beaux.

Généralement, mon ami et camarade de classe Akivah Ginzberg m'accompagnait. Nous donnions chacun vingt ou vingt-cinq « cents » au *bacherie* en échange du passage. Les officiers des bâtiments de guerre, comme ceux des cargos d'ailleurs, nous accueillaient toujours à bord et nous offraient des friandises et des fruits, et nous rentrions les poches dix fois plus remplies qu'à l'aller. Nous aimions bien les *bacherie :* ils ne nous firent jamais de mal et ne se montrèrent jamais hostiles.

Cela me rappelle que quand j'étais plus jeune, on m'avait souvent répété de ne pas m'aventurer dans une certaine ruelle qui partait de la rue que j'empruntais pour aller chez le boucher. Cette ruelle traversait un quartier arabe et on nous disait que les Juifs ne pouvaient y circuler en toute sécurité. Nous appelions ces ruelles des *trefer gasls* (des passages non-*kasher*). Cependant, il m'arrivait parfois de me trouver dans un *trefer gasl,* assez loin à l'intérieur de la zone dite « dangereuse pour les Juifs ». La première fois que cela m'arriva, je fus terrifié à tel point que je crois devoir à cette terreur mes problèmes cardiaques, plus d'un demi-siècle après. Mais je n'aurais pas dû m'inquiéter. Je découvris vite que les Arabes étaient ouverts et bienveillants envers le Juif égaré que j'étais.

Voici donc de nouveau posée la même question : pourquoi nous, les Juifs, devrions-nous persécuter les Arabes, les forcer à l'exil, occuper leurs maisons, alors qu'ils se sont montrés amicaux envers nous, comme individus ou comme peuple, à travers toute l'histoire ? Ils sont pratiquement les seuls à avoir depuis plus de mille ans accueilli les Juifs parmi eux, lorsque ceux-ci étaient persécutés ailleurs.

En Irak, en Egypte, en Algérie, au Maroc et ailleurs dans le monde arabe, les Juifs ont réussi à vivre pendant des millénaires, heureux et intégrés à la nation arabe. Le *Talmud* était, à l'origine, écrit en araméen, autrefois langue des Arabes de Palestine et de toute cette région, et une grande partie en a été rédigée en Babylonie, l'Irak d'aujourd'hui. La religion et la culture juives purent se développer et prendre leur essor dans cette région et dans d'autres pays arabes où les Juifs avaient toujours habité ou s'étaient réfugiés quand on les persécutait. L'influence des communautés juives en Irak et en Egypte est restée importante jusqu'à ce que la propagande et le terrorisme sionistes persuadent les Juifs de s'en aller. Beaucoup de gens semblent croire que la plupart des Juifs d'Egypte sont partis en même temps que Moïse. Il n'en a rien été. Ben Gourion lui-même a admis que Moïse n'avait emmené avec lui que quelques centaines de Juifs.

Malgré la longue tradition d'amitié que les Arabes ont témoignée aux Juifs du Moyen-Orient, les sionistes ont tout fait pour que les Juifs haïssent les Arabes. Cela, je ne peux l'admettre.

Alors que j'étais élève au lycée Herzlia, où les jeunes filles étaient admises, je commençai à prendre conscience de mon apparence et plus particulièrement d'une grosse dent du bas qui avançait tellement que ma lèvre supérieure était coupée et saignait souvent. Ma famille m'avait souvent dit que si jamais on arrachait cette dent, mes yeux se mettraient à « couler » et que je deviendrais aveugle. On avait fait toutes sortes de mystérieuses spéculations à ce sujet, mais rien n'avait jamais été entrepris pour y remédier.

Un jour, alors que j'allais à la banque à Jérusalem, je remarquai une plaque sur un immeuble voisin : « Dentiste. Ici on parle anglais ». Dès que j'eus réglé mes affaires, je me rendis chez le dentiste d'à côté. La salle d'attente était bondée ; je pris un siège. Il y avait là quelques magazines en anglais, pour mon plus grand plaisir ; j'appréciais toujours les occasions d'améliorer mon anglais.

Après environ trois heures d'attente, le dernier patient parti, ce fut mon tour. Il était près de cinq heures et demie. Un jeune dentiste arabe dans les trente-cinq ans entra dans la salle d'attente et me demanda ce que je voulais. Dans mon anglais hésitant, et en lui montrant ma dent, j'expliquai : « Elle me gêne depuis longtemps, mais mes parents me disent que mes yeux vont se mettre à couler et que je vais devenir aveugle si on l'enlève. »

Il éclata d'un rire qui dura si longtemps que je crus bien qu'il ne s'en remettrait jamais. Lorsqu'il parvint à se maîtriser, il me demanda « Etes-vous juif ? »

« Oui, je vais au lycée. »

« Oh, le lycée où on vous apprend à nous haïr. »

« Vous avez un peu raison, je dois le reconnaître. Mais je suis venu vous voir, docteur, pour me faire arracher cette dent. »

Il me conduisit dans son cabinet et examina mes dents, toutes mes dents. Ce fut un examen minutieux qui se termina à six heures et demie.

« Ecoutez, mon garçon, je peux extraire cette dent en quelques minutes et cela ne vous fera même pas mal car je le ferai sous anesthésie locale. Mais il y a toutes les autres : elles sont infectées et ce n'est pas étonnant que vous soyez si petit et si maigre. Il faut en arracher un bon nombre et en plomber d'autres. Puis il faudra boire du lait et manger un certain nombre de choses que je vous indiquerai. Avez-vous de la famille pour vous aider ? »

« Je sors de la banque. J'espérais que mon frère qui est en Amérique m'avait envoyé dix dollars, mais il n'a pas dû encore gagner assez d'argent ce mois-ci pour m'envoyer l'allocation des deux derniers mois. Ma mère est en Russie ; de temps en temps, elle m'envoie un peu d'argent sur ce que lui donne son deuxième mari, mais ce n'est pas beaucoup ; alors je ne mange que lorsque c'est absolument nécessaire. J'enseigne l'hébreu à d'autres élèves du lycée et je gagne un peu d'argent comme ça. »

Le dentiste soupira de compassion. « Ecoutez-moi bien, mon petit. Je vais arracher tout de suite cette vilaine dent saillante. Mais ensuite, vous viendrez tous les deux jours à quatre heures et demie ; quand j'aurai terminé avec mes patients, je m'occuperai des autres dents. Cela va prendre un peu de temps, mais ne vous inquiétez pas pour mes honoraires, je serai payé par ma conscience. Vous devez utiliser l'argent que vous avez pour acheter du lait et des fruits pour vous refaire une santé. Et ne vous faites pas de souci au sujet de cette histoire d'yeux qui « coulent », quand j'aurai arraché cette dent protubérante ! » Puis il se remit à rire.

Contrairement à mon dentiste russe Zacharin, à Gomel, qui utilisait exclusivement ses doigts pour extraire une dent, ce jeune dentiste arabe utilisait des méthodes parfaitement modernes. En deux bons mois, il m'arracha huit ou neuf dents et en plomba bien d'autres[1]. La fameuse dent arrachée, une nouvelle dent se mit à pousser, normalement cette fois.

A la fin de tous ces soins, non seulement mon apparence physique s'était améliorée, mais je me sentais également mieux. J'étais plein d'énergie et d'entrain, tandis qu'auparavant, je manquais de dynamisme comparativement aux autres garçons.

Malgré mon insistance à vouloir le payer, le dentiste refusa. Je garderai toujours en mémoire sa générosité et la leçon de tolérance et d'humanité qu'il me donna, pas plus que je n'oublierai les mots qu'il me dit la dernière fois que je le vis : « Mon garçon, en grandissant, essayez de vous débarrasser de cette haine des Arabes que vous inculquent vos professeurs sionistes. Souvenez-vous que je ne suis pas le seul bon Arabe parce que vous m'avez rencontré, mais qu'il y en a des milliers à Jaffa, Jérusalem, Haïfa et dans toute la Palestine. »

J'ai les larmes aux yeux quand je pense qu'il a probablement été massacré ou forcé à l'exil en 1948, et que sa famille vit peut-être misérablement dans un camp de réfugiés. Ses enfants sont-ils aujourd'hui des *fedayins*, des guérilleros palestiniens ? Les Arabes

1. J'ai encore aujourd'hui la plupart des plombages posés par ce dentiste arabe et que mon dentiste actuel s'étonne de trouver en si bon état.

que j'ai rencontrés en Palestine sont aussi estimables que tout autre peuple. On aurait dû les laisser développer leur société comme ils l'entendaient. Ma conscience juive exige que je le proclame.

Les derniers mois que je passai au lycée Herzlia, juste avant d'obtenir mon diplôme en 1913, dans la première promotion qui sortit de cet établissement, furent une période d'incertitudes et de choix difficiles. Nous devions décider de nos études à venir et des pays dans lesquels nous allions les poursuivre. On nous proposait des bourses pour l'Allemagne, la Suisse, la France, l'Angleterre. Mais on ne nous encourageait pas à aller suivre des études dans cette « Amérique matérialiste, immature, adolescente » ; pourtant, il y avait longtemps que j'avais décidé que c'était là que j'irais.

Après des années d'endoctrinement, je me considérais toujours comme un sioniste convaincu, bien que dans un sens plus spirituel que politique. Je fis une demande de bourse d'études en mathématiques ou en sciences à l'Université de New York, tout en envisageant d'y ajouter les sciences politiques et l'éducation. Je gardais à l'esprit l'idée de revenir en Palestine « pour servir mon pays » après avoir obtenu mon diplôme.

CHAPITRE VI

L'AMÉRIQUE

(1913-1914)

J'arrivai à New York au début du mois de novembre 1913, aux environs de mon vingtième anniversaire. Mes seules possessions sur cette terre étaient une malle et son contenu, essentiellement des livres : les six petits volumes des Bibles de mon grand-père, les *Sefer Ha-Haggadah* (légendes juives du *Talmud* et du *Midrache*), une édition abrégée du Talmud par le Rabbin Tchernowitz, tous les essais de Ahad Ha'Am, *Al Parashat Drochim* (« A la croisée des Chemins »), et un recueil des poèmes de Bialik, le plus grand poète hébreu contemporain. J'avais également dans ma malle quelques chemises, des chaussettes et des mouchoirs, mon diplôme du lycée Herzlia et quarante dollars en espèces. Hormis les vêtements que je portais, c'étaient là mes seuls biens matériels ; mais je croyais au principe de la *Torah Lishman* — le savoir pour le savoir — inculqué par mon grand-père Mnuchin.

J'étais décidé à garder les yeux, les oreilles et l'esprit ouverts à toute éventualité, mais je nourrissais toujours le vague rêve de retourner en Palestine pour défendre — comme enseignant sinon comme leader quelconque — les idéaux du sionisme culturel et spirituel de Ahad Ha'Am.

Mon professeur de lycée, le Pr. Mossinson, m'avait donné des lettres de recommandation pour M. Judah L. Magnes, responsable de la communauté juive de New York, et pour M. Liubarsky, grand admirateur de Ahad Ha'Am et comme lui agent de la fameuse *Wissotzky Tea Company* de Russie.

J'avais écrit à M. Liubarsky et il vint me chercher au débarcadère pour me conduire en voiture dans l'East Side de New York où il m'avait trouvé une chambre meublée, chez une famille juive d'origine russe, dans Clinton Street, près de East Broadway, dans le quartier juif.

En chemin, M. Liubarsky demanda à son chauffeur de s'arrêter devant la boutique d'un glacier. Il entra avec moi et commanda deux énormes glaces à la fraise : ce fut mon premier contact avec la nourriture américaine [1].

Avant de me laisser dans Clinton Street, M. Liubarsky me déclara que j'étais invité à dîner chez lui tous les vendredis soirs. Je conservai cette habitude pendant des années [2].

Le lendemain de mon arrivée, j'allai à pied de Clinton Street jusqu'au bureau de M. Magnes, qui se trouvait à une bonne distance, pas très loin de Gramercy Park. Il me reçut très gentiment et me présenta à M. Benderly, Directeur de l'Office de l'Enseignement Juif. Ce dernier me trouva rapidement un emploi de professeur d'hébreu à la *Talmud Tora* [3] située au nord de la ville, au coin de la 111e rue et de Lexington Avenue. C'est là que je devais travailler pendant toute la durée de mon séjour à New York, cinq jours par semaine, quatre heures par jour.

Vers la fin novembre, je décidai qu'il était grand temps pour moi de choisir une université. Je choisis le campus de l'université de New York dans le Bronx, car il était en plein air, loin du centre de la ville. Je pouvais rencontrer là toutes sortes d'Américains. Le quartier de Clinton Street et d'East Broadway ressemblait par trop à la « Zone d'Etablissement » de Russie.

Je pris le métro depuis Broadway jusqu'à la 207e rue, traversai le pont de Harlem et remontai le chemin forestier qui menait au campus pour me rendre directement au bureau des inscriptions. Le secrétaire général organisa pour moi des entretiens avec les directeurs des départements de mathématiques, de chimie, de physique, d'anglais et de sciences politiques, matières que je désirais étudier. Les professeurs examinèrent mon diplôme hébreu, me firent passer des examens oraux et m'acceptèrent. On me dit que je pouvais m'inscrire normalement à la Faculté des Lettres et des Sciences de l'Université, en deuxième année, et commencer les cours immédiatement après les vacances de Noël.

1. Presque exactement sept ans plus tard, quand mon fils Yehudi commença à se produire en public, alors qu'il n'avait pas encore six ans, j'inaugurai la tradition des glaces à la fraise après chacun de ses concerts.

2. Quand Marutha et moi nous mariâmes, M. Liubarsky tomba amoureux de Marutha et nous continuâmes donc à profiter de son hospitalité chaleureuse et de celle de sa fille Rachel.

3. Ecole talmudique. (N.d.T.)

Il ne me restait qu'à trouver l'argent nécessaire pour payer mes droits d'inscription. Ce fut encore mon ami M. Liubarsky qui m'y aida. Il demanda à M. Julius Rosenwald, de Chicago, de m'avancer l'argent. Je remboursai totalement mon emprunt environ dix ans plus tard.

Ma propriétaire était une bonne Juive de langue yiddish et dont le mari, le fils et la fille s'éreintaient dans les sweat-shops [1] de l'East Side. Chaque matin, elle m'apportait un litre de lait et une pile de biscuits pour la somme de dix cents. Je prenais mes autres repas dans divers restaurants de l'East Side.

Profitant du temps qui me restait avant de commencer mes cours à l'université, j'entrepris d'explorer mon nouvel univers. Dans mon quartier, on parlait yiddish partout. Quatre ou cinq grands quotidiens en yiddish étaient diffusés chaque jour à East Broadway. Seuls les jeunes parlaient anglais et ils ne fréquentaient d'ailleurs pas les synagogues, presque vides le samedi ; mais moi, j'aimais bien y aller avec les centaines d'autres immigrants qui parlaient yiddish, car c'était le jour où le *maguide* local nous racontait des histoires, et il le faisait merveilleusement bien.

Un grand nombre de jeunes, garçons et filles, allaient dans les *Talmud Toras* après leurs cours à l'école publique. Ils étudiaient une ou deux heures par jour, apprenaient par cœur, comme des perroquets, le Livre Orthodoxe des Prières et la Bible. Lorsque j'introduisis des cours d'hébreu oral et que mes élèves commencèrent à comprendre ce qu'ils prononçaient, leur réaction fut enthousiaste.

Un jour, ma propriétaire vint bavarder avec moi. Elle voulait me raconter une « bonne histoire juive » sur un professeur d'hébreu qui demandait à des élèves pourquoi ils étaient en retard au cours ; ils lui répondirent qu'ils étaient allés à un match de football entre les « White Sox » et les « Red Sox » [2]. Cette explication le laissa perplexe.

« Chaussettes rouges, chaussettes blanches, je ne comprends vraiment pas. Dites-moi donc un peu : EST-CE BON POUR LES JUIFS ? »

Ma propriétaire éclata de rire, mais pour ma part je ne trouvai pas cela drôle du tout : une fois de plus, résonnait à mes oreilles la vieille rengaine, le morne écho de la « Zone d'Etablissement » en

1. Ateliers où l'on exploite les ouvriers. (N.d.T.)
2. *Sox :* en anglais, *socks* signifie chaussettes. (N.d.T.)

Russie. C'est à ce moment-là que je décidai de quitter le plus rapidement possible l'East Side pour aller m'installer ailleurs.

Le 1er décembre, je reçus mon premier salaire de la *Talmud Tora* où j'enseignais l'hébreu. J'en consacrai la moitié à l'achat d'un nouveau costume et d'un manteau dans Canal Street, où les marchands, postés à l'extérieur des nombreux magasins de vêtements, arrêtaient les clients et les faisaient entrer. Je marchandai le prix, exactement comme je l'avais fait avec les marchands arabes de Palestine.

Durant le mois qui précéda la rentrée universitaire, je m'inscrivis à un club d'hébreu, situé à East Broadway et où se tenaient des réunions hebdomadaires. Il m'arriva d'y rencontrer des gens intéressants, mais le club se composait en majorité de *schlumiels*, sortes de vauriens, et des inévitables « Juifs éternels » qui vivaient dans leur petit monde étriqué et s'en satisfaisaient.

Un jour, je rencontrai au club un de mes anciens voisins de Jaffa, le fils du propriétaire des Sher. A Jaffa, nos relations s'étaient bornées à de simples « bonjour » ; mais à New York nous tombâmes dans les bras l'un de l'autre. « Savez-vous que votre amie, Mlle Sher, est à Chicago ? », me dit-il. Mon cœur se mit à battre plus rapidement.

« Connaissez-vous son adresse ? »

« Bien sûr, la voilà. »

Il me fut impossible de dormir cette nuit-là. Les souvenirs de mon amitié avec Marutha me revenaient sans cesse à l'esprit ; je l'avais adorée et pourtant je n'avais jamais songé à correspondre avec elle. Je m'installai pour lui écrire une longue lettre. Il est probable que je lui avouai tout de suite à quel point je l'avais toujours aimée, et comme je désirais la revoir.

Marutha répondit immédiatement, et pendant six ou sept mois nous correspondîmes quotidiennement. Marutha séjournait chez son père à Chicago ; sa mère était restée en Palestine à cause de sa santé.

Un jour du début janvier 1914, comme j'explorais les environs du campus de l'Université de New York vers le quartier de « University Heights », en quête d'une chambre à louer, quelques étudiants juifs que j'avais rencontrés au club me déconseillèrent d'habiter à proximité du campus.

« Il y a de l'antisémitisme, les Juifs sont mal vus. Tu vas te trouver bien isolé au milieu des *goyim*. »

Toujours la vieille rengaine : je décidai de ne pas en tenir compte.

Je trouvai une chambre à Gould Hall, résidence universitaire du campus qui offrait également l'avantage d'un excellent restaurant universitaire assez bon marché ; je quittai donc immédiatement l'East Side. Je ne rencontrai pas un seul exemple d'antisémitisme, mais au contraire de la cordialité et de la gentillesse. Dans ma chambre du quatrième étage, je chantais mes refrains hébreu et yiddish préférés, généralement les mélancoliques mélopées hassidiques, et parfois, en bas sur la pelouse, des groupes d'étudiants se réunissaient pour m'écouter.

J'adorais ma nouvelle vie, bien qu'elle fût difficile. J'avais des cours de neuf heures du matin à trois heures de l'après-midi. Il me fallait alors une bonne heure pour me rendre à la *Talmud Tora,* où j'arrivais, essouflé, juste à temps pour donner mes cours de quatre heures à huit heures du soir.

Je ressentis une immense fatigue durant ces mois d'hiver et de printemps ; rien d'étonnant à cela avec tous mes cours, mon travail personnel, mon emploi, les transports, ma lettre d'amour quotidienne à Marutha que j'écrivais aux petites heures du jour, mes réunions au club hébreu, et la lecture quotidienne des journaux juifs, en hébreu, en yiddish et en anglais, qui me permettaient de rester au courant des événements. Il y avait tant de mouvements et de partis juifs indépendants à cette époque de grande effervescence idéologique. En ce temps-là, le sionisme ne jouait qu'un rôle insignifiant dans la vie des Juifs américains, qui se sentaient libres de penser et d'écrire à leur guise. Ainsi, le grand quotidien yiddish, *The Forward,* était-il antisioniste. Le nombre des journaux yiddish augmentait et leur qualité s'améliorait ; il était tout à fait passionnant d'observer le ferment culturel et intellectuel de la vie juive. Je devins également un lecteur assidu du *New York Times* que je lisais dans le métro, une habitude que je conserve aujourd'hui encore, malgré les éditoriaux pro-sionistes.

Lorsque les vacances d'été 1914 arrivèrent et que les cours universitaires s'interrompirent, les choses devinrent plus faciles pour moi. Je m'inscrivis à une série de conférences d'été et je donnai mes cours d'hébreu le matin au lieu de l'après-midi à la *Talmud Tora.*

Ma correspondance quotidienne avec Marutha devenait de plus en plus passionnée. Vers la fin juillet, nous nous rendîmes compte que si nous ne nous mariions pas rapidement, le père de Marutha risquait de bouleverser nos projets. Nous décidâmes donc d'agir promptement. Marutha sauta dans le premier train pour New York. Je l'attendais à la Gare Centrale, où je la serrai dans mes bras et l'embrassai — c'était la première fois —, puis je l'accompagnai à la chambre que j'avais réservée pour elle chez un blanchisseur juif dont la boutique était juste en face de Gould Hall. Nous avions peur que le père de Marutha ne découvrît où elle habitait et surgît soudain pour l'emmener. C'était un homme fier, et moi un pauvre étudiant, quantité négligeable indigne de devenir l'époux de sa fille unique. De son point de vue, il avait sans doute raison, mais Marutha avait fait son choix : une vie de pauvreté, de lutte, un avenir incertain où elle ne pourrait compter que sur l'amour infini que j'éprouvais pour elle.

Le 7 août 1914, trois jours après la déclaration de la Première Guerre mondiale, j'invitai un collègue de la *Talmud Tora* à être notre témoin, et nous partîmes tous les trois en ville au Bureau des Mariages.

« Quel âge avez-vous, jeune homme ? » demanda l'employé.

« J'aurai vingt et un ans en novembre », répondis-je.

« Dans ce cas-là, il vous faut le consentement de vos parents. »

« Mais ma mère est en Russie, mon père est mort et il y a la guerre. »

« Tant pis ! Mais de toute façon, vous avez bien le temps, non ? »

Nous prîmes le métro aérien jusqu'au Bronx où il y avait un autre Bureau des Mariages. J'ajoutai un an à mon âge véritable et obtins ainsi notre licence de mariage.

Nous avions décidé d'être unis par un rabbin ; sinon, aurait-il pu s'agir d'un vrai mariage, pour le professeur d'hébreu que j'étais ? J'avais donné la précieuse bague de Shandel à Marutha, mais le rabbin prétendit que ce n'était pas une alliance. Mon collègue me prêta deux dollars : je me précipitai dehors pour en acheter une convenable. Après la cérémonie, Marutha et moi prîmes le métro jusqu'à la 207e rue. Nous traversâmes le pont, puis le parc, et allâmes directement à la chambre de Marutha où nous devions habiter à partir de ce moment-là et durant tout l'été 1914. Je quittai donc ma chambre de Gould Hall.

En Palestine, la mère de Marutha fut ravie d'apprendre la nouvelle de notre mariage, mais ce ne fut pas le cas de son père. Nous ne devions jamais nous rencontrer et il resta pour moi un inconnu, sauf pour un certain trait de caractère que Marutha résumait en ces termes : « Quel que soit le prix auquel il achète, il revend, même à perte. »

Pour tout ce qui concerne l'aspect matériel de la vie, les affaires par exemple, Marutha, ainsi que nos enfants d'ailleurs, ressemble à ce père mystérieux. Ce sont des « poires » par excellence : ils se font toujours avoir, toujours exploiter, malgré — ou peut-être à cause de — leurs merveilleuses capacités intellectuelles. A cet égard, ils sont différents de moi. J'exige toujours une juste contrepartie.

Je connaissais bien la mère de Marutha et je l'aimais beaucoup. C'était une femme réservée, calme, gaie et sans prétention, qui trouvait son bonheur à aider les autres : au temps du lycée, Marutha et elle avaient eu une bonne influence sur moi, sans s'en rendre compte. Elles m'avaient aidé à considérer les choses non pas en termes typiques du ghetto (« Est-ce bon pour les Juifs ? »), mais en termes de « Est-ce bon pour l'humanité ? »

Marutha n'était pas née dans la « Zone d'Etablissement ». Ce n'était pas une Juive du ghetto. Venant de Yalta, ville de Crimée exclue de la « Zone », et ayant un père d'origine tartare [1] doté d'un privilège de famille, celui d'être un homme libre de Yalta, Marutha n'avait jamais éprouvé de haine, manifesté de préjugés ou d'étroitesse d'esprit, comme la plupart des Juifs de Russie harcelés et persécutés.

1. Marutha est typiquement tartare et Yehudi est ce qu'il est à cause de cela. Quand les Tartares décident de faire quelque chose, ils vont jusqu'au bout. Son père, ou son grand-père, ou son arrière-grand-père, s'était converti au Judaïsme. Son père, Monsieur Sher, habitait Chicago.

Editeur : Les Tartares ou Tatars sont un peuple d'origine turque arrivé dans la région avec l'armée de la Horde d'Or de Gengis Khan, au XIIIᵉ siècle. Plus tard, la majorité d'entre eux se convertirent au Christianisme ou à l'Islam, mais certains adoptèrent le Judaïsme auquel les Khazars, leurs voisins (de descendance turco-ougrienne), avaient été convertis par ordre du chef des Khazars, au début du VIIIᵉ siècle. Contrairement aux Khazars, ancêtres de la plupart des Juifs européens, les Tartares gardèrent leur propre langue.

Marutha Sher n'a appris le yiddish, cette nouvelle langue germanique développée par les Khazars, que lorsqu'elle eut épousé Moshe Menuhin à New York, où le yiddish était encore la langue commune à tous les Juifs Khazars de l'Europe de l'Est et de l'Allemagne parmi lesquels ils vivaient et travaillaient.

CHAPITRE VII

SURVIVRE A NEW YORK

(1914-1917)

Cet été-là, Marutha et moi profitâmes de toutes nos après-midi et soirées libres pour nous promener en chantant main dans la main le long de l'aqueduc qui borde University Avenue. Nous poussions parfois jusqu'à Van Cortland Park, à trois kilomètres de là, ou jusqu'à Yonkers, deux fois plus loin. Nous allions aussi loin que pouvaient nous porter nos pas. Nous étions merveilleusement heureux et parvenions à prendre trois repas par jour, plus un litre de lait. Une miche de pain coûtait cinq cents, le lait trois ou quatre cents le litre, le maquereau cinq cents la part et la viande entre dix et quinze cents la livre, sans compter du foie et des os gratuits pour la soupe. Marutha apprit à faire la cuisine, non sans se brûler constamment les cheveux, les mains et les doigts, la pauvre !

Mon salaire se montait à quatre-vingts dollars par mois. Mais, bien avant le moment de la paye, je devais aller voir le comptable de la *Talmud Tora* pour lui demander une avance. Nous vivions vraiment au jour le jour. Il nous arrivait souvent de nous nourrir exclusivement de pommes. Derrière les bâtiments de physique-chimie de l'Université de New York se trouvait un verger magnifique ; Marutha et moi y allions en début de soirée et, après nous être gavés sur place de fruits, nous en rapportions autant qu'il nous était possible, après quoi nous mangions pommes au four, tartes, compotes et pommes en salade, pendant des semaines entières.

Un samedi, alors que nous n'avions plus ni pain ni argent, Marutha alla chez l'épicier, prit un pain et déclara à l'épicier qu'elle n'avait pas de monnaie, mais qu'elle le paierait le lundi suivant.

« Nous ne faisons pas crédit », cria-t-il en arrachant le pain de la main de Marutha.

Sachant parfaitement comme j'avais faim, Marutha téléphona alors à notre boucher et lui demanda de nous livrer deux kilos de viande hachée pour faire des hamburgers. Dès que le monte-charge dans lequel le garçon de course avait placé la viande eut atteint notre étage, Marutha s'en saisit rapidement et alla le mettre dans la cuisine. Le garçon de course tira la sonnette :

« Madame, où sont les quarante cents pour la viande ? »

« Dites au boucher que j'irai le payer lundi, je n'ai pas de monnaie sur moi pour l'instant. »

Nous pûmes payer le lundi suivant, grâce à l'avance que j'avais obtenue, mais nous appréciâmes les hamburgers au moment où nous en avions le plus besoin.

A l'automne 1914, Marutha trouva un emploi à temps partiel comme professeur d'histoire biblique et d'hébreu élémentaire dans une école rattachée à un temple juif portugais, dont M. David De Sola Pool était le rabbin. Peu après trois heures de l'après-midi, alors que j'avais terminé mes cours à l'Université, Marutha me retrouvait sur notre banc d'amoureux, à mi-chemin du sentier forestier qui descendait du campus, avec un sandwich et du lait ou du cacao. Puis nous parcourions rapidement à pied les quelques centaines de mètres pour gagner le métro qui devait nous conduire à nos emplois respectifs. Nous ne nous revoyions pas avant neuf heures et demie du soir.

Le mercredi, Marutha rentrait plus tôt et pouvait préparer le dîner avant mon retour ; mais un jour, alors que je rentrais chez nous, il n'y eut aucune réponse quand je sonnai. C'est elle qui avait notre seule clef car nous avions décidé que nous n'avions pas les moyens d'en faire faire une autre. Horriblement inquiet, j'appelai la police. Ils réussirent à ouvrir une fenêtre. Marutha n'était pas là. Quelque peu soulagé, mais toujours terriblement inquiet, je pris le chemin que Marutha empruntait entre le métro et chez nous. Je la trouvai dix rues plus loin, complètement épuisée. Elle marchait depuis des heures, ayant perdu l'argent de son billet de métro qui représentait tout ce qu'elle avait sur elle.

Partager une cuisine avec notre blanchisseur n'avait été satisfaisant ni pour eux ni pour nous. Louer un appartement eût été la solution idéale, mais nous étions déjà « fauchés » le vingt-cinq de chaque mois. Pourtant, en louant une chambre de l'appartement à un étudiant, nous pourrions peut-être, pensions-nous, résoudre nos problèmes. En cherchant dans le quartier d'University

Heights, Marutha découvrit un ravissant immeuble, dont le gérant semblait être littéralement tombé amoureux d'elle au premier coup d'œil. Il fit tout son possible pour nous convaincre d'y prendre un appartement.

« Vous vous plairez ici : l'ambiance ! un voisinage choisi ! Interdit aux Juifs ! »

Sans la moindre hésitation, Marutha répondit : « Mais, mon cher monsieur, nous *sommes* Juifs ! »

« Mais vous n'avez pas l'air de Juifs, alors vous serez toujours les bienvenus. »

En partant, Marutha fit un vœu : « Si j'ai un jour un fils, je l'appellerai *YEHUDI*[1]. Que son nom fasse sa gloire ou sa perte. »

Finalement, Marutha trouva un appartement dans un immeuble où nulle discrimination ne frappait les Juifs. Nous achetâmes des meubles à crédit, Marutha confectionna des sofas avec des caisses d'oranges agrémentées de matelas recouverts de dessus-de-lits, et nous emménageâmes. Peu à peu, elle égaya la pièce de toutes sortes de coussins colorés qui rappelaient son héritage tartare. Elle entreprit également de se faire des robes et des toilettes habillées en étamine blanche. Dieu qu'elle était belle et élégante ainsi vêtue !

Il ne nous fut pas difficile de trouver des locataires pour la chambre supplémentaire, mais Marutha demandait un loyer bien inférieur à ceux qui se pratiquaient couramment. J'eus beau protester, je dus bientôt me rendre à l'évidence : je ne pourrais jamais la faire changer d'avis. Elle est faite pour donner, comme je le suis pour prendre.

Les locataires adoraient Marutha. Indépendamment de sa beauté et de sa vivacité, elle se mettait en quatre pour qu'ils se sentent vraiment chez eux. Elle leur cuisinait du canard, des steaks, des entrées et des desserts, tout cela pour trente-cinq cents le repas.

C'est au milieu du mois et non à la fin comme d'habitude que nous nous retrouvâmes sans un sou, et Marutha complètement épuisée. Laver par terre, faire le ménage et la lessive et préparer les repas pour nous deux et les deux locataires devenait trop dur pour elle. En plus de son travail, il lui fallait se rendre — à pied — jusqu'à des magasins situés très loin de chez nous, près de la Troisième Avenue, où tout était moins cher ; après quoi, elle revenait à la maison, les bras chargés de sacs en papier brun pleins

1. Yehudi signifie « le Juif ». (N.d.T.)

à craquer. Elle gardait le sourire, mais au bout d'un mois nous fûmes obligés de dire aux étudiants que désormais nous ne pouvions leur assurer les repas en plus de la chambre.

Tandis que la guerre s'étendait en Europe, je commençai à lire plus attentivement les discours et les déclarations du Président Woodrow Wilson. C'était la première fois, depuis la mort de mon grand-père, que j'entendais parler d'un idéal universel auquel je pouvais m'identifier. Ainsi :

> « Nous sommes composés des nations du monde ; leur sang se mêle en nous, tout comme leurs traditions, leurs sentiments, leurs goûts, leurs passions ; nous sommes nous-mêmes composés de tous ces éléments.
>
> Vous ne pouvez pas devenir de vrais Américains si vous vous percevez en termes de groupes. L'Amérique n'est pas composée de groupes. Un homme qui considère appartenir à un groupe particulier n'est pas encore un véritable Américain. »

De tels propos me firent réfléchir sur le credo politique sioniste de la non-assimilabilité des Juifs. D'un seul coup, le sionisme politique semblait rétrograde, négatif et vil. Marutha et moi, nous découpions les discours du Président Wilson dans le *New York Times* et les emportions avec nous, lors de nos promenades ; nous poursuivions de longues discussions sur les grandes questions nationales et internationales du jour.

Un jour d'octobre 1915, Marutha m'annonça qu'elle était enceinte : « Dans six mois environ notre premier-né entrera dans notre vie. » Nous décidâmes que ce serait un garçon, parce que Marutha avait fait le vœu d'appeler notre premier-né Yehudi.

Pour célébrer l'événement, j'achetai quelques volumes de l'immortel Sholem Aleichem, dans la version originale yiddish, et soir après soir j'appris le yiddish à Marutha, tout en passant du rire aux larmes avec Toovyeh Der Milchiger et ses filles, et avec tous les héros et les rêveurs des ghettos de Kassrilivkeh. La nourriture pré-natale de Yehudi fut largement assaisonnée du vinaigre, du sel et du poivre des merveilleuses histoires de Sholem Aleichem[1].

Nous en étions arrivés à un point où nos choix personnels se

1. Quatre ans après, lorsque Marutha se trouva à nouveau enceinte, j'achetai les vingt volumes de l'œuvre de Sholem Aleichem en yiddish et c'est ainsi que nos filles Hephzibah et Yaltah, chacune à leur tour, connurent presque neuf mois de Sholem Aleichem au cours de leur vie prénatale. Aujourd'hui, il m'arrive encore de lire à haute voix certaines de ses histoires à Marutha ou à des amis parlant yiddish.

trouvaient étroitement mêlés aux grands problèmes mondiaux. Pour nous, la question essentielle était la suivante : où est notre place ? Dans l'Amérique de Wilson ou dans la Palestine juive de Ahad Ha'Am dont l'image s'estompait ? Il me fallut le choc que je devais éprouver l'année suivante pour m'émanciper complètement de l'emprise du nationalisme « juif ».

En 1916, en effet, j'écrivis un essai de cinquante-sept pages : *Les Institutions Educatives de Palestine,* qui me valut le Justice Brandeis Prize [1] à la Convention Sioniste Américaine de juin 1917. Je reçus la somme de cent dollars et le privilège de voir mon essai publié par l'Association Sioniste Intercollèges d'Amérique [2].

J'avais écrit cet essai à un moment où je me posais déjà des questions, mais j'étais encore esclave de la propagande du lycée ; mon essai reproduisait les vieux clichés et les vieilles rengaines. Je prétendais que « si les Juifs de France et d'Allemagne voulaient rendre service à leurs coreligionnaires » pour expier leur abandon des associations historiques pour les droits civils, ils étaient les bienvenus. Et que Dieu les bénisse !... Mais si ces esclaves de l'esprit insistent pour être nos maîtres et nos guides, et particulièrement en Palestine, terre de notre renaissance, nous leur dirons sans crainte les mots d'Ahad Ha'Am : « Esclaves, libérez-vous d'abord ! »

A cette époque, soit dit en passant, les Juifs français et allemands étaient les principaux bienfaiteurs des Juifs de Palestine, les Juifs américains ne s'intéressant guère au sionisme ou à la Palestine. Le mouvement sioniste américain ne signifia en effet pas grand-chose à peu près jusqu'à la Déclaration Balfour de 1917.

Mais une révision déchirante devait survenir : j'allais devenir père de famille, et j'étais dans ma dernière année à l'Université. Nous attendions l'arrivée de notre premier-né pour avril 1916. Chaque mois, nous mettions consciencieusement et systématiquement quelques dollars de côté pour l'événement tant attendu. Le docteur avait dit à Marutha d'aller à l'hôpital « dès que les véritables douleurs commenceraient ».

Le 21 avril, vers midi, persuadés que le moment était venu, nous appelâmes un taxi — le premier de notre vie — qui nous conduisit au Mount Lebanon Hospital, dans le quartier du Bronx. Comme rien ne s'était encore produit à la nuit tombée, Marutha me suggéra de rentrer à la maison. En fait, je passai la nuit chez un

1. Brandeis : juge à la Cour Suprême des Etats-Unis. (N.d.T.)
2. En 1918, dans une publication sioniste appelée *Kadimah.*

ami, M. Strauss, et sa fille Nellie. Allongé sur un matelas posé sur le sol de leur salle de séjour, je laissai errer mon esprit. Vers une heure du matin, le médecin de Marutha téléphona :

« Un superbe garçon ! »

Je retournai aussitôt à l'hôpital où je trouvai Marutha rayonnante de bonheur. Une infirmière nous apporta alors notre petit garçon pour son premier repas au sein de sa mère.

Pour Marutha, tout tournait maintenant autour du bébé. Je lui préparais de grandes tasses de lait au malt dès qu'elle se réveillait pour nourrir Yehudi, mais à part cela je n'avais guère de temps à leur consacrer. Outre mon cours de troisième année à University Heights et mon enseignement à l'école hébraïque en ville, je prenais également quelques cours de 3ᵉ cycle en Sciences de l'Education à l'Université de New York et plus précisément à la Graduate School de Washington Square [1] où l'on m'avait autorisé à m'inscrire. Il ne me restait guère que les week-ends pour profiter pleinement de notre nouvelle vie de famille.

Notre petit bonhomme était en pleine santé et doté d'un joyeux tempérament. Marutha le nourrit au sein pendant neuf mois, et il profita bien. Il commença à marcher — et à parler — particulièrement tôt. Pourtant, sa vie n'était pas vraiment un lit de roses : Marutha avait dû reprendre son poste d'enseignante à mi-temps et elle devait emmener Yehudi avec elle pour pouvoir le nourrir dans les vestiaires, entre les cours. Pendant que Marutha était occupée, une lycéenne sérieuse que nous avions engagée promenait le bébé dans son landau. Il y eut quelques jours de temps froid et de bonnes gelées au cours de cet automne et de cet hiver 1916, mais Marutha et Yehudi ne manquèrent pas un seul jour l'école.

L'un des plaisirs favoris de Marutha était la musique. Elle avait appris à jouer du piano lorsqu'elle était enfant, et avait apporté tous ses vieux recueils de musique avec elle à New York. Nous avions acheté un piano droit Mathushek, à crédit bien entendu. Pendant les heures calmes, quand Yehudi dormait et que le travail de la maison était achevé, Marutha s'asseyait à son piano et me jouait du Beethoven, du Bach, du Mozart, du Brahms et du Chopin. Grâce à la compréhension de la société Mathushek, elle put continuer à pratiquer son piano, même lorsque nous ne pouvions payer à temps les cinq dollars hebdomadaires.

Mon emploi de professeur d'hébreu ne me donnait guère de

1. Dans le système universitaire américain, la Graduate School correspond aux études de 2ᵉ cycle universitaire (Licence, Maîtrise). (N.d.T.)

satisfaction, mais j'étais reconnaissant d'avoir ainsi la possibilité de gagner ma vie, si peu que ce soit, et de la gentillesse avec laquelle on me traitait. Le directeur de la *Talmud Tora,* Ish Kishor, était un homme compréhensif. Il semblait apprécier la façon dont je travaillais ; mais l'ensemble de l'institution était figé dans le système archaïque du *heder*. Les études juives étaient une corvée monotone qui absorbait tout le temps des élèves chaque soir, même pendant les vacances, sans pour cela ajouter quoi que ce soit à leurs connaissances culturelles ou religieuses.

Pendant mes cours, j'étais autorisé à enseigner l'hébreu parlé, nouveauté que les enfants appréciaient, mais qui ne menait nulle part quant à l'étude de la littérature hébraïque. Les responsables de l'école ne se souciaient guère de littérature ou de culture. Leur seul objectif était de former des rabbins toujours plus orthodoxes. Ils croyaient à la nécessité d'inculquer, coûte que coûte, aux enfants, le *Shulchan Aruch,* c'est-à-dire le code rigide de comportement orthodoxe, même si, le jour du Sabbat, les offices des synagogues n'étaient fréquentés que par quelques personnes âgées. La jeune génération mangeait non-*kasher,* malgré les exhortations de la presse officielle orthodoxe en matière de *Kashrut,* règle selon laquelle on ne doit manger que de la viande *kasher,* boire du vin *kasher, kasher* ceci, *kasher* cela.

Des rabbins rôdaient pour s'assurer que les magasins, les pâtisseries et les restaurants juifs « observaient correctement » le *Kashrut.* Ils étaient tous bien payés. Cela s'appelait et s'appelle encore *hashgachach,* « supervision ». Ainsi le judaïsme en était réduit à un racket : les pauvres Juifs qui travaillaient dur devaient payer plus cher tout ce qui était marqué *kasher.* Il n'est pas étonnant que la jeune génération, qui s'apercevait de l'imposture, ait rejeté aussi bien les aspects spirituels que matérialistes et cléricaux du Judaïsme.

Il y avait bien quelques écoles hébraïques modernes, comme la *Friedlander Hebrew School* dans l'East Side, où l'enseignement était à la fois orienté et attrayant, mais cette orientation était nationaliste, dans le sens sioniste du terme, et allait à l'encontre de toute intégration dans le système et le mode de vie américains.

CHAPITRE VIII

LA DÉCLARATION BALFOUR

(1917)

Le Doyen Balliet, de la Faculté des Sciences de l'Education (responsable du troisième cycle) de l'Université de New York, était l'un des hommes les plus remarquables que j'aie jamais connus. C'était un monsieur d'un certain âge, mais particulièrement jeune d'esprit et dont les idées avancées eurent une profonde influence sur moi. En bon Américain, il ne parlait pas de socialisme ou de communisme, mais il remettait en question nos idées sur la société et la guerre.

C'est lui qui me fit découvrir un certain nombre d'écrivains radicaux comme Kropotkine, Gilbert Murray, Bertrand Russell, Randolph Bourne et Carlton Hayes, dont les théories ébranlèrent peu à peu les idées reçues de mon éducation juive étriquée et amorcèrent ma métamorphose intellectuelle.

A cette époque, l'analyse que Woodrow Wilson faisait du nationalisme européen mettait en évidence un monde de guerres destructrices et de sordides marchandages diplomatiques pour récupérer les dépouilles. Je sentais que Wilson cherchait à imposer un ordre nouveau, fondé sur le droit et les convenances et sur les aspirations légitimes des individus, plutôt que sur les intrigues des Chancelleries. Je croyais même qu'il pourrait réussir.

Pourtant la France voulait rentabiliser ses « bienfaits culturels » et soumettre la Syrie et le Liban à son influence ; et l'Angleterre voulait consolider le contrôle qu'elle exerçait sur l'Egypte et le Canal de Suez, en s'arrogeant le contrôle de la Palestine. Le 2 novembre 1917, le ministre des Affaires étrangères britannique, James Balfour, adressa une lettre à Lord Rothschild, à Londres :

« Le Gouvernement de sa Majesté est favorable à l'établissement en Palestine d'un territoire national pour le peuple juif et fera tout ce qui est en son pouvoir pour faciliter la réalisation de ce projet, étant entendu que rien ne sera fait qui pourrait nuire aux droits civils et religieux des communautés non juives de Palestine ou au statut politique dont jouissent les Juifs dans tout autre pays. »

En une nuit, un espoir messianique envahit les sionistes herzliens. A cette époque, le Professeur Chaim Weizmann avait déjà repris le flambeau du Dr Herzl. Weizmann décida que la Déclaration Balfour signifiait que la Palestine allait devenir aussi juive que l'Angleterre était anglaise, et tout un tapage publicitaire fut organisé autour de Weizmann et de la Déclaration Balfour. On racontait que les Allemands étaient en train de battre les Alliés quand le Professeur Weizmann inventa un nouvel explosif appelé T.N.T. ; après quoi Balfour demanda à Weizmann ce qu'il voulait en échange et celui-ci répondit : « Une terre pour mon peuple. »

Depuis plus d'un siècle, cette histoire est colportée par les agents sionistes [1], bien que, dans son autobiographie, Weizmann ait écrit lui-même :

« Pour quelque raison incompréhensible, on m'a toujours accusé d'être l'inventeur du T.N.T. C'est en vain que j'ai réfuté systématiquement et à plusieurs reprises cette affirmation et que j'ai nié avoir eu quelque rapport ou quelque intérêt avec le T.N.T. Mais rien n'a pu mettre fin à cette rumeur. »

La Déclaration Balfour eut pour conséquence une transformation dans la direction du Bureau new-yorkais de l'Organisation Sioniste [2]. Jusqu'alors, elle avait fourni des emplois de tout repos à quelques employés oisifs ; elle devint désormais une ruche en pleine activité. Les portefeuilles se multipliaient, des services furent créés, un Etat miniature s'instaura.

Il est essentiel de se souvenir qu'à l'époque, la population juive de la Palestine s'élevait à 56 000 personnes, la population musulmane à 574 000 et la chrétienne à 70 000. Il ne faut pas oublier non plus la nature des Juifs de Palestine. Citons encore Weizmann :

1. Citée par exemple par le rédacteur en chef du groupe de presse William Randolph Hearst Jr., dans le *San Francisco Examiner* du 3 mars 1957.

2. *Editeur :* Pendant la Première Guerre mondiale, le siège de l'Organisation Sioniste Mondiale se trouvait à Berlin.

« Nous avons dû entreprendre notre tâche de colonisation dans un vieux pays épuisé, avec un tout petit nombre de Juifs que leur milieu social avait rendus parfaitement inadaptés à une telle entreprise. »

La Déclaration Balfour ne pouvait modifier les faits, comme devait rapidement le découvrir l'administration britannique. Lorsque celle-ci chercha à la mettre en œuvre, malgré les contradictions qu'elle présentait, Weizmann protesta : « La même importance est accordée aux Arabes de Palestine et au peuple juif dans sa totalité. Les Juifs sont en Palestine de droit et non par simple tolérance. Notre cause ne peut dépendre du consentement des Arabes. »

Une interprétation aussi dévastatrice du Judaïsme impliquait injustice, haine, sang versé et une guerre perpétuelle entre les Juifs et les Arabes. Ma déception à l'égard du sionisme fut désormais totale. Tous mes rêves idéalistes de retourner en Palestine s'écroulaient. Lorsque j'étais arrivé en Amérique, j'avais pu déclarer avec Weizmann que je ne serais jamais autre chose que Juif. Je n'ai jamais pu concevoir qu'un Juif soit autre chose. La Guerre Mondiale, quatre années d'études à l'Université de New York et surtout les paroles de Woodrow Wilson m'avaient amené à changer d'idéal, à reconsidérer les valeurs. J'étais désormais émancipé. J'allais devenir Américain !

CHAPITRE IX

LA CONQUÊTE DE L'OUEST
(1917)

Lorsque j'eus obtenu mon diplôme de l'Université de New York, en juin 1917, je décidai que je devais en tout premier lieu songer à améliorer le sort de ma famille. Je pensais être qualifié pour devenir principal d'une école hébraïque. Il m'était arrivé souvent, à la *Talmud Tora,* d'aider bénévolement le principal, et j'avais beaucoup appris sur l'organisation des écoles hébraïques. Par ailleurs, j'étais considérablement avantagé par les cours de troisième cycle que j'avais suivis à la Faculté des Sciences de l'Education.

Je passai en revue toutes les annonces parues dans la presse juive et tombai sur une annonce pour Cincinnati. Ohio, berceau et bastion du Judaïsme réformé. J'envoyai immédiatement une lettre pour demander des renseignements. On me répondit rapidement, en m'expliquant qu'on recherchait un Directeur d'école hébraïque capable de repousser les pressions du Judaïsme réformé. A cette époque, le Judaïsme réformé ne s'intéressait pas vraiment à l'enseignement de l'hébreu ou de la littérature hébraïque. J'expliquai au Conseil d'Administration mes idées sur la façon de créer un pont entre le Judaïsme historique, sa culture et sa religion, et le nouveau monde qu'était l'Amérique. Je voulais harmoniser les deux, pour que les jeunes Juifs apprennent à connaître leurs traditions éthiques et culturelles, tout en s'intégrant à part entière dans la société en tant que citoyens américains. Ils apprécièrent mes idées. Ils me proposèrent un bon salaire et la prise en charge des frais du déménagement jusqu'à Cincinnati, en stipulant seulement que je devais tout d'abord avoir un entretien avec un rabbin orthodoxe bien connu à New York, le rabbin Bernard· Revel.

Je me présentai donc chez le rabbin Revel. Après avoir vérifié, par quelques questions, mes connaissances de la Bible, du Talmud et de la littérature liturgique hébraïque, il me déclara qu'il m'appréciait beaucoup, et surtout parce que j'étais un descendant des Schneerson, les fondateurs du Hassidisme. Toutefois, il ne voyait pas très bien comment m'employer dans l'école de Cincinnati, ou *toute autre* école orthodoxe. « Vous êtes trop scientifique, trop *cultivé* dans vos connaissances bibliques. Religieusement, vous n'êtes pas assez Juif. »

De son point de vue, il n'avait pas tout à fait tort. Je n'étais pas l'homme qu'il lui fallait pour perpétuer en Amérique le Judaïsme orthodoxe, archaïque, de l'Europe de l'Est, en empêchant les enfants juifs d'aller à l'école publique et en leur imposant par là une ségrégation digne des ghettos qui puisse résister à toute assimilation. Je venais de me heurter à un pilier de l'orthodoxie fanatique, pour lequel les mots « culture » et « littérature » étaient empoisonnés. Un homme tel que moi, « contaminé » par des idées et des idéaux indépendants de son identité de Juif, et dont la judéité n'était plus inflexible et intransigeante, représentait un danger.

« Nous devons jouer serré, mon cher Monsieur Mnuchin. »

Je compris que je n'aurais pas dû exprimer mes idées aussi ouvertement, et que si elles étaient connues, les portes me seraient fermées partout. La puissante machine du Judaïsme orthodoxe m'ôterait toute chance de rester professeur, sans parler de la possibilité de devenir Directeur d'une école hébraïque, où que ce soit aux Etats-Unis.

Cependant, peu de temps après, je vis une autre annonce, passée cette fois par la communauté juive d'Elizabeth, dans le New Jersey, qui voulait ouvrir une école hébraïque. Le principal de la *Talmud Tora* me recommanda vivement, et on m'engagea avec un bon salaire. Nos frais de déménagement furent couverts et l'un des membres du Conseil d'Administration vint nous chercher personnellement en voiture pour nous conduire à Elizabeth. On me laissait une indépendance et une liberté d'action totales pour organiser l'école, y compris pour engager quelques professeurs. J'embauchai immédiatement Marutha pour s'occuper des débutants.

Dès qu'elle fut ouverte, les enfants juifs d'Elizabeth se précipitèrent dans notre école. Les parents ne les avaient jamais vus aussi impatients d'aller en classe. En fait, nous avions plus d'enfants que nous ne pouvions en recevoir. Nous enseignions l'hébreu parlé, en utilisant des manuels modernes. Marutha apprenait aux enfants à chanter, à réciter de la poésie, à jouer des pièces de théâtre en hébreu ou en anglais. Toute la communauté juive fut invitée à se joindre aux parents et aux enfants pour célébrer *Hanoukha* avec nous et ce fut un grand succès. Les parents étaient reconnaissants, les enfants exultaient. Pourtant, le rabbin orthodoxe du quartier était jaloux de ma réussite — ou peut-être avait-il entendu parler de moi par le rabbin Revel de New York ? Quelques jours plus tard, il me prit à part et parla sans ambiguïté. Je commençai à comprendre ce qui allait se passer.

Nous avions loué une maison confortable et acheté quelques nouveaux meubles, mais quand vint l'hiver, nous eûmes besoin de beaucoup de charbon et de bois pour chauffer la maison. Entretemps, le rabbin orthodoxe exerçait sur moi une pression de plus en plus forte. Les choses connurent leur paroxysme le soir de la Saint-Sylvestre 1917, lors d'une grande soirée offerte par l'Association Sioniste d'Amérique pour célébrer la Déclaration Balfour. Invités, nous nous y rendîmes.

Vêtu d'un smoking de location et Marutha de sa robe du soir en étamine, je supportai aussi longtemps que je le pus les déclamations emphatiques. A onze heures du soir, en ayant assez, nous décidâmes de rentrer à la maison par le bateau de minuit, qui part de l'extrémité de l'île de Manhattan et assure la correspondance avec le train pour Elizabeth. Mais une tempête s'était levée au cours de la soirée et le bateau que nous voulions prendre était parti avant notre arrivée à l'embarcadère. Il faisait un froid glacial, mais nous n'avions pas le choix : il fallait attendre le prochain. Je retirai ma veste et la mis sur les épaules de Marutha. Un homme marchait de long en large sur la jetée, sans cesser de répéter à voix haute : « J'ai été stupide de quitter la Californie si ensoleillée. »

Nous nous trouvâmes particulièrement ridicules cette nuit-là, lorsque nous apprîmes qu'il n'y avait plus de bateau et que nous devions remonter en ville, prendre un train pour Jersey City, puis une série de tramways jusqu'à Elizabeth. Tout au long du chemin, les réflexions de cet homme sur la Californie ensoleillée continuèrent de résonner à mes oreilles. Finalement, nous arrivâmes chez nous à quatre heures du matin, épuisés. Il faisait froid dans la maison. Le feu s'était éteint dans la chaudière, et il n'y avait pas moyen de le rallumer. Aussi allai-je dans le grenier arracher quelques bardeaux, et à l'aide de kérosène, je rallumai le feu.

Notre bébé Yehudi ne se réveilla pas. Un de nos professeurs l'avait gardé pendant que nous étions sortis.

Nous fûmes bien contents de nous coucher enfin, mais le sommeil tarda à venir. Nous avions l'esprit trop occupé. Je regardai soudain Marutha et découvris qu'elle était aussi en train de me regarder.

« Penses-tu la même chose que moi ? » demandai-je.

« Oui, la Californie, dit-elle. Allons en Californie ! »

« C'est exactement ce que je pensais. »

Le soleil californien n'entrait cependant que pour une part minime dans notre raisonnement. Pour nous, l'Ouest signifiait rupture avec la mentalité du ghetto et la rigidité orthodoxe que nous avions trouvées si pesantes à New York et dans les alentours. Notre jugement devait se confirmer quand, plus tard, la « machine » orthodoxe cléricale et l'appareil politique sioniste joignirent leurs efforts pour faire de l'éducation juive en Amérique une préparation pure et simple à l'*Aliyah* — l'émigration vers la Palestine.

Compte tenu de l'attitude du rabbin, nous décidâmes de ne pas révéler notre décision. Nous voulions toucher le salaire de Marutha un peu avant la fin du mois et payer certaines de nos factures, puis avec mes propres honoraires, le 31 janvier, nous débarrasser de nos meubles, payer nos dernières factures, envoyer le piano en Californie et partir pour New York. Il nous faudrait acheter nos billets pour le long voyage jusqu'en Californie. Nous étions restés exactement six mois à Elizabeth.

En janvier, nous dépensâmes peu pour la nourriture et rien qui ne fût nécessaire. Nous reçûmes le chèque de Marutha plus tôt que prévu, mais le mien ne devait arriver que le 1er février vers midi, ce qui voulait dire qu'il nous fallait garder nos meubles jusque-là. Nous rassemblâmes vêtements, livres, couvertures et autres effets dans des draps : nous n'avions ni malle, ni valise. Tôt le matin du 1er février, nous appelâmes un chiffonnier pour lui expliquer que nous devions vendre le contenu de la maison, sauf le piano. Il jeta un coup d'œil avisé sur nos biens et déclara : « Dix-huit dollars pour le tout, c'est à prendre ou à laisser. »

« Le tout », cela voulait dire le mobilier de quatre pièces ; mais nous n'avions pas le choix. Nous ne gardâmes que la chaise et le pot du bébé, un balai et une pelle dont nous avions besoin, déclarai-je au chiffonnier, pour « commencer une nouvelle vie en Californie ».

Le piano fut emballé et expédié le matin même. Heureusement, nous n'habitions pas le centre d'Elizabeth et il n'y avait aucun autre Juif dans le quartier ; sinon la nouvelle se serait vite répandue. Après que le mobilier et le piano furent partis, et comme je devais attendre encore quelques heures mon salaire, j'emmenai Marutha et Yehudi avec quelques paquets à New York, dans un tout petit hôtel juif. Je les y installai puis repartis seul à Elizabeth pour régler nos affaires. Je n'avais pas laissé d'argent à Marutha, pensant qu'elle pourrait commander à manger et faire porter le tout sur la note. Je ne savais pas que l'hôtel était indépendant du restaurant et qu'il fallait payer tout de suite.

A mon retour à Elizabeth, le comptable de l'école me remit mon salaire en liquide. J'allai rapidement payer mes dernières factures et pris un taxi qui me conduisit avec mon maigre bagage jusqu'à la gare. Avant de quitter Elizabeth, j'avais bien envie de m'arrêter chez notre petit élève Sammy Marantz, mais je pensai à Marutha et au petit Yehudi qui m'attendaient, et au rabbin sans scrupule qui m'arrêterait s'il le pouvait. Je demandai donc au chauffeur d'aller directement à la gare.

Je me tenais sur le quai avec mon tas de paquets. Le bout d'un parapluie pointait de l'un d'entre eux. Un porteur s'avança vers moi.

« Où allez-vous avec tout ça ? »

« A New York », répliquai-je.

« Mais vous ne pouvez pas emporter tout ce bazar dans la voiture des voyageurs. Il faut mettre ça en bagages accompagnés. C'est pareil pour cette chaise de bébé et le reste. »

Il appela le responsable des bagages qui fit non de la tête.

« Nous ne pouvons pas prendre ça comme bagages. Il faut tout mettre dans une malle ou une caisse, la chaise doit être emballée. »

Des larmes me vinrent aux yeux. Je le suppliai d'avoir pitié et de faire une exception pour moi. Je n'avais pas beaucoup d'argent ni beaucoup de temps ; ma femme et mon bébé étaient à New York, sans argent, et ils m'attendaient. Il se laissa attendrir et prit le tout dans le wagon réservé aux bagages. Tout sauf la pelle et le balai que je pris avec moi dans la voiture des voyageurs et que je mis dans un coin comme des clubs de golf.

Quand le sifflet retentit et que le train s'ébranla pour quitter la gare d'Elizabeth, je poussai un soupir de soulagement et dis une prière. Je comptai l'argent que je possédais maintenant : deux cent vingt dollars pour tous nos besoins, notre voyage en train jusqu'en Californie, la note d'hôtel à New York, la nourriture en chemin, les porteurs, les pourboires, les taxis et une malle, car je comprenais maintenant que j'allais devoir en acheter une.

J'arrivai à l'hôtel avec mes ballots ridicules pour trouver Marutha en plein désarroi. Pas seulement parce qu'elle avait faim, mais parce que le serveur avait repris le lait chaud qu'elle avait commandé pour Yehudi : l'hôtel ne faisait pas crédit !

Nous n'avions pas le temps de nous lamenter. Il y avait fort à faire. Je laissai à nouveau Marutha et Yehudi, mais cette fois avec un peu d'argent, pour me mettre en quête d'une malle d'occasion. J'en trouvai une dans la Troisième Avenue, vieille mais résistante ; j'ordonnai au vendeur d'aller la livrer immédiatement à l'hôtel avec son cheval et sa carriole dans laquelle je montai. Tandis que Marutha refaisait les bagages, je me rendis à la gare principale pour acheter nos billets.

Je fis la queue devant le guichet en tremblant. Quand vint mon tour, je dis à l'employé que j'avais moins de deux cents dollars pour couvrir non seulement nos billets mais notre nourriture et l'hôtel pour nous trois durant les quatre jours qu'il nous faudrait pour arriver en Californie.

L'employé eut l'air de compatir. Il vérifia le prix des billets au tarif normal et fronça les sourcils. Puis il me dit : « Allez vous asseoir sur ce banc, s'il vous plaît, et attendez que je vous appelle, ça va peut-être prendre un moment. Je vais voir ce que je peux faire. »

Je fis ce qu'il me dit et gardai les yeux fixés sur son visage. Le sort de ma famille reposait entre les mains de ce jeune homme.

Une demi-heure après environ, il m'appela :

« Ça va. Ce ne sera pas un voyage de luxe et cela vous demandera davantage de temps, mais vous, votre femme et votre bébé arriverez en Californie. Gardez quarante dollars pour vos dépenses à New York et le reste du voyage, et donnez-moi cent cinquante dollars. Votre train part à dix heures ce soir. Votre destination est Oakland Pier [1], de l'autre côté de la baie de San Francisco. »

Il me donna deux longs billets et je lui remis cent cinquante dollars en le remerciant longuement. Il dit : « Bonne chance à toi, mon frère. »

Je me précipitai à l'hôtel. Marutha était joyeuse, elle avait confiance et avait tout préparé. Le bébé était prêt pour le voyage

1. Oakland Pier : terminus des trains. (N.d.T.)

et elle avait tout emballé, sauf la chaise du bébé, le pot, la pelle, le balai et quelques petits baluchons.

Je descendis vite régler notre note et achetai à manger dans une épicerie voisine, puis je demandai au portier de transporter nos bagages jusqu'au taxi. Une fois à la gare, la malle fut expédiée directement à Oakland Pier.

Le train était bondé. Un voyageur assis au fond du wagon offrit sa place à Marutha, dans un coin. Elle étendit une couverture, installa Yehudi pour qu'il puisse dormir, et lui donna un biberon de lait chaud. Elle s'assit à côté de lui et je trouvai une place à l'autre bout de la voiture.

Nous nous étions organisés pour la nuit, croyant que nous devions rester dans ce train jusqu'à Chicago, mais quelques heures plus tard, un contrôleur vint nous secouer et nous annonça que nous devions changer au prochain arrêt. Nous dûmes réveiller notre petit bonhomme, qui ne pleura même pas.

Chaque fois que nous devions changer de train, je me débrouillais pour prendre le balai, la pelle et le pot du bébé (décemment emballé), tandis qu'un porteur prenait le reste, chaise et paquets. A Chicago, cependant, on nous déclara que nous ne pouvions pas prendre la chaise avec nous dans la voiture des voyageurs. Puis, à Kansas City, où nous dûmes changer une fois de plus, on nous apprit que nous ne pouvions pas prendre le balai et la pelle. A partir de là, je devins notre propre porteur pour épargner un peu de notre argent qui filait si vite. La pelle et le balai devinrent les symboles de notre vie future en Californie, nous ne pouvions supporter l'idée de nous en séparer.

En ce qui concerne la nourriture, nous donnions toujours un repas par jour à notre bébé, en plus du lait chaud et des biscottes qu'il pouvait manger. Marutha et moi étions pratiquement morts de faim.

Après six jours et six nuits de voyage, via Los Angeles, nous arrivâmes à Oakland Pier. C'était le 7 février 1918, tard dans la soirée ; nous avions faim et étions épuisés. Il nous restait trente-deux cents, pas même assez pour envoyer un télégramme à mon frère Louis [1], à Hayward, Californie.

Malgré l'heure tardive, l'Association pour l'Aide aux Voyageurs vint à notre secours. Ils essayèrent de téléphoner à mon frère à Hayward. Il n'était pas chez lui. On finit cependant par le retrouver chez des amis. Quelques heures plus tard, il arriva avec

1. En Amérique mon frère se faisait appeler Louis au lieu de Layvik.

une carriole tirée par un cheval et nous conduisit sous le clair de lune jusqu'à la ferme dont il était locataire. Heureusement, il faisait doux.

Lorsque nous nous levâmes le lendemain, nous découvrîmes que la ferme dominait une vallée verdoyante où il y avait déjà tous les signes du printemps, promesse visible d'une nouvelle vie. Mon frère avait une grande quantité de poules leghorn blanches. L'air résonnait de leur caquetage.

Mon frère nous avait accueillis à bras ouverts ; nous mangions des œufs et du poulet à profusion. Marutha se mit à préparer les repas pour tout le monde, y compris les employés de la ferme. Quand je lui avais fait part, quatre ans auparavant, de mon projet de mariage avec Marutha, mon frère me l'avait déconseillé, me suggérant d'attendre d'avoir une situation. Mais quand il connut Marutha et notre bébé, il fut conquis.

Sa maison nous semblait merveilleuse. Entourée d'autres fermes de tous côtés, c'était un endroit idéal pour nos premières vacances depuis notre mariage et, pour moi, un bon tremplin, peut-être, pour accéder à une profession toute différente. Mais Louis était sur le point de liquider son élevage de poulets, de vendre son cheval, sa carriole et ses autres biens et de partir pour New York, *en route*[1] pour la Palestine. Il avait eu une réaction entièrement différente de la mienne à la Déclaration Balfour et était devenu pour la première fois de sa vie un sioniste militant. Bien évidemment, nous nous heurtions souvent. Il était beaucoup plus âgé que moi et se donnait des airs d'autorité. Nos querelles constantes exaspéraient Marutha qui souvent ne les supportait pas. Elle prenait alors le petit Yehudi et allait se promener dans les collines, pour échapper à l'ambiance empoisonnée. Elle avait tellement hâte de partir qu'elle commença à chercher un emploi de gouvernante à San Francisco ; mais personne ne voulait d'une domestique avec un bébé.

Après quelques semaines, Marutha et moi décidâmes de quitter Hayward et de repartir sur de nouvelles bases. Tant pis pour les difficultés qui nous attendaient ! Louis me prêta deux cents dollars et nous prîmes momentanément un appartement meublé à Berkeley, jusqu'à ce que je puisse trouver un emploi dans la grande ville de San Francisco.

1. En français dans le texte. (N.d.T.)

CHAPITRE X

UNE NOUVELLE NATIONALITÉ, UN NOUVEAU NOM

(1918-1921)

Nous avions deux raisons pour aller habiter à Berkeley, juste de l'autre côté de la baie de San Francisco. En premier lieu, l'Université de Californie permettait une préparation à la maîtrise et au doctorat : or je comptais bien reprendre mes études. En second lieu, c'était là une raison plus concrète, on proposa à Marutha un poste de professeur dans une école juive de Berkeley. La directrice, qui s'appelait Ann Kay, était tout à fait charmante. Son mari Joseph et elle devinrent rapidement, et sont restés, parmi nos amis les plus proches et les plus chers. Ils nous invitaient souvent, soit pour de grandes promenades en voiture, soit chez eux.

Peu après notre installation à Berkeley, Louis vint vivre avec nous, en attendant l'appel de Ben Gourion (alors à New York) pour retourner en Palestine. Les disputes reprirent aussitôt entre mon frère et moi au sujet de la Déclaration Balfour, en conséquence de quoi notre propriétaire menaça de nous mettre à la porte. Malgré cela, je versai des larmes lorsque j'accompagnai Louis à la gare de Berkeley, à son départ pour New York et la Palestine. Il rejoignit Ben Gourion à New York et de là, ils partirent défendre « leur pays »[1].

L'argent que nous avions emprunté fondait comme neige au soleil. Je n'avais pas le choix, il fallait que j'utilise ma lettre de

1. Je revis Louis quelques années après, lorsque, triomphant, il revint de Palestine avec une femme. Il s'installa à Petaluma, en Californie, « le panier à œufs du monde », et après quelques années de prospérité il mourut de troubles digestifs aigus, dus à une suralimentation. Il ne reçut pas à temps les soins médicaux nécessaires.

recommandation d'« urgence », adressée à M. Meyer, le rabbin réformé du Temple Emmanuel à San Francisco et rédigée par M. Judah L. Magnes, qui connaissait parfaitement mes difficultés avec les rabbins orthodoxes et s'était montré fort désireux de m'aider.

Le Dr Meyer me reçut très aimablement. Je lui proposai alors la création d'une école hébraïque pilote à San Francisco, avec la possibilité, si cela marchait bien et si notre communauté accueillait favorablement notre entreprise, d'en faire une maison mère avec plusieurs annexes dans d'autres quartiers de la ville. Je demandai au Dr Meyer d'essayer de nous assurer la collaboration conjointe d'autres rabbins — réformés, conservateurs et orthodoxes — afin que mon école hébraïque devienne l'entreprise de la communauté tout entière.

Le Dr Meyer discuta de ce projet avec un autre rabbin réformé, le Dr Jacob Nieto — l'un des plus progressistes, des plus remarquables qu'il m'ait été donné de rencontrer — et ils évoquèrent la possibilité de fonder une école juive sous les auspices de la Fédération des Œuvres de Bienfaisance Juives. Mais le budget annuel de la Fédération pour 1918 avait déjà été établi et rien n'ayant été prévu au chapitre de l'enseignement, le Dr Meyer et le Dr Nieto parvinrent, je ne sais comment, à « gratter » soixante-cinq dollars par mois sur nantissement, qu'ils me remirent, en y ajoutant quelques dollars supplémentaires pour les livres. Ils persuadèrent les directeurs de la Synagogue orthodoxe à l'angle des rues Webster et McAllister (alors en plein cœur du quartier des Juifs européens de San Francisco) de me laisser utiliser la sacristie, et de prendre à leur charge les frais d'entretien et d'électricité.

J'annonçai donc, un samedi, à la synagogue, l'ouverture de l'école. Une semaine plus tard, je me trouvais à la tête d'environ soixante-dix élèves. Comme nous devions garder quelque temps notre appartement à Berkeley, je fis le trajet jusqu'à la synagogue tous les jours en train, bac et jitney pour gagner San Francisco.

Le propriétaire de notre dernier appartement de Berkeley, comptable de son métier, nous parlait sans cesse de radicalisme et de socialisme. Jamais je n'ai entendu un homme citer Marx aussi fidèlement et aussi souvent. Un jour pourtant, il décida brusquement d'augmenter notre loyer. A l'époque, Marutha gagnait vingt-cinq dollars par mois et moi soixante-cinq, et nous avions déjà bien du mal à payer l'ancien loyer. Comme je protestais contre cette augmentation, il se laissa aller à un flot d'invectives antisémites. Je lui demandai alors comment il parvenait à concilier le socialisme qu'il professait avec l'antisémitisme qu'il manifestait. Il parut fort embarrassé. Il avait dû lui arriver quelque chose d'extraordinaire pour que la colère lui fasse à ce point oublier ses convictions socialistes.

J'avais admiré ce vieil homme, j'avais cru qu'il était véritablement et sincèrement socialiste, capable de mettre ses idées en pratique. En fait, je me considérais moi-même à l'époque comme proche des théories radicales-socialistes, et je me mis à lire régulièrement, et avec grand intérêt, le magazine de Max Eastman, *Liberator*, et le journal communiste français, *L'Humanité*.

Au cours de ce séjour à Berkeley, Yehudi, alors âgé d'un peu plus de deux ans, se mit à traîner un mauvais rhume et à avoir mal à la gorge. Un spécialiste nous informa qu'il fallait l'opérer des amygdales et s'enquit de l'état de nos finances. Je lui répondis que, bien que nous n'ayons pas d'économies, nous étions prêts à régler à crédit les frais de l'opération. Il nous expliqua alors que certains jours de la semaine, il opérait gratuitement dans un dispensaire des quartiers Est de Berkeley et qu'il nous suffisait de prendre rendez-vous pour y conduire Yehudi. C'est ce que nous fîmes. Nous emmenâmes Yehudi, dans sa voiture d'enfant, jusqu'au dispensaire, à environ un kilomètre et demi. Une fois là-bas, il nous fallut subir une série de questions humiliantes posées par une assistante sociale qui finit par demander : « Ne croyez-vous pas que quand on gagne soixante-cinq dollars par mois, on peut payer dix dollars au dispensaire pour faire soigner son bébé ? »

Nous ne possédions bien entendu pas les dix dollars, mais nous mîmes notre point d'honneur à nous engager à les verser dès que possible. On opéra Yehudi : il n'y eut ni hospitalisation ni soins post-opératoires, et nous le ramenâmes à la maison le jour même, dans le même équipage qu'à l'aller.

Ce fut à Berkeley que Yehudi manifesta les premiers signes de son talent musical. Nous avions fait la connaissance d'un jeune couple juif du nom de Podvitz, qui avait une petite fille, Lily, du même âge que Yehudi. Yehudi et Lily devinrent compagnons de jeux. Un soir que nous le mettions au lit, il réclama Lily. Nous lui répondîmes en hébreu (l'hébreu étant sa langue maternelle) : « *Lily halchah lishun* », « Lily fait dodo ». Il se tourna sur le côté et commença à chanter : « *Lily halchah lishun* », en commençant par la note la plus grave pour arriver à la plus haute qu'il put atteindre, le tout parfaitement juste. Il s'arrêta, puis se mit à descendre la gamme jusqu'à la note par laquelle il avait commencé, après quoi il s'endormit. Marutha et moi échangeâmes un regard étonné. A dater de ce soir-là, Yehudi s'endormit en se chantant à lui-même sa propre berceuse, « *Lily halchah lishun* ». Reuben R. Rinder, chantre au Temple Emmanuel, devait partager notre étonnement quand il entendit à son tour Yehudi.

Lors des derniers mois de notre séjour à Berkeley, Marutha prit des leçons de violoncelle avec Arthur Weiss, membre de l'Orchestre Symphonique de San Francisco. Elle s'exerçait quotidiennement à la maison, et à chaque fois qu'elle posait son archet sur les cordes, elle entendait Yehudi roucouler et chanter tout seul.

Tout marchait bien pour ma petite école. Tant d'enfants vinrent s'inscrire que je pus former trois classes selon leur âge et leur connaissance de l'hébreu. L'établissement était ouvert cinq jours par semaine, du dimanche au jeudi, avec un cours à quatre heures, un à cinq et un à six. De sept heures à huit heures, je recevais parents et élèves dans mon bureau.

Au bout de quelques mois, j'organisai le samedi matin une heure de leçon consacrée au Sabbat, au cours de laquelle mes élèves se rassemblaient pour écouter l'histoire des Prophètes et apprendre les prières hébraïques. Les enfants adoraient cela et ils arrivaient toujours avant moi qui venais de Berkeley. Bien entendu, ils ignoraient où j'habitais : certains parents eussent été choqués d'apprendre que le directeur d'une école hébraïque voyageait le jour du Sabbat. Par égard pour eux, je demandais au chauffeur du jitney de me déposer à quelque distance de l'école et j'accomplissais à pied le reste du chemin.

Tout se passa bien jusqu'à ce que la grippe espagnole frappât San Francisco, nous obligeant à fermer l'école. Je percevais toujours mon salaire, mais c'est juste à ce moment-là que notre piano arriva d'Elizabeth : le montant de la note était élevé. Je pris donc un emploi dans une scierie d'Alameda, pour gagner un peu d'argent en plus. Je me mis au travail avec ardeur, ce qui me valut les menaces de l'un de mes compagnons de travail qui, me poussant brutalement contre un tas de planches, m'ordonna de « ralentir le rythme, sinon... »

Lorsque l'épidémie de grippe fut terminée, je rouvris mon école. Nous décidâmes alors de nous installer à San Francisco et louâmes un appartement au 732 Hayes Street, pas très loin de l'école. J'avais maintenant trop d'élèves et avais dû établir une liste d'attente. Je décidai donc de demander au conseil d'administration — des rabbins orthodoxes, conservateurs et réformés, ainsi que des hommes d'affaires, que j'avais organisés en Association Juive pour l'Enseignement — de m'autoriser à engager un professeur d'hébreu de la côte Est, pour un salaire de cent trente dollars par mois ; c'est ce qu'il me fallait compter pour pouvoir employer quelqu'un de qualifié. Le conseil d'administration accepta et, considérant qu'il serait alors absurde de continuer à me verser soixante-cinq dollars seulement, ils décidèrent de m'offrir cent cinquante dollars. La Fédération des Œuvres de Bienfaisance Juives se chargea des obligations financières de l'Association juive pour l'Enseignement et mon conseil d'administration m'aida à constituer un réseau d'écoles dans la ville.

Les choses semblaient enfin s'arranger pour nous, et notre avenir à San Francisco paraissait assuré. Mais un nouveau rabbin fut nommé à la synagogue orthodoxe.

Le Rabbin Wolf Gold arriva un peu plus d'un an après l'ouverture de mon premier cours dans la sacristie de la synagogue, qui n'avait alors pas de rabbin. Bel homme, élégant, le Rabbin Gold était une forte personnalité. Il connaissait sa Bible et son *Talmud* à la perfection. Orateur talentueux, en yiddish notamment, il savait faire pleurer les dames, même en prêchant, le jour du *Yom Kippour,* sur… Cléopâtre ! Il attirait les foules dans sa synagogue. Il avait amené avec lui son secrétaire particulier, qui répondait au nom de Mendel Fisher. Aucun autre rabbin à San Francisco, aussi riche fût-il, ne disposait d'un secrétaire à plein temps. Mendel s'était entièrement consacré au succès du Rabbin Gold et tous les moyens lui étaient bons pour y parvenir.

Au début, le rabbin et moi nous entendîmes à merveille. Nous devînmes même amis. Il semblait ouvert et évolué, pour un rabbin orthodoxe ; il vantait en public les mérites de mon travail et alla jusqu'à inscrire ses enfants dans mon école. Mes élèves se surpassaient pour apprendre les récitations, les chants et les pièces de théâtre que Marutha leur enseignait. Pendant un certain temps, je crus enfin avoir trouvé en Amérique un rabbin orthodoxe capable de comprendre que nous vivions une époque nouvelle dans un pays neuf, et de partager mes convictions et mon idéal.

Mais un jour, je vis avec horreur et stupéfaction se répéter l'histoire d'Elizabeth. La même menace impudente et personnelle : « Suivez mes ordres et tout se passera bien, ignorez-moi et je vous détruirai. »

Le Rabbin Gold récolta des fonds parmi les Juifs orthodoxes pour fonder un Centre Juif à quelques pas de sa synagogue. Puis il l'offrit au Conseil de l'Association pour l'Enseignement Juif, dont il était membre, et me proposa d'y installer mon école. J'acceptai avec joie, sans me rendre compte qu'il cherchait simplement à s'assurer le contrôle de l'établissement. Bientôt, en effet, des rumeurs se mirent à circuler, selon lesquelles Moshe Mnuchin essayait de convertir les élèves en *meshoomodim* (apostats), en *goyim*. Puis une autre, selon laquelle je fumais les jours de Sabbat. En fait, je n'ai jamais fumé ni cigare ni cigarette de ma vie. Jamais !

Environ un an plus tard, le Rabbin Gold et son éminence grise organisèrent une réunion au Centre Juif, dans l'intention évidente de m'obliger à démissionner. Je décidai d'inviter les parents de mes élèves à s'y rendre en force, et proposai au rabbin Nieto de venir me défendre. C'était l'un des orateurs les plus originaux et les plus séduisants que San Francisco ait jamais connus ; toute la ville adorait le rabbin Nieto. Physiquement, il ressemblait au Christ, il était spirituel, plein de sagesse, et luttait infatigablement contre l'injustice sous toutes ses formes.

Après que le Rabbin Gold eut proféré ses attaques contre moi et mon travail, le rabbin Nieto se leva pour répondre. Avant même qu'il eût le temps de prononcer un mot, toute l'assemblée, debout, l'acclama longuement. Alors, calmement, de façon concise mais complète, il réfuta les propos du rabbin Gold, puis se rassit sous une seconde ovation.

Malgré cette défaite publique, le rabbin Gold, décidé à continuer la lutte pour prendre le contrôle de mon école, me demanda une fois de plus de me soumettre à ses « ordres bienveillants et fraternels ». Je répondis de la façon la plus ferme que je n'acceptais d'ordres de personne, sauf du conseil d'administration de l'Association Juive pour l'Enseignement. Comprenant qu'il m'était impossible, pas plus qu'à mes professeurs, de continuer à enseigner au Centre Juif, je demandai à l'Association Juive pour l'Enseignement de m'autoriser à louer une maison qui me servirait provisoirement d'école jusqu'à ce que nous puissions nous arranger autrement.

Les nouveaux locaux étaient horribles : une vieille maison délabrée sans cour. Mais lorsque je fis l'appel, tous les élèves répondirent « présent », les enfants du rabbin Gold exceptés. En fait, la révolte de la Communauté contre le rabbin Gold nous amena plus d'élèves que nous pouvions en recevoir. L'Association Juive pour l'Enseignement réunit rapidement les fonds nécessaires à la construction d'une nouvelle école, située dans Laguna

Street, quatre rues plus loin, nantie de salles de classes modernes, d'une bibliothèque, d'une salle de réunion, d'un bureau et d'une cour de récréation. J'ouvris quatre autres établissements qui accueillirent plus de trois cent cinquante élèves et j'engageai trois nouveaux professeurs. Mon salaire passa à quatre cents dollars par mois.

Le rabbin Gold fut contraint de quitter San Francisco pour de bon. Il ne dut guère être content quand la Chautauqua juive m'invita à être le principal orateur lors de sa convention nationale à San Francisco le 22 août 1921 [1].

Le 18 septembre 1919, devant un tribunal de San Francisco, je devins citoyen américain. Alors que j'étais sur le point de signer les documents, le juge qui m'avait interrogé me dit : « Puis-je vous suggérer, pour votre bien, car les Américains n'arrivent pas à prononcer le « ch » dans Mnuchin comme cela doit se prononcer en hébreu et qu'ils ne peuvent pas non plus lier les deux consonnes « m » et « n » sans une voyelle entre les deux, d'épeler votre nom Menuhin ? » J'acceptai et il officialisa sur-le-champ ce changement d'orthographe.

Quant à mon intention de reprendre mes études à l'Université de Berkeley, bien que je m'y fusse inscrit et que j'eusse consacré un peu de mon temps libre à étudier dans les bibliothèques, je dois avouer que la nécessité de gagner ma vie et mes démêlés avec le rabbin Gold (qui durèrent plus de deux ans) m'empêchèrent de les poursuivre. J'en abandonnai totalement l'idée lorsque les évidentes aptitudes musicales de mon fils m'obligèrent à consacrer l'essentiel de mon temps et de mes efforts à veiller à ce qu'elles puissent se développer le plus sérieusement possible.

1. Mon discours parut en entier dans *Emmanuel Jewish Weekly*, le 26 août de cette même année, sous le titre *Expériences d'un Immigrant Juif*.

CHAPITRE XI

NOTRE ENFANT PRODIGE

(1921-1926)

Alors que Yehudi était venu au monde dans une salle commune au Mount Lebanon Hospital, à New York, nos deux autres enfants, deux filles, naquirent au Mount Zion Hospital à San Francisco où Marutha put apprécier le luxe inhabituel d'une chambre individuelle. Hephzibah naquit le 20 mai 1920 et Yaltah le 7 octobre 1921.

En 1921, nous achetâmes une petite voiture et versâmes des arrhes pour l'achat d'une maison, située 1043 Steiner Street à San Francisco. Le salon et la salle à manger se transformaient, quand on ouvrait les portes coulissantes qui les séparaient, en une grande salle de réception qui pouvait contenir une soixantaine d'invités. Derrière la maison, il y avait un jardin, avec quelques beaux arbres et une balançoire pour les enfants, où nous fîmes construire une sorte de plate-forme sur laquelle nous installâmes une tente : c'est là que nous dormîmes, sur des lits de camp, pratiquement toute l'année ; pour payer les mensualités de 50 dollars, nous louâmes toutes les chambres du premier étage et les deux places libres dans le garage, censé contenir trois voitures.

A cette époque-là, quand nous voulions assister à des soirées musicales, nous avions non seulement les concerts de l'Orchestre Symphonique de San Francisco sous la direction d'Alfred Hertz, assisté de Louis Persinger qui était aussi premier violon, mais également des solistes aussi connus que les violonistes Eugène Ysaÿe (qui, bien qu'à la fin de sa carrière, était toujours impressionnant), Fritz Kreisler, Georges Enesco, Efrem Zimbalist, Cecilia Hansen, Jascha Heifetz et Mischa Elman, les pianistes Ignace Paderewski, Vladimir de Pachman, Moritz Rosenthal et

Joseph Hoffman, et les chanteurs Alma Gluck, John McCormack et Roland Hayes. L'incomparable Anna Pavlova et sa compagnie donnaient souvent des ballets. L'énorme Civic Auditorium était toujours comble. D'une manière ou d'une autre, Marutha et moi nous arrangions pour assister à beaucoup de concerts de gala. Puisque nous n'avions pas les moyens de payer un baby-sitter, nous emmenions Yehudi, cela bien entendu avant la naissance de Hephzibazh et de Yaltah. Nous faisions entrer Yehudi en cachette dans le Curran Theater et montions nous asseoir tout en haut du balcon pour entendre les concerts du dimanche après-midi, en emportant son biberon de lait chaud et quelques biscuits, au cas où il s'agiterait. Mais nous n'en avions jamais besoin. Yehudi écoutait la musique avec attention et ravissement, si bien que les habitués des concerts commencèrent à le remarquer. Bientôt, non seulement le public mais les membres de l'orchestre et le chef d'orchestre, Alfred Hertz, furent au courant de ce bébé qui avait une passion pour la musique. Si jamais nous manquions un concert, les gens nous posaient des questions quand nous revenions avec Yehudi le dimanche suivant.

Yehudi manifestait toujours un intérêt particulier pour le violon et s'agitait à chaque solo. Un de mes collègues de l'école, fervent mélomane, qui était au courant de ce phénomène, offrit à Yehudi pour ses quatre ans un petit violon, qui n'était qu'un jouet. Yehudi le prit, croyant qu'il pourrait, comme par enchantement, en tirer des sons harmonieux : devant ses résultats peu satisfaisants, il entra dans une rage folle, comme si ce cadeau était une insulte. Il mit le jouet en pièces et le piétina. Cette manifestation de rage était tout à fait extraordinaire et totalement contraire à sa nature. Ce fut la première et la dernière fois que nous le vîmes se comporter ainsi. Cette réaction nous parut si étrange que Marutha en parla dans une lettre à sa mère, qui vivait à Jaffa. Par retour de courrier, elle reçut un mandat de 25 dollars et la recommandation expresse d'acheter un vrai violon à notre petit garçon. La mère de Marutha nous conseillait aussi de lui faire donner des leçons de violon.

Un jour, Yehudi entendit Louis Persinger jouer un concerto pour violon avec l'Orchestre symphonique de San Francisco et devint terriblement agité. A maintes reprises par la suite, il exprima le désir de jouer du violon « comme cet homme », et, à l'approche de son anniversaire, il nous demanda de lui acheter un violon et de prendre des leçons avec Persinger. Nous n'aurions jamais osé demander à Persinger de s'occuper d'un élève si jeune, et nous n'avions pas les moyens de payer les honoraires élevés que sans aucun doute il demanderait. Mais quand Yehudi eut cinq ans, nous l'inscrivîmes chez un violoniste professionnel de talent de San Francisco, Sigmund Anker. Sa première leçon eut lieu le 31 mai 1921 et, pour parler de ses progrès, je ne peux que citer les propres paroles de Sigmund Anker : « Tout s'est réalisé comme un rêve. Après neuf mois d'études, Yehudi pouvait exécuter le concerto n° 9 de De Bériot, que les élèves ne jouent habituellement qu'au bout de cinq ou six ans et ce avec une précision et une expression merveilleuses. » Yehudi devait étudier avec Anker jusqu'en mai 1923.

Nous avions déjà pris des dispositions concernant l'éducation scolaire de Yehudi. Le 22 janvier 1921, nous l'avions conduit au meilleur jardin d'enfants de San Francisco pour l'y inscrire. Quand le secrétaire, avec un léger sourire, nous dit que l'école n'acceptait pas les élèves de moins de cinq ans, je pris la balle au bond et lui répliquai que c'était précisément ce jour-là l'anniversaire de Yehudi, qui fut donc immédiatement accepté [1].

Yehudi trouva le jardin d'enfants ennuyeux. Quelques heures après l'avoir quitté, nous reçûmes un coup de téléphone :

« Votre fils désire vous parler. »

« Ramenez-moi à la maison, s'il vous plaît », demanda Yehudi.

Nous allâmes le chercher. Le professeur reconnut que le jardin d'enfants ne pouvait rien apporter à Yehudi, qui ne retourna dans une salle de classe que bien plus tard, quand il y emmena ses propres enfants.

La même chose exactement se reproduisit ultérieurement avec Hephzibah, et nous n'essayâmes même pas d'inscrire Yaltah. Marutha devint le seul professeur des enfants jusqu'à ce que, par la suite, nous fassions appel, pour nous seconder, à des professeurs qualifiés, dont certains venaient de l'Université. L'hébreu était la langue maternelle de nos enfants et, au fil des ans, ils apprirent dans l'ordre l'anglais, le français, l'allemand, l'italien, l'espagnol et le russe.

Deux fois par an, Sigmund Anker organisait un petit récital de ses élèves les plus doués dans le cadre des Junior Concerts de la Pacific Musical Society, au Fairmont Hotel de San Francisco. Il me demanda, ainsi qu'à Marutha, si Yehudi pouvait jouer. A cette

1. L'anniversaire de Yehudi resta fixé au 22 janvier sur les registres du Conseil de l'Enseignement de San Francisco, et nous-mêmes le célébrâmes à cette date jusqu'à ce que je fasse la rectification, des années après, lors d'une conférence de presse.

époque, nous savions que quelque chose d'exceptionnel, peut-être même d'unique au monde, sortait du violon de Yehudi. Nous avions le pressentiment que le destin de notre fils serait de parcourir le monde toute sa vie, comme soliste de concert itinérant, et nous avions le cœur serré à cette perspective. Pour citer à nouveau M. Anker : « Ses parents acceptèrent en tremblant d'inquiétude ; ils redoutaient pour leur fils la vie d'artiste. »

Redfern Mason, doyen des critiques musicaux de San Francisco, écrivit à propos de la première exhibition publique de Yehudi les lignes suivantes :

Le plus jeune des interprètes fut aussi le plus merveilleux. C'était un petit bonhomme de cinq ans, si jeune qu'il ignorait le trac, mais il se demandait simplement ce que pouvait bien signifier ce dieu aux multiples têtes, le public. Son nom est Yehudi Menuhin. Il apprend le violon depuis un an et il en joue déjà avec un talent qui annonce un grand maître. L'œuvre interprétée était le concerto en la mineur d'Accolay. Yehudi l'a appris par cœur et il le joue avec la sincérité naturelle de quelqu'un qui entend une voix intérieure. La tonalité est d'une candeur enfantine et d'une beauté qui m'a suggéré les mots de Wordsworth : « Le Ciel nous entoure, dans nos premières années », en leur donnant une signification profonde rarement ressentie.

Quatre mois plus tard, Yehudi se produisit dans un autre concert, donné à nouveau sous les auspices de la Pacific Musical Society. Le *Journal de San Francisco* du 12 février 1923 en fit le commentaire suivant :

[Yehudi Menuhin] a joué le concerto pour violon n° 9 de De Bériot, avec l'assurance et le tempérament d'un vétéran. L'enfant est si petit qu'il a fallu l'aider à monter sur l'estrade. Mais la manière dont il a attaqué la première note a fait se redresser d'étonnement les nombreux spectateurs. Un tonnerre d'applaudissements a salué la fin du morceau qui fait appel aux multiples particularités techniques du violon, comme les doubles cordes, les octaves et les harmoniques. L'ensemble du morceau fut exécuté avec une pureté extrême.

En famille, nous appelions ce concerto pour violon de De Bériot « le concerto Yosemite », parce que, durant l'été 1922, nous passâmes nos vacances dans la Yosemite Valley. Nous couchions sous la tente, nous ramassions du bois pour le poêle et faisions la cuisine en plein air. Bien entendu, Yehudi avait son petit violon et travaillait sur le concerto de De Bériot dont les suaves mélodies retentissaient dans la vallée. D'autres campeurs se rassemblaient autour de notre tente pour écouter jouer Yehudi, et Marutha les invitait souvent à partager un copieux petit déjeuner agrémenté de crêpes, au cours duquel nous nous lancions dans de longues discussions, à propos de livres, de politique et de musique.

La dernière apparition publique de Yehudi sous la direction de Sigmund Anker eut lieu le 12 mai 1923. Il joua le premier mouvement du concerto de Mendelssohn. Le critique musical du *San Francisco Journal* qualifia son interprétation de « géniale » et de « presque troublante ».

Durant les deux années pendant lesquelles Yehudi étudia avec Anker, nous continuâmes naturellement à assister aux concerts de l'Orchestre symphonique de San Francisco. Bientôt nous eûmes des places dans les premiers rangs de l'orchestre, ou nous fûmes invités par d'aimables spectateurs à partager leur loge. Les sœurs de Yehudi, encore bébés, nous accompagnaient, leur célèbre frère leur ayant frayé la voie. Certains journaux se débrouillèrent même pour obtenir des « interviews » de Yehudi avant ou après les concerts.

Le premier violon, Louis Persinger, était toujours l'idole de Yehudi. A la maison, celui-ci essayait d'imiter son interprétation, et devant tant de concentration et de sérieux chez un enfant et en l'entendant discuter avec animation avec nous de la manière de jouer de Persinger, nous fûmes convaincus que nous devions entrer en contact avec lui. *Respecter l'enfance* était notre devise dans l'éducation de nos enfants.

Nous fîmes jouer Yehudi devant Persinger. Il va sans dire que celui-ci accepta avec enthousiasme notre fils comme élève. Yehudi était au septième ciel : son rêve était devenu réalité. Et nous étions heureux. Persinger était un brillant violoniste et méritait totalement le titre qui lui fut conféré plus tard de « Auer américain »[1]. En fait, il était à mon avis bien plus que cela. C'était un grand musicien dont le jeu révélait une merveilleuse technique. Il avait étudié avec Eugène Ysaÿe à Bruxelles et joué comme premier violon avec le Vauxhall Orchestra, le Berlin Bluthner Orchester et le Philarmonique de Berlin. Il alliait en lui « la finesse, la richesse, l'éclat et l'élégance de l'école de violon franco-belge avec la profondeur et l'autorité de la tradition allemande ».

Né en Amérique, Persinger n'était pas seulement un musicien au goût parfait qui tirait de son instrument des tonalités à la fois magnifiques, délicates et raffinées. Il avait aussi une patience

1. Leopold Auer fut, dans la vieille Russie, le professeur de Zimbalist, Elman, Heifetz, Cecilia Hansen et de bien d'autres artistes de talent.

apparemment inépuisable et il était capable de transmettre à ses élèves tout son talent pour interpréter avec poésie les œuvres des grands compositeurs.

C'est le cœur lourd que nous parlâmes de notre projet à Sigmund Anker. Nous n'avions rien à lui reprocher ; au contraire, nous lui étions profondément reconnaissants. Son enseignement avait été inestimable pour Yehudi. Cependant, Anker fut réellement blessé et, pendant longtemps, nous considéra comme des ingrats. A différentes reprises, Marutha et moi-même devions rencontrer de semblables malentendus. Mais il nous fallait agir énergiquement, selon ce que nous considérions être l'intérêt de nos enfants ; sinon nous aurions failli à nos responsabilités à leur égard.

Yehudi passa donc sous la direction de Louis Persinger. Dans le numéro du 20 septembre 1924 du magazine *Musical America*, Persinger écrivit :

Yehudi étudie avec moi depuis quatorze mois, à raison de deux leçons hebdomadaires. Il utilise encore un petit violon, bien sûr, mais les tonalités qu'il en tire sont surprenantes.

Il a étudié des œuvres comme le septième concerto de De Bériot, le deuxième concerto de Spohr, le concerto militaire de Lipinsky, le quatrième concerto de Vieuxtemps, etc., et il les a tous joués avec une extraordinaire facilité technique, une compréhension musicale inhabituelle et un tempérament authentique. Il semble absolument fait pour une carrière de virtuose. Il n'oublie jamais ce qu'on lui dit une fois, et son goût pour les belles réalisations est remarquable chez quelqu'un d'aussi jeune.

Zimbalist est venu dans mon studio lors de sa dernière visite dans ce pays et l'a entendu jouer deux concertos. Il a été tout à fait étonné devant les dons de ce garçon et a déclaré n'avoir jamais rencontré nulle part un jeune aussi prometteur. Il a affirmé qu'il possédait toutes les qualités nécessaires pour devenir l'un des grands et le seul exemple comparable dont il pouvait se souvenir était Heifetz, qu'il avait entendu jouer lorsque celui-ci avait neuf ans.

Chaque fois qu'il s'est produit sous les auspices de l'Orchestre symphonique de San Francisco, il a fait sensation, ce qui lui a valu des propositions en provenance de Los Angeles, Sacramento, Fresno, entre autres villes. Mais elles ont toutes été rejetées ; car ses parents considèrent avec bon sens qu'il doit se développer progressivement. Il jouera probablement deux fois cet hiver, à nouveau avec l'Orchestre symphonique, et j'ai l'intention de le présenter dans un récital qui lui sera propre...

Ce qu'il y a de mieux chez cet enfant, c'est qu'il n'est pas corrompu et qu'il a un merveilleux sens de l'humour grâce auquel il ne surestime pas son importance dans le monde.

Yehudi se produisit avec l'Orchestre symphonique de San Francisco lors de concerts réservés aux enfants et dirigés par

Alfred Hertz. Je dois souligner le fait que ce sont M. Persinger et Marutha qui se chargèrent alors, et pendant plusieurs années ensuite, de l'organisation de ces représentations. Ce qui concernait l'évolution de nos trois enfants était du ressort de Marutha. Quant à moi, je m'occupais de gagner le pain quotidien et j'étais aussi l'assistant toujours disponible : je faisais parfois lire Yehudi et je lui expliquais l'arithmétique, la géographie, l'histoire, la politique, les affaires internationales et les problèmes sociaux. Le reste de l'éducation de nos enfants était entre les mains compétentes de Marutha qui, par ailleurs, accompagnait Yehudi au piano quand il étudiait son violon à la maison. Marutha avait pris des leçons de violoncelle avec le Docteur Weiss, de l'Orchestre symphonique de San Francisco, et le résultat en était tout à fait satisfaisant. Mais elle y renonça quand elle vit que cela la détournait de ses devoirs envers les enfants.

Pour le septième anniversaire « officiel » de Yehudi, Marutha lui offrit un petit carnet à spirales [1]. A l'intérieur de la couverture, elle colla un papier sur lequel étaient écrits à la machine quelques vers de Lowell :

> Le plus sage des hommes ne saurait demander au destin
> Que d'être simple, modeste, sincère et humain,
> Protégé de la foule, honoré par certains ;
> De ne rien solliciter de l'Eglise, du monde ou de l'Etat,
> Mais secrètement, intérieurement, d'être grand.

« *Mens sana in corpore sano* » — une âme saine dans un corps sain —, voilà quel était surtout notre principe de base dans l'éducation des enfants et la règle première chez nous était : « coucher tôt et lever tôt ». Chaque fois que nous allions au concert, les enfants récupéraient à l'avance les heures de sommeil manquantes en faisant une longue sieste l'après-midi. Notre jardin derrière la maison, les parcs et la campagne où nous allions jouer, pique-niquer et nous détendre avec un livre, nous procuraient le grand air et l'exercice indispensables.

J'étais dans les écoles hébraïques de trois heures de l'après-midi à huit heures et demie du soir tous les jours, sauf le vendredi qui était mon jour de congé, mais j'y allais aussi le samedi et le dimanche matins. Pendant les vacances, ou le dimanche après-

1. Je le garde toujours en souvenir.

midi, nous allions en voiture à Berkeley, Petaluma, Concord, Santa Rosa, au Mt. Tamalpais ou dans les montagnes de Santa Cruz, en emmenant souvent avec nous un ou deux petits garçons de l'âge de Yehudi.

C'est à cette époque que nous découvrîmes Los Gatos. Durant l'été 1923, nous chargeâmes notre matériel de camping dans la voiture et partîmes en direction des montagnes de Santa Cruz. Le long de la grand-route, nous tombâmes sur un petit hameau qui s'appelait « La Ville Sainte », où se trouvaient un garage, une station-service, des maisonnettes à louer et les demeures des disciples d'un ancien prêtre catholique excentrique, le « Père » William E. Riker[1], qui dirigeait en dictateur la communauté. Il gérait aussi une entreprise de camions prospère qu'il appelait « La Voie Divine Chrétienne Parfaite »! Il se trouvait qu'il avait été pendant un temps notre voisin quand nous habitions Steiner Street.

Je demandai au « Père » Riker si nous pouvions planter nos tentes sur sa propriété, quelque part loin de la route, et près de l'eau. En réponse, il nous offrit deux de ses maisons à un loyer très raisonnable. Nous acceptâmes et nous installâmes pour quelques semaines, passées à nous promener, à jouer, à lire, à écrire, à faire de l'arithmétique, et bien entendu du violon. Nous allions parfois en voiture à Los Gatos, à quelques kilomètres au nord, où nous déjeunions au restaurant; il ne nous fallut pas longtemps pour tomber amoureux de cette ville sympathique qui jouissait d'un climat égal, protégée par les montagnes environnantes hautes de 800 à 1 000 mètres. Nous commençâmes à rêver d'y habiter un jour.

Cette même année, nous connûmes une de ces expériences rares et véritablement mystérieuses : comme nous nous trouvions dans le tramway, nous rendant à dîner chez des amis, Marutha m'agrippa soudain le bras en disant : « Moshe, j'ai le sentiment que ma mère est en train de mourir. Envoyons un télégramme avec réponse payée à Jaffa pour savoir ce qui s'est passé. »

Marutha fut incapable d'avaler quoi que ce soit, mais elle rassembla tout son courage pour ne pas perturber le dîner. Rentré

1. *Editeur :* le « Père » Riker défendait la théorie selon laquelle le cerveau de la race humaine était représenté par les Juifs, le cœur par la race blanche, et les membres et les mains par les autres races. Toutes devaient accepter leur rôle. Riker avait été prêtre en Amérique du Sud avant que son église ne le destitue et de sa paroisse et de la prêtrise.

chez nous, j'envoyai immédiatement un télégramme à Jaffa et le lendemain matin de bonne heure, l'opératrice de la Western Union Telegraph Company téléphona pour nous annoncer qu'elle avait reçu la réponse de Palestine : la mère de Marutha était morte la veille. Marutha qui avait adoré sa mère accomplit la routine quotidienne dans un calme absolu, en prenant même le temps d'aller porter un don à une famille nécessiteuse à l'autre bout de la ville ; mais le soir, quand les enfants furent endormis, je la vis pleurer pour la première fois depuis que je la connaissais. Elle pleura en silence et fut sensible à la sympathie que je lui manifestai et au chagrin sincère que je partageais avec elle.

C'est vers cette période de notre vie que Yehudi gagna la bourse offerte par l'Oscar Weil Memorial Committee de San Francisco. Elle couvrait les frais de deux années d'études et s'élevait à environ trente dollars par mois.

Durant les années 1923 et 1924, Yehudi progressa et se développa de manière bénéfique. Il adorait ses leçons avec Persinger, qui brûlait d'ambition pour son élève enthousiaste. Il décida que Yehudi avait atteint le point où l'expérience d'un récital de qualité dans une grande salle de concert lui ferait du bien et, après avoir réussi à convaincre Marutha, il engagea un organisateur de concert professionnel, Alice Seckels. Elle loua le Scottish Rite Auditorium à San Francisco pour la soirée du 30 mars 1925. La presse ayant présenté Yehudi comme « le génie de San Francisco », toutes les places furent vendues.

Après une longue sieste l'après-midi et un dîner léger, Yehudi, rayonnant de joie et en pleine maîtrise de ses moyens, entra en scène pour exécuter le programme du concert. Louis Persinger, tout souriant, l'accompagnait au piano.

Louis Ford, suppléant du premier violon, dit au critique musical du *San Francisco Examiner,* Redfern Mason : « Laissez s'envoler votre plume. Vous ne dépasserez jamais la mesure. Il ne s'agit pas ici de talent mais de génie ! »

Mason écrivit donc un compte rendu du concert dans lequel il comparait l'exécution du concerto de Mendelssohn par Yehudi à celle de Joseph Joachim quand il était tout jeune et qui lui avait valu d'être serré dans les bras du compositeur en personne.

Parmi les mélomanes et les amis qui vinrent en foule dans les coulisses après le concert, se trouvait un vieil ami de la famille, le Docteur Samuel Langer, membre actif du Conseil d'Administration de l'Association juive pour l'enseignement. Il nous présenta à un couple charmant et distingué, Monsieur et Madame Sidney

M. Ehrman. M. Ehrman nous prit à part, Marutha et moi, et dit simplement : « Je tiens à vous remercier tous les deux pour la merveilleuse soirée de musique que votre fils nous a procurée. Je veux simplement vous dire que je serais très heureux si vous nous permettiez, à Mme Ehrman et à moi-même, d'avoir le privilège de vous aider financièrement si et quand nécessaire. Votre ami, le Docteur Langer, vous expliquera exactement ce que j'envisage. »

Nous remerciâmes M. Ehrman de son offre si aimable et si spontanée. Il n'y avait rien d'autre à ajouter ni à faire en ce moment historique. Nous quittâmes le concert très songeurs, mais nous étions surtout profondément émus.

Suivit alors pour Yehudi la traditionnelle glace à la fraise, tandis que ses petites sœurs — qui avaient bien entendu assisté au premier récital professionnel de leur frère — en dégustaient une, plus petite. Ensuite, après un copieux souper de minuit, les enfants allèrent dormir sous la tente, dans le jardin derrière la maison. Marutha et moi, cependant, avions bien des sujets de réflexion, avant même que les journaux du matin ne nous donnent ainsi qu'au monde entier le compte rendu détaillé de ce que Yehudi avait accompli, alors qu'il n'avait pas encore neuf ans.

Que devions-nous faire dorénavant pour l'aider ? Que devions-nous faire pour le protéger ? Nous étions bouleversés de la magnanimité avec laquelle M. Ehrman nous avait proposé son aide. Nous n'avions jamais discuté avec quiconque de nos problèmes financiers, que nous nous étions toujours efforcés de résoudre dans la mesure de nos possibilités. Il était clair que nos modestes revenus ne nous permettraient pas de donner à notre fils la formation professionnelle nécessaire, de toute évidence, pendant de nombreuses années. L'offre des Ehrman signifiait pour nous l'assurance que nous ne serions pas poussés trop vite à faire de notre fils un artiste professionnel. Nous avions l'espoir de le voir devenir un être humain complet, en bonne santé et cultivé, et si c'était son destin d'être un jour soliste de concert, il serait un musicien érudit, sérieux et possédant une vaste culture.

J'ai lu quelque part que, dans notre chambre cette nuit-là, tout ce que Marutha envisageait de répondre à la proposition de M. Ehrman était « Non ! Non ! Non ! », et que, par caprice, elle avait rejeté cette idée. Cette histoire absurde, comme d'autres du même genre concernant Marutha, provient d'une source malveillante et vise à nuire à la réputation de la mère de Yehudi Menuhin. Marutha accepta sans hésiter l'offre des Ehrman. C'est aux multiples promoteurs de concert, qui agitaient sous nos yeux des dizaines de milliers de dollars, que nous déclarâmes « Non ! ». Nous prîmes bientôt conscience que « Non ! » était le mot le plus précieux de notre vocabulaire. C'était la seule réponse possible à ceux qui voulaient exploiter et exhiber notre fils de neuf ans, mais ce mot suscita une animosité permanente envers nous, non seulement parmi les exploiteurs potentiels mais aussi parmi ceux qui voulaient nous donner gratuitement leurs conseils et leurs directives. Les gens nous considéraient « pauvres et hautains », et il fallait donc les laisser se mêler de nos affaires.

Le lendemain du concert, le Docteur Langer nous rendit visite. Educateur et érudit de grande qualité, très respecté dans la communauté, il était l'inventeur du système selon lequel les orphelins étaient placés chez des mères adoptives à domicile. Il dirigeait le célèbre orphelinat de Homewood Terrace à San Francisco. Des chercheurs et des travailleurs venaient des quatre coins du monde pour étudier ses méthodes.

Le Docteur Langer nous expliqua que, dans l'intention de M. Ehrman, nous devions agir en toute indépendance et faire exactement ce que nous jugions bon, mais que si nous avions à prendre une décision exigeant une mise de fonds dépassant nos moyens, nous pourrions profiter sans condition de la largesse des Ehrman.

Quelques jours plus tard, les Ehrman nous invitèrent à dîner. Nous fûmes introduits dans une des maisons les plus ravissantes que nous eussions jamais vues et nous nous liâmes d'amitié avec l'une des familles les plus distinguées que nous ayons jamais eu le privilège de connaître. Les Ehrman devinrent rapidement notre ancre de salut et nous procurèrent un sentiment nouveau d'indépendance et de sécurité. Leur amitié sincère nous a soutenus plus encore que l'aide matérielle qu'ils commencèrent bientôt à déverser sur nous et qui s'accrut au fil des ans. Sidney Ehrman devint pour moi un confident et un conseiller avisé, une source d'inspiration permanente. Je n'ai jamais rencontré nulle part son pareil. Pour Yehudi, il devint « Oncle Sidney ».

Jusque-là, Marutha et moi-même nous étions occupés seuls de l'instruction de nos enfants. A présent, grâce à l'aide financière des Ehrman, des changements importants se produisirent. Yehudi commença à apprendre le français avec Rebecca Godchaux, et Hephzibah et Yaltah avec la sœur de Rebecca, Joséphine[1]. Les

1. Nos enfants commencèrent l'allemand en 1926 avec M. Salinger, l'espagnol en 1932, l'italien et le russe en 1933. Une fois commencée, l'étude d'une langue et de sa littérature ne cessait jamais, grâce à Marutha qui les maîtrisait toutes.

Godchaux étaient des piliers de la communauté française de San Francisco. Nous engageâmes le Professeur Perstein, qui enseignait l'art oratoire à l'Université de Californie, pour qu'il instruise Yehudi dans cet art et qu'il lui donne aussi des cours de littérature anglaise [1]. J. A. Paterson, de l'Orchestre symphonique de San Francisco, lui donna des cours d'harmonie et de contrepoint. Hephzibah étudiait depuis un an le piano avec Mme Judith Blockley et faisait de grands progrès.

Ces professeurs furent tous choisis pour leur culture et leur personnalité, ainsi que pour leur maîtrise des sujets qu'ils enseignaient.

Comme les enfants avaient à présent besoin d'avoir chacun leur chambre, nous renvoyâmes nos locataires, ou plus exactement tous sauf un, Ezra Shapeero, que les enfants avaient fini par considérer comme leur frère [2]. Cependant, et bien que cela eût fait plaisir à Sidney Ehrman, nous ne prîmes pas régulièrement de femme de ménage. Toutefois, Marutha se faisait aider par Mme Wessels, fervente catholique et veuve sans argent qui subsistait en louant des chambres meublées dans sa maison tout près de chez nous, dans Golden Gate Avenue. Elle venait à la maison et passait toute une soirée à faire le ménage, à épousseter, à faire la vaisselle et le repassage, et puis, quand on l'avait payée d'un dollar ou deux, elle essayait de laisser l'argent en cachette dans la penderie de Marutha ou dans un tiroir. Toujours soignée et tirée à quatre épingles, elle avait un tempérament étonnamment gai et une humanité innée d'une qualité exceptionnelle. Elle comptait beaucoup pour nous tous. Nos enfants finirent par l'appeler « Tante Fannie » et, chaque fois que nous avions besoin d'un baby-sitter, elle se portait volontaire. Plus tard, quand nous commençâmes à recevoir, elle devint le bras droit de Marutha. A sa manière discrète, c'était une femme généreuse dont l'influence morale sur nos enfants fut grande.

1. Un peu plus tard, le Dr Stanley Rypins, grand spécialiste d'anglais, reprit l'enseignement de la littérature anglaise.

2. Ezra, qui fit partie de la commission d'arbitrage sur les accidents industriels de l'Etat de Californie, était probablement mieux placé que la plupart d'entre nous pour donner un récit objectif de notre vie à Steiner Street. Il fut interviewé sur ce sujet par Robert Magidoff lorsque celui-ci écrivait son livre *Yehudi Menuhin*. Quand il fut publié, Ezra fut si désolé de voir ses idées déformées, et la manière dont ses paroles avaient été faussées pour étayer de vilaines allégations à notre encontre, qu'il en tomba véritablement malade.

Il y avait aussi Mary Sweetman (« la grosse Mary »), qui était veuve. Sa pension de famille, à un pâté de maisons du Mount Zion Hospital, fut un paradis pour des générations de jeunes docteurs, d'internes, d'étudiants d'université et d'intellectuels, y compris l'un de mes professeurs d'hébreu, Azoulai, Juif espagnol d'un haut niveau culturel et intellectuel. A la fin de sa vie, alors qu'il était malade et invalide, cette Irlandaise au grand cœur lui prodigua ses soins tendres et affectueux.

Quand nous rendions visite à Azoulai chez Mme Sweetman, nous rencontrions sa jeune nièce, Mary Tobin, que nous appelâmes bientôt « notre fille adoptive, la petite Mary ». C'était une sœur pour nos enfants.

Un jour, en 1924, Sammy Marantz réintégra brusquement et de manière inattendue notre cercle. Il sonna à la porte et se présenta comme « Sammy, d'Elizabeth, New Jersey ». Le temps d'enlever son chapeau et son manteau, et il était redevenu pour Yehudi « mon frère Sammy ». Sammy s'installa chez nous comme membre de la famille pour notre plus grand bénéfice. Il s'inscrivit pour faire des études de droit à l'Université de Californie, à Berkeley et, après ses cours, il travaillait comme ouvreur dans un théâtre du centre de San Francisco [1].

1. Sammy Marantz resta en Californie jusqu'au début de l'automne 1925, date à laquelle il fut rappelé à Elizabeth parce que son père était malade ; mais il devait bientôt nous rejoindre à New York.

CHAPITRE XII

NEW YORK « DÉCOUVRE » YEHUDI
(1926)

Notre paisible vie familiale allait connaître un changement brutal, car le succès extraordinaire de Yehudi nous entraîna tous dans une vie d'errance. Louis Persinger avait démissionné de la direction de l'Orchestre symphonique de San Francisco pour se consacrer à son ensemble de musique de chambre. Un jour, il nous annonça qu'il partait à New York donner une série de concerts et qu'il y resterait plusieurs mois. Il suggéra que nous emmenions Yehudi à New York pour qu'il soit près de lui et ne rate pas ses leçons. Puisque notre fils était devenu de plus en plus le centre de notre univers, nous ne pouvions refuser cette proposition. Sidney Ehrman offrit de financer le voyage. J'avais le sentiment que ma place était dans mes écoles à San Francisco et c'est donc Marutha qui emmena les trois enfants à New York. C'était la première fois que nous nous séparions depuis notre mariage.

A New York, Marutha loua un appartement meublé dans la 114e rue, près de Morningside Park. En plus de ses leçons habituelles avec Louis Persinger, Yehudi s'inscrivit à l'Institut d'art musical — qui devint ultérieurement l'Ecole de Musique Juilliard — et en fut le plus jeune étudiant jamais inscrit. Il suivait des cours de théorie spéciale, de déchiffrage, de travail de l'oreille et d'harmonie. Dès que Sammy Marantz découvrit que nous étions à New York, il nous y rejoignit et s'efforça de me rendre tous les services possibles.

Persinger voulait présenter Yehudi dans un récital de débutants à New York, mais pendant un certain temps il n'en souffla mot à Marutha. Puis, un jour de novembre 1925, Marutha m'écrivit pour me dire qu'il avait insisté auprès d'elle pour qu'elle le laisse « présenter Yehudi dans une grande salle de concert, de manière solennelle ». Il voulait engager un professionnel pour s'occuper du récital, et les dépenses initiales pour la location de la salle, la publicité, l'impression et l'expédition des programmes nécessitaient le paiement immédiat de quelques milliers de dollars.

Comme ni Marutha ni moi n'avions jamais envisagé que Yehudi fasse ses débuts en dehors de San Francisco, ma femme voulait connaître mes réactions avant de s'engager. J'allai voir Sidney Ehrman, plus pour discuter du problème que pour lui demander une aide matérielle. J'étais très hostile à des débuts prématurés et Sidney partagea mon point de vue. Il était prêt à dépenser tout l'argent nécessaire pour permettre à Yehudi de devenir en temps utile artiste de concert, mais à ses yeux, cette transformation devait s'effectuer progressivement. J'allais répondre en ce sens à Marutha, mais je me devais de consulter le Dr Langer : celui-ci ne fut pas d'accord avec nous. Il ne croyait pas qu'il fallait pousser Yehudi mais il ne croyait pas non plus qu'il fallait « freiner » artificiellement le développement de sa carrière. Il me pria de laisser entièrement l'affaire entre les mains de Louis Persinger et de Marutha. Non sans inquiétude, j'acceptai. Restait le problème d'argent. De sa propre initiative, le Dr Langer s'adressa à Max Rosenberg, homme au cœur très généreux et admirateur des Menuhin. Rosenberg était en vacances en Inde mais, en moins de vingt-quatre heures, le Dr Langer avait pris contact avec lui et s'était procuré les fonds nécessaires.

Persinger finit par convaincre Marutha qu'il était bon de présenter Yehudi aux mélomanes new-yorkais et engagea Loudon Charlton, qui avait été l'imprésario de Georges Enesco et d'autres artistes renommés, pour louer la Manhattan Opera House le soir du dimanche 17 janvier 1926. J'insiste sur le rôle de Loudon Charlton afin d'établir la vérité sur mes propres positions. On a laissé entendre qu' « aucun imprésario confirmé n'avait voulu présenter un violoniste inconnu et d'âge tendre et que, malgré son inexpérience à l'époque, Moshe Menuhin avait décidé de le faire lui-même ».

J'étais en fait à 4 500 kilomètres de là, à enseigner l'hébreu. Je me faisais un souci de tous les diables à me demander s'il était sage de présenter Yehudi à New York alors qu'il n'avait même pas dix ans. Cette histoire a dû être inventée pour me faire apparaître comme l'exploiteur de mon fils.

Naturellement, je désirais vivement assister aux débuts de

Yehudi. Il se trouvait que, depuis plusieurs années, j'étais en discussion avec mon conseil d'administration pour savoir s'il ne serait pas judicieux de m'envoyer faire une tournée d'inspection de quelques-unes des meilleures écoles hébraïques du pays, en particulier celles de Portland, Oregon, Minneapolis, Minnesota, et New York. J'espérai alors que mon conseil me laisserait faire d'une pierre deux coups. Effectivement, celui-ci accéda aimablement à ma requête. Je ne leur demandai pas de payer mes frais de déplacement, bien que je n'eusse aucun argent disponible pour ce voyage. J'envoyais pratiquement tout ce que je gagnais à Marutha à New York et elle ne faisait appel à la générosité de M. Ehrman que lorsque c'était absolument nécessaire. Si j'avais fait allusion à la situation devant M. Ehrman ou le Dr Langer, ou même devant mon conseil d'administration, je sais que l'on m'aurait donné les quelques centaines de dollars nécessaires.

C'est bien entendu ce que j'aurais été contraint de faire si mon bon ami, Cantor Rinder, membre du conseil d'administration, n'avait de sa propre initiative proposé de rassembler les fonds nécessaires.

En fait, Cantor Rinder entama une collecte publique, tout à fait embarrassante et humiliante pour moi. Tous les jours il me disait combien de dollars et de cents il avait recueillis ! C'était de ma faute : j'aurais dû le savoir, car Marutha avait déjà connu une expérience similaire. Un an environ avant l'entrée des Ehrman dans notre vie, Rinder, tombant du ciel, avait téléphoné à Marutha pour lui annoncer qu'il avait « organisé un thé en l'honneur de Yehudi chez une des dames les plus riches de la bonne société de San Francisco » et qu' « un prix serait remis à Yehudi ».

Le brave homme n'avait consulté ni Marutha ni moi. Il avait agi sans qu'on lui demande rien et son geste ne fut pas bien accueilli. Marutha n'avait pas le choix et elle dut lui opposer un refus catégorique. Ainsi naquit la légende des « ingrats Menuhin », répandue par ceux qui croyaient que Dieu a créé les pauvres pour que les riches puissent faire le bien. Par la suite, il y eut de nombreux bienfaiteurs et protecteurs potentiels, incapables de comprendre notre indépendance. Certains nous embarrassaient, certains nous injuriaient, d'autres prétendaient avoir fait ceci ou cela pour les Menuhin, alors que c'était faux. De toutes les nombreuses histoires fantaisistes inventées au sujet des Menuhin à l'époque, ma préférée est, de loin, la suivante :

Yehudi Menuhin fut découvert dans la boutique en sous-sol d'un tailleur de l'East Side, à New York, par un célèbre rabbin (dont nous tairons le nom). Ses parents étaient pauvres et illettrés. Ce même rabbin empêcha que le père de Yehudi soit refoulé d'Ellis Island [1] et renvoyé en Europe pour analphabétisme quand il débarqua à New York.

Ma tournée dans les écoles hébraïques des autres villes fit apparaître que celles de Portland, Oregon, et de Minneapolis faisaient un travail remarquable, mais à Chicago je découvris les mêmes problèmes qui m'avaient amené à quitter Elizabeth, New Jersey, c'est-à-dire la mentalité de ghetto de la « Zone d'Etablissement ». La situation à Chicago attristait profondément mon hôte dans cette ville, le Dr Alexander Dushkin, un de mes vieux amis, disciple du Dr Judah L. Magnes qu'il devait rejoindre par la suite quand celui-ci créa l'Université hébraïque de Jérusalem.

A New York, le Président du Conseil de l'enseignement juif était si excité à propos du récital de Yehudi [2] que nous parlâmes à peine des écoles hébraïques de la ville. Il me fournit une collection de coupures de presse récentes concernant Yehudi et une liste de donateurs généreux à la Fédération des Œuvres de bienfaisance juives. Sammy et moi-même passâmes une bonne partie de la nuit à écrire sur des enveloppes les adresses des gens de cette liste, à y glisser des prospectus sur le récital, à lécher et à coller des timbres.

Yehudi se montra à la hauteur des notices publicitaires et même au-delà. Son interprétation fut un triomphe et fit sensation. Les critiques qui assistèrent au concert furent enthousiastes. L'un d'eux le compara à Elman et Heifetz. Un autre dit : « Ce garçon joufflu, aux cheveux filasse, a le *savoir faire* [3] de huit fois ses huit années » [4].

Il va sans dire que Marutha et moi étions transportés de joie, mais aussi terrifiés. Une dame du bureau de Loudon Charlton nous apporta un état des recettes : apparemment la vente des billets, plus l'argent de Max Rosenberg, n'avait pas suffi à couvrir

1. A cette époque-là, Ellis Island contenait les installations d'accueil des nouveaux immigrants du Service d'immigration américain pour la côte est.

2. Ce brave homme avait pris dans cette intention un abonnement dans une agence de presse. J'ignorais alors que de tels services existaient, mais j'en fis grand usage les années suivantes en tant qu'imprésario et attaché de presse de Yehudi.

3. En français dans le texte. (N.d.T.)

4. Le *New York Times* n'envoya aucun de ses critiques musicaux à ce récital, mais ils ne ratèrent pas le suivant.

les dépenses, bien que la salle fût pleine. De nombreux imprésarios new-yorkais me téléphonèrent pour me demander de passer un contrat avec eux pour les futures apparitions de Yehudi. Malgré notre échec financier, nous nous sentîmes obligés de rejeter leurs propositions, en leur expliquant aussi poliment que possible que « Yehudi devait d'abord grandir. Il fallait le laisser profiter de son enfance ».

Une fois revenus à San Francisco, nous reprîmes notre vieille routine, comme si rien d'extraordinaire n'était survenu. Cependant, Persinger nous demanda d'autoriser Yehudi à donner un récital au Scottish Rite Auditorium, pour fêter son retour, ce que nous acceptâmes. En outre, à partir de cette date, je décidai de surveiller l'aspect économique des choses et pour la première fois je supervisai l'organisation d'un concert. J'engageai l'imprésario le plus important de San Francisco, Selby Oppenheimer, et lui stipulai que le « bois mort », c'est-à-dire les billets non vendus, devait m'être remis immédiatement après le concert. Tous les billets de faveur devaient recevoir à l'avance mon approbation et être justifiés ultérieurement.

Selby Oppenheimer était maître dans la profession ; ses comptes étaient aussi complets qu'un relevé de banque. En vingt-quatre heures, tous les billets pour le concert fixé au 4 mars 1926 furent vendus. Ce fut un autre triomphe pour Yehudi, cette fois-ci sur le plan financier comme sur le plan artistique.

Le lendemain, notre mécène au grand cœur, M. Ehrman, envoya à Yehudi une bicyclette de luxe dernier modèle. Nous étions horrifiés à l'idée que Yehudi pouvait se blesser en circulant à bicyclette dans les rues de notre quartier, où la circulation était intense, ou sur les collines escarpées voisines. Je m'efforçai donc de le dissuader d'essayer son nouveau vélo. Pour renforcer mes arguments, j'invitai Yehudi à demander son avis à Alfred Hertz car je devinais ce qu'il en serait. J'avais raison : Hertz fut terrifié.

« Tu pourrais te blesser les mains ; tu pourrais ne plus être capable de rejouer du violon. »

Cela suffit à Yehudi et ce n'est que cinq ans plus tard qu'il réessaya de faire de la bicyclette.

Après le récital, Persinger suggéra une autre sorte de concert, au cours duquel Yehudi jouerait la Symphonie Espagnole de Lalo avec l'Orchestre symphonique de San Francisco, qu'il se proposait de diriger lui-même. Il y aurait deux représentations, l'une le 12 mars 1926, l'autre le 14 du même mois. Persinger nous dit qu'un tel concert fournirait à Yehudi sa première expérience de soliste avec orchestre. Nous pensâmes qu'il avait raison et acceptâmes ce *dernier* engagement pour l'année.

Alfred Hertz n'était pas particulièrement heureux de passer sa baguette à son ancien premier violon, surtout pour une occasion aussi particulière, mais Persinger en avait fait une condition. Nous ne la trouvions pas déraisonnable, car c'était bien pour Yehudi d'être sous la responsabilité de son professeur.

Yehudi trouva fascinant de jouer concurremment avec l'orchestre, et les auditeurs comme les critiques applaudirent son exécution. Yehudi caressait depuis longtemps le rêve de jouer avec le grand et corpulent Alfred Hertz, à la barbe de patriarche — son idole depuis toujours. Nous l'assurâmes que ce serait possible en temps utile, ultérieurement. Hertz lui-même le lui confirma et ils devinrent tous deux grands amis, bien avant de se produire ensemble professionnellement, comme cela devait arriver très souvent dans les années à venir.

Yehudi reçut 500 dollars pour ces deux concerts avec l'Orchestre symphonique de San Francisco. Marutha et moi lui demandâmes d'en faire don à la caisse de l'orchestre. Nous espérions ainsi faire comprendre clairement qu'il n'était pas question d'exploiter Yehudi. Un ou deux concerts par an étaient suffisants à son âge. Toutes nos décisions étaient prises après l'avoir mis au courant et obtenu son accord, et à la suite de longues discussions. Il en fut de même pour les décisions concernant Hephzibah et Yaltah. Nous les consultions également.

A cette date, nous avions fait la connaissance de nombreux musiciens de San Francisco. Pour donner à Yehudi la possibilité de jouer de la musique de chambre avec eux, Marutha organisa chez nous des buffets musicaux auxquels elle invitait certains de ces musiciens et une cinquantaine ou soixantaine de mélomanes. Avec l'aide de Mme Wessels, elle leur préparait un assortiment magnifique de plats délicats et devint ainsi célèbre pour ses qualités d'hôtesse.

Alfred Hertz en particulier appréciait les talents culinaires de Marutha. Son épouse surveillait le poids de son mari et l'empêchait de trop manger chez lui, si bien qu'à nos réceptions, il montait en cachette au premier étage s'empiffrer de nourriture, tandis qu'en bas quelqu'un entraînait Mme Hertz dans des conversations « sérieuses » !

Certains ne comprenaient pas que notre maison était aussi une école, avec un emploi du temps fixe pour les études, la pratique de la musique et les loisirs. Des dames riches de la bonne société trouvaient parfaitement naturel de venir nous voir à l'improviste. Il était pénible pour Marutha de devoir décevoir ces invitées bien intentionnées mais mal venues. Servir ainsi de bouclier protecteur à nos enfants n'était pas tâche facile ni gratifiante ! Elle nous valut bien des ennemis.

Marutha accomplissait tout le travail ménager ; elle supervisait également les allées et venues des divers professeurs et elle instruisait aussi elle-même nos enfants. Il lui fallait aider Yaltah, la plus jeune, pour ses leçons, un peu plus que les deux autres enfants, car Yaltah prit très tôt l'attitude, parfois caractéristique d'un troisième enfant, qui consiste à se considérer comme moins bien traité et moins apprécié que les aînés. Marutha devait donc consacrer deux fois plus de temps et de travail pour que Yaltah progresse à un rythme à peu près identique à celui de sa sœur Hephzibah qui avait dix-huit mois de plus. Sauf pour le piano, elles avaient les mêmes professeurs.

Nous continuions à aller respirer le bon air de la campagne quand arrivaient les vacances. Au début de l'été 1926, sur l'invitation des Ehrman, nous passâmes quelques semaines dans leur merveilleuse propriété sur la rive ouest du Lac Tahoe, qui est devenue depuis un parc national.

Yehudi étudiait avec Persinger depuis trois ans quand les activités de musique de chambre de celui-ci le conduisirent soudain à Santa Barbara, à 600 kilomètres au sud. Pour continuer à donner ses leçons à Yehudi, Persinger se mit avec beaucoup de dévouement à faire deux fois par semaine en voiture le trajet aller et retour entre cette ville et San Francisco. Se consacrer ainsi à un élève est incroyablement rare. Aussi est-ce avec quelque hésitation que nous laissâmes entendre à cet homme sensible que nous pensions le moment venu d'emmener Yehudi en Europe pour élargir et approfondir son expérience musicale. Persinger lui-même avait envisagé de faire passer à Yehudi une année d'études sabbatique avec son propre mentor, le vieil Eugène Ysaÿe.

Nous étions décidés à éviter tout malentendu. Persinger ne pouvait ignorer le sentiment de gratitude profond et durable que nous éprouvions à son égard. Nous ne voulions pas recommencer l'affaire Anker. En outre, nous n'avions pas l'intention de faire changer définitivement Yehudi de professeur. M. Persinger, nous le croyions, comprenait la situation. Il proposa d'écrire à Ysaÿe pour lui parler de Yehudi et lui faire savoir que nous espérions lui amener celui-ci pour qu'il étudie un an ou deux avec lui.

Naturellement, nous consultâmes M. Ehrman et le Dr Langer.

Sidney Ehrman, avec sa gentillesse et son bon sens habituels, nous donna immédiatement *carte blanche*[1]. Le Dr Langer, qui a toujours détesté les hésitations, s'écria : « Allez immédiatement chez Ysaÿe ! » Il suggéra que je démissionne sur-le-champ de mon poste de directeur de l'Association juive pour l'enseignement. Mais cela me parut excessif et je préférai demander un congé. Le Dr Langer suggéra également que nous vendions la maison, mais j'insistai pour la garder, en la louant à des amis pour une durée indéterminée à un loyer modéré. Les parents de mon plus brillant élève, Max Kahn, acceptèrent cette location jusqu'au jour où nous déciderions de revenir.

Le conseil d'administration m'accorda un congé d'un an, sans solde bien entendu. Moi qui avais été jusque-là le soutien de la famille, je me retrouvai brusquement en train d'assumer la responsabilité totale de la destinée de mon fils, au moment précis où je devais arrêter de gagner ma vie et devenir une sorte de parasite. Je n'ai jamais été joueur et c'était un gros coup, même si l'avenir s'annonçait encourageant.

Entre-temps, en réponse à la lettre de Persinger, Ysaÿe avait écrit qu'il serait heureux de recevoir Yehudi quand il viendrait à Bruxelles.

On devinera aisément ce que fut notre dernier geste à San Francisco avant de partir pour l'Europe : un concert d'adieu. Yehudi et Hertz attendaient depuis fort longtemps une occasion semblable pour donner ensemble un concert.

Je n'oublierai jamais le premier concert de Yehudi avec Hertz au Civic Auditorium où ils jouèrent le concerto de Tchaïkovski. Cette journée du 16 novembre 1926 reste très vivante dans ma mémoire. Les Ehrman nous avaient invités à dîner chez eux avant le concert et nous firent prendre par leur chauffeur, Barney. Yehudi s'assit à l'avant à côté de celui-ci et ils devinrent immédiatement amis ; ils devaient le rester pendant de très nombreuses années[2].

Un tonnerre d'applaudissements accueillit Yehudi quand il pénétra sur l'immense scène, suivi de M. Hertz. Alexander Fried, rédacteur en chef du *San Francisco Chronicle*, chargé de la critique musicale, a décrit l'événement en ces termes :

1. En français dans le texte. (N.d.T.)

2. Yehudi apprit à conduire avec de nombreuses personnes, y compris son père, mais c'est Barney qui demeura pour lui la grande autorité en matière de voitures.

Hier soir, un petit garçon juif blond, aux joues rondes, a pris place sur l'estrade du Civic Auditorium et contemplé de ses yeux d'enfant innocent un royaume de dix mille âmes. Il tenait dans ses mains potelées un petit violon et un archet, baguette magique et sceptre royal. A ses pieds, était assise dans un silence total la foule la plus distinguée que cette énorme salle peut contenir. Derrière lui, pleins d'une révérence et d'une admiration similaires, se trouvaient Alfred Hertz et les quatre-vingts artistes chevronnés de l'Orchestre symphonique de San Francisco.

Il a joué hier soir l'une des compositions les plus difficiles du répertoire pour violon, le concerto de Tchaïkovski, œuvre dont les exigences techniques constituent un obstacle sérieux au talent d'un adulte et dont l'expression musicale requiert le tempérament et l'expérience d'un homme. Les doigts mystérieux de Yehudi sont aisément venus à bout des notes difficiles et son cœur a plongé avec audace au plus profond des émotions du compositeur.

Le gamin paraissait plus petit que jamais dans cet environnement gigantesque, qu'il a rempli de sa personnalité et de son génie. L'imposante assistance, bien que sachant à quoi s'attendre, a été stupéfiée et enthousiasmée par son exécution. Quand le concerto s'est terminé, les applaudissements assourdissants ont duré jusqu'à ce que le professeur de Yehudi, Louis Persinger, vienne à son tour sur l'estrade l'accompagner au piano dans une série de morceaux supplémentaires.

Et Redfern Mason écrivit dans *The Examiner* :

Jouant les yeux clos, Yehudi tira de cette boîte magique qu'est un violon un chant qui s'éleva, tel un oiseau, au-dessus de l'accompagnement orchestral. Transporté par ce qu'il était en train de faire, le petit garçon paraissait oublier la présence de la foule attentive. Il est doué d'une concentration totale. Mais en même temps, il n'a pas le côté distant de Heifetz et, bien que son âme soit au paradis des sons, son corps est aussi solidement enraciné sur terre que celui de Fritz Kreisler lui-même... Lorsqu'ils ne jouaient pas, les violonistes de l'orchestre l'observaient avec une sorte de désespoir admiratif.

Des applaudissements frénétiques ont éclaté pour saluer la conclusion de l'allegro et Yehudi s'est incliné, son visage d'enfant rayonnant de bonheur. Il a tendu son instrument à Piastro [le premier violon] pour qu'il l'accorde, puis il a déversé la tendresse et le chagrin de la Canzonetta. Celle-ci comporte des accents judaïques et, par une sorte d'atavisme, l'enfant semblait s'en rendre compte car il l'a jouée comme si le génie des Juifs éclatait en lui. Les larges accords du passage qui mène au finale ont semblé éveiller en lui l'homme latent et il s'est lancé dans le vivacissimo vertigineux avec entrain et gaieté ; et quand ce tour de force instrumental fut enfin terminé, le public fut pris de folie, comme seul peut l'être le public de San Francisco quand il est ému jusqu'au plus profond de lui-même.

Quelques jours après le concert, nous traversâmes en ferry la baie de San Francisco alors que la tempête faisait rage et atteignîmes l'Oakland Pier où, huit ans plus tôt, Marutha, Yehudi et moi étions arrivés en provenance de l'est avec trente-deux cents en poche. Après avoir pris place dans le train pour Chicago sous la pluie battante, alors que Marutha et moi étions tourmentés à l'idée de quitter San Francisco, Yehudi sortit de sa poche un poème d'adieu composé par Louis Persinger :

Yehudi, n'oublie pas d'écrire
    Quand
Les octaves seront fausses
Ou les trilles prématurées !
    Et quand
La corde du ré donnera des sons rauques
Pendant que celle du sol refusera de chanter !
    Sans parler
Des doigts qui glissent comme un chat dans la boue
Ni de la corde du mi qui échappe comme un savon gras !
    Ou de
L'archet qui grince si fort près du chevalet
Qu'il casserait les pauvres oreilles
De n'importe quel barde
    Et
Des rythmes qui s'enchevêtrent,
Comme la queue trop longue d'un jeune épagneul !
    Tandis que
Les rodomontades diaboliques et perfides
De la corde du la
Ressemblent aux halètements d'un chiot enroué !
    Oui,
Yehudi, jeune ami, ce sera le bon moment
(car il faut, bien ou mal, terminer mon poème)
    Pour
Je l'espère, prendre ta plume en main
Et me donner des nouvelles de ton orchestre à quatre cordes !
    Et
Si tu ne reviens pas de la vieille Europe, Yahooty,
Avec tout un butin de musique nouvelle,
    Tu
M'étonneras certainement,
Ton dévoué
    L.P.

Les larmes aux yeux, alors que notre train fonçait vers l'est, Yehudi écrivit la lettre suivante :

Cher Maître,

Alors que le train fait route vers l'est, je sens grandir en moi l'émotion, car, dès que nous nous sommes séparés hier soir, j'ai éprouvé cette sensation de solitude que j'ai conue il y a un an durant l'absence de mon père. En vérité, Monsieur Persinger, vous êtes mon père en musique. Je ne vous ai jamais senti si proche que maintenant. Quel que soit l'endroit où la vie m'emporte, à l'est, à l'ouest, au nord ou au sud, j'entendrai toujours votre voix douce, cette voix qui m'a si souvent corrigé. Sans elle, Dieu seul sait quel genre de vie je mènerais !

Votre élève affectionné,

Yehudi Menuhin.

CHAPITRE XIII

A PARIS AVEC ENESCO
(décembre 1926-juillet 1927)

A partir du moment où nous quittâmes l'intimité de notre maison de San Francisco, nous vécûmes dans le luxe : une suite Pullman dans le train, des cabines de première classe sur le paquebot français *De Grasse;* et nous fûmes également sous les feux de la rampe. Nous fîmes brusquement partie du domaine public, nous devînmes une troupe en tournée. Mais nous étions aussi tourmentés parce que nous dépendions à présent complètement de la générosité d'autrui. Les enfants n'ont probablement pas eu la moindre idée de nos préoccupations.

Quand nous arrivâmes à Paris, un hiver rigoureux sévissait et la pluie et la neige ne cessaient de tomber. Reprenant nos anciennes habitudes, nous allâmes directement dans un hôtel peu coûteux sur la rive gauche. Les chambres étaient sombres, nous n'avions pas de salle de bains privée, les toilettes étaient dans le couloir. Ce n'était pas ce que M. Ehrman avait envisagé pour nous, à coup sûr, et nous nous rendîmes compte que nous avions pris un mauvais départ. Après quelques jours d'obscurité et d'inconfort, nous louâmes un appartement meublé rue de Sèvres, après nous être assurés que nous n'abusions pas des largesses de M. Ehrman. Celui-ci nous écrivit que « je devais faire mourir de faim ma famille » car je « ne tirais pas assez d'argent pour vivre confortablement à Paris ».

Notre appartement parisien comportait une vaste pièce où Yehudi pouvait travailler et étudier tranquillement. Nous prévoyions de nous rendre une ou deux fois par semaine à Bruxelles avec Yehudi pour qu'il y prenne ses cours avec Ysaÿe. En réalité, seule Marutha accompagna son fils là-bas lorsqu'ils rendirent visite pour la première fois à ce grand musicien. Ce fut un fiasco total.

Quand ils pénétrèrent dans le bureau de Ysaÿe, Marutha et Yehudi furent frappés par le désordre, le manque d'air et l'obscurité. Ysaÿe, qui se leva d'un grand fauteuil pour les saluer, leur parut âgé, décrépit et malade. Avant que Yehudi eût joué une seule note, lui et sa mère avaient conclu, chacun de leur côté, qu'ils étaient venus trouver Ysaÿe trop tard dans sa vie. Quand le vieux maître, après avoir entendu Yehudi jouer, invita Marutha avec insistance à faire venir toute la famille à Bruxelles afin qu'il puisse immédiatement commencer à travailler avec Yehudi, elle se montra hésitante et lui déclara qu'elle devait en discuter sérieusement avec moi avant de prendre une décision.

Tristes et fatigués, Marutha et Yehudi arrivèrent tard à la maison ce soir-là. A Marutha et à moi, cette visite fit l'effet d'une catastrophe, car nous avions mis beaucoup d'espoir en Ysaÿe : il n'y avait rien d'autre à faire que de chercher un autre éminent professeur. Notre premier choix se porta sur Georges Enesco que nous adorions tous depuis que nous l'avions entendu jouer à San Francisco plusieurs années auparavant. Bien plus tard, Yehudi devait nous avouer quelque chose que nous ignorions, à savoir qu'avant notre départ pour l'Europe, il avait « secrètement et obstinément projeté de chercher à rencontrer Enesco ».

Par une heureuse coïncidence, Enesco devait donner un récital à Paris, salle Gaveau. Ce fut une représentation magnifique à la suite de laquelle nous rejoignîmes les nombreux spectateurs qui se rendaient en foule dans les coulisses. Enesco parut enchanté de faire notre connaissance. Effrontément, Yehudi lui dit : « Monsieur Enesco, j'aimerais beaucoup étudier avec vous. »

« Mais mon cher enfant, je suis en plein milieu d'une tournée en Europe ! Je pars à six heures et demie, après une répétition matinale. »

« Pourrais-je jouer pour vous avant votre départ de Paris ? »

« Rien ne me ferait plus plaisir. Mais il faudrait que vous veniez chez moi à cinq heures et demie du matin. C'est au 26 rue de Clichy.

Il était déjà minuit passé.

« Nous viendrons bien sûr », dit Yehudi en nous regardant triomphalement, sa mère et moi.

A cinq heures et demie pile, Yehudi et moi étions là. Enesco s'assit au piano et demanda à Yehudi de jouer ce qui lui ferait plaisir. Ni l'un ni l'autre ne suivirent de partitions, bien que nous en ayons apporté un bon nombre. Enesco accompagna Yehudi de mémoire et en improvisant naturellement. On avait l'impression qu'ils jouaient ensemble depuis des années. Au bout d'une demi-heure, Enesco s'arrêta.

« Yehudi, je serai très heureux de faire de la musique avec toi, n'importe quand, n'importe où, chaque fois que je ne serai pas en tournée [1]. Peux-tu attendre deux mois que je revienne à Paris ? »

« C'est possible, bien sûr ; nous attendrons », répondit Yehudi.

Et voilà ! Mission accomplie ! Et mieux encore, Enesco allait devenir notre ami pour la vie.

Yehudi et moi quittâmes l'appartement d'Enesco et descendîmes jusqu'à un café au bas de la rue de Clichy. Nous nous assîmes et commandâmes du chocolat chaud et des brioches et, en attendant notre petit déjeuner, discutâmes de l'expérience merveilleuse que nous venions de faire et de nos projets d'avenir. Dès ce moment-là, nous devînmes associés dans cette affaire qu'était sa carrière musicale. Désormais, c'était moi qui, dans la famille, aurais la responsabilité des études et de l'avenir professionnel de Yehudi.

J'envoyai le jour même une lettre de démission à mon conseil d'administration à San Francisco. Quelques jours plus tard, après notre rencontre aux aurores avec Enesco, Gerard Hekking, le violoncelliste qu'Enesco nous avait présenté, vint nous rendre visite.

« J'aimerais que votre fils joue pour mon ami Paul Paray, chef d'orchestre de l'Orchestre symphonique Lamoureux, qui est un ami de M. Enesco. »

Cette idée enchanta Yehudi. M. Paray nous avait fait une forte impression en raison de la poésie et de la précision de sa musique et de l'atmosphère enchanteresse qu'elle produisait. Nous rencontrâmes M. Paray le lendemain. Quand il entendit Yehudi jouer, il fut immédiatement enthousiasmé et me demanda de laisser Yehudi se produire avec son orchestre. Nous discutâmes de cette proposition avec Yehudi. Marutha et moi avions l'impression que ce serait à tous égards une bonne expérience pour lui et que cela nous donnerait par ailleurs la chance de rencontrer les meilleurs musiciens parisiens. Nous acceptâmes donc l'invitation.

Les doigts de Yehudi grandissaient et il avait sérieusement besoin d'un violon plus grand. Une fois encore, ce fut Sidney

1. Enesco évitait délibérément d'utiliser le terme « enseigner » quand il s'agissait de Yehudi. Plus tard, il devait déclarer : « Yehudi m'a enseigné autant que je lui ai enseigné. Nous faisions simplement de la musique ensemble. »

Ehrman qui résolut le problème en nous offrant immédiatement de payer tout violon que nous choisirions, quel qu'en fût le prix. En compagnie de Yehudi, je me rendis chez presque tous les *luthiers*[1] de Paris. Nous découvrîmes enfin un merveilleux Grancino[2] pour adulte mais petit, datant de 1690, qui convenait parfaitement aux doigts et aux mains de Yehudi. Il coûtait trois mille dollars. Yehudi en était enchanté.

Quand il fit ses débuts à Paris, Yehudi était parfaitement habitué à son nouveau violon. Pour la première fois de sa vie, il se préparait à un concert sans l'aide d'un professeur. La première représentation, au cours de laquelle il joua la Symphonie espagnole de Lalo et le Concerto de Tchaïkovski, fut un triomphe. Les ovations dépassèrent tout ce que nous avions connu auparavant et, en remerciement, Yehudi joua quelques morceaux supplémentaires : la Danse des Lutins de Bazzini et Nigun (Baal Shem) de Bloch, avec Paul Paray lui-même au piano. Le *Petit Parisien* l'appela « ce petit Mozart » et dit qu'il était « la musique incarnée ». Le *Journal* écrivit : « Il fait chanter son violon comme un oiseau. » Louis Schneider déclara, dans l'édition européenne du *New York Herald Tribune,* que Yehudi était « le roi de son art ».

Alors que le premier mouvement du concerto était bien entamé, une corde du Grancino de Yehudi s'était cassée. « A en juger par la réaction générale d'effroi des spectateurs, leurs cœurs aussi s'étaient brisés », écrivit Irving Swerke du *Chicago Tribune.* « Mais, une fois encore, la personne la plus calme de toute la salle fut le soliste. Après avoir récupéré son violon des mains du premier violon qui le lui avait réparé, il reprit le mouvement à partir de l'endroit où l'accident était survenu et donna un nouvel exemple de sang-froid et de maîtrise de soi. »

Le *New York Herald Tribune* du 13 février 1927 raconta que lorsque Yehudi eut achevé le concerto de Tchaïkovski, « les femmes arrachèrent de leur corsage des bouquets de violettes et les jetèrent aux pieds de Yehudi tout étonné... Une partie de la foule pénétra même dans sa loge... Ils saisirent Yehudi et l'embrassèrent tandis que ses parents essayaient de le protéger. »

Yehudi reçut une photographie portant ces mots : « Pour Yehudi Menuhin, à qui je dois une des plus pures émotions de ma vie. » Elle était signée « Paul Paray ».

1. En français dans le texte. (N.d.T.)
2. Grancino fut le rival d'Amati, qui fut le professeur de Stradivarius.

Des télégrammes et des lettres arrivèrent, invitant Yehudi à donner des récitals à Berlin, Moscou, Varsovie, Rome, Madrid, Londres, Amsterdam, New York et de nombreuses autres villes d'Europe et d'Amérique, avec des cachets allant de 2500 à 5000 dollars par représentation. A tous ces orchestres et à tous ces imprésarios, nous envoyâmes la même réponse : « Nous n'avons pas emmené Yehudi en Europe pour y donner des concerts mais pour y étudier. » Cependant, j'autorisai une agence new-yorkaise, Evans et Salter, qui m'avait été chaudement recommandée par Selby Oppenheimer, à prendre un engagement pour un seul concert qui serait donné là-bas vers la fin de l'année.

En attendant, de nombreuses portes s'ouvraient pour nous dans le monde parisien de la musique. M. Gaveau, propriétaire de la Salle Gaveau et fabricant du célèbre piano du même nom, nous offrit plusieurs de ses instruments, pour des sommes insignifiantes, et le libre accès à sa loge personnelle pour assister aux concerts.

Plus important encore, le directeur du département d'harmonie et de contrepoint du Conservatoire National de Musique, Noël Gallon, accepta de venir chez nous enseigner ces disciplines à Yehudi, et nous engageâmes Marcel Ciampi, l'un des meilleurs pianistes français et professeur expérimenté, pour donner des leçons à nos filles [1].

J'ai lu une histoire bizarre selon laquelle j'aurais fait brutalement irruption chez Marcel Ciampi et fait asseoir Hephzibah et Yaltah à tour de rôle à son piano pour les faire jouer devant lui. On a raconté que j'avais « piégé le grand Ciampi, ce qui l'avait irrité au plus haut degré ». « Après avoir entendu jouer les petites filles », admettait-on, « il accepta de donner des cours aux enfants de cet Américain agressif. » En réalité, je n'ai jamais vu le studio de Ciampi car je n'avais aucune raison d'y aller : c'était Marutha qui s'occupait de Hephzibah et de Yaltah.

Une autre histoire inventée que j'ai lue dans la presse prétendait que Yehudi aimait écouter pendant des heures Jan Hambourg jouer les sonates et les partitas de Bach, lorsque celui-ci venait chez nous ou lorsque nous allions lui rendre visite à Londres. C'est tout simplement faux. Jamais nous n'aurions soumis Yehudi aux interprétations de Bach de Jan, malgré notre

1. Elles avaient pris des cours de musique à San Francisco avec Judith Blockley et Albert Elkus.

affection pour lui et pour sa femme, que nous rencontrâmes pour la première fois durant ce séjour à Paris. Jan avait étudié avec Ysaÿe pendant des années, mais malheureusement on n'en décelait pas la trace dans sa manière de jouer. Il devint grand connaisseur en matière de gastronomie, d'art, de musique et de violons, et venait fréquemment de Londres pour flâner dans les galeries d'art renommées, y compris le célèbre Marché aux Puces de la Porte de Clignancourt, à la recherche de bonnes affaires.

Durant sa jeunesse à Pittsburgh, Pennsylvanie, Mme Hambourg était devenue l'amie de Willa Cather, alors jeune étudiante et écrivain. Willa Cather se trouvait aussi à Paris quand nous fîmes la connaissance des Hambourg, et Mme Hambourg nous présenta à elle. Willa Cather se lia bientôt d'amitié avec nous, et particulièrement avec Marutha. Dans les années qui suivirent, elles échangèrent de nombreuses lettres intimes. Marutha surnomma Willa « Vassinka ». Celle-ci fit promettre à Marutha de détruire toutes les lettres qu'elle lui avait écrites, quand elle mourrait, ce que fit Marutha à la mort de Willa, en dépit de mes supplications. Si elle y avait renoncé, ces lettres eussent permis de bien mieux connaître ce grand écrivain américain.

Après les débuts parisiens de Yehudi, de nombreux musiciens français de tout premier plan nous rendirent visite. Parmi eux, outre Ciampi et Gallon, se trouvaient Cortot, Thibaud et Monteux. Je suis convaincu que la période de décembre 1926 à mars 1927, durant laquelle Yehudi ne prit pas de cours de violon, lui fut très profitable. La préparation du concert avec l'orchestre symphonique Lamoureux nécessita un travail laborieux sans aucune directive et contraignit Yehudi à se discipliner sévèrement et à prendre toutes ses responsabilités. Cette expérience nous amena à la conclusion qu'il était vital pour Yehudi d'avoir de temps à autre des périodes de solitude afin de progresser, de se déterminer et de se critiquer sans aucune intervention extérieure.

Enesco revint enfin. Un *pneumatique*[1] nous invita à venir dès que possible au 26 rue de Clichy pour la première leçon. Ils s'attaquèrent au concerto de Brahms et Enesco apprit à Yehudi à découvrir son doigté et son maniement de l'archet.

Je restai tranquillement assis dans un coin, à écouter attentivement. L'analyse que fit Enesco de cette œuvre magistrale de

1. En français dans le texte. (N.d.T.)

Brahms me fascina. A chaque leçon, je prenais des notes et, sur le chemin du retour, Yehudi et moi nous arrêtions toujours dans notre café préféré de la rue de Clichy pour les relire : il intégrait dans sa musique tout ce qu'il jugeait utile.

Enesco, que la plupart des artistes de concert, y compris Toscanini, considéraient comme le musicien suprême de notre temps, répétait constamment à Yehudi qu'il fallait respecter les éditions « Urtext », c'est-à-dire originales, des œuvres des grands compositeurs et déclarait : « Pas d'arrangement, pas de montage ; on ne plaisante pas avec les œuvres originales et authentiques des grands maîtres ! »

Enesco respectait l'approche érudite, sérieuse et précise des musiciens allemands, mais il n'aimait pas l'école allemande de violonistes. Il considérait qu'ils étaient trop pesants, trop plats, trop secs et qu'ils ne savaient pas faire chanter le violon avec autant de délicatesse et d'élégance que les violonistes de l'école franco-belge. Il dit à Yehudi : « Mon cher Yehudi, tu appartiens à l'école franco-belge. Néanmoins, un jour, il faudra que tu aies un contact sérieux et valable avec l'école allemande. Il faudra qu'un jour tu ailles étudier avec Adolf Busch, le meilleur représentant de cette école. Quand tu auras passé un certain temps avec lui, tu reviendras me voir si tu le souhaites. »

Ses fréquentes leçons avec Enesco et l'absence de tout programme de concerts permirent à Yehudi de connaître le printemps et l'été les plus denses de sa vie en matière de musique. Il travailla sur le concerto de Brahms, la sonate de César Franck, le Poème de Chausson, le 7e concerto en ré majeur et le 3e concerto de Mozart, Tzigane de Ravel, le concerto de Beethoven et quelques sonates et partitas de Bach.

Mon été ne fut pas aussi calme. Le 14 juillet, fête nationale française, je vis de mes propres yeux un exemple bouleversant du militarisme européen.

Ce matin-là, j'étais allé faire des courses à la *laiterie* [1], juste de l'autre côté de la rue où se trouvait notre appartement. Il était impossible de traverser en raison d'un défilé militaire, en grande pompe. Debout à côté de moi sur le trottoir et regardant le défilé se trouvait un Français. Je suppose qu'il avait dû oublier d'enlever son chapeau quand le drapeau était passé devant nous, car en un instant, à la suite d'un coup d'œil du commandant, un soldat sortit

1. En français dans le texte. (N.d.T.)

du rang et, sans aucun avertissement, le frappa de toutes ses forces sur la tête avec son fusil et lui brisa le crâne. Puis il rejoignit son rang en laissant cet homme mourir à mes pieds dans une mare de sang.

CHAPITRE XIV

ROUMANIE
(juillet-novembre 1927)

En réalité, la maison d'Enesco se trouvait à Sinaia en Roumanie, où il partageait une résidence avec la Princesse Cantacuzène. Il nous invita à y venir et proposa de s'occuper de tous les arrangements nécessaires. Mais il y eut quelques problèmes. Des émeutes antisémites éclatèrent cet été-là en Roumanie. Des Juifs furent battus, dévalisés et tués, tout à fait dans le style des « Cent Noirs »[1]. Des journaux juifs à Paris et à New York entendirent parler de notre projet d'aller en Roumanie et certains émirent des objections. Comment ils avaient découvert ces informations est toujours resté pour moi un mystère, car nous n'en avions parlé strictement à personne.

Il me fut pénible d'aborder avec Enesco la question des pogroms de Roumanie. Il reconnut que les troubles qui se produisaient dans son pays étaient graves, mais il m'assura que rien ne pouvait nous arriver. Nous prîmes donc la décision de partir. Enesco nous trouva une magnifique villa, qui faisait partie d'un des hôtels de Sinaia, non loin de la résidence d'été de la famille royale dans les Carpates, entourée de forêts, de châteaux forts, de parcs et de villégiatures. Le chalet d'Enesco, la Villa Luminis, était à quelques kilomètres de la ville. La Princesse Cantacuzène habitait au rez-de-chaussée et Enesco occupait le premier étage. Un étroit escalier de fer en colimaçon menait de l'un à l'autre.

Au cours d'une de ses fréquentes séances de musique avec Yehudi, durant cet été très chaud, Enesco sortit Mythes, Dryades

1. Il s'agit de pogromistes tsaristes. (N.d.T.)

et Pan de Szymanowski. Il demanda à Yehudi de regarder par la fenêtre les paysans en train de faire la moisson et d'imaginer le bourdonnement des abeilles et le vrombissement des moustiques. Puis il demanda à Yehudi de jouer. Tandis que celui-ci jouait, Enesco imita le bruit des abeilles et des moustiques avec une virtuosité étrange.

Puisque la Roumanie était « le pays des bohémiens », nous ne pouvions retourner à l'ouest sans avoir pris contact avec eux et avec leur musique. Avec l'aide de Konrad Bercovici, « bohémien de cœur et non de sang, par tempérament et non par la grâce de Dieu », nous organisâmes une visite à l'une des tribus les plus importantes, lors d'une de leurs fêtes nocturnes. Que c'était fascinant de les voir danser frénétiquement autour du feu, tandis que les violoneux s'abandonnaient totalement à leur musique ! C'étaient des violonistes nés, qui fabriquaient leurs propres instruments en utilisant les crins de la queue de leurs chevaux pour leurs archets. Leur virtuosité était véritablement étonnante. Yehudi invita le principal de ces violoneux à nous rendre visite et deux d'entre eux vinrent le lendemain. Ils nous apportèrent des paniers de fraises sauvages fraîchement cueillies. Yehudi leur demanda de jouer pour lui afin qu'il puisse étudier leur doigté. Puis, à leur tour, ils demandèrent à Yehudi de jouer et il exécuta la Trille du Diable de Tartini et la Chaconne de Bach. Ils observèrent attentivement tous les mouvements de ses doigts et de son archet.

Enesco avait étudié à fond la musique juive et la musique bohémienne, et c'est lui qui m'apprit que nombre de mélodies traditionnelles juives que je lui chantais souvent étaient d'origine bohémienne. « Votre peuple, me dit-il, qui est si musicien, a emprunté ces chants aux bohémiens il y a un millier d'années, quand il a parcouru parmi eux les vastes plaines de Roumanie, de Hongrie et de Transylvanie. »

Lors de notre séjour à Sinaia, Yehudi apprit à danser quelques danses folkloriques roumaines avec un abandon très bohémien, et Cora Koshland et d'autres amis venus de San Francisco nous rendre visite filmèrent ce spectacle. Nous fîmes plusieurs excursions en voiture dans la vieille Transylvanie, visitâmes des châteaux forts des anciens empereurs hongrois et les maisons des pauvres paysans, et nous écoutâmes les récriminations de la minorité hongroise à l'encontre des autorités roumaines.

Lorsque nous voulions nous promener à pied, nous étions autorisés à utiliser les sentiers et les routes de montagne normalement réservés à la famille royale. Partout où nous allions, nous avions l'impression d'avoir à proximité des gardiens invisibles, veillant à ce qu'aucun incident malencontreux ne vienne gâcher notre séjour. Toutefois, nous ne pouvions manquer de remarquer le malaise et l'infortune du peuple dans un pays aux multiples ressources. Ils « pleuraient » la mort récente de leur roi. Son épouse, la reine Marie, femme enjouée et attrayante, vêtue comme il se devait en noir, parvenait à tenir fermement en main les rênes du pouvoir. Enesco avait dû obtenir de la reine qu'elle nous fasse donner une protection particulière à notre insu.

Un jour, au centre du parc municipal de Sinaia, je tombai sur les séquelles d'un affrontement sanglant entre étudiants non-juifs et étudiants en médecine juifs. Je me renseignai et appris qu' « en Roumanie, seuls quelques Juifs sont autorisés à s'inscrire à l'université. Mais ce sont souvent les étudiants les plus brillants, et les Gentils voulaient tous les expulser. »

Environ une semaine avant la date prévue pour notre retour à San Francisco, via Paris et New York, je me rendis à Bucarest pour convertir ma lettre de crédit de la Wells Fargo Bank en lei roumains. Lorsque j'arrivai à la gare de Bucarest, un homme que je ne connaissais absolument pas vint vers moi et me dit en bon anglais : « Je vous en prie, ne vous inquiétez pas si vous voyez que je vous suis toute la journée. J'ai l'ordre de vous protéger. Les choses vont mal en Roumanie ; il y a une très forte inflation. On rend les Juifs responsables de tout. Veuillez ne pas faire attention à moi et faites simplement ce qui vous plaît. Je vous verrai plus tard dans l'après-midi quand vous reprendrez le train pour rentrer à Sinaia. »

La banque roumaine à laquelle je présentai d'abord ma lettre de crédit me refusa l'autorisation de retirer de l'argent. J'eus plus de chance dans une banque italienne de la ville, mais on me conseilla d'aller auparavant m'acheter une petite valise où mettre l'argent, car les effets de l'inflation sur la valeur du lei roumain se faisaient sentir concrètement ! C'est ce que je fis, et je regagnai Sinaia à la hâte pour payer nos factures le plus vite possible, car le cours de cette monnaie se dévaluait quotidiennement. A la gare, mon garde du corps me fit un grand signe de la main en guise d'au revoir.

Mes ennuis n'étaient pas entièrement terminés. Le train tomba en panne de combustible à mi-chemin d'une côte. Les voyageurs furent obligés d'aller ramasser du bois pour le faire repartir. Il était minuit passé quand j'arrivai à Sinaia, mais je dus encore traverser à pied la forêt, ce qui me prit un quart d'heure, avant d'atteindre notre hôtel et de pouvoir dissiper les craintes de ma famille angoissée.

L'été se termina brusquement. On sentait venir la neige et il était temps pour nous de partir. Enesco se préparait à aller faire une tournée aux Etats-Unis et en Europe et, pour Yehudi, la dernière journée de musique avec Enesco à la Villa Luminis était arrivée. Avant le début de la séance, Enesco me prit à part :

« M. Menuhin, puis-je vous demander une grande faveur ? Je sais que vous n'aimez pas traîner Yehudi dans les palais royaux. Sa Majesté, ma reine, l'a très bien compris quand je lui ai dit que vous n'amèneriez pas plus Yehudi dans son palais que dans les palais royaux de Londres, La Haye ou Bruxelles, mais elle m'a demandé d'entendre jouer Yehudi chez la princesse, ici, au rez-de-chaussée. Ne lui permettriez-vous pas de jouer quelques sonates et quelques concertos ? Il n'y aura aucun autre invité, pas même le jeune prince Michael »[1].

A voir l'expression sur le visage de Yehudi, je savais qu'il voulait que je dise oui, aussi acceptai-je.

Enesco disparut pour faire les arrangements nécessaires et Yehudi commença à jouer la Chaconne. Soudain, un violent orage éclata et fit rage, avec de forts coups de tonnerre et de violents éclairs. Des trombes d'eau se déversèrent, comme je n'en avais jamais vues de ma vie. La pièce s'obscurcit totalement. Ce fut l'un des moments les plus sinistres dont je me souvienne. Enesco réapparut, une chandelle à la main. Yehudi ne s'était pas arrêté de jouer ; en vérité, l'orage semblait seulement l'inspirer. Quand il arriva à la fin du morceau, l'orage se calmait. Enesco se précipita sur lui, l'étreignit en lui disant : « Mon garçon, souviens-toi toujours de ce terrible orage et de la paix qui l'a suivi. La Chaconne de Bach est un orage qui peu à peu s'apaise. »

Quand nous apprîmes que la reine Marie était arrivée à la Villa Luminis, nous descendîmes tous. Enesco s'inclina et baisa la main de la reine. Yehudi et moi la saluâmes avec courtoisie et respect. Après le thé et les petits gâteaux et une brève conversation concernant l'orage, Enesco et Yehudi jouèrent quelques sonates et concertos. La reine fut très élogieuse et offrit à Yehudi un livre de contes de fées qu'elle avait écrits en anglais et qu'elle lui dédicaça. Avant que nous nous retirions, elle dit : « Yehudi, dis-moi, s'il te

1. Yehudi avait déjà fait savoir clairement qu'il ne souhaitait pas rencontrer le Prince Michael.

plaît, pourquoi ne m'as-tu pas baisé la main tout à l'heure, comme l'a fait ton Maître ? » Yehudi répondit : « En Amérique, toutes les femmes sont reines, mais nous ne nous inclinons pas devant elles et nous ne leur baisons pas la main. »

Le lendemain de notre dernière rencontre avec Enesco à la Villa Luminis, nous quittâmes Sinaia pour Paris par l'Orient-Express et, quelques semaines plus tard, nous étions de retour dans notre bon vieux Colonial Hotel de la 81e rue, près de Central Park, à New York, pour y préparer les concerts où Yehudi devait se produire avec le New York Symphony Orchestra, les 25 et 26 novembre 1927.

CHAPITRE XV

RETOUR CHEZ NOUS

(novembre 1927-décembre 1928)

Yehudi s'était promis le « plaisir » de jouer le concerto de Beethoven, qu'il avait récemment étudié avec Enesco, lors de ses concerts avec le New York Symphony Orchestra. Cependant, et le chef d'orchestre invité, Fritz Busch[1], et le chef d'orchestre habituel, Walter Damrosch, avaient l'impression qu'il ferait mieux de jouer un concerto plus facile, de Mozart ou de Bach. Damrosch nous prévint qu'une seule erreur dans le concerto de Beethoven risquait de ruiner la carrière de Yehudi, alors à ses tous débuts.

Yehudi ne voulut rien entendre : « Je me moque de ma carrière. J'attends, avec impatience et depuis longtemps, de jouer ce morceau avec votre orchestre. »

L'affaire fut réglée après que Kurt Weinhold[2], jeune imprésario de Dresde qui se trouvait alors à New York où il représentait la chanteuse d'opéra Elizabeth Rethberg, eut persuadé Fritz Busch de laisser Yehudi jouer le concerto de Beethoven devant lui, dans sa chambre d'hôtel. La démonstration de Yehudi fit changer d'avis Busch et, après le concert, il écrivit au Philarmonique de Berlin en leur demandant avec insistance d'inviter Yehudi à jouer avec eux ce concerto.

D'autres offres affluèrent, invitant Yehudi à jouer avec des

1. Directeur général de la musique à l'Opéra de Dresde et frère du violoniste Adolf Busch.

2. L'intercession de Kurt Weinhold dans cette discussion à propos des morceaux que jouerait Yehudi dans ces concerts de New York fut à l'origine d'une longue amitié entre lui et nous. Par la suite, il succéda à l'agence Evans et Salter comme imprésario personnel de Yehudi. Plus tard, il devint Président de Columbia Artists' Management.

orchestres de tout premier plan un peu partout, ou à donner des récitals dans les demeures de riches mécènes de la musique. Il fut inscrit au Tableau d'Honneur du magazine *The Nation* pour l'année 1927.

Le *New York Times* cita mes propos concernant nos projets et les principes qui les gouvernaient : « Mme Menuhin et moi sommes tout simplement les gardiens de cet enfant et de sa musique... Les propositions alléchantes qu'on nous fait, qu'il s'agisse d'argent ou de gloire, ne nous intéressent pas. »

C'est à peu près à cette date que Marutha tomba malade et dut subir une opération qui nous obligea à rester à New York pendant plus d'un mois. Louis Persinger s'y trouvait aussi et il accepta de recommencer à donner des leçons à Yehudi, séance tenante. Lui et Enesco, également à New York à l'époque, nous conseillèrent de laisser Yehudi donner quelques récitals des œuvres qu'il avait étudiées avec Enesco. L'un d'eux fut organisé la veille du jour où Marutha devait entrer à l'hôpital.

Ce récital valut à Yehudi de nouveaux lauriers. Dans le *New York Times,* Olin Downes écrivit : « Nous sommes contraints d'utiliser le mot tristement galvaudé de « génie ». Il n'y en a pas d'autre qui convienne pour expliquer une telle exécution... L'avenir donnera la mesure exacte de ce don extraordinaire, à présent sagement maintenu à l'abri d'une exploitation excessive. »

Le Professeur Auer était dans la salle et on lui demanda ce qu'il pensait de la manière de jouer de Yehudi :

« Merveilleuse ! »

Leonard Liebling, du *Sunday New York American,* écrivit : « Certains de ceux qui croient en la réincarnation vous diront que l'âme et l'esprit de Mozart ou de Paganini revivent en Yehudi. Peut-être est-ce vrai, qui sait ? Voilà la question que ne peut manquer de se poser l'incrédule. »

L'opération de Marutha fut réussie. Pendant qu'elle était à l'hôpital, c'est moi qui cuisinais les repas des enfants sur une petite plaque électrique, dans nos chambres d'hôtel. Pendant trente jours, nous mangeâmes mon *chef-d'œuvre*[1] : poulet et soupe aux légumes, laitue, fruits, pain, beurre et lait. Parfois, Dorothy Crowthers, qui avait appris à Yehudi à déchiffrer et à travailler son oreille à l'Institut d'Art musical l'année précédente, venait chercher les enfants pour les emmener à l'Opéra ou nous accompagner tous quand nous allions nous promener dans Central

1. En français dans le texte. (N.d.T.)

Park. Et Sammy Marantz était toujours prêt à me donner un coup de main et à jouer aux échecs avec Yehudi, qui s'était initié à ce jeu avec Persinger.

Nous eûmes aussi la possibilité d'apprécier la compagnie de Sam Franko, le merveilleux violoniste, compositeur et spécialiste musical américain, qui avait étudié avec Joachim en Allemagne et avec Vieuxtemps à Paris. Il était allé en classe avec Hubay et avait connu personnellement Brahms, Wagner, Johann Strauss, Ysaÿe, Lalo, Saint-Saëns, Godard, Anton Rubinstein, Massenet, Sarasate, Dvorák, Tourgueniev et Sivori, le dernier élève de Paganini. Il avait créé l'American Symphony Orchestra de New York et était alors membre de l'Orchestre Symphonique Pasdeloup de Paris [1]. Yehudi et moi buvions avec avidité ses paroles quand il parlait de musique.

Nous appelâmes bientôt Sam Franko « Oncle Sam ». Il y avait aussi un « Oncle Samuel », Samuel Cohen, qui devint notre ami intime durant cette période new-yorkaise. Son fils avait épousé la fille du docteur Langer.

Par l'intermédiaire des Ehrman, nous fûmes présentés à Edgar Leventritt, avocat renommé dont la maison était l'un des centres musicaux les plus importants. Musiciens et mélomanes s'y réunissaient pour jouer ou écouter de la musique, souvent tard dans la nuit. Et dans la journée, si vous passiez à son bureau, on vous disait souvent : « M. Leventritt est chez lui pour une séance de musique. »

La maison des Leventritt avait d'autres attraits pour nos enfants : Rosalie, la fille de M. Leventritt, belle, douce et intelligente, son frère Victor, et leur amie Lydia Perera. Pour Yehudi, ces visites chez les Leventritt comprenaient non seulement de la musique de chambre, mais aussi des parties d'échecs avec Victor et des charades avec Rosalie et Lydia.

Yehudi ne devait pas redonner de concert pendant près d'un an, si l'on excepte les deux concerts prévus à San Francisco, qui relevaient de mon domaine. Mais il nous fallut malgré tout faire des projets à long terme avec Evans et Salter, concernant l'avenir de Yehudi.

L'alternative à laquelle nous étions confrontés était la suivante :

1. Sam Franko assista chaque fois qu'il le put à de nombreux concerts de Yehudi, durant ces années-là ou plus tard, et parcourut parfois de longues distances pour y venir. Il composa deux cadences pour Yehudi et lui dédiaça un arrangement d'un concerto de Vivaldi.

soit nous acceptions les offres alléchantes qui impliquaient l'exploitation de notre fils, soit nous le maintenions complètement à l'écart des scènes de concert pour lui permettre de grandir normalement. Dans le second cas, il lui faudrait affronter ultérieurement un processus difficile pour faire redémarrer sa carrière. Ce pouvait être une épreuve redoutable.

Je consultai Enesco et Persinger. Nous en vînmes à la conclusion que consacrer dix à douze semaines par an à jouer en public, à raison d'un concert par semaine, dans des villes soigneusement choisies en Amérique et en Europe, serait bénéfique pour Yehudi et lui permettrait de se développer et de s'épanouir sur le plan professionnel, tout en lui permettant en même temps d'étudier et de progresser sur le plan culturel et musical.

Après avoir discuté du problème avec Marutha et avec M. Leventritt, qui nous servit d'avocat, je signai un accord avec Evans et Salter. Yehudi rejoignit le groupe limité d'artistes de concert de haut niveau dont ils étaient les imprésarios et à qui ils se consacraient exclusivement. Parmi ceux-ci, Elisabeth Rethberg, Amelita Galli Curci, Louise Homer, Lawrence Tibbett et Tito Schipa. En ce qui concernait Yehudi, l'accord stipulait une seule représentation par semaine et ne couvrait que les mois de janvier et février 1929. De plus, en étaient exclus les concerts sur la côte ouest (qui relevait de *mon territoire*) et les enregistrements. J'étais déjà en cours de négociations avec la Victor Talking Machine Company (aujourd'hui R.C.A. Victor) au sujet des enregistrements que ferait Yehudi l'année suivante.

Quand Marutha sortit de l'hôpital, elle fut emmenée directement en ambulance à notre wagon Pullman à la gare. C'est là que nous l'attendions avec tous nos bagages, y compris une grosse malle en paille toute neuve dans laquelle Sammy et moi avions entassé toute la batterie de cuisine supplémentaire que j'avais achetée. Les pots, les casseroles, les verres, les tasses, les assiettes et les couverts cliquetèrent et s'entrechoquèrent durant tout le trajet qu'ils firent avec nous à travers l'Amérique [1].

Nos bons amis, les Kahn, avaient laissé propre et nette pour notre arrivée notre maison de Steiner Street. Quand nous arrivâmes, se trouvait garée devant une Buick neuve, cadeau des Ehrman.

1. Plus tard, nous prîmes l'habitude de laisser ce genre de choses dans les hôtels où nous descendions, stockées dans des tonneaux à la cave, en attendant notre visite suivante.

Nous arrêtâmes la date du 22 janvier 1928, douzième anniversaire « officiel » de Yehudi [1], pour le récital qu'il devait donner au Civic Auditorium en l'honneur de son retour dans la ville. Et pour faire plaisir à Yehudi et à Alfred Hertz, un concert avec orchestre fut organisé pour le 23 février 1928.

Entre dix et onze mille personnes vinrent à chacune de ces représentations. Jamais, à l'époque, aucun concert dans une salle de San Francisco n'avait connu un auditoire aussi nombreux. Le public comme les critiques furent enthousiastes.

Après le récital du 22 janvier, Alexander Fried, du *San Francisco Chronicle,* écrivit à propos de Yehudi : « Aucun violoniste vivant ne possède des qualités techniques supérieures aux siennes, même à notre époque de virtuoses éminents, et il joue avec une tonalité et une habileté consommée dignes de son art. »

Redfern Mason, du *San Francisco Examiner,* décrivait l'enthousiasme frénétique du public à la fin du concert du 23 février et ajoutait : « L'orchestre a fait quelque chose que l'on réserve aux artistes de tout premier rang : il a joué une fanfare en son honneur. »

Nous nous étions réinstallés avec joie dans notre maison de San Francisco et avions enfin atteint le stade d'une entière indépendance financière. Les représentations au Carnegie Hall nous avaient rapporté environ 5 000 dollars, le récital de San Francisco 10 000 dollars et le concert avec orchestre 3 000 net. Les Ehrman étaient toujours prêts à nous procurer tout ce qui dépassait nos moyens ; mais il apparaissait que, dorénavant, nous pouvions subvenir à nos besoins. Notre arrangement avec M. Persinger devait durer jusqu'en mars 1929, date à laquelle devait avoir lieu la première « tournée » de Yehudi, d'une durée de huit à dix semaines. M. Persinger viendrait avec Yehudi, en tant que professeur, conseiller et accompagnateur.

Afin que Yehudi apprenne à jouer devant un micro, je m'entendis avec la Victor Talking Machine Compagny pour qu'on lui fasse faire ses premiers enregistrements pour le marché : la Capricciosa de Franz Ries, l'Allegro de Fiocco, la Romanesca d'Achron et Sierra Morena de De Monasterio, le 15 mars 1928. Ils eurent lieu au Studio Victor à Oakland, Californie, avec Persinger au piano. Les droits d'auteur étaient considérables.

1. Le *San Francisco Chronicle* mentionnait dans son compte rendu du récital que celui-ci avait eu lieu le jour du onzième anniversaire de Yehudi. En fait, il avait onze ans, mais son véritable anniversaire avait eu lieu le 22 avril 1927, huit mois plus tôt.

Notre fille, Hephzibah, se révélait, elle aussi, pleine de promesses dans le domaine musical. Elle étudiait très sérieusement et son nouveau professeur de piano, M. Lev Schorr, nous pressait vivement de la laisser donner son propre récital de débutante. Cependant, Marutha était hostile, pour des raisons philosophiques, à ce qu'elle entreprenne une carrière musicale professionnelle, au lieu d'étudier simplement la musique dans le cadre de son épanouissement culturel. Marutha insistait sur le fait qu'une femme doit choisir entre une carrière et la vie conjugale. Selon elle, une femme ne pouvait accomplir les deux, si elle voulait réaliser l'une et l'autre correctement et pleinement.

Nos trois enfants faisaient de grands progrès en musique et en langues étrangères et ils s'épanouissaient physiquement sous le soleil de Californie. M. Paterson avait repris ses cours d'harmonie et de contrepoint, les sœurs Godchaux la littérature française et le Dr Stanley Rypins la littérature anglaise. Nous nous mîmes à appeler Hephzibah « Mme Larousse », car elle était fascinée par la grande encyclopédie française. Yaltah, qui avait dix-sept mois de moins qu'elle, suivait de près sa sœur dans ses études. Elle avait pour professeur de piano Mme Paterson.

Pour donner toute la mesure de leurs dons extraordinaires, les enfants avaient besoin de séjourner beaucoup plus longtemps en Europe, nous semblait-il, et dans le cas de Yehudi, nous étions convaincus que le moment était venu pour lui de commencer à étudier la technique allemande du violon avec Adolf Busch, comme Enesco nous l'avait recommandé. Aussi heureux que nous fussions d'être de retour à San Francisco, il fallait que nous nous installions là où l'exigeaient les besoins immédiats de Yehudi. Je discutai du problème avec M. Ehrman pendant des vacances d'été merveilleuses, passées dans leur propriété au bord du Lac Tahoe, et il approuva mon idée de retourner en Europe en mars 1929, après quelques concerts que nous étions en train d'organiser pour Yehudi dans les Etats de l'est.

Après avoir discuté avec tact de ce projet avec M. Persinger qui l'approuva chaleureusement, j'écrivis à Enesco et à Busch pour leur en parler. Les artistes de concert sont généralement en tournée entre octobre et mai. Enesco invita Yehudi à passer le printemps et l'été 1929 à Paris avec lui ; le Professeur Busch écrivit qu'il serait enchanté de faire travailler Yehudi à Bâle durant la même période et jusqu'en octobre de cette année-là. Yehudi passerait la majeure partie de son temps avec Busch, mais il pourrait aussi reprendre de temps en temps ses études et ses séances de musique avec Enesco.

Si nous partions comme prévu pour l'Europe en mars 1929, nous aurions deux mois libres là-bas pour faire ce qui nous plairait avant d'aller à Bâle. Puisque Yehudi avait depuis longtemps l'ambition, suggérée par Persinger, de jouer les trois « B » : les concertos de Bach, de Beethoven et de Brahms, durant un seul concert avec un orchestre et un chef de renom, et puisqu'il avait une invitation permanente du Philharmonique de Berlin, j'écrivis aux imprésarios de l'orchestre, Wolff et Sachs, en leur proposant l'idée d'un tel concert, sous la direction de Fritz Busch, le chef d'orchestre que Yehudi préférait. Ils répondirent par télégramme qu'ils acceptaient avec enthousiasme, en ajoutant qu'ils avaient obtenu l'accord de Fritz Busch pour ce concert qui aurait lieu le 12 avril 1929.

Avant cela, il y aurait un récital d'adieu, le 5 décembre 1928, au Civic Auditorium de San Francisco, et la première tournée américaine de Yehudi, accompagné de M. Persinger. Il était entendu que je les accompagnerais comme secrétaire et imprésario de Yehudi. Des concerts avec orchestre ou des récitals furent fixés dans les villes de Los Angeles, Minneapolis, Chicago, Washington, Cleveland, New York et trois autres encore, le tout en trois mois. Lors des trois représentations avec orchestre, Yehudi jouerait le concerto de Tchaïkovski à New York, le concerto de Beethoven à Cleveland et celui de Brahms à Minneapolis, et il jouerait le concerto en mi majeur de Bach, accompagné au piano par Persinger, lors d'un récital prévu quelque part vers la fin de la tournée. Aucun des orchestres américains ou des imprésarios n'était d'accord pour qu'il joue plus d'un concerto par séance.

Sidney Ehrman fit un nouveau cadeau à Yehudi, son propre Guadagnini, fabriqué en 1740, violon que son père lui avait offert quand il étudiait la musique.

En dehors du concert d'adieu de Yehudi, il devait y avoir un autre événement important pour nous avant notre départ : les débuts professionnels de Hephzibah comme pianiste, au Scottish Rite Masonic Hall, le 25 octobre 1928.

Marjory Fisher, critique musicale du *San Francisco News*, interviewa l'un des professeurs de piano de Hephzibah, Mme Judith Blockley, et écrivit un article dans le numéro du 27 octobre 1928 de *Musical America :*

Durant les sept mois durant lesquels Hephzibah étudia avec Mme Blockley, elle accomplit le travail réalisé par un élève moyen en quatre ou cinq ans. Elle était infatigable et s'arrangeait pour prolonger les leçons en séances de deux heures, bien que non sans opposition, car Mme Blockley avait toujours peur d'être dénoncée à la S.P.C.C. [1] pour avoir gardé si longtemps au piano une enfant de quatre ans. La petite ne voulait rien entendre quand on suggérait qu'elle pût être fatiguée.

Alexander Fried écrivit dans le *San Francisco Chronicle* :

M. et Mme Moshe Menuhin considéraient normal que, puisque leur Yehudi avait fait ses débuts en public comme violoniste à l'âge de huit ans, leur Hephzibah ait le même privilège comme pianiste... Hephzibah... manifeste dans le récital au piano un génie en herbe. Elle a joué un programme qui, à part sa longueur modérée, nécessitait des compétences d'adulte. La petite fille paraissait toute petite à côté du grand piano noir imposant et sévère, perchée sur une haute banquette, ses cheveux lui descendant en longues boucles blondes sur le dos et sur ses bras potelés, les pieds posés sur un tabouret pour pouvoir utiliser une pédale haute spéciale. ... Le Scottish Rite Hall était comble... Le public a applaudi l'enfant bruyamment. Elle a pris tout cela en bonne part, sauf peut-être quand, hésitante, elle battit en retraite devant les fleurs qu'on lui offrait.

Marie Hicks Davidson écrivit dans le *San Francisco Call-Post* :

Hier soir, une petite fille est entrée sur la scène du Scottish Rite Auditorium, a fait avec un sourire une petite révérence timide, s'est assise au piano et a joué une programme d'œuvres de Beethoven, Bach, Chopin et Weber qui passionnaient les chefs d'orchestre et les auteurs de sonates avant même qu'elle fût née... La salle comble a acclamé l'enfant comme si elle était venue d'un monde mystérieux, environnée d'une nuée étincelante... Il y avait dans la foule des hommes et des femmes aux cheveux gris qui pleuraient en se souvenant du désespoir qu'ils avaient éprouvé dans les temps jadis à essayer de jouer le concerto de Bach que Hephzibah joua hier soir avec toute l'aisance qu'aurait pu souhaiter le vieux Jean-Sébastien lui-même.

Hephzibah n'« exécute » pas ; elle ne donne pas non plus l'impression d'accomplir un tour de force. Elle semble aimer le clavier comme d'autres petites filles aiment leur poupée... Et, dans la salle, au premier rang, avec ses parents, était assise la petite sœur de Hephzibah, Yaltah, âgée de six ans, qui lit en français *Les Vies* de Plutarque.

1. *Society for the Prevention of Cruelty to Children* : société pour la protection de l'enfance. (N.d.T.)

Ernest Bloch nous avait souvent rendu visite au cours de l'année. C'était le premier compositeur que Yehudi eût jamais rencontré en chair et en os. Dans une lettre adressée à Yehudi le 20 juin 1928, Bloch écrivait :

Je pars pour l'Europe le 24 sur un petit cargo… Trente-huit jours pour atteindre Marseille, via Panama ! Ce sera un long repos dont j'ai sérieusement besoin. Ensuite, cinq semaines dans la montagne avec ma famille, puis retour à San Francisco par le même chemin. J'espère alors vous voir.

J'emporte avec moi tous mes cahiers d'exercice. Car j'ai recommencé à étudier, depuis le début. Oui, les contrepoints, les deux voix… J'ai déjà fait plus de 1 200 exemples ! Et dans quelques années il se peut que je m'y connaisse un peu en musique ! J'emporte avec moi mes vieux amis et professeurs : Orlando Di Lasso (1532-1594) et Josquin Desprez (1440-1521), tous les deux toujours très vivants ! Ils font partie de ceux auxquels j'aimerais vous présenter un jour… Et cette étude que j'entreprends depuis trois mois et qui m'apprend énormément peut m'aider à réfléchir à ce que vous suggérez…

Je serais très heureux de pouvoir écrire une œuvre très belle que M. Persinger et vous pourriez interpréter.

Peu de temps après le récital d'adieu de Yehudi, M. Bloch était venu chez nous entendre Yehudi jouer son « Nigun ». Il était si ému qu'une fois rentré chez lui, il avait eu l'inspiration et avait composé son « Abodah », mélodie pour *Yom Kippour*, et il l'avait dédiée à Yehudi [1].

Le 2 décembre 1928, Bloch nous écrivit, à Marutha et à moi, la lettre suivante :

Il faudrait un livre entier pour vous exprimer tout ce que cette soirée a signifié pour moi. Le message de Vérité est si rare ! Et les hommes en ont si peur ! Nous sommes obligés de traverser des années de ténèbres, de vide, de malheurs, pour connaître quelques minutes de vie véritable, durant lesquelles nous pouvons encore croire en la nature humaine… J'ai été si malheureux, si malade, si désespéré par moments, hélas !, la plupart du temps ; je suis si las des luttes vaines, de la cruauté humaine, de la stupidité, de l'égoïsme, que j'ai souvent été sur le point de tout lâcher et de quitter cette soi-disant civilisation, pour me retirer à tout jamais sur une île déserte, loin de tout bruit et de tout contact humain, afin de trouver le silence, la paix et la

1. Après avoir joué le concerto de violon de Bloch avec le New York Philharmonic Orchestra, Yehudi fit un long détour pour aller rendre visite à Bloch, alors souffrant, chez lui, à Agate Beach, Oregon, et lui commanda deux œuvres pour violon. Bloch acheva celles-ci juste avant sa mort.

solitude, et surtout de sauver ce qui pouvait rester de foi en la nature humaine dans les profondeurs de mon âme. Car il est impossible de faire une œuvre créatrice sans la foi, et le contact avec les hommes vous en prive lentement...

L'autre soir, j'ai eu l'impression de *renaître,* j'ai eu l'impression que le petit enfant solitaire que j'étais à huit ans était toujours vivant, avec sa foi naïve dans la beauté, l'amour, l'humanité, *telle qu'elle devrait être.* J'ai l'impression d'être le petit frère de vos merveilleux enfants. Quand ils m'ont demandé de leur dire bonne nuit dans leurs petits lits, j'ai failli pleurer. Que le Christ avait raison ! Seuls les enfants connaissent la vérité ! Nous autres, pauvres hommes, nous l'occultons et ce que nous appelons « éducation » consiste le plus souvent à l'écraser ! Les enfants pourraient nous en apprendre bien plus que nous leur en apprenons. Vos enfants sont extraordinaires et cependant si normaux, si sains, et si vrais ! Quel magnifique exemple vivant d'eugénisme, et quelle espérance !...

Dieu, la Providence ou le Destin, ou encore « le Grand Mystère », comme l'appellent les Indiens [1], mais qu'importe l'étiquette !, leur a donné aussi, permettez-moi de le dire, de merveilleux parents... La jeunesse a besoin de guides, de bons guides, et vous comprenez le trésor qu'ils représentent, un trésor si rare qu'il faut en prendre bien soin...

Après avoir entendu Yehudi l'année dernière — et comme il a grandi et mûri depuis ! —, je me suis senti moins seul. J'ai senti qu'il y avait là quelqu'un qui pourrait plus tard me comprendre aussi, qui déjà me comprenait, qui était de ma famille... Ce fut pour moi une consolation et un espoir quand votre petite fille a joué du Mozart ; c'était comme si l'âme de ce musicien était descendue en elle. Ses petites mains semblaient savoir comment faire, elles paraissaient animées d'une force extérieure. Et quand elle a joué du Bach, je l'ai regardée et j'ai été frappé de la ressemblance de ses traits, à ce moment-là, avec ceux de Bach, non pas le Bach des portraits que je connais mais celui que je ressens à travers sa musique.

Je le répète : nous ne pouvons rien apprendre à ce genre d'enfants, mais si jamais je pouvais être utile en quoi que ce soit, comme conseiller, comme assistant, comme ami, ce serait pour moi une grande joie et un grand privilège, et pour ce faire, j'aurais toujours le temps voulu.

Depuis trente ans, je gaspille ma vie dans des tâches matérielles nécessaires mais stupides, afin de gagner ma vie et celle de ma famille. Mes œuvres créatrices ont été élaborées à mes moments perdus. Voilà tout ce que j'ai sauvé des décombres de mon existence. Mais, quand j'examine les années gâchées inutilement, j'ai l'impression que ce serait une grande *compensation* si je pouvais apporter mon aide et ma contribution là où elles sont vraiment utiles. C'est pourquoi il faut que vous fassiez appel à moi en toute simplicité chaque fois que vous en avez envie.

Je prépare une surprise pour Yehudi ; ne lui en parlez pas. Depuis des années, je veux écrire un arrangement de cette belle mélodie pour violon, « Abodah », mais j'ai toujours remis cela à plus tard. A présent, je sais

1. Bloch avait passé de longues périodes chez les Indiens du Nouveau Mexique à étudier leur culture et leur musique.

pourquoi... car je la composerai pour *lui* et j'espère l'avoir terminée avant votre départ [1].

Le récital d'adieu de Yehudi fut un autre triomphe. Alexander Fried écrivit dans *The Chronicle :*

Certains des meilleurs moments de cette soirée inoubliable... eurent lieu quand, tout en essayant les cordes de son violon pour voir si elles étaient correctement accordées, ce charmant garçon de douze ans jeta un coup d'œil sur sa droite au premier rang du public, un sourire d'intelligence aux lèvres. C'est là que se trouvait Ernest Bloch, son visage barbu levé. Le garçon se lança dans l'interprétation du « Nigun », l'une des mélodies hébraïques retentissantes de Bloch, une musique qui s'élève avec une ferveur proche de l'extase, empreinte de tristesse et des douleurs de sa race, mais aussi pleine d'espoir. Du violon sortit une éloquence musicale envoûtante. Le chantre vénérable de la synagogue ne ressent pas plus pleinement sa foi que ne l'a alors montré Yehudi. Yehudi, le bien-nommé... Bloch se dressa sur ses pieds, rayonnant, devant un geste passionné du garçon.

Les applaudissements n'ont pas cessé avant que le « Nigun » ne soit bissé.

Deux semaines plus tard, Bloch écrivit à Yehudi : « Un jour, j'écrirai pour vous une grande œuvre orchestrale, non pas un concerto, mais un poème qui fera appel au violon de la même manière que le violoncelle dans mon " Shelomo ". »

Avant de quitter San Francisco, Redfern Mason, de l'*Examiner*, passa une journée avec nous et écrivit un article intitulé « La Vie quotidienne de Yehudi Menuhin, ou travaux pratiques en matière d'éducation » :

Les parents de Yehudi considèrent que rien n'est assez bon pour leurs enfants, sinon la meilleure littérature jamais écrite. Pourquoi perdre son temps avec des écrivains de second ordre quand on peut profiter de Dante et de Shakespeare ? Mademoiselle Rebecca Godchaux, qui enseigne le français à Yehudi, lui a donné à lire La Rochefoucauld. Ces maximes acerbes et piquantes ont enchanté le jeune homme, non seulement en raison de leur sagesse mais aussi par la justesse de leur expression. Yehudi sent le style dans les mots comme dans la musique. Il a analysé l'une d'elles en s'appuyant sur la brièveté brutale du texte original... Yehudi peut vous dire ce que recherchait Molière quand il écrivit *Les Précieuses Ridicules*. Il connaît son *Chantecler* et peut apprécier la délicieuse ironie de Voltaire. Les modernes ne sont pas négligés pour autant. Yehudi s'est colleté avec *Questions persistantes soumises à la discussion publique* de Drummond et Hunt. Il a lu *Le Nouveau Monde* de Montgomery et Bruce.

1. L' « Abodah », adoration de Dieu, fut achevée quand nous partîmes en tournée, et Yehudi la joua ainsi que le « Nigun » de Bloch à Los Angeles et en bien d'autres occasions ensuite.

CHAPITRE XVI

LA PREMIÈRE TOURNÉE DE YEHUDI

(décembre 1928-février 1929)

Yehudi et moi prîmes le minimum de bagages, mais le maximum de livres et de partitions, une grande enveloppe remplie de coupures de presse, un jeu d'échecs et un damier, et nous partîmes en train vers le sud. Nous passâmes deux semaines à Los Angeles. Pour nous détendre là-bas, nous allions canoter dans le parc municipal ; et nous visitâmes les endroits les plus intéressants de la ville et de sa banlieue, en emmenant un petit garçon ou une petite fille sympathique pour tenir compagnie à Yehudi.

Au récital que Yehudi donna au Shrine Auditorium et qui lui valut un nouveau succès, assistèrent Jascha Heifetz et bien d'autres célébrités, parmi lesquelles Charlie Chaplin. Celui-ci invita Yehudi, Persinger et moi à passer une journée avec lui dans ses studios d'Hollywood. Ce jour-là, Chaplin annula tout son travail, décréta que c'était un jour de congé pour ses employés et, quand nous arrivâmes, nous fit faire le tour des installations et exécuta pour nous son numéro, avec la moustache, la canne, le chapeau et la démarche si célèbres. Mais il nous fit également voir son côté sérieux et philosophique. Ce fut une expérience tout à fait fascinante.

Cela se passait le jour de notre départ et je commençais à m'agiter et à craindre que nous rations notre train. Yehudi et Persinger trouvaient absurde d'envisager de renoncer à une seule minute de Charlie Chaplin pour attendre un train dans une gare. Chaplin lui-même ne voulait pas nous laisser partir avant le tout dernier moment. Puis son chauffeur nous conduisit à toute allure à la gare avec nos bagages. A deux reprises, nous fûmes arrêtés par la police. Nous eûmes notre train de justesse.

Le Grancino de Yehudi commençait à devenir trop petit pour la taille de ses doigts et de ses mains. C'est pourquoi, une fois arrivés à New York, Persinger emprunta à la Wurlitzer Company l'un des instruments les plus précieux de leur collection de violons italiens, le « Baron Vitta » Guarnarius, portant comme date Cremona 1730, afin que Yehudi l'utilise pour exécuter le concerto de Tchaïkovski. Ce nouveau violon, plus grand, exigeait une tension et une adaptation constantes et un effort continu pour obtenir la note juste, et il fallut à Yehudi pas moins de cinq jours pour s'y habituer.

Il y eut un autre problème encore. Le chef d'orchestre, Willem Mengelberg, n'arriva pas à trouver le temps de répéter le concerto de Tchaïkovski avec Yehudi, car il introduisait deux œuvres nouvelles au programme. Il ne resta que vingt-cinq minutes pour répéter le Tchaïkovski, qui se joue en quarante-cinq minutes. Et même ces vingt-cinq minutes ne furent pas dirigées par Mengelberg lui-même, car un accident survenu aux parties orchestrales l'obligea, lui et l'orchestre, à réécrire les partitions.

Yehudi joua majestueusement, mais les critiques new-yorkais, en particulier Olin Downes du *New York Times*, furent réservés. Tout en admettant que « la taille de l'instrument actuel [de Yehudi] avait pu le lui rendre difficile à manier », Downes écrivait :

> L'aisance naturelle, la souplesse et la beauté du style de la saison précédente ont fait place à une virtuosité efficace et à une tonalité qui, si elle avait acquis de la sonorité et de la couleur, avait perdu sa fluidité et sa pureté... A ce propos, on peut se demander s'il est nécessaire d'habiller un enfant de douze ans comme s'il en avait sept et d'une manière peu appropriée à un concert nocturne dans un auditorium de la métropole. Un tel accoutrement n'est pas nécessaire pour mettre en évidence les dons tout à fait exceptionnels de l'interprète et n'ajoute rien à la valeur artistique de son interprétation.

Yehudi portait la même tenue confortable que l'année précédente, quand il avait joué le concerto de Brahms : chemise à manches courtes, culotte courte en serge bleue, et gilet blanc tout simple.

Charles D. Isaacson, lui, rapporta crûment les faits dans *The Morning Telegraph :*

Il devait y avoir deux répétitions avec l'orchestre. La veille du concert, aucune d'elles n'avait encore eu lieu. Mais on pria Yehudi de se présenter à dix heures du matin le jour du concert.

Malheureusement, M. Mengelberg était si absorbé par la préparation de la Suite de Tansman, pour sa première mondiale, qu'il ne se rendit pas compte que le temps passait. A onze heures trente-cinq, il rejoignit le garçon et fit alors une découverte épouvantable. Environ trois semaines auparavant, sur la côte, Yehudi avait prêté son orchestration du concerto de Tchaïkovski à un violoniste adulte, M. Borisoff, à qui on avait brusquement demandé de jouer cette œuvre et qui n'en avait pas d'exemplaire à sa disposition. Borisoff avait fait quelques coupures dans la partition et avait oublié de les effacer. M. Mengelberg prit en main les parties orchestrales et Yehudi eut vingt-cinq minutes de répétitions avec l'orchestre, sans le chef d'orchestre qui était en train de corriger sa partition !

Seulement vingt-cinq minutes ! Et aucune chance d'exécuter l'œuvre en entier avec M. Mengelberg ! Le pauvre garçon, son père et son professeur étaient dans tous leurs états. L'heure de la répétition s'était écoulée sans qu'il y ait aucun moyen de la prolonger. Yehudi Menuhin est donc venu jouer sans avoir eu la possibilité de faire connaissance avec son orchestre ni avec son chef.

Cependant, le plus grave dans cette affaire s'est produit le soir. Quand le finale a commencé, M. Mengelberg adopta un tempo auquel Yehudi n'était pas habitué. Il voulut arrêter l'orchestre, il voulut dire : « Messieurs, ou M. Mengelberg, s'il vous plaît ! Ce tempo-ci ! »... Il se dit très vite : « Peut-être vais-je embarrasser M. Mengelberg et l'orchestre et passer pour impudent ? » Il décida de courir sa chance et sauta dans la brèche, suivit le tempo de Mengelberg, au détriment de sa propre exécution mais au bénéfice des autres musiciens.

Cette exécution du concerto de Tchaïkovski devait servir à Yehudi de répétition pour le deuxième concert, le lendemain. Quand il quitta la scène, sa première remarque fut la suivante : « Quel dommage que nous n'ayons pu répéter correctement et nous mettre d'accord sur les tempos et autres problèmes ! Mais M. Mengelberg sait maintenant ce que je veux. Attendez simplement demain après-midi ! »

Si Olin Downes était venu au concert ce vendredi après-midi, il aurait entendu Yehudi donner une interprétation superbe du concerto de Tchaïkovski. Mais il n'y vint pas.

Lors du récital suivant donné par Yehudi au Carnegie Hall, au cours duquel il joua le concerto en mi majeur de Bach, M. Downes fit, comme les autres critiques musicaux, un compte rendu élogieux.

Nous continuions à limiter les apparitions en concert de Yehudi à trois mois par an. Durant la saison 1928-1929, il reçut des cachets allant de 3000 à 5000 dollars par concert. Nous ne pouvions nous empêcher de songer avec tristesse aux nombreux artistes de concert renommés et chevronnés, plus âgés et plus universellement connus, qui étaient loin de gagner de telles sommes.

Après le concert de Yehudi du 28 après-midi, nous louâmes une voiture pour aller à University Heights, le quartier du campus de l'Université de New York, dans le Bronx, à la recherche des lieux où Yehudi avait passé les dix-huit premiers mois de sa vie. Je cherchai la forêt entre University Heights et le Harlem River Bridge sur la 207e rue, et les bancs d'amoureux le long des sentiers menant au campus et au verger de pommiers derrière les bâtiments de Physique-Chimie : je ne pus rien retrouver. Le développement de l'Université semblait avoir envahi tous les espaces en plein air. Les souvenirs des années que j'avais passées là comme étudiant affluaient dans ma mémoire et mon fils apprit pour la première fois pourquoi il s'appelait YEHUDI. Je lui montrai l'immeuble où l'on refusait les locataires juifs ; puis nous vîmes celui où nous avions habité, et l'aqueduc où Marutha et moi nous étions promenés pendant des heures, jour après jour, en nous tenant la main et en chantant de vieux chants hébreux. Ce fut pour moi un moment émouvant que de montrer à mon fils les lieux de son origine.

Henry Goldman, banquier philanthrope et collectionneur d'œuvres d'art, avait entendu Yehudi pour la première fois le jour où il joua le concerto de Beethoven avec le New York Symphony Orchestra, sous la direction de Fritz Busch. Après le concert, Goldman demanda à Busch : « Quel violon a-t-il ? » A quoi Busch répondit : « Yehudi Menuhin pourrait jouer du violon sur un manche à balai ! »

Quand Goldman entendit Yehudi jouer le concerto de Tchaïkovski avec M. Mengelberg et le New York Philharmonic, il trouva son exécution si inspirée qu'il m'envoya immédiatement, par l'intermédiaire d'un ami commun, le Dr Garbat, un mot disant qu'il aimerait offrir un Stradivarius à Yehudi. J'étais confondu par cette offre, mais je voulais être sûr que ni Yehudi ni ses parents ne deviendraient les obligés permanents de quelques mécènes qui se croiraient permis d'intervenir dans notre vie. Je mis le Dr Garbat dans la confidence en lui expliquant que je devais d'abord en savoir plus sur M. Goldman. Renseignements pris, j'appris que c'était un financier d'un type exceptionnel, possédant des qualités personnelles et intellectuelles hors du commun. Je dis à M. Garbat que Yehudi et moi-même serions enchantés d'accepter l'invitation à déjeuner que les Goldman nous avaient adressée. Nous découvrîmes que M. Goldman était un vieux monsieur aveugle, grand et beau, dont l'esprit brillant nous fit prendre conscience du privilège que nous avions de le connaître. Mme Goldman était une hôtesse charmante et aimable, vêtue d'un blanc immaculé. Nous devînmes rapidement amis avec l'un et l'autre. M. Goldman nous montra « La Madone et l'enfant » de Van Dyck, le « Portrait d'un homme assis » de Franz Hals et d'autres tableaux magnifiques de sa collection. Il y avait quelque chose d'étonnant à l'entendre faire appel à tous ses souvenirs du temps où il voyait pour nous signaler chaque touche de couleur et chaque expression significative de ces toiles.

J'appris bientôt que M. Goldman lisait énormément, avec l'aide de deux personnes employées expressément pour lui faire la lecture à haute voix d'articles et de livres traitant des domaines qui l'intéressaient, à raison de deux heures au moins par jour. Je l'entendis décrier ce qu'il considérait être des activités antisociales, agressives, inhumaines et inspirées par la cupidité chez ceux qui entassaient des fortunes en Amérique et ailleurs dans le monde. C'était un homme scrupuleux. Après le déjeuner, M. Goldman me fit l'offre suivante : « Ce sera pour moi un honneur d'offrir un Stradivarius à Yehudi. Je veux que vous vous sentiez complètement libre et indépendant ; cherchez un Stradivarius comme si vous l'achetiez vous-même. Quand vous aurez trouvé ce que vous voulez, envoyez-moi simplement la facture. »

Je demandai immédiatement à nos imprésarios de repousser en février et mars les concerts prévus pour janvier, pour avoir le temps de chercher un Stradivarius. Cela donnerait aussi à Yehudi la possibilité de s'y habituer.

Je reçus bientôt des centaines de lettres émanant de propriétaires de violon qui croyaient tous avoir des « Strads », comme celle-ci : « J'ai à vendre un violon de grande valeur dont je sais qu'il est du genre que vous voulez, un Cremonesis, l'un des « Antonius Stradivarius Cremonesis Faciebat », fabriqués en Allemagne. Si vous vouliez l'acheter, pourriez-vous me faire savoir par retour du courrier ce que vous en offririez ? Je vous laisse en décider, car vous comprenez la valeur d'un instrument aussi ancien. »

Le violon « Cremonesis » mentionné dans cette lettre était sans aucun doute l'un de ces violons « originaux », fabriqués en Allemagne, qu'Henry Goldman avait importés par milliers de ce pays durant sa jeunesse. Il les achetait à 10 ou 15 dollars pièce et les revendaient en gros à 25.

Il existait encore de nombreux « Strads » authentiques, bien entendu [1], et sur une période d'une dizaine de jours, Yehudi en examina une douzaine des plus beaux d'Amérique. Je rendais compte quotidiennement à M. Goldman de l'avancement de nos recherches. Naturellement, Persinger ne nous quittait pas. Finalement, nous demandâmes à Efrem Zimbalist d'aider Yehudi dans son choix final. Il n'en restait plus que quatre. Yehudi essaya chacun d'eux à tour de rôle, puis après avoir bien réfléchi, il en mit un de côté, le Prinz Khevenhüller, et demanda à Zimbalist de les essayer. Pour finir, Yehudi joua la « Prière » de Haendel sur le Khevenhüller, puis sur les autres, puis encore une fois sur le Prinz Khevenhüller.

« C'est celui-ci ! », dit-il joyeusement. « Je l'adore ! »

Zimbalist ne pouvait maîtriser son émotion. Il essuya les larmes de ses yeux et dit : « Yehudi a raison ! C'est le plus merveilleux Strad du monde. Mais aussi, Yehudi est le plus merveilleux violoniste de l'époque. Ils sont dignes l'un de l'autre. »

Le Prinz Khevenhüller appartenait à Emil Herrmann, le célèbre marchand de violons. Le prix en était de 60 000 dollars. Il n'avait jamais été gardé en magasin ; il avait toujours été entre les mains de violonistes. Il était vivant.

Antonio Stradivarius l'avait fabriqué en 1733. L'étiquette était annotée de la main du maître : « Fabriqué durant ma quatre-vingt-dixième année ». Il avait été commandé pour la femme du Prince Khevenhüller, la comtesse Maria de Strassoldo, violoniste de talent. Sur le fond, se trouve un sceau noir qui représente, combinées, les armes du prince et de sa femme. En 1820, le violon devint la propriété de Josef Bohm, professeur de violon au Conservatoire de Vienne et artiste de concert renommé. A sa mort, son neveu, Louis Freiherr Bohm, en hérita et l'emporta à Saint-Pétersbourg. Finalement, le Professeur Popov, de Moscou, l'acheta. Plus tard, il fut acquis par Emil Herrmann.

Au premier de nos dîners hebdomadaires avec les Goldman, j'essayai de remercier M. Goldman, mais il ne voulut rien entendre :

1. On recherche encore quelques-uns des 300 violons qui manquent fabriqués par le Maître de Crémone, Antonio Stradivarius. Il en produisit 1 036 durant sa vie (1644-1737). Aujourd'hui, on en a authentifié 602. Durant la fin des années 1920, certains Strads allaient chercher dans les 100 000 dollars.

« Cher M. Menuhin, de ma vie un investissement de 60 000 dollars ne m'a autant rapporté. En donnant deux coups de téléphone à Wall Street, je peux gagner cette somme. Que puis-je faire de mieux avec mon argent ? C'est moi qui vous remercie d'accepter le violon pour votre fils »[1].

Nous fîmes connaissance de la capitale des Etats-Unis quand Yehudi y donna un concert — qui lui valut d'autres louanges encore —, dans le vieux Poli's Theatre, le 22 janvier 1929. Nous séjournâmes une semaine dans cette ville dont nous visitâmes tous les édifices et monuments célèbres. Nous fûmes reçus par le Président de la Chambre des Représentants, Nicholas Longworth ; nous visitâmes le Sénat, la Cour Suprême et la Smithsonian, et par l'intermédiaire de notre « guide », Florence Kahn, originaire de San Francisco et membre du Congrès, nous fûmes invités à la Maison Blanche par le Président et Mrs. Coolidge. Ils eurent l'air tous les deux très préoccupés par les genoux de Yehudi, qui portait une culotte courte et de longues chaussettes anglaises en laine. Le Président me dit : « Veillez à ce que ce garçon ne prenne pas froid ! »

Yehudi reçut le Prinz Khevenhüller le 22 janvier 1929. Nous envoyâmes un télégramme à Marutha pour lui annoncer la nouvelle, en lui demandant de liquider les affaires à la maison et de venir à New York avec les filles dès que possible.

Armé de son Prinz Khevenhüller, Yehudi conquit ensuite Cleveland avec deux exécutions du concerto de Beethoven. James H. Rogers, du *Cleveland Plain Dealer*, écrivit : « On se sentait comme en présence de quelque chose qui dépassait l'expérience quotidienne... Quelque chose d'inexplicable, de transcendantal. Quelque chose qui touchait aux profondeurs de la vie qui échappent à notre entendement. »

Yehudi s'éprit de Cleveland pour une autre raison : une charmante famille juive, nommée Geismer, que nous y avions

1. Dans les années qui suivirent, Marutha, les enfants et moi rencontrâmes fréquemment les Goldman. Ces occasions furent pour nous des moments heureux et nous nous en souvenons avec tendresse. Vingt ans après leur disparition, nous avons lu une histoire cruelle selon laquelle Henry Goldman aurait invité Yehudi à venir jouer chez lui et Marutha le lui aurait interdit. Henry Goldman n'a jamais demandé une telle chose. Si cela avait été le cas, Yehudi aurait joué pour lui, comme il le fit pour les Ehrman, avec la bénédiction conjointe de son père et de sa mère. Ce qui est vrai, c'est que nous n'avons jamais laissé Yehudi jouer à tort et à travers chez des particuliers, et même pas dans des palais.

rencontrée. Ils avaient un fils et deux filles, tous trois à peu près du même âge que lui, et il s'était pris d'amitié pour eux.

Nous attendions aussi avec impatience de visiter Boston où un récital avait été fixé pour le 10 février 1929, mais cela ne devait pas se réaliser. Mon fils, alors âgé de douze ans, connut le sort de certains artistes plus âgés, et fut « interdit de séjour à Boston », en raison d'une loi qui exige un permis spécial pour toute personne de moins de seize ans qui doit se produire en public. Devant la somme de mépris manifesté dans la presse, le bureau de la ville qui délivrait cette autorisation refusa d'accorder le permis.

Quand Yehudi donna un second récital à Carnegie Hall, le 24 février 1929, sa mère et ses sœurs étaient dans la salle, ainsi que les invités de Marutha, Willa Cather et Edith Lewis. Marutha et les filles restèrent à New York tandis que Yehudi, Persinger et moi partions pour les deux dernières villes de la tournée, Chicago et Minneapolis, où Yehudi devait jouer le concerto de Brahms. Il y eut une répétition avant le concert et Yehudi rejoua le concerto de Brahms pour la première fois depuis qu'il l'avait étudié à Paris avec Enesco l'année précédente. Le soir du concert, il exécuta le premier mouvement merveilleusement bien, y compris la cadence composée par Enesco. La salle comble lui fit une ovation, puis s'apaisa pour écouter le splendide adagio.

Yehudi commença bien, mais après quelques instants, il eut un trou de mémoire. Il s'arrêta, se tourna vers le chef d'orchestre, Henri Verbrugghen, et lui murmura : « Il ne faut pas que nous bluffions Brahms ! » Verbrugghen expliqua brièvement la situation au public ; puis lui et Yehudi jetèrent un coup d'œil à la partition. Yehudi reprit son archet et recommença à jouer le concerto que, selon les termes du critique du *Minneapolis Tribune*, « il conclut superbement ». Il y eut alors « un tonnerre d'applaudissements ».

La première tournée américaine fut un grand succès, tant sur le plan artistique que sur le plan financier ; mais je donnai mon accord à Evans et Salter pour qu'ils organisent des concerts avec Yehudi seulement pendant deux mois et demi par an pour chacune des trois années suivantes, à raison d'une seule représentation par semaine et dix représentations au total. Je voulais qu'ils comprennent que nous n'étions pas intéressés par « une production en grande série », pendant encore un certain temps. Deuxièmement — et ceci était fondamental —, la réalité concernant Yehudi était à mes yeux plus fascinante que la fiction. Ceci devint le fondement de toute la publicité faite sous mes ordres. Je dis aux imprésarios que tous les documents publicitaires, quelle qu'en fût la nature, devaient m'être soumis avant d'être diffusés. M. Salter objecta que cela ne s'était jamais fait auparavant, mais je fis valoir que la carrière de Yehudi était exceptionnelle et exigeait des précautions inhabituelles. Après de longues discussions, nous arrivâmes à une solution satisfaisante, un système qui devait durer jusqu'au-delà du mariage de Yehudi en 1938. Selon cet accord, chaque année, au début de notre tournée annuelle aux Etats-Unis, je donnerais une série d'interviews à des journalistes spécialement choisis. Je leur fournirais des documents écrits et oraux sur les événements de l'année écoulée [1].

L'un de mes premiers conflits avec la presse se produisit quand un magazine, le *New Yorker*, journal de qualité, inclut dans un article sur nous, par ailleurs tout à fait acceptable, une remarque que Yehudi aurait dite un jour : « Mischa Elman devrait enlever sa corde de sol quand il est en tournée. »

Je fus obligé d'écrire au rédacteur en chef pour corriger l'information qui attribuait contre toute vraisemblance à mon fils une remarque qu'il n'avait jamais faite et qu'il ne ferait jamais. Le *New Yorker* publia ma lettre le 23 mars 1929.

1. Comme le temps passait, je commençai à inviter certains journalistes à notre hôtel pour y rencontrer personnellement Marutha, Yehudi et ses sœurs. Toute notre famille collaborait aux « relations publiques ». La rédaction finale des dossiers ou des communiqués de presse était toujours laissée aux imprésarios qui s'employèrent à les garder factuels, corrects et cependant intéressants sur le plan humain. J'acceptai que les slogans publicitaires, les dépliants, les programmes et les circulaires soient du domaine exclusif des imprésarios nationaux et locaux.

CHAPITRE XVII

L'ALLEMAGNE

(avril-mai 1929)

Nous quittâmes New York le 22 mars 1929 sur le *Deutschland*. Les enfants parlaient couramment allemand et se sentaient tout à fait à l'aise. L'ingénieur en chef nous emmena, Yehudi et moi, visiter la salle des machines et il eut à subir un feu roulant de questions de la part de Yehudi, non pas tant sur les machines que sur le salaire et les conditions de travail de ses hommes.

A Hambourg, nous fûmes accueillis par Louisa Wolff et Erich Sachs, directeurs de la principale agence de concerts d'Allemagne. Un dîner et une grande réception furent donnés en notre honneur, auxquels assistèrent d'éminentes personnalités du monde musical allemand. A Berlin, Louisa Wolff, femme très péremptoire, appelée la « Reine Louisa » dans le milieu de la musique, dominait la vie musicale de la capitale.

La veille du premier concert de Yehudi avec le Philharmonique de Berlin, en avril 1929, le père de Fritz Busch décéda. Il était hors de question que Fritz puisse diriger l'orchestre. La direction voulait que Bruno Walter le remplace, mais on ne parvenait pas à le joindre. Herr Sachs resta très tard à son bureau, toujours à la recherche de Bruno Walter. Je veillai à l'hôtel dans l'attente de nouvelles de Sachs. Déjà la première des deux répétitions avait dû être annulée.

« Tu n'auras qu'une seule répétition », dis-je à Yehudi.

« Et alors ? », me répondit-il, et il se rendormit.

A deux heures du matin, Herr Sachs me téléphona : « Je viens de joindre Bruno Walter. Il sera enchanté de diriger l'orchestre. Répétition à neuf heures au Philharmonique. *Gute nacht ; schlafen sie wohl !* »

La répétition se passa très bien, Yehudi et Bruno Walter découvrant sur-le-champ leurs affinités sur le plan musical et humain, et le concert ce soir-là fut un triomphe de plus. Pendant la représentation, j'étais seul dans les coulisses. Tandis que les ovations se succédaient, je regardais par un petit trou du rideau. Yehudi rayonnait de bonheur et, quand il aperçut sa mère et ses sœurs dans leur loge au-dessus de sa tête, il leur fit un grand signe de la main, l'air ravi. A la fin, le public se rua vers la scène où Yehudi devait recevoir ses admirateurs, car la loge des artistes était trop petite pour les accueillir tous. Les Goldman, les Ehrman et Sam Franko étaient tous venus exprès à Berlin pour assister au concert et étaient debout avec nous aux côtés de Yehudi.

Brusquement, tout le monde remarqua une silhouette, aux yeux de braise et aux cheveux volumineux, qui se précipitait sur la scène et serrait Yehudi dans ses bras en l'embrassant : c'était le Professeur Albert Einstein. Tremblant d'émotion, les larmes aux yeux, il déclara : « Mon cher Yehudi, vous m'avez donné ce soir ma première nouvelle leçon depuis longtemps... J'ai fait une nouvelle découverte. Je constate que l'ère des miracles n'est pas révolue... Notre bon vieux Jéhovah est toujours au travail ! »

Le fait que Yehudi ait joué durant un seul concert les concertos de Beethoven, de Bach et de Brahms lui valut les éloges de tous les critiques musicaux et de tous les musiciens présents.

Bruno Walter dit : « C'est tout simplement un génie » et Ossip Gabrilovitsch, premier violon du Detroit Symphony Orchestra, renchérit : « Il n'y a pas d'autre mot pour le qualifier. « Prodige » ne convient pas. « Génie » est le seul terme satisfaisant. »

« Et maintenant, Yehudi ? » demanda Walter.

« Maintenant, dit Yehudi, je vais manger une glace à la fraise. »

Quand les coupures de presse des journaux londoniens me parvinrent, je découvris dans le journal sioniste *Zeit*, publication yiddish d'Angleterre, la déclaration suivante :

> Est apparu récemment à Berlin un enfant prodige originaire d'Eretz Israel [Palestine]. Il s'appelle Yehudi Menuhin, et Berlin n'arrive pas à se remettre de l'impression profonde qu'il a causée là-bas... Cet enfant prodige est né en Eretz Israel ; l'enfant est *Tozzereth Ha'aretz*, un produit du pays, bien qu'il ait fait ses études en Amérique. Eretz Israel peut être particulièrement fière de ses succès. Il est le premier enfant de Palestine à conquérir le monde et à apporter la célébrité à son Pays et à son Peuple.

en haut à gauche

Le père de Moshe Menuhin, Isaac (Ytzhak) Mnuchin, qui mourut en 1897, à l'âge de trente-deux ans, laissant sa femme, Sara Liba, avec quatre enfants : Mooshkeh, Layvik, Shandel et Moshe, qui venait d'avoir quatre ans.

en haut à droite

Shandel, sœur de Moshe, qui, dans sa jeunesse, adopta l'idéal de la Révolution russe et qui suivit Moshe en Palestine. Forcée d'épouser un homme qu'elle n'aimait pas, elle se suicida.

en bas à gauche

Marutha à quinze ans, à l'époque où elle fit la connaissance de Moshe devenu son voisin à Jaffa, et qui fut, dès le premier instant, totalement séduit par elle. Sur son passage les Arabes admiratifs l'appelaient *Bint Allah* (fille de Dieu).

en haut

Moshe et Marutha, peu de temps après leur mariage. Ils avaient fait faire cette photographie à l'attention de Mme Sher, la mère de Marutha, restée en Palestine. A l'époque, Moshe était encore étudiant à l'Université de New York, et donnait le soir des cours d'hébreu en ville. Marutha, de son côté, passait une part de son temps à enseigner dans une école religieuse attachée à la synagogue judéo-portugaise.

en bas

Marutha en 1916, quand elle attendait son fils aîné, Yehudi.

en haut

Yehudi Menuhin à l'âge de trois mois, dans les bras de sa mère. Il naquit le 22 avril 1916 à l'hôpital de Mount Lebanon, dans le Bronx.

en bas

Cette photographie destinée à être envoyée à la mère de Marutha, en Palestine, fut réalisée au Whigham Photo Studio de San Francisco; c'est le photographe qui eut l'idée de faire poser nus les enfants Menuhin. De gauche à droite, Yaltah, un an, Hephzibah, deux ans et demi, et Yehudi, presque sept ans.

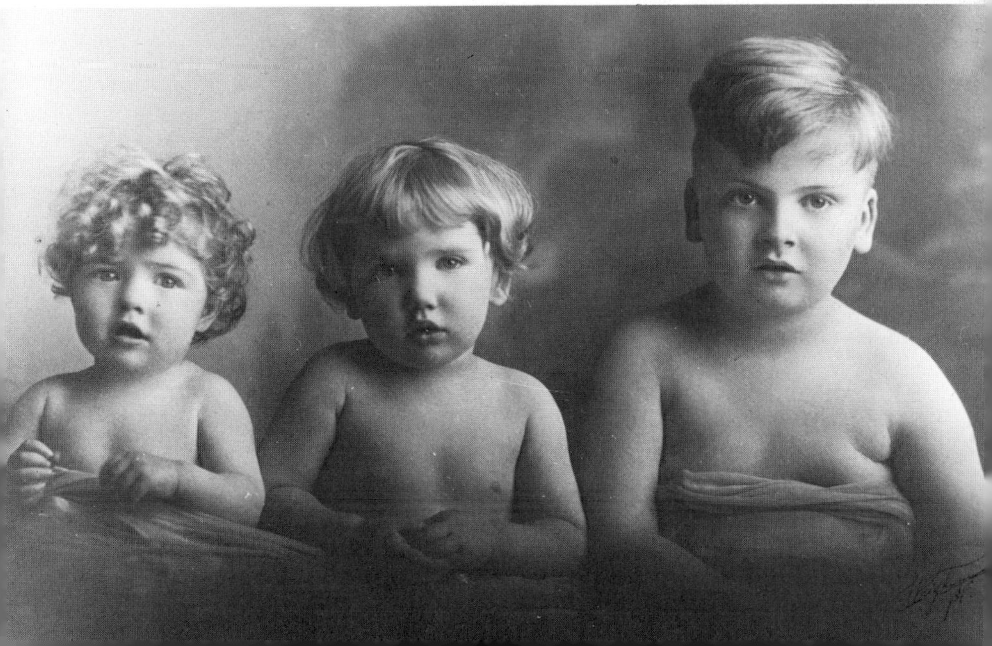

en haut

Yehudi et le « Prince Khevenhüller » réalisé par Antonio Stradivari au dix-huitième siècle et offert par Henry Goldman. Cette photo fut réalisée par Lumière à New York. Quant à la coupe de cheveux, elle est signée Marutha.

en bas

Yehudi à l'âge de six ans, avec Mary Tobin qui fêtait son troisième anniversaire. La « Petite Mary », fille d'amis catholiques irlandais, devait devenir comme une sœur pour les enfants Menuhin.

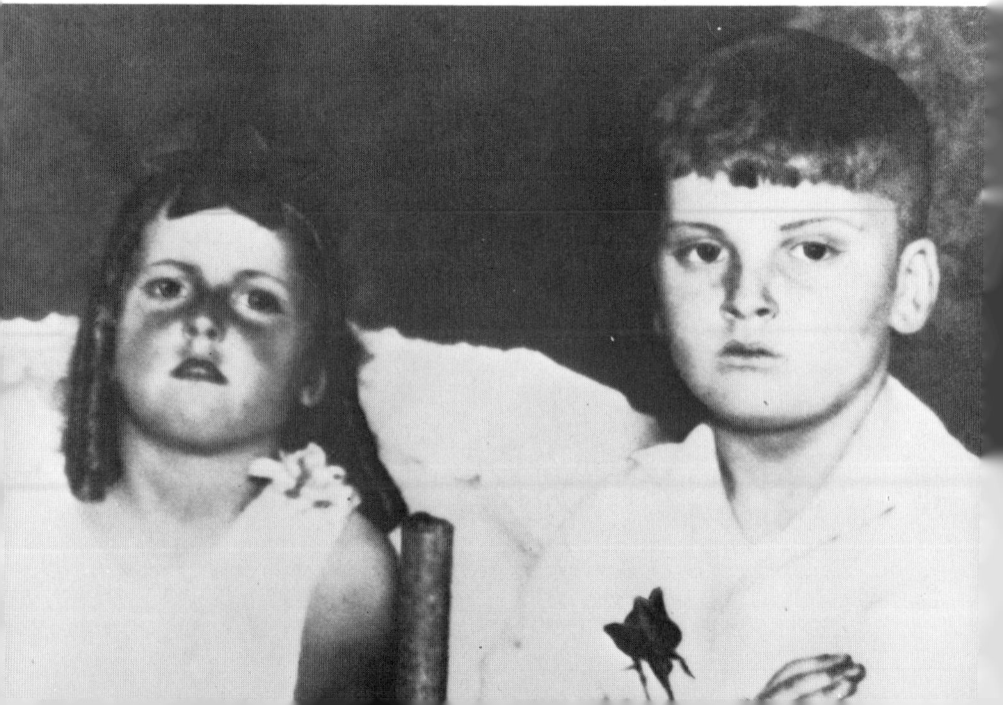

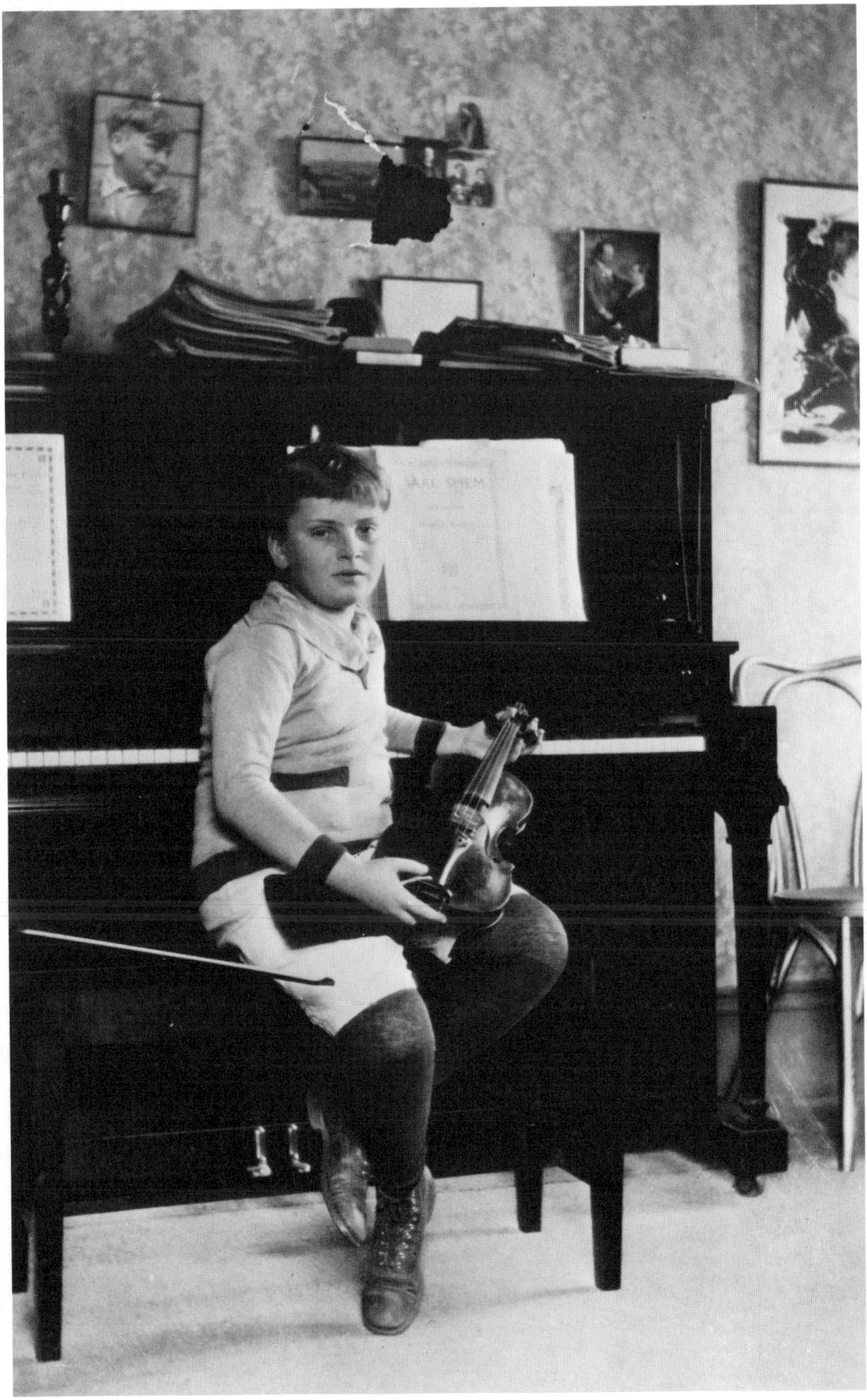

Yehudi, au domicile des Menuhin au 1043 Steiner Street à San Francisco, en 1924, avant l'acquisition d'un piano demi-queue.

en haut

Sammy Marantz, élève préféré des Menuhin à leur école hébraïque du New Jersey, qui vint par la suite habiter chez eux à Steiner Street pendant ses études de droit à l'Université de Californie. Il est ici avec Marutha, Hephzibah (à gauche) et Yaltah, lors d'une promenade sur les planches de Coney Island, en 1928.

en haut

Yehudi en compagnie de son professeur Adolf Busch, devant la maison de Busch à Bâle, en 1930. Busch devait renoncer à sa nationalité allemande quand Hitler prit le pouvoir (*photo Robert Spreng, Bâle*).

en bas

Les Menuhin passèrent l'été de 1928 dans la propriété des Ehrman au bord du rivage californien du lac Tahoe dans la Sierra Nevada. On voit ici Sidney Ehrman, avocat conseil des Menuhin, en compagnie de Yehudi.

en bas à gauche

phzibah, à quatre ans, dans le jardin Steiner Street. C'est elle qui écrivit la photo la dédicace en français.

à droite

tah et Hephzibah en costume tartare ritage de leur mère) à Bâle, en 1930. s portaient le fez turc masculin ce qu'elles n'aimaient pas la petite quette tartare. Cette photographie fut rte à leur père en présent.

en haut

Après la malheureuse coupe de cheveux que s'infligea Yaltah (1er rang à droite), Yehudi (au centre) et Hephzibah (1er rang à gauche) laissèrent leur mère leur couper aussi les cheveux, et posent ici en compagnie de deux amis scouts venus à Ville-d'Avray, où la famille Menuhin vivait au printemps 1932. La voiture que l'on voit ici est la Delage des Menuhin.

en bas Hephzibah et Yaltah avec leur mère à Paris, en novembre 1934.

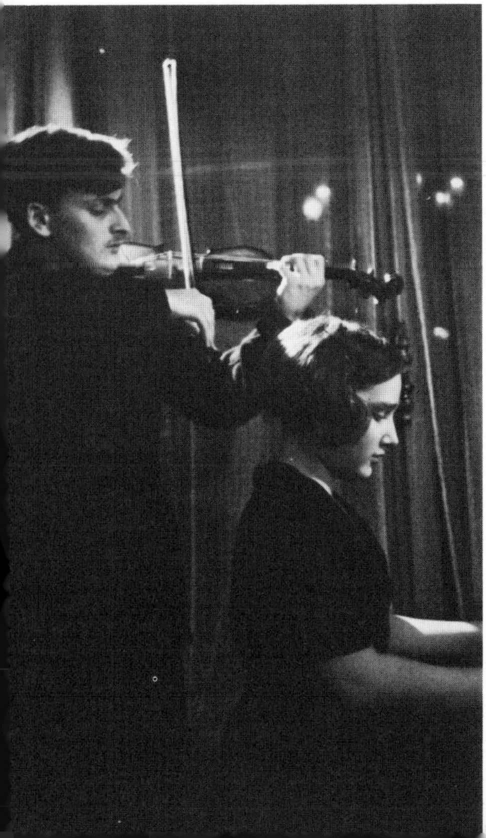

en haut à gauche

Yehudi avec Georges Enesco à Bellevue, dans la banlieue de Paris.

en haut à droite

Yehudi en train d'étudier avec Enesco à l'Hôtel Majestic à Paris, en 1934 (*photo Lipnitzki, Paris*).

en bas

Yehudi à l'âge de dix-sept ans, et Hephzibah, âgée de treize ans, en train de s'exercer, dans leur chambre d'hôtel à Paris, avant leur concert commun à Londres (*photo Lipnitzki, Paris*).

Yehudi en tournée : à bord du *De Grasse* lors de sa première traversée transatlantique, en 1926.

en haut à droite [

Les Fauvettes, qui fut le domicil des Menuhin à Ville-d'Avray d printemps 1931 à l'automne 193

en bas à droite [

La famille Menuhin dans le jardi des *Fauvettes,* lors de l'été 1933, e compagnie d'un ami anglais propri taire d'une écurie de course, Edmon Somerville Tattersall. Il devait par l suite baptiser l'une de ses pouliche du nom de « Marutha » : elle s'obs tinait d'ailleurs à perdre ses course selon Marutha Menuhin.

Avec un koala lors de sa tournée australienne en 1935.

en haut
Moshe, Marutha, Yaltah, Hephzibah et Yehudi en 1936, devant la maison qu'ils trouvèrent à Los Gatos, après que Moshe et Marutha eurent abandonné l'idée de leur « maison de rêve » à Alma (*photographie Russel Ball*).

en bas
Toute la famille, y compris les animaux, à Los Gatos, en 1937 (*photographie Associated Press*).

Moshe et Marutha adoraient pique-niquer. Ils étaient ce jour-là, le 29 avril 1940, dans les collines qui entourent Los Gatos avec leur berger allemand Alupka et leur caniche nain Djamilla. A cette époque leurs trois enfants étaient mariés.

Yehudi avec sa première femme, Nola, et leurs deux enfants, Zamira, quatre ans, et Krov, trois ans, à Alma, dans les montagnes de Santa Cruz en Californie.

Yehudi prenant un moment de détente lors de sa tournée en Israël, en compagnie de sa sœur Hephzibah (à droite) et de Diana Gould, la ballerine anglaise qui devait devenir sa seconde femme, le 19 octobre 1947.

en haut

7 août 1946. A l'occasion de leur trente-deuxième anniversaire de mariage, Marutha s'amuse à porter le voile blanc pour poser avec Moshe à leur domicile de Karl Avenue, à Los Gatos en Californie.

en bas

Moshe Menuhin (à droite) avec John D. Boden dans le jardin de Los Gatos, dans les années quarante. M. Boden devint le meilleur ami de Moshe Menuhin et le resta jusqu'à la mort de ce dernier, en 1982.

en haut

Moshe, alors âgé d'environ soixante-dix ans, surpris par l'objectif d'une de ses très chères amies, Carolyn Mason Jones.

en bas

Yehudi Menuhin avec son père dans sa maison de Los Gatos, dans les années soixante-dix. Bien qu'affaibli par diverses maladies, Moshe Menuhin n'avait pas abandonné ses habitudes de lecture, d'écriture et de correspondance.

Cette information erronée fut répétée pendant de nombreuses années dans les journaux juifs.

Comme nous devions célébrer le treizième anniversaire de Yehudi (le vrai) à Berlin, et que nous voulions commémorer le concert historique des « 3 B » par un cadeau « Bar Mitzvah »[1], digne de celui qui avait prouvé, par ce qu'il avait accompli, qu'il avait largement atteint sa « maturité spirituelle », je me mis à chercher dans Berlin un exemplaire complet de la célèbre édition « Urtext » *Bach Gesellschaft* de toutes les œuvres de Bach[2].

Je découvris que les exécuteurs testamentaires de Max Bruch avaient la série complète de soixante volumes, tous en bon état. Bruch avait spécifié dans son testament que les livres ne devraient être vendus qu'à un musicien érudit digne d'eux. La valeur de cette collection merveilleusement préservée était presque inestimable et bien au-delà de nos moyens à l'époque, mais les exécuteurs testamentaires de Bruch s'arrangèrent pour que nous puissions les acquérir. Nous les payâmes tout au long de la saison de concerts suivante.

Après Berlin, Yehudi accomplit la promesse qu'il avait faite à Fritz Busch à New York de jouer à l'Opéra de Dresde, dont Fritz était directeur musical. Le public avait lu avec scepticisme les comptes rendus que les critiques berlinois avaient faits de la représentation de Berlin, mais, à la fin du concert, leurs acclamations furent aussi enthousiastes que celles des Berlinois.

Yehudi se sentit à l'aise à Dresde, surtout dans la famille de Fritz Busch. Il se lia plus particulièrement avec le fils de Fritz qui était à peine plus âgé que lui. Ils jouèrent au train électrique, coururent ensemble le long des rives de l'Elbe et discutèrent sans fin de voitures, de machines, de l'Amérique et de l'Allemagne.

Nous retournâmes à Berlin juste à temps pour un récital qui eut lieu le 23 avril. Il y eut enfin deux représentations à Paris, l'une à l'Opéra où Yehudi joua les « 3 B » avec Philippe Caubert et son conservatoire, le 8 mai 1929 ; l'autre, un récital, le 14. Comme toutes les places dans les deux salles avaient été vendues le jour où

1. En hébreu, *Bar Mitzvah* renvoie à quelqu'un qui doit observer la Loi, qui a atteint sa majorité à treize ans. Yehudi semblait avoir eu dès sa naissance la maturité spirituelle. Mon grand-père hassidique disait, dans des cas semblables, qu' « une grande âme s'est réincarnée dans le corps d'un nouveau-né ».

2. Au cœur de son approche de la musique, Yehudi place l' « Urtext », l'édition originale, non modifiée, des œuvres des compositeurs, et au cœur de la littérature de la musique pour violon se trouve Bach.

les concerts avaient été annoncés, le Conservatoire National de Musique et l'Ecole Normale nous demandèrent de permettre à leurs étudiants et au corps enseignant d'assister à la répétition de Yehudi. Nous acceptâmes avec joie. Les comptes rendus des deux représentations parisiennes parlèrent une fois encore de « génie ». L'un des critiques écrivit que Yehudi avait « une technique infaillible », un autre parla de son « équilibre parfait » et un troisième le voyait devenir « le roi des violonistes ». Certains détectèrent l'influence de Kreisler. Yehudi utilisait la cadence de Kreisler dans le concerto de Beethoven.

Durant l'enfance et l'adolescence de Yehudi, je m'étais souvent trouvé dans l'obligation d'attirer l'attention de mon fils sur des réalités triviales et ordinaires et sur des considérations matérielles, telles que le fait de vivre selon ses moyens, mais en vain. Inutiles aussi mes mises en garde contre l'habitude qu'il avait d'aider toutes sortes de gens, dignes ou indignes de son aide, à vrai dire plutôt indignes. Je n'ai pour ainsi dire jamais obtenu de réactions satisfaisantes à mes conseils paternels. Je me souviens seulement que je me suis trouvé souvent dépassé par les événements, vaincu par son ignorance ou son indifférence à l'égard des problèmes financiers, et par la douceur de son expression. L'innocence et la crédulité naturelles de Marutha se retrouvaient dans la nature de nos enfants, même si, compte tenu de l'éducation individualiste qu'ils reçurent, ils devinrent tous spirituellement mûrs très tôt.

D'aucuns ont critiqué la manière dont nous avions élevé nos enfants, en disant par exemple : « Yehudi n'aurait pas dû être autant protégé... Il aurait dû avoir des contacts avec de nombreux autres garçons et filles et prendre des coups de temps en temps... Yehudi aurait dû en savoir plus sur la vie, la sexualité, le cinéma ; il aurait dû voir Greta Garbo dans *Ninotchka.* »

Marutha et moi n'arrivons pas à nous convaincre que nous avons privé Yehudi de quoi que ce soit de valable. L'instruction et l'éducation que nous lui avions données avaient produit un garçon de treize ans, sain et heureux, qui maîtrisait l'anglais, le français et l'allemand, et l'hébreu parlé, qui avait lu le meilleur de la littérature et venait de donner un concert historique comme soliste avec l'un des principaux orchestres d'Europe. Et surtout, nous avions un fils affectueux et reconnaissant.

Cependant, un soi-disant « ami intime de la famille » à New York, à qui nous avions demandé d'emmener Yehudi faire une promenade pendant que sa mère était occupée à donner leur bain à ses sœurs, profita de l'occasion pour donner à Yehudi ce conseil : « On vous traite comme un bébé, mon cher Yehudi, alors que vous faites le travail d'un homme. Il faut défendre vos droits. »

CHAPITRE XVIII

BÂLE, BUSCH ET LES TOURNÉES
(1929-1931)

Le Professeur Busch travaillera avec votre fils avec le plus grand plaisir... A partir du 1er mai, le travail aura lieu régulièrement jusqu'à la fin septembre. En été, durant les mois de juillet et août, votre fils devra suivre le Professeur à la montagne... Le Professeur ne sait pas ce que votre situation financière vous permet de payer pour les cours ; il vous demande donc de lui verser les mêmes honoraires que ceux que vous avez versés en Amérique. Vous comprendrez aisément avec quel plaisir le Professeur envisage de travailler avec votre fils, puisqu'il ne donne jamais de cours.

Le secrétariat d'Adolf Busch[1].

Après quelques jours de vacances à Baden-Baden, Yehudi et moi attendions avec impatience et enthousiasme les séances de travail avec le grand et redoutable Adolf Busch. Nous l'avions rencontré avec sa femme à Berlin, dans la suite luxueuse des Goldman, à l'hôtel Adlon[2]. Busch, fils d'un fabricant de violons, avait été lui-même un enfant prodige et s'était produit pour la première fois en public à l'âge de cinq ans. Il avait étudié au Conservatoire de Cologne et avait été premier violon du Wiener Konzertverein à l'âge de vingt ans.

Busch, musicien et compositeur de talent, était un homme doux et généreux, grand et beau. Malheureusement, il était sous la coupe de sa femme et nous devions tous souffrir de ses ingérences dans nos relations avec son mari.

Nous nous étions installés au Drei Könige Hotel à Bâle, mais nous avions très envie d'avoir une maison à nous et nous

1. Le « secrétariat d'Adolf Busch » était en fait la femme d'Adolf Busch, Frieda.
2. M. Goldman, multi-millionnaire, était considéré comme l'un des principaux conseillers financiers du gouvernement allemand de l'époque.

commençâmes à en chercher une qui nous convienne. Dans l'intervalle, Yehudi commença ses leçons avec Busch, chez celui-ci, dans St. Alban Strasse.

Dès la première minute, Yehudi et Busch s'adorèrent. Yehudi aimait la démarche érudite de Busch, l'attention qu'il portait au détail et surtout sa nature douce. Busch, de son côté, admirait sincèrement Yehudi, non seulement parce qu'il s'adonnait à ses études avec une concentration totale, mais aussi pour ses idées en matière de musique. Je m'épris aussi de Busch. Il y avait du saint en lui.

Mme Busch essaya d'abord d'être accueillante. Mais elle laissa bientôt paraître ses sentiments véritables. Un jour, elle demanda à me voir seul « pendant quelques minutes » tandis que Yehudi étudiait Bach avec le Professeur Busch au premier étage.

« Herr Menuhin, pourquoi avez-vous laissé votre fils jouer les concertos de Bach, de Beethoven et de Brahms, piliers du répertoire pour violon, avant qu'il ait eu l'occasion d'étudier avec mon mari ? », me demanda-t-elle. Je lui expliquai que le frère de son mari, Fritz, le chef d'orchestre, avait encouragé cette idée quand il avait appris que c'était l'ambition de Yehudi de les jouer tous les trois dans un seul concert.

Sans se laisser démonter, Frau Busch continua : « Pourquoi Mme Menuhin et vous voulez-vous louer une maison à Bâle ? Pourquoi ne rentrez-vous pas en Amérique en laissant votre fils chez nous ? J'en prendrai grand soin. Yehudi apprendra la vraie *Kultur* et ne deviendra pas un Kreisler ou un Heifetz qui ont vendu leur âme au diable pour de l'argent. On ne peut être à la fois un grand musicien et gagner beaucoup d'argent. »

« Mon mari est le plus grand violoniste, au moins d'Europe, s'écria-t-elle. Il a renoncé à donner des récitals parce qu'il déshonorait la musique en cherchant à gagner de l'argent. »

Tandis que Frau Busch parlait, je me disais : « Comment puis-je faire en sorte que Yehudi continue à prendre des leçons avec le Professeur Busch sans que sa femme ne prenne en main la vie de notre fils ? »

Le jour même, nous louâmes une agréable maison au 12 Gartenstrasse ; advienne que pourra, il me semblait que nous devions faire une réussite de notre séjour à Bâle. Je ne racontai pas à Marutha les détails de ma conversation avec Frau Busch : elle aurait explosé ! Mais je lui dis que Frau Busch, pour des raisons personnelles, n'aimait pas beaucoup les parents de Yehudi.

Le Professeur Busch et Yehudi travaillaient ensemble pendant de longues heures trois fois par semaine au début, mais par la suite ils ne s'en tinrent pas à un programme aussi régulier.

Quelquefois, à la fin d'une leçon, le Professeur Busch disait à Yehudi : « J'aimerais que tu viennes demain à trois heures et demie », quand soudain, surgissant de je ne sais où, Frau Busch apparaissait et déclarait : « Non. Demain, ton temps m'appartient. » Cela devait être fort embarrassant pour Adolf Busch.

Le Professeur Busch ne savait pas jouer du piano, du moins pas bien. Aussi, quand les leçons comprenaient des concertos ou des sonates pour violon et piano de Beethoven, de Mozart ou de Brahms, était-il nécessaire de faire appel à un pianiste professionnel. Un des élèves de Busch, jeune Juif talentueux originaire de Bohême, Rudolf Serkin, habitait alors chez lui, mais il avait toujours trop à faire pour son travail personnel. Aussi le Professeur et Frau Busch nous recommandèrent-ils d'engager un jeune ami à eux, Hubert Giesen, de Stuttgart, qui avait servi d'accompagnateur à Busch quand Frau Busch avait abandonné ce rôle. C'était là une dépense supplémentaire inattendue pour nous ; en outre, à notre avis, M. Giesen, que nous appelions « Hupsie », était loin d'être l'idéal, car il était trop romantique, indiscipliné et manquait de raffinement. Cependant, je ne voulais pas susciter de nouveaux problèmes avec Frau Busch et, pendant deux ans, le sentimental, superficiel et pétulant « Hupsie » vécut avec nous, prit ses repas avec nous et nous accompagna partout en voyage, Yehudi et moi.

En fait, Marutha refusa de nous suivre en Amérique pendant la première année à Bâle, car elle ne pouvait pas supporter « Hupsie » ; mais elle ne lui donna jamais l'impression d'être mal accueilli chez nous. La deuxième année, Marutha et les filles nous accompagnèrent à New York seulement après que je me sois engagé à congédier « Hupsie » dès que la tournée serait terminée [1].

Je dois ajouter que, soumis à ma surveillance constante, « Hupsie » prépara sérieusement les concertos et parvint à remplir ses engagements ; sa conduite fut tout à fait correcte.

En dépit de toutes ces difficultés, vers la fin de l'été, un certain nombre d'œuvres d'importance variable avaient été ajoutées au répertoire de Yehudi : certaines sonates et partitas de Bach, quelques sonates pour piano et violon de Beethoven, le concerto

1. Par la suite, Hubert Giesen devait devenir l'accompagnateur de Yehudi pendant ses tournées.

pour violon de Dvorák et des œuvres mineures. Et surtout, Yehudi se mit à aborder la grande musique d'une manière érudite et rigoureuse. C'était ce que nous attendions du Professeur Busch et c'est ce qu'apprit Yehudi : une approche solide de la musique, d'une précision toute germanique.

Hephzibah et Yaltah avaient également tiré profit sur le plan musical de notre séjour à Bâle. Rudolf Serkin venait chez nous donner des cours de piano à Hephzibah, tandis que Yaltah étudiait avec Mme Schramek, l'un des professeurs de piano les plus connus de Suisse.

Même à propos de Serkin, Frau Busch imposa sa mainmise. Parfois, Marutha voulait inviter à déjeuner ou à dîner avec nous le jeune Serkin que nous aimions énormément :

« Non, je suis désolé, mais Frau Busch m'attend chez elle pour les repas. »

Et comme pour confirmer sa remarque, le téléphone sonnait habituellement à midi moins une pour le faire venir.

« Herr Serkin est-il encore là ? Frau Busch l'attend pour déjeuner. Immédiatement ! »[1].

Un jour, j'abordai avec Frau Busch la question du paiement des cours ; car il m'était impossible de parler d'argent avec le Professeur Busch lui-même. Le lendemain, je reçus une lettre charmante de Frau Busch qui disait entre autres : « En ce qui concerne les leçons de Yehudi, mon mari ne veut recevoir aucun paiement. Il considère Yehudi comme son ami et il l'aime comme un fils. On ne demande pas d'argent à un ami ou à un fils... Herr Serkin me charge aussi de vous dire qu'il partage notre point de vue. *In Freundschaft*, Frau Adolf Busch. »

Ce signe d'amitié était nouveau pour moi. Je commençai à me demander si je n'avais pas mésestimé Frau Busch. Mais la question du paiement des cours continuait à me préoccuper. De toute évidence, les Busch n'avaient pas trop d'argent. Je ne voyais pas pourquoi nous accepterions qu'on rende de précieux services à notre fils pour rien. Le dévouement n'a pas de prix, il est vrai, mais on peut, et même on doit, payer le temps passé et les services prodigués.

1. Les récitals de sonates pour piano et violon que Rudolf Serkin et Adolf Busch donnèrent ensemble devaient leur valoir bientôt de grands éloges à tous les deux. En 1935, Rudolf Serkin épousa la fille de Busch, Irène, tout comme Busch, quand il était jeune, avait épousé la fille de son professeur, Hugo Grüters.

Quelques semaines plus tard, Frau Busch m'arrêta au moment où nous partions, après une leçon :

« Ce serait bien, me dit-elle, si vous pouviez nous donner une sorte de bourse pour un étudiant londonien qui travaille avec mon mari. »

J'en fus enchanté et lui proposai immédiatement 500 dollars. Frau Busch parut satisfaite mais, en octobre, peu après que Yehudi, Hupsie et moi soyons partis en tournée en Europe, nous reçûmes une lettre d'elle dans laquelle elle nous demandait de payer régulièrement les mensualités de la « bourse ». Je lui répondis qu'à notre retour à Bâle, quelques semaines avant de partir en Amérique, je serais heureux de discuter avec elle de la somme que je pourrais engager pendant un an. Je fus aussi obligé de lui dire que, pour le moment, nous étions dans une situation financière délicate car nous subvenions totalement à nos besoins, depuis l'époque où Yehudi avait fait ses débuts avec Fritz Busch deux ans auparavant. Nous avions dû louer cette grande maison dans Gartenstrasse, la meubler complètement, acheter une voiture, régler à l'avance les dépenses familiales de l'hiver actuel et du suivant, acheter des billets de bateau pour Yehudi, Hupsie et moi et payer une forte somme pour l'édition « Urtext » des œuvres de Bach que nous avions offerte à Yehudi.

Un autre problème surgit de manière inattendue et devint une source de friction. Pendant notre tournée européenne, Yehudi et moi parlâmes avec enthousiasme à la presse du Professeur Busch et je fis part dans une lettre à nos imprésarios de New York et de Londres de mon admiration à son égard. Je laissai entendre que Busch et Serkin feraient d'excellents associés sur le plan musical. Je montrai des extraits de cette correspondance au Professeur et à Frau Busch. Celle-ci commença à m'accuser d'exploiter le nom de son mari au profit de Yehudi. Je lui fis remarquer que Yehudi n'avait pas besoin de publicité et que mes intentions étaient innocentes. Un jour, en décembre 1929, j'en eus finalement assez des lettres éternellement soupçonneuses de Frau Busch et j'écrivis directement au Professeur. Cela suffit. Par la suite, nous reçûmes très peu de courrier de Frau Busch. Le Professeur correspondait personnellement avec nous.

Je n'oublierai jamais la lettre de douze pages qu'il écrivit à Yehudi, à propos de la musique en général, des sonates et des partitas de Bach, du doigté, du maniement de l'archet, et de l'interprétation. Un post-scriptum mentionnait qu'il s'était cassé quelques os dans un accident de ski et qu'il était cloué au lit. Je pensai sur-le-champ aux conditions matérielles de la famille Busch et je dis à Yehudi : « Je crois que nous devrions leur envoyer immédiatement un mandat télégraphique de mille dollars avec nos vœux affectueux de prompt rétablissement. Il a peut-être un besoin urgent de cet argent. »

Yehudi trouva mon idée excellente.

Quelques semaines plus tard, je reçus une des lettres les plus touchantes que j'aie jamais lues :

> Je tiens à vous remercier de tout mon cœur de l'aide que vous seuls pouviez m'adresser d'une manière aussi délicate, me permettant ainsi de l'accepter facilement. Vous et Yehudi êtes venus à mon secours à un moment où il ne m'était plus possible de me débrouiller sans l'aide de mes amis... J'avais déjà commencé à m'endetter vis-à-vis de la banque... Après tant d'années de rude travail, je n'ai pas lieu de me réjouir de devoir considérer l'argent comme une source de problèmes... J'attends avec impatience de recommencer à travailler avec Yehudi. Merci pour votre sincère amitié.

Dans l'intervalle, j'avais demandé à Jack Salter, qui se trouvait en Europe pour affaires, de faire exprès un détour pour discuter avec le Professeur Busch de la possibilité qu'il vienne en Amérique avec Serkin donner une tournée de concerts. C'est ce qui se passa au bout du compte et un concert fut organisé avec Toscanini et le New York Philharmonic Orchestra [1].

Le 12 Gartenstrasse, à Bâle, était une maison à deux étages, avec un petit jardin et un garage, située dans une rue bordée d'arbres. La salle à manger, le salon et la cuisine se trouvaient au rez-de-chaussée, les chambres principales au premier étage ; le deuxième était réservé à nos deux servantes, à notre accompagnateur au piano, « Hupsie », et au professeur d'italien de nos enfants, la Signorina Anna Contro.

Les enfants faisaient leurs exercices de musique à heures fixes. Il y avait trois pianos dans la maison, deux pour les filles et un

1. *Editeur :* à peine plus d'un an après l'arrivée au pouvoir d'Hitler en Allemagne, Adolf Busch abandonna sa nationalité allemande en geste de protestation politique et demanda à devenir résident permanent en Suisse où il avait vécu depuis 1927. Son frère, Fritz, le chef d'orchestre, quitta l'Allemagne en mai 1933 et peu après s'installa en Grande-Bretagne.

En 1939, Adolf Busch, sa femme Frieda, sa fille Irène et son mari Rudolf Serkin, et le frère d'Adolf Busch, Hermann, qui était violoncelliste et faisait partie des Busch Chamber Players, orchestre créé par Adolf Busch en 1930, vinrent aux Etats-Unis où ils re-créèrent les Busch Chamber Players. En 1950, Adolf Busch fonda la Marlboro School of Music dans le Vermont. C'est là qu'il mourut en 1952.

pour « Hupsie ». Les enfants prenaient des cours d'allemand avec Justin Geist, enseignant remarquable et d'une grande érudition, que nous adorions tous.

La Signorina Contro, professeur dans un lycée de Milan, était une femme très travailleuse et très patiente. Elle consacrait la majeure partie de son temps et de son attention à Yaltah. Celle-ci, parce qu'elle était la benjamine, avait un léger complexe et dépensait une énergie considérable à jouer des tours et à faire des gamineries. Yehudi et Hephzibah, au contraire, étaient toujours bien organisés, méthodiques, disciplinés, et ils se concentraient sur la tâche qu'ils avaient à accomplir. Néanmoins, Yaltah réussissait merveilleusement bien, essentiellement grâce à la patience et à la persévérance inlassables de sa mère.

Après quatre ou cinq semaines avec Busch, je jugeai que je ferais bien d'avoir une discussion avec Enesco ; je lui écrivis donc à Paris en l'invitant à venir passer une journée avec nous. Il s'arrêta vingt-quatre heures pour venir nous voir, lors de son voyage suivant à Sinaia.

Enesco n'avait rien perdu de son charme, il était toujours aussi boute-en-train et avait le même esprit de repartie. D'une grande culture et d'une grande érudition, il aimait faire des *calembours* [1] qui nous amusaient beaucoup.

A maintes reprises, Yehudi joua sur son Stradivarius la sonate n° 2 d'Enesco, le compositeur étant lui-même au piano. Une atmosphère familière, pleine d'ardeur et d'imagination, des nuances de tonalité, de couleur et d'expression, emplissaient alors le salon de musique. Pas de métronomes, pas de cheveux coupés en quatre pour des vétilles ; mais Enesco fut à même de constater les progrès accomplis par Yehudi. Une fois les enfants partis se coucher, nous eûmes une longue conversation sur Bâle. A la fin, Enesco me dit : « Restez à tout prix à Bâle au moins deux ans, comme je vous l'ai déjà recommandé. Mais pas plus. Ne vous inquiétez pas de l'effet de l'école allemande. Souvenez-vous, Yehudi sera toujours Yehudi ! »

En juin 1930, Enesco nous rendit visite une autre fois et le Professeur Busch vint le voir. Ils se mirent tous deux à parler de musique de chambre. Yehudi était mûr pour elle. Enesco suggéra que nous nous installions l'année suivante à Paris ou dans les environs.

1. En français dans le texte. (N.d.T.)

« Nous pourrons faire toute la musique de chambre du monde pour Yehudi, et les filles pourront se joindre à nous ! »

Une autre personne vint nous rendre visite à Bâle : notre vieil ami Sidney M. Ehrman. Puis nous reçûmes la visite de son fils, Sidney Jr., ou « Tod » comme nous l'appelions, qui était étudiant à Oxford. Malheureusement, à peine quelques semaines plus tard, nous apprîmes que Tod était gravement malade et hospitalisé à Londres. Il ne se remit jamais[1].

Nous eûmes d'autres invités encore à Bâle : Sammy Marantz, que la préparation de ses examens pour le barreau avait beaucoup amaigri, situation à laquelle Marutha remédia grâce à ses talents de cuisinière ; Jacques Thibaud et Alfred Cortot, qui étaient à Bâle pour y donner ensemble un récital de sonates. Cortot souffrait d'un mauvais rhume. Quand il arriva, Marutha lui appliqua sur la poitrine un cataplasme de sa confection, à base de moutarde anglaise, et lui ordonna de le garder pendant toute la durée du concert : ce fut efficace.

A Bâle, nous refusions toutes les mondanités. Nous n'en avions tout simplement pas le temps. Cependant, nous nous y fîmes un nouvel ami : Karl Pinsker, directeur du département des disques de Hug & Company. Homme cultivé et l'un des connaisseurs les plus remarquables au monde de musique enregistrée, il était du genre maigre et Marutha s'efforça de le faire grossir, comme elle l'avait fait pour Sammy, de sept kilos. Karl appelait l'insistance de Marutha la « dictature du bonheur »[2]. En fait, Karl prénomma une de ses filles Marutha pour lui montrer à quel point il adorait le « Dictateur du Bonheur » et nous continuons aujourd'hui encore à échanger des informations sur la santé de nos familles respectives.

Grâce à une Packard américaine que nous avions achetée en Suisse, nous faisions souvent des excursions dans différentes parties de Suisse, d'Allemagne, d'Italie et sur la Côte d'Azur, accompagnés des tuteurs de nos enfants et parfois d'amis qui séjournaient chez nous.

Pendant notre séjour à Bâle, nous fîmes deux tournées de concerts en Europe et deux en Amérique. La première tournée

1. Tod était encore en train de lutter contre la mort quand Yehudi fit ses débuts dans la capitale britannique et nous pûmes donc prodiguer un tant soit peu de réconfort aux Ehrman et à leur fille Esther qui restèrent tous les trois jusqu'à la fin au chevet de Tod.

2. En français dans le texte. (N.d.T.)

européenne commença à la mi-octobre 1929 : Munich, Berlin, Cologne, Francfort, Londres, Zurich, Amsterdam et La Haye.

Le programme du concert de Munich incluait « Nigun » de la suite Baal Shem. Quand l'imprésario reçut le programme, il ne put en croire ses yeux. Munich était l'épicentre du parti nazi naissant d'Hitler et le foyer de l'antisémitisme. C'était de la folie de jouer une œuvre musicale aussi agressivement juive.

Des messages arrivèrent quotidiennement par télégramme, téléphone ou simple lettre, nous suppliant tous de renoncer au « Nigun ». J'en discutai avec Yehudi. Sa réponse fut simple : « Aba[1], le « Nigun » est de la bonne musique, de la musique inspirée. Qui plus est, Ernest Bloch est l'un de nos amis. Si nous cédons à cette sorte d'hystérie, nous savons ce qui se passera ensuite : ils me demanderont de changer de nom. Je jouerai le « Nigun », je le dois, et je les défie de me lancer quoi que ce soit à la figure. »

J'expliquai la situation à l'imprésario et proposai d'annuler le concert. Il répondit immédiatement que tous les billets étaient vendus. C'était simplement le « Nigun » qui le préoccupait. Quand nous arrivâmes à Munich, il essaya à nouveau de nous convaincre que nous commettions une terrible erreur, que nous prenions des risques. Il retarda le tirage du programme du concert jusqu'au dernier moment, quelques heures avant le début du concert, en faisant appel à mon sentiment de père pour abandonner le « Nigun ». Je lui dis que Yehudi aurait le dernier mot et qu'il ne changerait pas d'avis.

Durant ce concert, Yehudi joua superbement, de tout son cœur, mais quand on en vint au « Nigun », il joua ce morceau avec un élan particulier, en épanchant son cœur avec une telle puissance que la salle tout entière se mit debout pour l'ovationner et exigea un bis.

J'étais dans les coulisses, comme toujours assis à califourchon sur une chaise et en étreignant le dossier, et j'écoutais, le cœur battant violemment. La question éternelle de cette époque-là me torturait : « Ai-je raison d'exposer Yehudi, qui est encore un enfant, à de telles expériences ? » Chaque fois que la tension devenait insupportable, en observant mon jeune fils affronter tout seul le monde, je me sentais soulagé de le voir si parfaitement détendu et maître de la situation. Connaissant ma nature beau-

1. Mot hébreu pour dire « Papa ».

coup trop émotive, je murmurais : « Merci, Dieu Tout-Puissant, d'avoir fait Yehudi si différent de moi ! »

Dans une lettre à sa mère envoyée de Cologne durant cette tournée, Yehudi exprimait sa reconnaissance à l'égard d'Adolf Busch et de son enseignement :

« Spirituellement, il n'y a personne au monde qui arrive au niveau d'Adolf Busch ! Et, au fur et à mesure que les années passent, Busch en fait de plus en plus pour moi, MAINTENANT particulièrement. »

L'amour que Yehudi avait pour cet homme érudit, sérieux et si doux qu'était Adolf Busch n'a jamais changé. Mais je savais que, quelques années plus tard, Yehudi prendrait conscience que c'était Enesco qui avait fait le plus pour lui et il devait d'ailleurs le dire à maintes reprises par la suite.

La première fois que Yehudi se produisit à Londres, il joua le concerto pour violon de Brahms avec le London Symphony Orchestra, au Queen's Hall, sous la direction de Fritz Busch, le 4 novembre 1929. Pour faire plaisir à notre bon ami qui désirait vivement diriger à Londres, j'avais persuadé notre imprésario, Lionel Powell, d'engager Busch comme chef d'orchestre. Et pour permettre à Fritz Busch de montrer ses talents de grand chef d'orchestre symphonique, en jouant des œuvres majeures, Yehudi accepta de ne jouer qu'un seul concerto durant ce programme.

Pour qu'un enfant puisse jouer en public le soir, le London County Council exigeait un permis spécial qu'on pouvait se procurer dans ses services. Le règlement imposait aussi que l'enfant en question apparaisse en personne devant l'un de ses représentants, afin de vérifier si c'était bien là ce que l'enfant souhaitait. J'emmenai Yehudi voir le représentant et le permis nous fut accordé sans grandes difficultés. Londres n'était pas Boston.

Le concert fut un grand triomphe si l'on en croit les comptes rendus qu'en donnèrent les journaux du lendemain matin. On y citait les propos de M. George Bernard Shaw qui avait dit : « Quand il écoute un artiste comme Yehudi Menuhin, même un athée croit en Dieu ! »

Pendant notre séjour à Londres, Yehudi fit ses premiers enregistrements avec la Gramophone Company of England (His Master's Voice) : la sonate en ut majeur de Bach pour violon seul et la sonate n° 1 en ré majeur, Opus 12, de Beethoven, avec

« Hupsie » au piano [1]. Avant de quitter la Grande-Bretagne, nous signâmes un contrat pour deux récitals de Yehudi au Royal Albert Hall, dont les cachets étaient respectivement de 2 500 livres sterling et de 1 250 livres sterling.

Depuis cette visite, qui eut lieu en novembre 1929, Londres est devenue la seconde patrie de Yehudi. Il y a quelque chose dans l'esprit des Anglais, dans leur approche civilisée et sereine des choses, qui lui a toujours plu et qui est proche de sa nature.

La tournée de concerts américaine de 1929-1930 dura dix semaines. Yehudi devait jouer dans douze villes différentes : New York (où il joua avec Arturo Toscanini et le New York Philharmonic Symphony Orchestra), Cincinnati, Cleveland, Detroit, Chicago, Baltimore, Pittsburgh, Kansas City, Minneapolis, Los Angeles, Portland et San Francisco, où il se produisit dans le concert d'adieu d'Alfred Hertz avec le San Francisco Symphony Orchestra.

Après Minneapolis, nous allâmes dans l'Ouest. Nous séjournâmes quelques semaines à San Francisco, dans la maison des Ehrman qui étaient tous les deux au chevet de leur fils Tod à Londres. Barney, leur chauffeur, nous conduisit à Yosemite. Yehudi, assis à l'avant à côté de Barney, discuta avec lui de conduite automobile, de circulation, de problèmes mécaniques et, sans aucun doute, de ses « inventions » secrètes [2]. Les jeunes amis de Yehudi, Max Kahn et Bernard Kaufman, vinrent avec nous. Un autre confident de Yehudi, surtout en matière de gadgets pour voitures, était le Dr Carroll W. Jones, le mari, dentiste, de la critique musicale du *Los Angeles Times*. Nous passâmes une semaine avec ces vieux amis et leur ravissante fille, Carolyn, qui devait devenir une photographe de talent [3].

Dans le train allant de Portland à Chicago, nous tombâmes sur le Dr Judah Magnes, mon vieux mentor, et au cours de longues conversations pendant les trois jours suivants, il me donna des informations de première main sur la violence sioniste en Palestine, alors sous mandat britannique. Il était profondément

1. Yehudi a continué d'enregistrer avec la Gramophone Company of England (H.M.V.) jusqu'à ce jour.

2. A cette époque-là, les poches de Yehudi étaient pleines de notes concernant des brevets et il commença à correspondre à notre insu avec General Motors et d'autres firmes et avec le U.S. Patent Office à propos de ses inventions.

3. *Editeur :* Carolyn mourut d'un cancer en 1975. Les Menuhin en eurent un immense chagrin. Elle est l'auteur de la photographie reproduite sur la couverture du présent ouvrage.

préoccupé par la domination des sionistes politiques sur les sionistes religieux et se demandait si son université hébraïque pourrait retrouver l'esprit ancien du judaïsme.

Marutha emmena Hephzibah et Yaltah à Paris pour nous accueillir lors de notre retour en Europe. Après un concert salle Pleyel, nous retournâmes à Bâle pour y passer notre second printemps et notre second été avec Adolf Busch.

Londres, Paris, Zurich, Amsterdam, New York, Chicago, Los Angeles, San Francisco et, jusqu'à ce que les Nazis prennent le pouvoir, Berlin, faisaient désormais régulièrement partie de notre programme de tournées annuelles. Pour la seconde tournée en Europe et en Amérique, durant la saison 1930-1931, nous ajoutâmes Vienne, Budapest, Hambourg, Leipzig, Rome et Amsterdam, afin d'élargir l'expérience et la popularité de Yehudi et d'établir les bases d'une carrière mondiale.

Vienne nous laissa une impression profonde et durable, non seulement en raison du triomphe de Yehudi au Wiener Konzerthaus, mais aussi parce que nous y visitâmes les nouveaux quartiers ouvriers, une succession d'immeubles attrayants construits pour les ouvriers par la municipalité. Quand les Nazis donnèrent l'assaut de ces maisons, quelques années plus tard, le souvenir des heures que nous y avions passées suscita chez Yehudi une violente réaction.

Dans le train qui nous emmenait à Budapest, je ressentis soudain de nouveau une douleur atroce à la vésicule biliaire. J'avais déjà éprouvé de telles douleurs en 1925 à San Francisco et de nouveau à Bâle durant l'été 1930. Un spécialiste consulté à Budapest me dit qu'il fallait que je me fasse enlever la vésicule, opération qui nécessiterait de rester là-bas un mois. C'était hors de question. « Vous pouvez tenir comme cela un certain temps, dit-il, mais il faudra que vous suiviez un régime et que vous preniez les médicaments que je vais vous prescrire [1]. »

Ce ne fut pas mon seul problème à Budapest. Le programme du concert que j'avais envoyé à l'imprésario hongrois, un mois à l'avance, comportait la sonate en sol majeur de Brahms.

Les Hongrois, semblait-il, détestaient Brahms parce qu'il avait osé écrire des danses hongroises. L'imprésario n'était pas d'accord

1. En faisant attention à mon mode de vie, je parvins à m'en sortir pendant trois ans encore, mais mon poids était passé de quatre-vingt-trois kilos à cinquante et je dus subir une intervention au milieu d'une tournée.

non plus pour que Yehudi joue toute une sonate de Bach pour violon seul :

« Ils vont lui jeter des pierres », me dit-il.

Comme à l'accoutumé, Yehudi tint bon : « Ou je joue le programme tel quel, ou nous annulons le concert ! »

Yehudi commença par la sonate de Brahms. Je n'oublierai jamais les ovations du public, debout, que lui valurent cette œuvre et la sonate de Bach.

Pendant l'entracte, comme toujours, je fermai à clé la porte de la loge et me mis à frictionner Yehudi à l'alcool avant qu'il change de chemise, qu'il s'étende sur un canapé et boive un jus d'orange froid.

On frappa à la porte. C'était l'impresario.

« Le Professeur Hubay est là et souhaite voir votre fils. »

En entendant le nom de ce compositeur légendaire, Yehudi et moi-même nous précipitâmes à la porte. Un monsieur distingué, d'un certain âge, entra, baisa les doigts de Yehudi et l'étreignit fortement. « Yehudi, dit-il, vous avez joué la partita de Bach magnifiquement, majestueusement, merveilleusement, mais... », et il mentionna un passage particulier, « vous n'avez pas joué cette partie comme elle doit être jouée. »

Yehudi prit son violon et joua le passage comme l'avait suggéré Jenö Hubay. Puis il dit : « Professeur Hubay, je suis tout à fait désolé de vous dire que vous avez tort. Dans l'édition « Urtext » de Bach, il est indiqué de le jouer comme je l'ai fait, et c'est la façon dont Enesco et le Professeur Busch le jouent. »

Hubay nous invita à déjeuner le lendemain.

« Nous pourrons regarder l'édition « Urtext » et voir qui a raison. »

Le lendemain, chez Hubay, on nous servit un véritable festin. L'élite du monde musical hongrois était là pour saluer Yehudi. Hubay se leva et fit un petit discours dans lequel il reconnut que Yehudi avait eu raison et que lui-même enseignait depuis des années à ses étudiants du Conservatoire une version erronée !

Une amitié chaleureuse naquit entre Hubay et Yehudi ; elle dura jusqu'à la mort de Hubay en 1937.

Pendant toutes les tournées en Allemagne depuis 1929, un mystérieux inconnu suivait Yehudi de ville en ville, année après année. Partout où jouait Yehudi, on nous livrait, soit à la loge d'artiste, soit à notre chambre d'hôtel, des cadeaux qui étaient chaque fois accompagnés d'une note sur laquelle étaient inscrits ces mots : « Merci pour un autre merveilleux concert » et qui était signée « De la part d'un mélomane allemand ».

Le 30 octobre 1931, nous nous trouvâmes à Mannheim pour un concert dans lequel Rosenstock dirigeait l'Orchestre symphonique de Mannheim. A l'issue de ce concert, un homme se présenta à nous : Docteur Ernst Schwartz, administrateur délégué de I.G. Farben. Il nous avoua qu'il était le mystérieux admirateur de Yehudi. Il nous invita à venir dans ses usines de Ludwigshafen, de l'autre côté du Rhin par rapport à Mannheim. Ce qui nous stupéfia, c'est que ce Dr Schwartz avait un orchestre symphonique constitué entièrement d'ouvriers des usines. Richard Strauss était venu ce jour-là diriger l'orchestre et nous fîmes sa connaissance [1].

Lors d'un concert à la Gewandhaus de Leipzig, en novembre, un vaste public exigea de Yehudi qu'il joue deux fois des morceaux de Debussy et de Moszkowski. Mais, ensuite, le vieux Directeur de cette salle célèbre déclara : « Herr Menuhin, la Gewandhaus n'est pas faite pour cette sorte de musique ! »

Quand Yehudi pénétra sur la scène du Concertgebouw d'Amsterdam, le public se dressa comme un seul homme. C'est un geste qu'il ne devait jamais oublier.

Durant notre tournée américaine, cette saison-là, nous établîmes notre quartier général dans un appartement situé à l'un des étages supérieurs de l'Hôtel Ansonia d'où nous avions une vue panoramique sur New York. Marutha, Hephzibah et Yaltah y restèrent pendant que Yehudi et moi nous lancions sur la piste des concerts. Sammy Marantz nous rendit grand service en tournant les pages de la partition de l'accompagnateur lors des trois récitals au Carnegie Hall et en nous servant d'assistant dans la loge des artistes [2].

Quand nous allâmes à Toronto, nous fûmes invités dans la ferme d'un certain Dr Jenkins, ferme qu'il gérait selon des critères hautement scientifiques et hygiéniques qui nous fascinèrent, Yehudi et moi. Nous fûmes aussi stupéfiés parce qu'il faisait écouter des disques de musique classique aux vaches de sa laiterie

1. En 1934, le Dr Schwartz quitta l'Allemagne et s'installa à New York, où il devint président de l'Agfa-Ansco Corporation. Nous le rencontrâmes souvent au Savoy Plaza Hotel dont il avait fait sa résidence et qui nous servait de quartier général quand nous étions à New York.

2. Par la suite, Sammy nous rendit ces services à New York pendant de nombreuses années.

pour améliorer la qualité de leur lait et les faisait masser à l'huile d'olive !

Durant cette tournée, nous instaurâmes également une amitié durable avec Serge Koussevitsky et sa famille, à la suite du concert où Yehudi joua avec le Boston Symphony Orchestra sous la direction du Dr Koussevitsky. Les Koussevitsky avaient une maison à Boston et une autre à Paris et ils nous rendirent souvent visite quand nous nous installâmes à Ville-d'Avray, tout près de Paris. A San Francisco, nous appréciâmes une fois encore la généreuse hospitalité des Ehrman. Mais elle devenait parfois embarrassante. En une certaine occasion, alors que Yehudi et moi étions leurs invités, je dus me faire poser un bridge par l'un des meilleur dentistes de San Francisco. La note était élevée. Quand je m'apprêtai à la payer, on me dit : « Désolé, M. Menuhin, mais elle a déjà été réglée par votre hôtesse, Mme Ehrman. »

Pour maintenir l'intérêt des imprésarios les plus renommés et des sociétés musicales les plus importantes d'Europe et d'Amérique, mais aussi d'Amérique du Sud, d'Australie, de Nouvelle-Zélande, d'Afrique du Sud, du Japon et d'autres pays où nous pouvions envisager d'accepter les invitations pressantes qu'on faisait à Yehudi, je pris l'habitude de leur envoyer quelques exemplaires des programmes imprimés des concerts de Yehudi, des comptes rendus de presse de ses concerts et des interviews de lui qui avaient été publiées. Tout cela serait remboursé par la vente ultérieure des billets.

CHAPITRE XIX

VILLE-D'AVRAY
(1931-1935)

Au printemps 1931, nous partîmes pour la France et nous nous installâmes dans le charmant village de Ville-d'Avray, situé dans la forêt de Saint-Cloud, entre Paris et Versailles. Yehudi se rendait chez Enesco, soit à Bellevue, soit au 26, rue de Clichy à Paris, pour leurs « séances de musique ». A partir de cette date et jusqu'en 1935, leur collaboration se poursuivit chaque année durant les mois d'automne et d'hiver. Nous organisâmes des concerts de musique de chambre chez nous, Pierre Monteux à l'alto et Maurice Eisenberg au violoncelle se joignant à Yehudi et Enesco, et il y en eut d'autres Salle Pleyel à Paris. Par ailleurs, Yehudi enregistra des concertos, avec Enesco comme chef d'orchestre, ainsi que de la musique de chambre avec Hephzibah seule, ou avec Hephzibah et Eisenberg. Durant notre seconde année à Ville-d'Avray, Hephzibah d'abord, puis Yaltah commencèrent à jouer des quatuors et des quintettes avec d'autres membres du groupe de musique de chambre.

Marcel Ciampi, le célèbre pianiste français, venait régulièrement leur donner des leçons. Yaltah avait également un répétiteur, Nin Culmel, jeune étudiant en musique très sérieux qui s'occupait très bien d'elle [1].

Nos enfants poursuivaient leurs études à la maison. Pour leur enseigner le français, nous fîmes appel à Félix et Pierre Bertaux, tous deux professeurs à la Sorbonne et qui se trouvaient être nos voisins. Félix lisait et commentait Descartes, Voltaire et d'autres

1. Bien plus tard, Nin Culmel devint directeur du Département d'Etudes musicales à l'Université de Berkeley, en Californie.

avec Yehudi ; Pierre enseignait à nos filles la littérature française générale. Les Bertaux étant aussi spécialistes de littérature allemande, nos enfants recevaient en fait des cours de littérature comparée. Il y avait ensuite M. Lozinski, intellectuel russe vivant à Paris, qui leur enseigna le russe pendant toute la durée de notre séjour à Ville-d'Avray. En outre, les enfants avaient des professeurs d'italien et d'espagnol, dont Anna Contro qui vint de Milan nous voir pendant ses vacances d'été, et Gustavo Duran, étudiant de Madrid.

Durant les vacances annuelles d'Enesco en Roumanie, nous nous rendions en voiture à Ospedaletti, non loin de San Remo sur la Riviera italienne, pour nous y reposer. De là, Yehudi et moi allions passer dix jours à Salzbourg pour y assister à des concerts et des pièces de théâtre. C'est au cours d'un de ces voyages que nous rencontrâmes Fritz Kreisler et sa femme. Mme Kreisler n'avait apparemment pas oublié un incident malheureux survenu à Londres en 1926 : sans nous avoir consultés au préalable à ce sujet, l'attaché de presse de l'imprésario local avait fourré un petit chien dans les bras de Yehudi au moment de notre arrivée et avait pris une photographie. Puis il avait communiqué celle-ci à la presse avec un commentaire indiquant qu'il s'agissait d'un chien que Yehudi avait acheté pour M. Kreisler, en remplacement de celui qu'il venait de perdre.

Au début, Mme Kreisler se montra plutôt réservée à notre égard, et ce, pour une autre raison encore. Un jour, elle finit par me faire la remarque suivante : « Mon mari a une longue carrière derrière lui, mais il n'a pas les moyens de se payer une grosse Packard comme vous. Nous n'avons qu'une Ford. »

Bientôt, cependant, la glace devait fondre entre nous.

En revenant d'Ospedaletti, nous nous arrêtâmes à Milan pour rendre visite à Arturo Toscanini qui nous reçut très chaleureusement chez lui. A Ospedaletti, nous passions le temps à nous baigner, prendre des bains de soleil, lire, faire des promenades dans les collines, ou à circuler en voiture sur la Riviera italienne ou sur la Côte d'Azur française. Les enfants lisaient *La Divine Comédie* de Dante avec la Signorina Anna. A la fin des vacances, nous allions jusqu'à Sils Maria, dans la charmante vallée suisse de l'Engadine, où nous séjournions pendant une dizaine de jours. Marutha considérait toujours que cette combinaison d'air marin et de baignades, suivie de randonnées dans les Alpes et du bon air de la montagne, était idéale pour les enfants. Nous devions répéter cette expérience durant de nombreuses années.

Avant de rentrer à Paris, nous passâmes deux mois à Bâle, à nous préparer pour les tournées de concerts de la saison suivante. Yehudi travailla assidûment avec son nouvel accompagnateur, M. Dyck, que nous avions engagé par l'intermédiaire de nos imprésarios de Berlin. Les leçons avec le Professeur Busch étaient terminées. Yehudi se préparait à se produire pour la première fois à New York avec Toscanini et le New York Philharmonic.

La plupart des concerts que Yehudi devait donner en octobre de cette année-là durent être annulés quand il fallut l'emmener d'urgence à l'hôpital pour l'opérer de l'appendicite. Ce n'est donc que le 31 octobre que lui et moi repartîmes sur la piste des concerts. Durant les neuf semaines suivantes, Yehudi participa à six concerts avec orchestre et donna sept récitals en Europe, y compris une « double apparition » à la Gewandhaus de Leipzig, avec l'orchestre symphonique de la Gewandhaus dirigé par Bruno Walter. Les applaudissements et les ovations que lui fit le public, debout, à la fin de la représentation en soirée, furent indescriptibles. Bruno Walter tenait la main de Yehudi sur son cœur et s'écriait : « Miracle ! Divin ! Génial ! » Il étreignait et embrassait Yehudi. Finalement, rompant avec la tradition de la Gewandhaus, Bruno Walter demanda à Yehudi : « Jouez un bis, s'il vous plaît » et Yehudi, comme d'habitude en de telles occasions, joua une sonate pour violon seul de Bach.

Après le concert, le Président de la Gewandhaus donna un banquet dans sa propre maison en l'honneur de Yehudi. J'en fis un compte rendu écrit à Marutha le lendemain :

Plus d'une centaine des plus grands maîtres de la vie artistique, scientifique, musicale et politique d'Allemagne furent invités à rendre hommage à notre Yehudi. Les petits-enfants du grand Felix Mendelssohn étaient là pour remercier Yehudi de sa merveilleuse exécution du magnifique concerto de leur grand-père. Le Dr Bumke, vice-président de la République allemande et président de la Cour Suprême d'Allemagne, était là aussi et me tint des propos qui me firent trembler d'émotion : « Savez-vous, monsieur, me dit-il, que c'est la toute première fois de ma vie et, j'en suis sûr, de la vie de tous ceux qui sont présents ici, que nous avons réellement et véritablement rencontré le plus grand phénomène de la nature que Dieu ait créé, le plus grand génie qui ait probablement vécu sur cette terre ? Nous vous en sommes reconnaissants, à vous les parents de Yehudi !... »

Le Professeur Sturbe..., qui occupe actuellement la place de Jean-Sébastien Bach à la Thomaskirche de Leipzig,... dit simplement : « C'est le concert le plus magnifique que j'aie jamais entendu de ma vie ! »

A la suite d'un concert à Bâle, je télégraphiai à M. Sam Franko, qui se trouvait à Berlin, pour lui demander d'organiser une audition de quelques-uns des meilleurs jeunes pianistes disponibles, afin de choisir un accompagnateur régulier pour Yehudi, lors de notre séjour dans cette ville la semaine d'après. Pour le récital suivant, à Bruxelles, nous engageâmes l'un des meilleurs pianistes belges.

Quand nous arrivâmes dans la capitale belge, Yehudi attrapa un mauvais rhume accompagné d'un violent mal de gorge. Je le suppliai d'annuler le concert mais il ne voulut rien entendre. Pendant l'entracte, l'imprésario local se précipita tout excité dans la loge des artistes :

« Sa Majesté la reine aimerait rencontrer votre fils. Veuillez s'il vous plaît l'amener à sa loge », me demanda-t-il.

« Je suis désolé, dis-je, je vous prie de demander à Sa Majesté d'excuser mon fils. Il a un mauvais rhume et doit se reposer. »

Quelques minutes plus tard, alors que j'enlevais sa chemise à Yehudi pour le frictionner à l'alcool, la reine Elisabeth de Belgique entra, s'excusa d'avoir émis une telle requête et insista pour m'aider à frictionner Yehudi !

Le concert suivant fut donné par Yehudi à Berlin, au profit des musiciens sans ressources. Parmi les candidats au poste d'accompagnateur permanent de Yehudi, nous avions choisi Arthur Balsam : il s'avéra être l'un des pianistes les plus accomplis de la région. Sam Franko avait très bien fait le tri des candidats. Quand Yehudi et moi partîmes en tournée aux Etats-Unis durant l'hiver 1931-1932, Marutha et les filles se trouvaient à Rome et Sam alla les rejoindre et leur tint compagnie pendant quelque temps.

Les dates du 17 et du 18 février 1932 avaient été retenues pour des concerts au cours desquels Yehudi jouerait le concerto de Brahms avec Bruno Walter et le New York Philharmonic Orchestra. Ce concerto de Brahms était la première œuvre que Yehudi avait étudiée avec Enesco. Les artistes en prennent parfois à leur aise pendant les répétitions, ne serait-ce que pour économiser leur énergie et leur ardeur et les conserver entières pour le concert lui-même. Enesco, qui assistait à la répétition, était très mécontent de l'exécution de Yehudi. Il nous suivit, Yehudi et moi, jusqu'à notre hôtel et nous le dit très franchement :

« Mon cher Yehudi, ce n'est pas ainsi que se joue le concerto de Brahms. Vous ne pouvez pas le jouer comme cela ce soir. Il nous faut retravailler tout le morceau. »

« Mais, M. Enesco, nous sommes tous pris pour déjeuner. »

« Je me moque de savoir si nous avons un déjeuner ou non ! Il faut que nous retravaillions tout le morceau maintenant ou dans l'après-midi. »

Cet après-midi-là, Yehudi et Enesco travaillèrent assidûment sur le concerto, Enesco jouant les parties orchestrales au piano. Et à la fin du concert, ce soir-là, Enesco put dire : « Yehudi a été magnifique ! Il a rendu totalement justice à Brahms. »

Une fois rentrés à Ville-d'Avray, nous profitâmes d'une vie calme et heureuse : nous étions très bien aidés pour les tâches ménagères par notre précieuse Biggina, la cuisinière, et son joyeux petit bonhomme de mari, Ferrucio, maître d'hôtel. Italiens tous les deux, ils étaient honnêtes, dévoués et travailleurs. Les enfants, devenus d'excellents cyclistes, entreprirent d'explorer la campagne environnante. Nous faisions de fréquentes expéditions en voiture pour visiter les villes et les châteaux historiques et, bien entendu, Paris. Ferrucio et moi partions souvent à l'aube : nous allions en voiture jusqu'aux Halles, « le ventre de Paris », pour y faire nos courses d'alimentation. Nous revenions à la maison chargés d'un demi-agneau, d'énormes homards vivants et de cageots de légumes et de fruits frais.

Dans la famille Menuhin, les journées étaient bien remplies : études des leçons, lecture, séances de musique et exercices sur les instruments. Il fallait toujours concilier croissance et joie de vivre. Il ne s'agissait pas de chercher à tout prix à réaliser des choses dans la précipitation. Loin de là ! L'objectif était de faire des choses intéressantes, d'apprendre des choses nouvelles avec plaisir. Encore aujourd'hui, si vingt-quatre heures s'écoulent sans que je puisse faire état d'une quelconque réalisation, aussi humble soit-elle, qu'il s'agisse de jardinage, de l'examen ou de l'analyse d'un problème social ou humain, je considère la journée comme gaspillée ou passée dans une sorte de coma. Marutha partageait mon sentiment quant à la manière d'élever nos enfants.

Un jour, au cours du printemps 1932, la petite Yaltah mit son frère, sa sœur et elle-même dans un beau pétrin. Quelque temps auparavant, à Rome, Marutha avait été forcée de se faire tondre la tête parce que, souffrant de névrite aux bras, elle avait du mal à se brosser les cheveux et à se coiffer. On lui avait fait une perruque avec ses propres cheveux. La veille du jour où nous devions tous assister à une grande réception en l'honneur du mariage de la fille des Ehrman, Esther, avec Claude Lazard, Yaltah s'enferma dans sa chambre et commença à se couper les cheveux pour être plus belle. Quand elle eut fini, elle avait la tête dans un état épouvantable. Effrayée et effondrée tout à la fois, elle fit irruption dans la chambre de sa mère en pleurant. Marutha essaya de la consoler, en l'assurant que son problème serait résolu le jour même, après le déjeuner. Mais quand Ferrucio entra dans la salle à manger pour servir le repas et qu'il aperçut la tête de Yaltah, l'étonnement lui fit lâcher l'assiette d'asperges qu'il apportait ! Un peu plus tard, Marutha fit venir Yehudi et Hephzibah dans sa chambre et les supplia d'accepter un « sacrifice suprême », c'est-à-dire de se laisser couper les cheveux afin qu'ils soient tous les trois semblables. Toujours très « sports », Yehudi et Hephzibah acceptèrent et Marutha passa à l'acte à l'aide d'une tondeuse électrique. Fort heureusement, aucun concert n'avait été programmé pour les cinq mois suivants !

Cet incident a été déformé par malveillance dans une soi-disant « authentique » biographie de Yehudi où il apparaissait que c'était Marutha qui, pour punir Yaltah, lui avait tondu la tête et que son frère et sa sœur s'étaient mutuellement coupé les cheveux en signe de protestation. L'auteur avait concocté une fin imaginaire ingénieuse selon laquelle Marutha, ayant ainsi reçu une leçon d'indulgence de ses enfants, s'était infligée pour punition de se tondre la tête à son tour !

Yehudi avait enregistré pour la première fois un concerto avec orchestre en novembre 1931, à Londres[1]. En décembre de cette année-là, il donna un concert à Paris au cours duquel il joua trois concertos : le concerto pour deux violons de Bach, le concerto nº 7 de Mozart et le concerto de Beethoven. Des échos du concert étaient parvenus à la Gramophone Company de Londres. Ils avaient été particulièrement impressionnés par des comptes rendus décrivant l'interprétation par Yehudi du concerto pour deux violons de Bach. Yehudi accepta de l'enregistrer pour eux exactement comme il l'avait joué à Paris, avec Enesco comme second violon et Pierre Monteux à la tête de l'Orchestre symphonique de Paris. Yehudi insista sur une condition particulière : aucun autre enregistrement avec orchestre de Yehudi ne devait être fait sans Enesco au pupitre ou, s'il n'était pas disponible, Monteux.

1. Il s'agissait du concerto en sol mineur de Bruch, avec Sir Landon Ronald à la tête du London Symphony Orchestra.

Pendant les enregistrements de juin 1932, Fred Gaisberg, Directeur de The Artists and Repertoire Department de la Gramophone Company of England, qui était venu à Paris spécialement pour cet événement, me donna la partition du concerto d'Elgar, en demandant que Yehudi l'étudie pour l'enregistrer mais aussi pour le jouer au Royal Albert Hall cette même année. Il m'assura que si Yehudi et moi voulions bien venir à Londres quelques jours avant la date fixée pour l'enregistrement, en juillet, Elgar serait très heureux de faire répéter Yehudi et de diriger ensuite l'orchestre pour l'enregistrement, et également plus tard, lors du concert au Royal Albert Hall.

Yehudi regarda la partition qui lui plut énormément, ainsi qu'à Enesco. En deux séances, Yehudi l'avait maîtrisée. Je demandai à Enesco ce qu'il pensait de l'idée de présenter l'œuvre au public parisien de Yehudi, avec Sir Edward Elgar au pupitre. Jusque-là, les Parisiens n'avaient pas beaucoup apprécié la musique d'Elgar, ni d'ailleurs aucune musique anglaise; mais Enesco demeura intraitable :

« Nous *obligerons* Paris à l'aimer ! », déclara-t-il.

Yehudi proposa rapidement un programme orchestral à jouer à Paris au printemps 1933 et comportant trois concertos : le concerto en mi majeur de Bach, la Symphonie espagnole de Lalo et le concerto d'Elgar. Enesco devait diriger les œuvres de Bach et de Lalo et Sir Edward sa propre œuvre. Il va sans dire que Gaisberg et Sir Edward furent fous de joie en recevant la nouvelle. Quand Yehudi et moi nous rendîmes à Londres en juillet 1932 et que nous rencontrâmes Sir Edward dans notre suite au Grosvenor House Hotel, des rapports chaleureux s'instaurèrent immédiatement avec lui. Trois jours furent réservés pour répéter. Quand Yehudi commença à jouer, il s'attendait à ce que le compositeur l'arrête ici et là pour le corriger ou lui faire des suggestions, mais Sir Edward ne dit mot jusqu'au milieu du premier mouvement. Alors, il se leva, très agité, étreignit Yehudi et s'écria : « C'est mieux que je ne l'ai jamais entendu. Ne jouez plus ! Je sais que l'enregistrement sera merveilleux. Jouez-le exactement comme vous l'avez préparé. Maintenant, sortons et allons nous promener en ville, ou allons aux courses, peu importe ! »

Ce fut ainsi que s'acheva la répétition !

L'enregistrement, qui eut lieu dans un studio bondé d'admirateurs d'Elgar, dura un jour et demi. Le compositeur, âgé de soixante-quinze ans, se montra plein d'énergie et d'enthousiasme pendant toute la durée de l'enregistrement [1]. Le concert au Royal Albert Hall fut donné le dimanche 20 novembre 1932, dans l'après-midi. Sir Thomas Beecham dirigeait l'orchestre pour le concerto en mi majeur de Bach et le 7e concerto de Mozart, et Sir Edward pour son propre concerto. Ce fut un immense succès. Trois jours après le concert, Sir Edward m'écrivit ces lignes :

> Je dois vous dire que j'ai été ému par la « majesté » de l'interprétation de Yehudi. Sa sincérité pleine de tendresse et d'affection à mon égard (que j'apprécie peut-être plus que tout) et votre propre délicatesse et gentillesse sont très chères à ma mémoire. Quant à venir à Paris en mai, je découvre maintenant que je suis libre à la date que vous indiquez, c'est-à-dire le 31 mai ; mais je veux être franc et je vous demande donc d'examiner si ce n'est pas risqué pour Yehudi, compte tenu de sa position et de son immense célébrité, d'être associé à moi. Comprenez bien que je ressens profondément l'honneur et le plaisir qu'il y a à accompagner Yehudi mais, si les musiciens de tous les pays, je suis heureux de le dire, ont des rapports amicaux et fraternels avec moi, la presse tout comme le public ne croient pas aux musiciens anglais et je crains que mon apparition à Paris ne vous fasse plus de mal que de bien. Je suis convaincu que la presse déclarerait que le cher Yehudi commet une erreur en se produisant avec un musicien de bien moindre envergure (c'est-à-dire moi). J'ai beaucoup trop de philosophie pour me sentir blessé par les propos désobligeants que peuvent tenir des gens bien intentionnés sur mes capacités, mais je ne peux supporter l'idée que Yehudi soit considéré comme responsable de quoi que ce soit qui ne soit de tout premier ordre.

Que pouvais-je répondre, qu'ai-je répondu ? Voici un extrait de ma lettre :

> Georges Enesco, qui aime votre concerto, devait le diriger. Mais Yehudi, qui vous aime tant, voulait vous présenter personnellement à sa foule d'admirateurs parisiens et saisir cette occasion pour avoir la joie et le privilège de vous revoir. C'est votre charme personnel, mon cher ami, qui a amené mon fils à me demander de vous inviter à diriger votre œuvre et à demander en même temps à Enesco d'abandonner pour vous le troisième morceau.

Le 12 décembre, Yehudi donna un concert à Birmingham, non loin de la maison de Sir Edward à Worcester et celui-ci nous invita à dîner. Ce fut un repas merveilleux. Nous étions à table avec Marco et Mina, les deux chiens adorés de Sir Edward. Ils étaient

1. La Gramophone Company of England commémora le centième anniversaire de la naissance d'Elgar en rééditant en microsillon ce vieil enregistrement en 78 tours du concerto d'Elgar, réalisé en 1932.

tous deux assis sur une chaise de chaque côté de leur maître et mangeaient dans sa main.

Le 12 mars, Sir Edward écrivit à Yehudi alors que nous étions en tournée en Amérique :

Rien ne m'a fait plus plaisir que de lire les comptes rendus de vos triomphes en Amérique... Ici, la vie est plutôt morne et terne et quinze jours de gel et de neige n'ont pas amélioré les perspectives. Marco n'a pas du tout apprécié cette situation, et de longues explications sont nécessaires pour qu'un chien comprenne les problèmes météorologiques. Toutefois, les fleurs commencent à sortir et nous avons beaucoup de soleil et l'impression que le printemps est à nouveau de retour. Le printemps anglais est différent de tout autre printemps : il dure longtemps. En Amérique, il arrive brusquement et en Allemagne aussi. C'est du moins ce que dit Sterndale Bennett, qui fut ami de Schumann et de Mendelssohn : « La raison pour laquelle les Allemands écrivent tant sur le *Frühling* est qu'ils n'en ont guère. »

J'attends avec impatience d'apprendre que vous êtes bien rentrés et j'aimerais être avec vous sur une mer bien agitée, car j'adore cela. Mon grand-oncle appartenait à cette race surhumaine des marins, il était pilote à Douvres, et j'ai la mer dans les veines.

La Gramophone Company sortit ses albums du concerto d'Elgar quelques semaines avant le concert parisien, accompagnés d'une grande campagne publicitaire. L'intérêt pour le concert grandit considérablement. Le Président de la République française, de nombreux ministres et tous les ambassadeurs en poste à Paris devaient y assister, en hommage au principal compositeur britannique. L'événement prenait des dimensions internationales et l'indifférence de Paris vis-à-vis de la musique anglaise était en train de disparaître. Quand Yehudi, jouant de tout son corps et de toute son âme durant la répétition, arriva à la magnifique cadence du concerto d'Elgar, les membres de l'orchestre applaudirent frénétiquement et quelques-uns s'écrièrent : « C'est merveilleux ! »

Dans le second mouvement, Elgar avait découvert une phrase qui pouvait se chanter : « Ye-hu-di-Me-nu-hin ». Il écrivit les mots « Yehudi Menuhin » au-dessus des notes et s'écria : « Vous voyez, mon cher enfant, j'ai pensé à vous dix ans avant votre naissance ; j'ai rêvé de vous par avance. »

Après cette répétition avec Yehudi et l'orchestre, nous emmenâmes Elgar et Fred Gaisberg à Ville-d'Avray pour y déjeuner dans le jardin. Sir Edward, fringant et rajeuni, prit les mains de Yehudi, d'Hephzibah et de Yaltah et fit la ronde avec eux autour de la table sur la pelouse. Durant le déjeuner, il nous régala d'histoires drôles avant de faire une sieste, puis d'aller à Grez-sur-Loing rendre visite à Delius.

Le concert de gala s'avéra un triomphe colossal pour Sir Edward, Yehudi et Enesco. Le lendemain, jour où Sir Edward et Fred Gaisberg rentrèrent chez eux en avion, était une date importante pour Elgar, car c'était à la fois le jour du Derby et son soixante-seizième anniversaire. Le roi George V se surpassa en accordant l'Ordre du Mérite à son « Maître de la musique royale ». Moins d'une semaine plus tard, Sir Edward écrivait à nouveau à Yehudi, à Marutha et à moi. Tout en remerciant Yehudi pour son interprétation du concerto, il disait :

Vous l'avez fait vôtre, et votre manière de le jouer la semaine dernière a été d'une certaine façon plus grandiose que l'année dernière, bien que l'an passé je n'aie pas envisagé que ce fût possible d'améliorer votre interprétation... M. Koussevitzky me dit que vous allez vous rendre à Boston et que vous y jouerez le concerto avec lui. Il m'a demandé d'y aller aussi, n'était ma deuxième symphonie. J'ai écrit un mot rapide à M. Enesco pour le remercier de toute sa gentillesse. C'est un musicien très distingué.

Au revoir, mon cher enfant ! Avec toute mon affection.

Votre ami,

Edward Elgar.

Le *Daily Telegraph,* qui publia certaines des lettres d'Elgar, ajouta le commentaire suivant :

A la lecture de ces lettres, on peut se demander si aucun autre jeune artiste a affronté la vie nanti d'une telle bénédiction que celle que représentaient l'admiration et l'affection d'un homme comme Elgar, exprimées de manière aussi émouvante au crépuscule de sa longue et glorieuse existence.

Sir Edward mourut le 23 février 1934.

Depuis 1925, année où j'avais subi ma première crise de vésicule biliaire, j'avais essayé de cacher mes souffrances à ma famille et, à la suite des troubles ressentis à Budapest, je m'étais contenté de manger le moins possible, en espérant éviter une opération jusqu'à ce que Yehudi ait dix-huit ans. Le nombre 18, nombre faste en hébreu, avait toujours eu beaucoup d'importance pour moi depuis mon enfance. Les deux lettres du mot hébreu qui signifie « vie » représentent le 8 et le 10, ce qui fait donc 18. Dix-huit en hébreu est aussi le symbole de la maturité et de l'âge adulte, et par conséquent l'âge où l'on est prêt pour le mariage et pour assumer la responsabilité d'une famille. Je voulais que Yehudi soit capable de prendre la relève comme protecteur de la famille au cas où ma maladie s'avérerait fatale. A cette époque-là, une opération chirurgicale de la vésicule biliaire était une affaire grave et, dans des cas difficiles comme le mien, bon nombre de malades ne s'en remettaient pas. Quand nous arrivâmes aux Etats-Unis au début de l'année 1933, nous avions Ferrucio avec nous. La nourriture était préparée très soigneusement pour moi mais, pour plus de sûreté, je continuais à manger le moins possible. Yehudi avait suffisamment de préoccupations comme cela sans avoir à s'occuper de moi.

Un jour de la fin janvier, à New York, je m'évanouis de faiblesse. Deux médecins durent me prodiguer leurs soins pendant un certain temps avant que je reprenne connaissance. Il me fallut renoncer à toute idée de voyager avec Yehudi pour l'accompagner à son prochain concert qui avait lieu à Philadelphie. Yehudi s'y rendit avec sa mère, ses sœurs et son imprésario, Jack Salter, pendant que je restais à l'hôtel Ansonia à me reposer. Marutha s'arrangea pour avoir un Steinway dans sa suite à Philadelphie afin que les filles puissent s'exercer, et fit venir une jeune fille pour leur lire du Shakespeare.

Quelques jours après le retour de la famille, Yehudi et moi reprîmes la route car nous avions quatre engagements pour des concerts, le dernier à Louisville, Kentucky. C'est là que je ressentis de très vives douleurs dans la poitrine. Dans le train qui nous ramenait à New York, Yehudi, Jack Salter et moi prenions l'air dans le wagon panoramique quand j'entendis quelqu'un dire : « C'est le père de Yehudi Menuhin. A le voir, le pauvre vieux n'a plus très longtemps à vivre ! »

Le lendemain matin, Yehudi était pâle et avait l'air épuisé.

« Qu'est-ce qui ne va pas ? », lui demandai-je.

« Eh bien, si tu veux savoir, c'est *ta* santé. Je n'ai presque pas fermé l'œil de la nuit, tellement je me fais du souci. Tiens, j'ai écrit une note pour toi. »

Sur du papier à lettres d'hôtel, Yehudi avait écrit une « note » avec ce titre : « IL FAUT Y PASSER ! ! ! » A gauche, il avait fait la liste de six raisons « POUR » une opération immédiate, et à droite, dans la colonne « CONTRE », il y avait six zéros ! Cela suffit ! Je décidai sur-le-champ que si le diable m'emportait, Yehudi saurait s'occuper de sa mère et de ses sœurs et apprendrait rapidement les principes de base de sa carrière, bien qu'il n'eût pas tout à fait dix-sept ans.

J'accompagnai Yehudi à deux autres concerts en dehors de la ville, avant de quitter New York. Je pris rendez-vous pour être opéré le 4 mars, quand Marutha, les filles et Jack Salter seraient à Boston avec Yehudi pour le concert qu'il devait y donner. Puis je dactylographiai la lettre suivante :

Cher Yehudi,

Tu vieillis et je suis actuellement et pour un certain temps incapable et impotent. Ce sera pour toi une expérience intéressante pendant les quelques semaines à venir, non seulement de prendre soin de toi mais aussi de montrer qu'on peut compter sur toi, sur ton sens des responsabilités et sur ton sérieux pour t'occuper de ta noble petite mère et de tes sœurs cadettes. Ta carrière va être à cent pour cent entre tes mains. Ne laisse rien échapper ! Travaille attentivement ; repose-toi bien ; mène une vie saine ; réfléchis correctement, sérieusement et honnêtement. Tu es un Homme !

Voici quelques réflexions, telles qu'elles me viennent à l'esprit tandis que je règle à la hâte mes affaires pour pouvoir me détendre pendant les deux ou trois jours précédant l'opération : quand tu quittes New York pour te rendre à un concert, vérifie toujours que tu as dans ta serviette toute la musique pour violon et pour piano dont tu as besoin. Quand tu pars pour Washington, Baltimore, Cleveland ou Richmond, n'oublie pas d'emporter la partition et les parties orchestrales de la Symphonie espagnole de Lalo. Avant chaque concert, avant de te rendre à la salle de concert, emporte tout ce dont tu as besoin pour le concert. Ci-joint la liste [1]. Après le concert de Boston, pratique quotidiennement tout seul et aussi avec Balsam l'ensemble du programme du récital de New York. Quotidiennement ! En particulier le Bach, l'Elgar, le Mozart et les différents morceaux nouveaux, ainsi que les bis que tu as décidé de jouer. Quodiennement ! Quotidiennement ! Ne compte pas trop sur ton grand talent ! Après le concert de Richmond, revois soigneusement les concertos de Bach, de Mozart et de Beethoven, très soigneusement !

Ton dossier de journaux, les « News », sera à jour quand je serai rétabli. Tous les articles seront lus, datés et découpés comme d'habitude. Seulement, ils te parviendront un peu plus tard cette fois-ci.

Voilà de quoi garantir à cent pour cent des concerts parfaitement réussis sur le plan artistique !

Avec l'amour et la bénédiction sincère de ton père, imprésario, valet de chambre, conseiller et surtout ami.

Abamo.

1. La liste était la suivante : le dossier du concert ; une serviette ; de l'eau de Cologne ; une chemise propre de rechange (boutonner les manches) ; une cravate propre pour la chemise propre ; de l'ovomaltine chaude ou du jus d'orange frais dans une Thermos ; des bretelles de rechange ; un mouchoir de rechange ; une sourdine pour le violon ; un pull-over sans manches en laine ; un peigne ; des bonbons pour la gorge ; de l'aspirine à utiliser en gargarisme en cas de refroidissement ou d'épidémie ; la musique du pianiste accompagnateur ; des snow-boots.

Avant d'entrer à l'hôpital, je me rendis à la banque de la 5e avenue pour y déposer 5 000 dollars afin que Marutha puisse retirer tout l'argent dont elle aurait besoin pendant la durée du séjour à Boston. Le lendemain, à l'hôpital, j'appris que cette banque avait reçu l'ordre de fermer. C'était l'époque de la Grande Dépression et Franklin D. Roosevelt était sur le point d'entrer en fonction comme Président des Etats-Unis. J'admirais beaucoup FDR et je souhaitais vivement savoir ce qu'il envisageait de faire dans cette situation. Alors qu'on était en train de me préparer pour l'opération, je demandai au chirurgien de remettre celle-ci d'une demi-heure et de me procurer un exemplaire du *New York Times*. Ce chirurgien était fin psychologue. Un exemplaire du journal me fut apporté. Aussitôt que j'eus fini de lire le discours de FDR dans lequel il demandait la confiance et la fidélité de ses concitoyens, je déclarai qu'on pouvait procéder à l'opération. Moins de deux semaines plus tard, je commençai à reprendre des forces et du poids et, le 18e jour, j'étais prêt à reprendre les voyages avec Yehudi.

Yehudi commença son programme d'enregistrement de l'été 1933 par une entreprise hasardeuse : il enregistra la sonate en la majeur n° 42 de Mozart avec sa sœur Hephzibah, pour la Gramophone Company of England bien entendu. Le disque reçut le Prix Candide réservé au meilleur enregistrement réalisé en France en 1933. En 1932, Yehudi et Enesco avaient obtenu ce même prix avec le concerto pour deux violons de Bach. L'importante somme d'argent que représentait cette récompense était à chaque fois versée au profit des vieux musiciens nécessiteux de France.

Au milieu d'une séance d'enregistrement à Paris en 1933, Yehudi s'aperçut que son « Strad » ne rendait plus comme avant. Dans l'immédiat, le problème fut résolu en empruntant le célèbre Guarnarius d'Ysaÿe et le « Strad » fut confié à Emile Français, maître artisan luthier français de renom. La firme de Français fournissait des experts et des conseillers officiels au Conservatoire National de Musique à Paris depuis des générations, en fait depuis que Nicolas Lupot avait fondé l'entreprise en 1796.

M. Français découvrit que l'un des soixante-dix petits morceaux de bois différents dont était constitué le violon avait besoin d'être remplacé. En démontant le « Strad » pour y faire la réparation nécessaire, il eut une occasion unique de mesurer et de peser avec précision chacun des éléments du violon. Par admiration pour Yehudi, Français proposa de réaliser une réplique de ce « Strad » qui ne serait pas une simple copie, uniquement destinée à satisfaire l'œil. Yehudi le prit au mot et, en février 1936, il reçut en cadeau un instrument qui non seulement ressemblait exactement à son Stradivarius Prinz Khevenhüller mais qui, après deux années de « maturation », trompa aussi bien le public que les critiques quand Yehudi s'en servit à la place du Khevenhüller [1].

En 1933, Ernest Bloch assista à l'une des séances de musique de chambre qui se tenaient chez nous à Ville-d'Avray et l'atmosphère musicale devint celle d'une synagogue. Bloch venait de finir de composer son célèbre « Service sacré » et joua pour la première fois la magnifique « Messe juive ». Enesco était présent, avec d'autres invités. Yehudi a décrit ainsi cet événement : « Ils se tenaient tous debout autour du vieux piano tandis que Bloch frappait sur le clavier en émettant des sons rauques de sa voix aiguë. Nous étions tous profondément émus. »

Vers la fin juillet, nous fûmes tous prêts pour de longues vacances. Nous achetâmes une nouvelle voiture, une Delage, et partîmes en direction du sud, d'abord sur la Côte d'Azur puis à Ospedaletti, notre retraite favorite. Après un mois passé à nager, à nous promener, à lire, à manger des figues et à prendre des bains de soleil, nous partîmes pour les Alpes suisses, à Sils Maria, dans l'Engadine. Nous louâmes une maison de paysan vieille de trois cents ans et invitâmes Biggina et M. Lozinski à nous rejoindre. Deux pianos nous furent expédiés de Zurich. Nous nous étions organisés pour nous procurer du lait, du beurre, de la crème et du fromage auprès d'un voisin qui avait trois vaches et cinq chèvres [2]. Des poules nous fournissaient des œufs et le voisin tua un agneau dont la viande fut stockée dans notre cave où la fraîcheur était maintenue grâce à un petit cours d'eau qui descendait d'un glacier ; enfin, un marchand ambulant italien nous apportait tous les jours des fruits et des légumes frais.

1. Cela eut lieu durant deux interprétations du concerto de Mendelssohn à Kansas City en novembre 1937, et également plus tard lors d'un concert parisien alors que Fritz Kreisler se trouvait dans le public. Même lui ne remarqua pas le changement. Yehudi appela la réplique de son « Strad » « le Français » en hommage à celui qui l'avait fabriqué.

2. Yehudi et sa mère préféraient le lait de chèvre (« Capri ») et les filles et moi le lait de vache (« Mucche »). Des dizaines de litres de lait frais furent ainsi consommés afin de déterminer lequel de ces deux laits était le meilleur.

Les randonneurs qui passaient sur les sentiers proches de notre maison pouvaient à peine distinguer nos enfants de nos voisins paysans, jusqu'au jour où Yehudi eut l'idée de « simplement essayer ses doigts ». A peine eut-il pris son violon que les filles s'assirent à leur piano. Bientôt, des admirateurs — des étrangers en vacances dans la région aussi bien que des gens du pays — affluèrent quotidiennement vers notre humble maisonnette, et, debout à l'extérieur, ils écoutaient avec ravissement la musique. Il ne fallut pas longtemps pour que nous découvrions que Gregor Piatigorsky, le grand violoncelliste, Vladimir Horowitz, le pianiste, Bruno Walter, Emil Ludwig et d'autres vieux amis passaient aussi leurs vacances à Sils Maria ou non loin de là. Nous organisâmes des soirées musicales dans notre maison. Il s'agissait surtout de trios joués par Yehudi, Piatigorsky et Horowitz, ou encore avec Hephzibah ou Bruno Walter au piano. Nous avions souvent entre vingt et trente invités, trop nombreux pour être tous confortablement assis, mais Marutha, Ferrucio et Biggina s'y prenaient à merveille et servaient des soupers-buffets exactement comme à Ville-d'Avray. Des discussions animées s'engageaient parfois sur des sujets tels que « guerre et paix », « la N.R.A. aux Etats-Unis » [1] et « l'aggravation de la situation en Allemagne nazie ».

Je ne sais comment, le *Daily Telegraph* de Londres entendit parler des « concerts de trios donnés près du glacier de Fex » et envoya en observateur un correspondant particulier. Nous l'invitâmes à entrer. Voici un extrait de son compte rendu :

C'était la pleine lune ; le vent soupirait doucement dans les Alpes couvertes de pins et une cascade argentée tombait de quelques centaines de mètres dans le cours d'eau en dessous. Dans les repaires alpins se promenaient des vaches rousses et l'on entendait leurs cloches tinter doucement quand elles se déplaçaient ; sinon tout était paisible.

Notre hôte et notre hôtesse du Chalet nous avaient offert l'un de ces soupers « al fresco » qui ne semblent possibles qu'à l'étranger. Ici, point de robes de soirée parisiennes ni de bijoux étincelants, pas de chemises empesées ni d'habits, pas de salle de concert magnifique bruissant de l'agitation de foules impatientes ; mais simplement une petite soirée de campagne d'une quinzaine d'invités, admis « gratuitement », qui s'assirent comme ils purent

1. *Editeur :* La « National Recovery Administration », créée par le Président Franklin Delano Roosevelt durant son premier mandat, comme l'une des mesures à même de remettre économiquement sur pied les Etats-Unis après la Grande Dépression.

sur des chaises, dans des coins confortables ou sur des tables, dans la pièce lambrissée de pin naturel qui servait de salon de musique.

C'est ainsi que notre petit groupe s'installa, tandis qu'on apportait des partitions bientôt empilées sur une table, qu'on installait des pupitres et qu'une lampe mal commode était ajustée sur le piano. Pour notre plus grande joie, nous découvrîmes que le programme prévu comportait des trios de Schubert et de Brahms, des sonates de Mozart et de Beethoven...

Des images intangibles, insaisissables et fugitives surgirent dans notre esprit, chacun d'entre nous laissant libre cours aux visions, aux émotions et aux états d'âme qui lui étaient propres, tandis que jouait la musique. Les trios se succédèrent ainsi que les sonates, mais hélas ! même des nuits semblables doivent avoir une fin. On se souhaita bonne nuit et ceux d'entre nous qui devaient s'en aller s'enveloppèrent dans leur manteau ou dans leur châle et, torches à la main, rentrèrent chez eux le long des routes blanches de la montagne et à travers les forêts de pins.

Ce compte rendu incita la Gramophone Company à me bombarder, par l'intermédiaire du toujours sémillant Fred Gaisberg, de télégrammes et de lettres me priant de « persuader Yehudi, Piatigorsky et Horowitz d'enregistrer tous les trios ». Yehudi et Piatigorsky furent enchantés de cette proposition mais Horowitz se déroba. Il redoutait que sa participation à l'enregistrement de trios, fût-ce avec Yehudi et Piatigorsky, nuisît à sa carrière. Comme les autres, c'était un soliste bien connu et il jouait de la musique — de chambre ou autre — avec beaucoup de talent, mais le souci qu'il avait de sa carrière me paraissait excessif. Il en discuta avec moi alors que nous allions pique-niquer sur un glacier avec d'autres amis de notre groupe [1]. Bien avant la fin de cette randonnée, Horowitz rentra précipitamment pour œuvrer à sa carrière.

Durant cet été et le début de l'automne que nous passâmes dans les Alpes, Yehudi se prépara à interpréter l'édition « Urtext » complète du concerto en ré majeur de Paganini, dont des photocopies lui avaient été envoyées en cadeau par Herr Strecker de B. Schott's Söhne, la maison d'édition de Mayence. C'était une entreprise audacieuse et redoutable pour lui, car il lui fallait d'abord se débarrasser de l'influence de l'édition de Wilhelmj [2] qu'il avait étudiée avec Persinger. C'était fascinant de le regarder jouer d'abord l'ancienne version, puis la nouvelle, et les comparer

1. Parmi notre longue cohorte de randonneurs se trouvait Wanda Toscanini, qui devait plus tard devenir sa femme.

2. Version abrégée et arrangée réalisée par August Wilhelmj, célèbre violoniste allemand mort en 1908.

pour ensuite les travailler et les rejouer sans cesse jusqu'à ce qu'il ait maîtrisé la version originale.

L'exécution qu'il en donna à Londres au mois de décembre de cette même année lui valut de nouveaux lauriers de la part des critiques. On trouva remarquable qu'un garçon de dix-sept ans ait pu maîtriser « les océans d'harmonie perfides et incroyables du concerto de Paganini ».

En 1932, nous nous étions engagés à revenir faire une tournée prolongée en Allemagne durant l'automne 1933. L'engagement le plus important que nous avions pris était la première apparition de Yehudi avec Furtwängler et l'Orchestre Philharmonique de Berlin. Mais des événements alarmants s'étaient produits en Allemagne dans l'intervalle : l'élection d'Hitler comme Chancelier, l'incendie du Reichstag et l'instauration de la dictature nazie. Déjà les Juifs commençaient à perdre leurs situations et leurs biens. La peur et la tension montaient dans tout le pays, en particulier parmi ses éléments juifs et libéraux.

Les élections qui donnèrent à Hitler dix-sept millions de voix sur vingt et un avaient eu lieu le lendemain de mon opération de la vésicule biliaire à New York. Dès que possible, j'avais commencé à rattraper mon retard sur le plan de l'information et fus vite préoccupé par les événements épouvantables qui se passaient en Allemagne. Vers le 15 mars, de mon lit d'hôpital, j'avais télégraphié le message suivant à nos imprésarios, Wolff et Sachs, à Berlin : « Veuillez ne pas annoncer la venue de Yehudi pour des concerts à Berlin. Il se peut que nous évitions l'Allemagne l'an prochain... Lettre suit. Aucune décision avant juin. Compliments, Menuhin. »

Ce télégramme détruisit les espoirs et les projets du Philharmonique de Berlin. Furtwängler avait compté sur Yehudi pour deux ou trois concerts.

Durant les mois de mars, avril et mai 1933, j'avais reçu d'Erich Sachs, lui-même juif, des rapports confidentiels atterrants sur le développement des illégalités en Allemagne. Sachs avait été contraint de démissionner de son poste chez Wolff et Sachs et de vendre sa maison et ses biens pour une bouchée de pain. Alors qu'il était au sommet de sa carrière, et l'un des meilleurs imprésarios de concerts du monde, il se trouva soudain sans ressources, confronté à la perspective de rejoindre ses compatriotes juifs en route pour la Palestine. Son ancienne associée, Frau Wolff, m'écrivit désespérée : « Vous pouvez imaginer avec quel chagrin et quel désarroi nous devons nous adapter à la nécessité (totalement incompréhensible à mes yeux) de mettre fin à notre collaboration avec Herr Sachs, moi surtout qui ai partagé avec lui tant d'années d'efforts communs ; mais espérons que ce ne sera pas pour longtemps. »

Espérant un miracle et croyant à un retour de son pays à la normalité, elle me suppliait de reconsidérer ma position ; mais je reçus d'Herr Sachs le conseil d'attendre quelques mois. Il me raconta comment d'anciens amis et associés à lui avaient tiré profit de l'atmosphère anarchique qui régnait alors en Allemagne et de sa position délicate en tant que Juif pour l'accabler de procès et d'exigences plus dignes de la jungle que d'un pays civilisé. Sachs pensait qu'il pourrait peut-être venir à Paris ou aller en Palestine (sous mandat britannique à l'époque) et créer une nouvelle agence autour du nom de Yehudi Menuhin, mais à ce moment-là notre correspondance s'interrompit brutalement. Encore aujourd'hui, je ne sais pas ce qui est arrivé à ce Juif exceptionnel. Frau Wolff cependant continua d'insister auprès de nous :

> Nous savons comme vous aimez l'Allemagne. N'oubliez pas, je vous en prie, le fait que l'Allemagne et les Allemands portent Yehudi dans leur cœur !... Toute l'Allemagne accueillera le retour de Yehudi comme un moment historique important. Nous pouvons vous assurer que le gouvernement lui-même saluera favorablement cette mesure. Un concert de Yehudi Menuhin en Allemagne à ce stade ouvrirait un nouveau chapitre dans les relations internationales... Vous nous rendrez un service inestimable [1].

Furtwängler écrivit directement à Yehudi :

> M'accorderez-vous la grande joie de vous produire avec moi dans les concerts du Philharmonique à Berlin ?... Acceptez cette invitation et vous réaliserez non seulement l'un de mes souhaits les plus ardents, mais vous ferez savoir aussi au monde que les fils qui relient l'Allemagne de la musique au monde extérieur ne sont pas complètement rompus ! Nous autres, artistes, devons préserver notre liberté à l'égard de la politique, même quand les politiciens nous rendent la tâche difficile !

J'envoyai ma réponse par télégramme : « Cher et bien-aimé Maître et ami. Nous n'y voyons pas assez clair pour permettre à Yehudi Menuhin de profiter de l'exception particulière dont il est

1. *Editeur :* dans sa propre autobiographie, *Unfinished Journey* (MacDonald & Jane's, London, 1976), Yehudi Menuhin indique que Frau Wolff disparut aussi dans l'holocauste.

l'objet. Avec tous nos regrets et l'espoir qu'une occasion plus heureuse se présentera dans un proche avenir. »

Et dans la lettre qui suivit ce télégramme, j'expliquai : « Dès que l'on pourra servir l'art sur un plan humain et socialement équitable, Yehudi sera heureux de rendre tous les services possibles au pays et au peuple que nous considérons comme le plus civilisé, le plus cultivé et le plus mélomane de la terre ! »

Furtwängler répondit le 4 juillet 1933 :

J'ai reçu avec le plus profond regret votre télégramme et la lettre qui suivait. Ce que vous semblez ne pas comprendre, c'est que l'invitation que j'adresse à des artistes comme Yehudi Menuhin et Huberman n'est pas une exception. Elle devait marquer le début de la normalisation de notre vie musicale que le gouvernement contribue à réaliser. Si cette normalisation s'effectue à présent plus lentement que je le supposais, la responsabilité en incombe pour une grande part à ceux qui ont refusé de m'aider dans mon entreprise. Je suis parfaitement convaincu que si vous aviez pris une autre décision, d'autres villes auraient pu suivre l'exemple des concerts du Philharmonique de Berlin, d'autant plus que la voie est libre pour tout le monde, comme vous le verrez dans le second communiqué du gouvernement ci-joint. Tous ceux qui ont refusé de venir ont créé maintenant une situation nouvelle ; ils ont fait obstacle à ma tentative de dissocier l'art de la politique et je ne peux qu'exprimer mes regrets les plus profonds.

Vers 1934, l'innocent et naïf Furtwängler avait commencé à comprendre le poids que constituait l'intervention de l'Etat dans son monde exclusivement artistique, et il jugea nécessaire de démissionner de son poste de directeur de l'Orchestre philharmonique de Berlin. A partir de ce moment-là, il ne se produisit que comme chef d'orchestre invité, louant lui-même l'orchestre et le payant sur les recettes du concert, tout en cherchant la possibilité de trouver un engagement à l'étranger, de préférence aux Etats-Unis.

L'année 1934 marqua le début des concerts que donnèrent ensemble Yehudi et Hephzibah. Bien que peu fréquents, ils ont lancé celle-ci dans une « carrière » restreinte aux limites fixées par sa mère. J'étais entièrement d'accord avec Marutha sur ce point. Le *Daily Telegraph* de Londres publia le compte rendu d'une interview que je lui avais accordée à l'époque en tant que « porte-parole de la famille » :

Il reconnaît, certes, que c'est « amusant » pour Hephzibah d'avoir des propositions pour plus de cent concerts, sans en avoir jamais donné un seul.

En même temps, Mme Menuhin et lui n'ont pas l'intention de laisser Hephzibah devenir un « troubadour de concert permanent ». Cependant, il faut que jeunesse se passe. Yehudi et Hephzibah souhaitent donner quelques récitals de sonates. Leurs parents leur permettront peut-être de donner un unique récital à Paris, à Londres et à New York, étant bien entendu qu'ensuite il faudra s'arrêter là. M. Moshe Menuhin a déclaré que sa femme et lui sont « conservateurs pour tout ce qui concerne les carrières féminines et le bonheur dans la vie ».

Yehudi et Hephzibah jouèrent ensemble leurs trois concerts de sonates avec grand succès. Un an plus tard, Marutha et moi devions revenir sur notre décision limitant les apparitions de Hephzibah et elle fut autorisée à redonner le même nombre de concerts avec Yehudi dans les mêmes villes.

Dans son compte rendu du concert de New York de décembre 1934, Olin Downes, du *New York Times,* écrivit : « Leur auditoire a éclaté en applaudissements enthousiastes et prolongés, comme on en a rarement entendus dans cette ville au cours des dernières saisons. Cet hommage était mérité. »

Dans le même article, il ajoutait :

Il est bon de savoir que malgré son talent et son succès évidents, les parents Menuhin n'ont pas l'intention de pousser leur fille à faire une carrière professionnelle. Hephzibah ne se produira pas non plus avec Yehudi lors de sa prochaine tournée mondiale. Aussi bien la troisième et la plus jeune des enfants, Yaltah, présente dans le public, peut-elle interpréter un concerto de Chopin. On serait prêt à croire qu'il existe dans ce monde des intelligences capables de résister aux tentations de l'argent et de la notoriété. Ces enfants ont de la chance d'avoir de tels parents.

Yehudi et Arturo Toscanini s'étaient rencontrés pour la première fois lors du récital à Carnegie Hall en février 1930. Ils s'étaient retrouvés à Milan en 1931. En avril 1932, Yehudi, son accompagnateur Arthur Balsam et moi nous étions trouvés avec Toscanini à bord de l'*Ile de France* allant de New York en Europe. Avant que le paquebot ne quitte le port, Toscanini, voyant Yehudi, le serra dans ses bras et l'embrassa en s'écriant : « Il faut que nous fassions de la bonne musique pendant cette traversée ! » Yehudi était enchanté. Les officiers du navire mirent à notre disposition un salon de musique et tous les matins, entre environ dix heures et treize heures, ils jouèrent des morceaux de Bach, de Mozart, de Beethoven et de Brahms.

A un moment, Yehudi demanda à Toscanini s'il avait jamais entendu le 7e concerto pour violon en ré majeur de Mozart qu'Enesco lui avait fait connaître et que Yehudi jouait depuis 1927. Toscanini répondit : « Non, pourquoi ? Il n'y a à ma connaissance que six concertos de violon de Mozart. »

« C'est là, Maestro, ce que disent depuis des années les violonistes et les chefs d'orchestre. Aujourd'hui encore, alors que le septième concerto — celui qui a le plus de maturité parmi ceux que Mozart a composés — a été découvert et joué, on continue toujours à répéter la même rengaine. Certains osent même dire que ce n'est pas du Mozart authentique. J'aimerais vous le faire entendre. »

Yehudi joua le septième concerto pour violon de Mozart, avec Balsam au piano pour l'accompagnement orchestral. Toscanini s'agitait de plus en plus tandis qu'il tournait les pages pour Balsam ; finalement il s'écria : « Merveilleux, c'est du véritable Mozart ! Du meilleur Mozart ! ».

Toscanini loua la facilité avec laquelle Balsam avait transposé au piano les parties orchestrales. Il considérait que Balsam était l'un des pianistes les plus talentueux qu'il ait jamais entendus.

Le dernier jour de la traversée, Toscanini vint dans notre cabine, envoyé en émissaire par les passagers et les officiers du bateau pour demander à Yehudi de donner un concert au profit de la Fondation des marins. Yehudi accepta sur-le-champ, à une condition toutefois : que tous les mélomanes de seconde classe et de classe touriste fussent invités, comme les passagers de première classe. Le concert eut un énorme succès et la recette rapporta 40 000 francs, somme importante à cette époque.

C'est à son domicile que nous rencontrâmes ultérieurement Toscanini ; nous nous rendîmes à Milan pour un récital, en décembre 1932, et ce quelques semaines après que Toscanini eut été passé à tabac par les voyous de Mussolini pour avoir refusé de jouer le chant fasciste « Giovenezza » lors de l'un de ses concerts.

J'ai encore présentes à la mémoire certaines remarques que me fit alors Toscanini. Il parla d'un violoniste mondialement connu « qui joue le dernier mouvement du concerto de Mendelssohn comme si Mendelssohn l'avait conçu comme un exercice de vitesse, une sorte de « perpetuum mobile » » ; puis il évoqua un pianiste mondialement connu « qui attire la foule à New York et à Paris mais qui n'est pas un musicien vraiment distingué », et il ajouta : « Prenez d'autre part Gieseking. Il joue sur un Baldwin, mais voyez ce qu'il en tire. C'est le musicien, et non le piano, qui compte, de même que c'est le chef d'orchestre et non l'orchestre. »

Toscanini était un grand admirateur de Gieseking qui, selon lui, était « le musicien des musiciens ».

Juste avant notre rencontre avec Toscanini à Milan, alors que Yehudi jouait la fugue de la sonate pour violon seul en ut majeur de Bach devant un auditoire nombreux à Rome, d'une des loges centrales du balcon on entendit clairement une voix s'écrier : « *Che noioso* ! » (Que c'est ennuyeux !) Ce n'était rien moins que le Ministre de la Culture de Mussolini. Des « chut ! » courroucés partirent de divers côtés de l'immense salle en direction de la loge. Quand Yehudi eut terminé son morceau, éclatèrent des ovations et des applaudissements comme jamais je n'en avais entendus auparavant dans cette salle. Ces manifestations étaient à double détente : *en faveur de* Yehudi et *contre* le Ministre de la Culture de l'Italie fasciste.

Le soir du récital de Yehudi, Toscanini ne le quitta pour ainsi dire pas, sauf pendant qu'il était en scène. Quand arriva le moment de l'entracte, il se précipita dans les coulisses avec moi et me demanda : « Est-ce que je peux être ce soir le papa de Yehudi, lui changer sa chemise, le frictionner et lui donner son jus d'orange ? »

Tandis que Toscanini remplissait ses devoirs auto-imposés, il leva les yeux vers moi, sollicitant mon approbation et dit : « Est-ce que je fais les choses comme il faut, M. Menuhin ? »[1].

Pendant notre long séjour à New York, durant l'hiver 1933, Yehudi et moi rendîmes visite une ou deux fois par semaine à Toscanini dans sa suite de l'Hôtel Astor.

« Jouez aussi longtemps que vous voulez, aussi longtemps que vous pouvez », criait-il. De temps en temps, Yehudi s'arrêtait et demandait : « Critiquez-moi, monsieur Toscanini. » Mais pour toute réponse, celui-ci le serrait avec émotion dans ses bras, l'embrassait et s'écriait : « *Caro, bravo ! Perfetto !* »

Un jour, alors que Yehudi jouait pour lui le concerto de Beethoven, le téléphone sonna : Toscanini s'excusa et alla dans la chambre de sa femme lui demander de veiller à empêcher le téléphone de sonner tant que Yehudi et lui n'auraient pas fini de jouer. Quelques minutes après, le téléphone sonna de nouveau, juste au moment où Yehudi entamait le mouvement d'une lenteur divine. Toscanini s'arrêta et, furieux, retourna voir sa femme. Dix minutes plus tard, on entendit à nouveau la sonnerie. C'en était

1. Toscanini devait répéter ces soins en d'autres occasions, alors qu'il assistait aux concerts ou aux récitals de Yehudi.

trop pour Toscanini ! Il se précipita sur le téléphone, lui décocha un coup de pied et arracha les fils du mur. Alors il retrouva paix et sérénité ; calmement, il dit à Yehudi : « *Caro,* recommençons au début du deuxième mouvement. »

En décembre 1933, Toscanini voyagea avec nous à bord du paquebot italien *Rex* de Gênes à New York. La mer fut très agitée pendant toute la traversée mais tandis que Marutha, les filles et moi restions au fond de nos lits, Yehudi et Toscanini, debout et sur pied, arpentaient inlassablement le pont ou faisaient de la musique ensemble pendant des heures.

Yehudi devait faire sa première émission à la radio le 7 janvier 1934 ; il était décidé qu'il jouerait avec le « Cadillac Symphony Orchestra » (aujourd'hui le New York Philharmonic) dirigé par Walter Damrosch. Toscanini avait promis d'être présent dans le studio pour entendre l'exécution de Yehudi. Avant d'arriver à New York, Yehudi avait attrapé un mauvais rhume de poitrine et l'on suggéra d'annuler ou de reporter l'émission. Jamais de la vie ! « M. Toscanini vient au studio ! »

Yehudi, avec un des cataplasmes à la moutarde de Marutha sur la poitrine, interpréta de manière saisissante la Symphonie espagnole de Lalo, et termina le morceau quelques minutes avant la fin de l'émission. Devant l'insistance du directeur des programmes, je choisis parmi les morceaux prévus pour les bis, que j'emportais toujours avec moi, la partition du « Zapateado » de Sarasate et Yehudi termina cette œuvre juste à temps pour la publicité commerciale qui devait suivre.

Le grand jour que Yehudi attendait avec tant d'impatience arriva enfin, celui où il devait jouer le concerto de Beethoven avec Toscanini et le New Philharmonic Orchestra. Ce fut un triomphe éclatant et inoubliable.

Nous avions fixé avec nos imprésarios une règle selon laquelle Yehudi ne devait pas se produire à la radio plus d'une fois par an, et même alors, uniquement sur une chaîne nationale. Ce point était stipulé dans tous ses contrats, mais nous nous aperçûmes brusquement que l'un des concerts, prévu pour mars 1934 et dans lequel Yehudi devait jouer avec le Philadelphia Orchestra, dirigé par Leopold Stokowski, allait être diffusé dans tout le pays par la chaîne de radio C.B.S. Si cela se faisait, ce serait en contradiction avec un accord que nous avions signé avec le Cadillac Symphony Orchestra pour un concert programmé en janvier 1934. Le Philadelphia Orchestra nous assura que la partie du programme jouée par Yehudi ne serait pas diffusée ; mais dans la publicité que fit C.B.S. pour annoncer le concert, il était indiqué que Yehudi jouerait le concerto de Beethoven. Nous étions coincés. Nous ne pouvions pas décevoir les millions d'auditeurs qui s'attendaient à entendre Yehudi sur leur poste ce soir-là ; mais quelle serait la réaction des chefs d'orchestre, y compris notre ami Toscanini, qui avaient accepté notre refus lorsqu'ils avaient invité Yehudi à participer à un de leurs concerts radiodiffusés ? Il n'y avait aucun moyen vraiment satisfaisant de sortir de ce dilemme. Nous décidâmes que Yehudi jouerait dans les trois concerts mais ferait don de son cachet, qui s'élevait à 3 000 dollars, au Philadelphia Orchestra. Toutefois, nos imprésarios insistèrent pour que C.B.S. soit contraint de lui verser un cachet supplémentaire pour la radiodiffusion ; après négociations, ce cachet fut fixé à 4 500 dollars.

Ces concerts furent magnifiques. Le Professeur Einstein, qui se trouvait à la Princeton University, entendit par hasard celui qui fut radiodiffusé et fut si enthousiasmé qu'il écrivit en allemand à Yehudi : « Mon cher et bien-aimé Yehudi, avant-hier, je vous ai écouté à la radio alors que vous jouiez les concertos de Beethoven et de Bach. Ce fut pour moi un événement merveilleux, car aucun autre violoniste n'a jamais su jouer comme vous. Affectueusement et respectueusement vôtre, A. Einstein. »

Durant le concert radiodiffusé, Yehudi avait joué en bis, après le concerto de Beethoven, le mouvement lent du concerto en mi majeur de Bach. Il se termine par un pianissimo qui est censé être solennel et presque silencieux, et qui exige de la part du soliste comme de l'orchestre des sonorités tempérées. Yehudi l'avait souligné à Stokowski pendant la répétition. L'édition « Urtext » de Bach invite à le jouer ainsi. Cependant, au lieu de *faire taire* son orchestre, Stokowski exigea et obtint un finale tonitruant et retentissant qui écœura Yehudi. Quand Yehudi vit les mains de Stokowski se lever pour faire retentir le forte, il se contenta d'abaisser son violon, refusant de jouer les dernières notes, comme pour atténuer ce bruit injustifié en en supprimant au moins une voix indépendante. Néanmoins, je partage avec Enesco (qui avait fait lui-même une expérience malheureuse avec le chef du Philadelphia Orchestra) l'opinion que Stokowski était un génie.

Un autre concert important date de cette période : il fut donné à San Francisco le 8 avril 1934, afin de recueillir des fonds permettant à la Symphony Association d'engager un chef d'orchestre de premier ordre pour remplacer Alfred Hertz, qui avait pris sa retraite. Hertz accepta de diriger gratuitement le concert.

Nous traversâmes le continent à seule fin de donner ce concert de bienfaisance, sans accepter d'autres engagements sur la côte. Mais, une fois revenus à Ville-d'Avray, des rumeurs parvinrent jusqu'à moi selon lesquelles l'argent recueilli était en train de servir à payer de vieilles dettes.

Je décidai de ne pas protester, mais plutôt d'agir de manière constructive en persuadant la Symphony Association d'offrir à Pierre Monteux la tâche de réorganiser l'orchestre. Monteux, qui était souvent venu chez nous participer aux séances de musique de chambre avec Yehudi et Enesco, s'était fait une réputation remarquable à Boston (dans le comté de Holland, en Angleterre) et à Paris, si bien qu'on avait fini par l'appeler « le bâtisseur d'orchestres ». Nous avions l'impression que les mélomanes de San Francisco auraient à l'égard de ce grand musicien, homme charmant par ailleurs, la fidélité qu'ils avaient manifestée à Alfred Hertz.

Durant cette visite à San Francisco de 1934, Yehudi et moi achetâmes un terrain à Alma, petite ville située dans les montagnes de Santa Cruz, près de Los Gatos, sur lequel nous pourrions plus tard construire une maison pour la famille [1]. Situé sur le côté est d'un défilé étroit qui pénétrait dans la montagne, il avait appartenu à Richard Walton Tully et c'est là qu'il avait écrit sa « Rose of the Rancho ». L'endroit se trouvait non loin de la résidence de montagne de John Steinbeck, qui y travaillait à l'époque sur *Les Raisins de la Colère.* Le paysage splendide, les séquoias, les montagnes environnantes, nous convainquirent que le site offrait des possibilités merveilleuses. Nous prîmes des dispositions pour y faire construire une maison qui serait achevée pour notre retour l'année suivante, une fois que nous aurions terminé notre tournée mondiale et après une période supplémentaire d'études avec Enesco.

Yehudi avait commencé à correspondre avec quelques-unes des personnalités les plus illustres de notre monde sur des problèmes qui lui tenaient à cœur. C'est ainsi qu'à dix-huit ans, il écrivit à Albert Einstein pour lui demander comment il pouvait concilier sa philosophie pacifiste et l'idée que des gouvernements progressistes et libéraux réarment et imposent le service militaire

1. En l'honneur de l'héritage tartare (et plus particulièrement tcherkesse, c'est-à-dire circassien) de Marutha, nous projetâmes de l'appeler la *Villa Cherkess.*

obligatoire aux jeunes de leur pays. Le Professeur Einstein lui adressa la réponse suivante :

Je suis le même pacifiste ardent qu'auparavant. Mais je me rends compte à présent que les pays européens démocratiques qui subsistent ne peuvent se permettre de désarmer, tant qu'ils n'auront pas réussi à créer une garantie internationale efficace contre les attaques et tant que le régime de l'Allemagne restera une menace pour ses voisins. C'est avec tristesse que j'ai adopté ce point de vue, mais rien n'est plus dangereux que de fermer les yeux en présence d'une réalité horrible et redoutable.

Il me semble que, tout compte fait, trop de pacifistes honorables croient qu'exiger le désarmement est une fin ou un achèvement en soi. Il faut toujours admettre que la véritable sécurité exige la création d'une puissance internationale de force supérieure. Cette voie n'est pas à mes yeux une solution très réjouissante, car la force, quelle qu'elle soit, est méprisable ; mais je suis convaincu qu'il n'y a pas d'autre voie efficace. Quand la sécurité, obtenue ainsi par l'intermédiaire d'une force de police internationale, sera réalisée officiellement et restera une réalité pendant un certain laps de temps, alors et alors seulement elle pourra se développer peu à peu sur une base permanente ; car la tradition en aura été instaurée et les forces de police pourront être réduites. Le désarmement total est impossible !

Tant qu'il n'existait pas en Europe de puissances utilisant systématiquement tous les moyens psychologiques pour préparer la guerre, de puissances dictatoriales écrasant toutes les aspirations pacifistes, on pouvait escompter le succès du pacifisme grâce au refus universel des objecteurs de conscience de rejoindre les armées. Je croyais à ce moyen jusqu'à ce que les événements et les changements récents rendent inefficace et sans espoir une telle ligne de conduite. Aujourd'hui, hélas ! l'adopter serait simplement faire le jeu des dictateurs qui souhaitent écraser nos nations libérales.

A. Einstein.

Yehudi avait écrit au Dr Einstein à mon insu. Je n'y voyais pas d'objection. « Respecter l'enfance » était depuis toujours la règle dans la famille.

Une autre de ses lettres « secrètes » fut adressée à l'ambassadeur soviétique aux Etats-Unis, Alexander Troyanovsky [1], et avait pour sujet l'inaction du gouvernement soviétique face aux récentes attaques fascistes contre les logements d'ouvriers de Vienne que nous avions visités en 1930. Ceux-ci avaient été laissés en ruine. M. Troyanovsky adressa ses compliments à Yehudi pour les concerts qu'il avait donnés avec le Philadelphia Orchestra, à

1. Le jeune fils de M. Troyanovsky, Oleg, était élève dans une école de Washington ou des environs. Plus tard, il servit d'interprète à M. Khrouchtchev et il est aujourd'hui représentant permanent de l'U.R.S.S. aux Nations Unies.

l'un desquels il avait assisté, et nous invita à lui rendre visite à l'ambassade. Nous allâmes y dîner avec l'ambassadeur et sa charmante épouse lorsque nous retournâmes à Washington pour un récital, en février 1935. Nous y passâmes environ trois heures et tout fut fait pour nous mettre à l'aise. Le dîner fut somptueux, chaque plat servi avec le vin qui convenait. Un serveur personnel s'occupait de chacun des invités. Après le dîner, Yehudi lança un feu roulant de questions qui le préoccupaient depuis longtemps. M. Troyanovsky y répondit avec diplomatie et patience, y compris à celle concernant les horribles exécutions qui avaient lieu en Russie et plus particulièrement les exécutions de certains des « pères » de la révolution russe. A cette question, M. Troyanovsky répondit en ces termes : « En Amérique vous avez une expression qui convient : " On ne peut pas faire d'omelette sans casser des œufs ". »

Qu'aurait-il pu dire d'autre ?

Heureusement, la Russie n'est pas aujourd'hui ce qu'elle était sous Staline et mon sentiment est que, si l'on peut garantir la paix et la sécurité au peuple russe dans le cadre des lois internationales, le communisme s'éloignera paisiblement du totalitarisme et se transformera en une forme de capitalisme libéral ; et en contrepartie, le capitalisme tirera profit des idées économiques radicales du communisme et en adaptera quelques-unes à son propre usage.

CHAPITRE XX

PREMIÈRE TOURNÉE MONDIALE

(1934-1935)

Les enfants passèrent très agréablement l'été et l'automne 1934, grâce à leurs séances de musique de chambre et à leurs cours. Yehudi enregistra à Paris le concerto de Paganini (dans sa version « Urtext » complète) et le concerto « Adélaïde » de Mozart, avec Monteux au pupitre. Yehudi enregistra seul d'autres sonates et partitas de Bach, et avec Hephzibah la seconde sonate de Schumann.

Après de longues vacances à Ospedaletti et Sils Maria, nous commençâmes notre tournée mondiale en octobre, accompagnés de toute la famille. Elle dura jusqu'en novembre 1935 et nous conduisit dans les capitales d'Europe, les principales villes des Etats-Unis, Hawaii, et toutes les grandes villes d'Australie, de Nouvelle-Zélande et d'Afrique du Sud. En tout, cent dix concerts dans soixante-douze villes ! Les Etats-Unis exceptés, j'avais organisé la tournée moi-même, traitant directement avec les imprésarios locaux, et j'avais réglé tous les détails concernant les moyens de transport, les bagages, les hôtels, la presse, les bureaux de location, les finances et la collecte des cachets.

A San Francisco, en mars 1935, nous eûmes recours à un léger chantage pour pousser cette ville à trouver l'argent nécessaire pour engager un nouveau chef d'orchestre permanent de valeur pour son orchestre symphonique. J'avais recommandé Pierre Monteux à la Symphony Association, mais cette proposition ne s'était pas concrétisée. Nous nous étions accordé trois semaines dans cette ville où nous avions habité par le passé, pour nous reposer et voir de vieux amis. C'est pourquoi nous avions envisagé de faire jouer Yehudi et Hephzibah dans un récital commun à l'Opéra ; mais peu après notre arrivée, je réunis une conférence de presse au cours de laquelle j'annonçai que nous renoncions à ce projet en protestation contre le manque de soutien accordé par la ville à son orchestre. Le tour était joué ! Peu après, la ville imposa un petit impôt supplémentaire à ses résidents, afin de fournir une subvention à l'orchestre, et Pierre Monteux fut engagé. L'ardeur de l'orchestre et la fidélité du public furent bientôt ranimées et l'orchestre retrouva sa place parmi les plus grands des Etats-Unis.

Durant une courte escale à Los Angeles, alors que nous nous rendions à Honolulu, plusieurs personnalités des studios d'Hollywood vinrent spontanément nous rendre visite. Leur arrivée était précédée de stupéfiants bouquets de fleurs. Ces personnes avaient auparavant essayé de nous persuader de laisser Yehudi se produire dans leurs films. La Vitaphone Company voulait le faire paraître dans une nouvelle version de « Humoresque » ou dans je ne sais quel mélo du même genre. Quand je refusai un cachet de 100 000 dollars, tous frais payés, un cinéaste fou furieux me cria : « Pour un pauvre, vous êtes d'une fierté irresponsable ! Les parents convenables ne privent pas leurs enfants de la sécurité financière quand la fortune frappe à leur porte ! »

Puis vinrent deux messieurs fort aimables des Studios Paramount, qui refusèrent d'être repoussés. Avant de partir, ils me donnèrent les grandes lignes d'une histoire, « The Way of All Flesh »[1]. Je leur écrivis d'Honolulu :

> Entre l'art de Yehudi, sa mission, son intérêt pour la musique et le genre de divertissement dont vous vous occupez, il y a un abîme que ne peut combler aucun auteur de scénario intelligent, aussi talentueux soit-il !... C'est parce que nous vous respectons en tant qu'hommes et que nous estimons votre temps, vos idées et vos intérêts importants, que j'ai jugé de mon devoir de vous dire franchement et honnêtement mes sentiments sur ce scénario avant même que j'ose le montrer ou le lire à Yehudi.

D'Honolulu, où Yehudi eut un seul concert, nous nous rendîmes en Australie à bord du *Mariposa*. A Melbourne, il donna onze concerts, à Sydney dix, à Adelaïde un, à Brisbane deux et à Perth trois. En Nouvelle-Zélande, il y eut quatre concerts à Auckland, trois à Wellington, deux à Christchurch et un à Dunedin. Dans son langage inimitable, le magazine *Variety*

1. « Ainsi va toute chair. » (N.d.T.)

déclara : « Là-bas, Yehudi a fait un malheur... Le gamin est le plus gros « b.o. » jamais importé[1].

La tournée australienne rapprocha plus que jamais Yehudi de sa mère. Elle était son principal professeur ; ils lisaient ensemble des livres italiens et des livres russes. Marutha supervisait même les exercices quotidiens de Yehudi. A cette époque, Yehudi avait un grand sac, fabriqué pour lui par Marutha, avec plusieurs compartiments. Quand il se maria, il nous remit le sac pour qu'il soit sous bonne garde. Nous l'avons encore aujourd'hui. Mais ce n'est que quand j'ai entrepris d'écrire ce livre que je l'ai ouvert pour voir ce qu'il contenait. J'ai trouvé des enveloppes marquées « Réflexions », « Inventions » et « Correspondance générale ». Ses « réflexions » devaient le préoccuper terriblement. Il y en avait des centaines, gribouillées sur le dos d'enveloppes ou sur des petits bouts de papier de toute sorte. En voici quelques-unes :

« Avant de dire quelque chose, imagine toujours l'effet que ces mots produiraient s'ils étaient dits par quelqu'un d'autre. »

« Il est exceptionnel, l'homme qui peut se dominer, et non dominer les autres, celui qui peut garder la tête froide au milieu de la foule, qui peut rester sérieux quand il a envie d'être gai et qui peut sourire face au désastre, celui qui peut être embarrassé au milieu d'un troupeau et libre et naturel quand il est seul. »

« Le danger des disciples, c'est qu'ils deviennent trop dogmatiques. Comme ils n'ont pas connu les expériences qui permettent de mûrir et de s'enrichir et qui sont nécessaires pour parvenir à des conclusions, ils se contentent d'ingurgiter des catéchismes prédigérés. »

« Nos lointains ancêtres avaient plus de dignité dans la mesure où ils ne se préoccupaient pas de dissimuler leurs sentiments mais se battaient simplement jusqu'au bout. En ce sens, plus la civilisation est avancée, plus l'hypocrisie est grande. »

Dans le fourre-tout de Yehudi, sur du papier à lettres de l'hôtel Esplanade, à Perth, en Australie occidentale, je découvris une dissertation de six pages sur les machines, les fils de fer et les foreuses, intitulée : « Comment exploiter automatiquement un gisement à quelque profondeur que ce soit ». Il nous restait à visiter une mine !

1. Dans le cas présent « b.o. » signifie « box-office » et non « body odor » ! (N.d.T. : « box-office » veut dire ici « recette » ; « body odor » « odeur corporelle ».)

Notre voyage d'Adelaïde à Perth fut d'un luxe tout à fait exceptionnel. J'avais pris des dispositions auprès de la Compagnie de chemin de fer fédérale pour que notre famille ait le wagon spécial qui avait été construit pour le Prince de Galles quand il avait visité l'Australie. Nous l'avions exclusivement pour nous, avec en outre les services d'un cuisinier et d'un maître d'hôtel particuliers.

Le voyage à travers les grandes étendues désertiques fut merveilleux, sauf lors d'un arrêt dans une gare pour remplir le réservoir d'eau. Alors que le train ralentissait pour s'arrêter, des douzaines d'indigènes s'attroupèrent pour quémander de la nourriture. Nos enfants commencèrent à puiser dans les ressources de la cuisine, tout comme dans nos propres réserves alimentaires que nous avions emportées pour le voyage, et jetèrent cette nourriture aux indigènes jusqu'à ce que le cuisinier intervienne pour nous avertir que si nous continuions, il ne nous resterait pas grand-chose pour le reste du voyage. Je remarquai que ces aborigènes australiens qui, de toute évidence, mouraient de faim mangeaient sans les éplucher les oranges et les bananes que nous leur avions données.

A ce stade de ma vie, j'étais devenu tout à fait expert en matière de problèmes de bureau de location, de prix des billets, de « jauge » (le total des recettes d'un concert), de contrats, de règlements et d'impôts sur le revenu. En Australie, je fus confronté à un aspect inattendu de la vente des billets. Les personnes qui prirent des places pour les premiers concerts de Sydney et de Melbourne avaient des billets qui portaient le prix de l'entrée; mais la majeure partie de la tournée comprenait des concerts organisés selon un système « d'offre et de demande ». La plupart des billets étaient vendus seulement deux ou trois heures avant le début du concert. Aucun prix n'était imprimé dessus et ils ne portaient que le nom de l'artiste, la date et le nom du théâtre. Le prix et le numéro du siège étaient ajoutés au moment où les billets étaient achetés au guichet. L'employé qui les vendait se basait sur un plan de la salle. Le prix des places dans les différentes parties de celle-ci était déterminé en fonction de la longueur de la queue au guichet et selon l'humeur des gens qui faisaient la queue, en d'autres termes par la situation du marché. Je m'assurai que les employés des guichets fissent un pointage avec moi avant d'en changer le prix. Généralement, nous veillions à ce que, dans la mesure où c'était humainement possible, personne ne soit renvoyé parce que le prix était trop élevé pour lui.

Nous arrivâmes à Johannesburg quelques jours avant *Yom Kippour*. Le concert d'ouverture de Yehudi était prévu pour le soir de *Yom Kippour*, après le coucher du soleil bien entendu. Le matin, l'imprésario local me demanda de me rendre avec lui au Colosseum Theatre pour voir si tout était en ordre. Tout avait l'air d'aller, sauf qu'il y avait un nombre effrayant de cendriers sur pied, dispersés dans toute la salle et même sur la scène. « Est-ce que les gens *fument* pendant un concert en Afrique du Sud ? », demandai-je.

« Bien sûr ! »

« Mais mon fils ne peut pas jouer, environné de nuages de fumée ! »

« Je crains que nous ne puissions les en empêcher. »

« Il faut à tout prix les en empêcher ! »

Je le priai de faire imprimer des notices à insérer dans les programmes et à placer sur chaque siège et de faire à ce sujet l'annonce qui convenait avant le début du concert.

« Mais, M. Menuhin, c'est *Yom Kippour* et la plupart des imprimeurs de Johannesburg sont juifs. »

« Nous ne sommes pas à Jérusalem. Je suis sûr que vous pouvez trouver un imprimeur goy. »

On trouva un imprimeur pour faire ce travail et personne ne fuma durant ce concert ni durant aucun autre donné par Yehudi. Les journaux qualifièrent ce que nous avions fait d'histoire « sensationnelle ».

Nous eûmes quatre concerts à guichets fermés à Johannesburg, deux à Capetown, et un à Durban, Pretoria et Maritzburg. Nous fûmes contraints d'annuler celui de Port Elizabeth car nous nous étions tous enrhumés en descendant à plus de trois cents mètres sous terre pour visiter la mine d'or d'East Geduld !

Nous avions toujours eu l'intention de « nous retirer » pendant une année complète à la fin de notre tournée mondiale. Mais la tournée elle-même avait amené un changement chez Yehudi. Lors d'une discussion que nous eûmes tard dans la nuit avec Marutha, il nous déclara : « La tournée a été merveilleuse. J'ai trouvé fascinant de rencontrer des gens de différentes nations et de différentes races, des hommes d'une culture universelle et des hommes vivant à l'état primitif. Mais maintenant j'ai un nouveau rêve : deux années d'études, de contemplation et de travail de recherche pour élargir et approfondir ma musique ! Les ovations et les soi-disants triomphes ne me suffisent pas. Il y a tant à apprendre, tant à faire... Je veux étudier à fond la littérature musicale... Le moment est venu pour moi de commencer à voler de mes propres ailes, même si je continue à travailler avec notre cher Enesco. Deux années dans notre ranch de Californie et une partie du temps à Paris avec Enesco, ne pensez-vous pas que nous pouvons nous offrir cela ? »

Sans la moindre hésitation nous acceptâmes le projet de Yehudi.

La décision fit l'effet d'une bombe à nos imprésarios américains mais, après avoir commencé par se plaindre et gémir, ils finirent par l'accepter de bonne grâce et furent enchantés d'apprendre qu'ils pouvaient annoncer un récital de sonates que Yehudi et Hephzibah donneraient ensemble pendant notre séjour à New York en mars 1936, avant d'aller à Los Gatos. Pour apaiser leurs craintes quant aux effets que ces deux ans de « retraite » pourraient avoir sur la carrière de Yehudi, Evans et Salter furent autorisés à signer un contrat avec General Motors prévoyant une seule émission radiodiffusée de Yehudi aux Etats-Unis pendant la semaine suivante, une autre pour janvier 1937 et une avec Ford pour février 1937. Les cachets étaient les plus élevés jamais obtenus à cette date.

Avant le premier de ces engagements, Yehudi et Hephzibah donnèrent ensemble des concerts de sonates à Paris et à Londres et firent plusieurs enregistrements à Paris, dont certains avec le violoncelliste Maurice Eisenberg. Nous séjournâmes à l'hôtel Majestic, et Yehudi eut pendant trois mois, entre décembre 1935 et février 1936, le plaisir de travailler sérieusement avec Enesco.

Le récital de sonates que Yehudi donna avec Hephzibah à New York reçut un accueil extraordinaire. Yehudi allait bientôt célébrer son vingtième anniversaire. Il s'acheta une Cadillac décapotable pour emmener ses amis parcourir les montagnes de Santa Cruz. Quant à nous, nous ramenâmes de France notre Delage.

Mon récit de la tournée mondiale ne serait pas complet si je ne décrivais la soirée du 12 novembre 1935. Nous étions au milieu de l'Atlantique, à bord du *Warwick Castle* qui nous emmenait de Capetown à Southampton, quelque part entre les Canaries et Madère. C'était mon quarante-deuxième anniversaire et Marutha et les enfants avaient organisé un dîner surprise en mon honneur dont le moment le plus inoubliable fut un discours prononcé en français par Yehudi, en hommage à sa mère et à moi. Je mentionne cet événement parce qu'il éclaire cette période de la vie de Yehudi (qui avait entre dix-neuf et vingt ans) où il était déjà extrêmement mûr et heureux et non pas « l'oiseau en cage qui ressentait de temps à autre une violente envie de briser ses barreaux pour se libérer et s'enfuir », comme certains de nos diffamateurs l'ont décrit à cette époque-là.

Voici quelques-unes des phrases que prononça Yehudi dans ce discours[1] :

Mon très cher père,

Ce grand jour est pour nous comme la prise de la Bastille ou la Déclaration d'Indépendance. (...) Notre belle et heureuse union est le fruit de vos âmes, et c'est un jour impérissable, dont nous jouissons toujours. Ce fruit représente notre dette envers vous, et c'est cette dette qui fait notre bonheur... C'est vous, toi et Maman, vous seuls qui ont gagné et mérité ce bonheur. (...) C'est à vous que nous le devons ; c'est vous qui nous l'avaient procuré... avec vos sacrifices.

1. N.d.T. : nous reproduisons ici le texte original exact (fautes d'orthographe comprises) de ce discours.

CHAPITRE XXI

LOS GATOS

(1936-1938)

Il avait été prévu que notre maison serait prête pour que nous nous y installions à notre retour aux Etats-Unis ; mais à peine étions-nous à New York que les grondements d'un orage susceptible de détruire tous les rêves que nous avions faits d'y vivre parvinrent à nos oreilles.

Peu après notre arrivée, à la mi-mars 1936, notre entrepreneur nous fit savoir qu'il avait besoin d'environ deux semaines supplémentaires pour terminer la maison. A peu près à la même date, tous les journaux du pays se mirent à raconter — gros titres à l'appui — que nous avions construit à Alma pour Yehudi une maison protégée contre les enlèvements. Un article dans le journal local de Los Gatos déclarait : « Sa propriété… aura tout ce qu'on fait de mieux en matière de protection contre les gangsters et leurs méthodes. On peut dire que le système de protection électrique contre des intrusions injustifiées surpassera celui d'Alcatraz. »

Suivaient des histoires à vous glacer le sang. Selby Oppenheimer écrivit : « Je n'ai pas réussi à découvrir qui a répandu cette histoire idiote… De toute évidence, elle avait pour origine quelqu'un d'Alma. »

Je n'ai jamais su s'il s'agissait d'une plaisanterie stupide ou d'un acte de vengeance de la part d'une personne déçue ou mécontente, mais en fin de compte l'effet produit fut désastreux. Ces histoires firent surgir dans nos esprits le spectre d'un enlèvement : l'affaire Lindbergh était encore présente à nos mémoires. Après bien des nuits d'insomnie, j'écrivis à J. Edgar Hoover, directeur du Federal Bureau of Investigation, en joignant à ma lettre les coupures de ces articles. Hoover me répondit : « Je veux que vous sachiez que je suis personnellement prêt à vous aider de toutes les manières possibles au cas où surviendrait un événement nécessitant l'intervention de mes services. » Il m'indiqua le nom d'un agent responsable du bureau de San Francisco du F.B.I., W. L. Listerman, et nous assura que celui-ci avait reçu pour instruction d'accorder « une attention prioritaire et privilégiée » à tout problème pour lequel je ferais appel à lui. Ainsi rassuré, je me calmai un peu. Nous quittâmes New York pour Alma, l'esprit plein d'espoir mais avec une ombre d'inquiétude.

Un printemps magnifique nous accueillit à Los Gatos. Nous nous rendîmes directement à l'Hôtel Lyndon. Nous apprîmes peu après que le mobilier venant de Ville-d'Avray était arrivé et prêt à être livré dans notre nouvelle maison. Le lendemain, nous remontâmes en voiture la route de montagne toute neuve, un peu cahotante, mais utilisable, construite pour nous par le vieil Amos Smead, l'entrepreneur local; nous garâmes la voiture sur le petit terre-plein qui entourait la maison et contemplâmes autour de nous le splendide panorama qu'offraient les montagnes environnantes. Puis nous commençâmes à explorer la maison. Il y avait des chambres avec salles de bains pour toute la famille, une salle de séjour agréable, bien que petite, avec vue sur les montagnes, et une petite cuisine avec tous les équipements modernes les plus récents. Cependant, il n'y avait ni chambre d'amis ni chambre de service, ni aucun arbre pour donner de l'ombre. Nous sortîmes pour examiner le pays sauvage qui nous entourait. Je regardai Marutha et elle me regarda.

« Moshe, dit-elle, je ne peux pas amener mes enfants vivre ici. C'est un endroit merveilleux, mais si retiré et si isolé! C'est trop dangereux. Nous ne pouvons pas habiter là. »

Il n'y avait rien à dire. J'avais le cœur lourd, ce cœur que j'avais donné à Alma, au rêve que je chérissais depuis la première fois où nous avions découvert les montagnes de Santa Cruz; mais mes sentiments personnels ne pouvaient prévaloir face aux craintes et à l'inquiétude d'une mère.

Je me sentais vaincu, dépossédé. Par la suite, et pendant longtemps, je montais en voiture à Alma deux fois par semaine, pour y planter des arbres et des fleurs, arroser et désherber le terrain autour de la maison; puis je m'asseyais et observais les montagnes tout en méditant, et cela me permettait de relâcher la tension que j'éprouvais. J'ai enterré sur cette colline tous mes rêves personnels, innocents et fatidiques, mon côté poétique et romanesque, mon attachement à la terre et à la nature [1].

Il était clair que nous devions trouver un logement plus sûr à l'intérieur des limites de la ville de Los Gatos, mais je n'avais plus le cœur à chercher une maison et confiai entièrement à Marutha et à Yehudi le soin d'en trouver une. Quatre semaines éprouvantes s'écoulèrent à l'Hôtel Lyndon ; un jour, enfin, ils trouvèrent une maison en haut d'une colline qui dominait la ville. Elle était située tout près du Noviciat de Los Gatos, l'école primaire jésuite, et était sans prétention, sinon qu'il y avait autour un petit terrain d'environ un demi-hectare. Nous décidâmes immédiatement d'y construire une piscine et d'y apporter des améliorations afin que nos enfants puissent inviter des amis à venir y séjourner. Nous engageâmes un jardinier et une cuisinière, et la vie fut à nouveau agréable et détendue. La nouvelle maison répondait à tous nos besoins, sauf à mon vieux rêve de vivre vraiment dans les montagnes de Santa Cruz au lieu de me borner à les contempler [2] !

Un rayon de lumière pénétra alors chez nous en la personne du Recteur du Noviciat, le Père Dunn. Il savait que nous avions été contraints d'abandonner notre maison dans la montagne et il nous offrit la libre et pleine disposition du domaine adjacent qui appartenait au Noviciat, avec ses jardins, ses vergers, ses sentiers et ses pistes. Cela signifiait que Yehudi et ses sœurs pourraient emmener leurs jeunes amis, tard dans la nuit, sur les pistes de montagne pour regarder se lever la pleine lune à l'est du ciel. Ils pourraient explorer les montagnes en toute sécurité et faire la fête à minuit sous une myriade d'étoiles scintillantes [3].

La piscine fut construite en près d'une semaine. L'appel des pistes de la montagne, le climat lumineux, la salle de jeux qui servait aussi de petit théâtre et de salle de bal, les pelouses ombragées avec le terrain de badminton et les tables de ping-pong, la Cadillac décapotable de Yehudi dans laquelle ses amis et lui allaient explorer les routes empruntées jadis par les chariots et sur lesquelles aucune automobile n'était jamais passée, toutes ces choses gardaient les enfants occupés tant physiquement que mentalement. Il y avait un temps consacré à la promenade, un temps pour se reposer, lire, nager et prendre des bains de soleil.

1. En 1939, un an après le mariage de notre fils, nous lui offrîmes ainsi qu'à sa femme notre propriété d'Alma.

2. Au moment où j'écris, nous habitons toujours sur cette même colline, mais de l'autre côté.

3. Marutha et moi jouissons encore de ces droits aujourd'hui.

Pendant les années 1936 et 1937, de nombreux garçons et filles vinrent séjourner chez nous plus ou moins longtemps : Beveridge et Ferguson Webster de Pittsburgh, tous deux excellents pianistes ; Marie-Louise Bine et sa sœur Barbara de San Francisco ; Max Kahn et sa nièce Ida Fertig ; Bernard Kaufman et sa sœur Joyce ; Daniel Fleg de Paris ; Shirley Kay, la charmante fille de nos très chers amis Joseph et Ann Kay de Berkeley ; et pour finir, Rosalie Leventritt qui, sur le plan affectif et sentimental, était la plus proche de Yehudi. Marutha et moi imposions rarement notre présence aux jeunes gens, sauf pour les repas.

En janvier 1937, nous quittâmes Los Gatos pour séjourner un peu plus d'un mois à New York où devait avoir lieu un enregistrement prévu pour le 24 janvier. En rentrant chez nous à la fin février, nous devions faire une halte pour le deuxième concert radiodiffusé. Le train qui nous emmenait vers l'est fit escale à Berkeley pour prendre des voyageurs, et nos amis les Kay et leur fille Shirley vinrent nous saluer brièvement dans notre compartiment. Mû par une brusque impulsion, Yehudi dit à Shirley : « Allez, Shirley, viens avec nous à New York. Nous prendrons bien soin de toi. Allez ! chiche ! »

Shirley eut l'air éblouie : « Mais je n'ai pas de vêtements, pas même une brosse à dents ! »

« Ça ne fait rien ! je t'en achèterai. » Et, tandis qu'il s'accrochait à elle, le chef de train annonça soudain : « Tous les visiteurs sont priés de descendre du train ! » Les Kay hésitèrent, puis nous dirent au revoir précipitamment. L'occasion était passée pour Shirley et Yehudi...

Tandis que le train prenait de la vitesse, Yehudi et ses sœurs commentèrent l'incident. Pour ma part, je me demande aussi parfois en quoi la vie personnelle de Yehudi aurait été différente si Shirley Kay l'avait accompagné à New York, ou bien encore s'il était tombé amoureux de Lydia Perera, de New York, ma préférée parmi toutes les filles qu'il connut durant son adolescence.

A New York, nous retrouvâmes bientôt avec plaisir la compagnie de nos vieux amis, y compris Georges Enesco et Willa Cather. Cependant, nous ne fîmes pas que des rencontres aussi agréables. Ainsi un reporter du *New York Post* arriva un jour après la conférence de presse que nous avions donnée dans notre appartement de l'hôtel à propos du concert radiodiffusé donné conjointement par Yehudi et Hephzibah pour la Ford Motor Company. Tout sourire, ce journaliste commença par me parler de toutes sortes de choses au lieu de me poser des questions. Sentant croître mon impatience, il finit par me demander : « Dites-moi, est-il vrai que vos enfants ont donné aux Ford un cours de musique et qu'ils ne joueront que des sonates ? » Je ne me rendis pas compte que c'était une question-piège et que, quoi que je dise, je prêtais le flanc à une histoire préalablement préparée et fabriquée.

« Quand ils jouent ensemble en public, Yehudi et Hephzibah ne jouent que des sonates », lui répondis-je.

Je découvris plus tard que j'aurais dû lui demander ce qu'il cherchait à savoir, ou simplement le jeter à la porte sans répondre à cette question ; car, un peu plus d'une heure après, son journal fit sensation dans les kiosques à journaux avec l'histoire suivante :

Messieurs Ford, Henry et Edsel, ont reçu ces derniers jours un « petit cours de musique » (...) Cette information nous a été fournie aujourd'hui par Moshe Menuhin, père et imprésario de Yehudi Menuhin. (...) « M. Henry Ford et M. Edsel Ford », nous a dit M. Menuhin Senior, « nous ont suppliés pendant des semaines de donner un concert. Nous avons d'abord hésité, mais par la suite Yehudi a déclaré qu'il était prêt à le faire, à la seule condition qu'il joue avec sa sœur. Les Ford ont accepté. Yehudi a posé alors une autre condition. Il a dit qu'il ne jouerait pas de morceaux populaires, mais uniquement des sonates pour violon et piano... M. Henry Ford et M. Edsel Ford ont avoué franchement qu'ils ne savaient pas ce qu'était une sonate. Nous le leur avons donc expliqué et c'est ainsi, pourrait-on dire, qu'ils ont reçu un petit cours de musique. Mais je dois dire que les Ford ont vu les choses d'un point de vue sensé et commercial. Ils ont déclaré que, puisque Yehudi reçoit un cachet plus élevé que n'importe quel autre artiste de concert au monde, c'est qu'il doit être bon et qu'ils seraient très heureux qu'il joue, des sonates et le reste ». (...)

M. Menuhin père a refusé de donner le chiffre exact ; mais il a déclaré que c'était « le plus gros cachet jamais payé à un artiste ou à un groupe d'artistes où que ce soit, n'importe quand, sur les ondes ou dans une salle de concerts ».

En réalité, nous n'avions jamais rencontré la famille Ford et cela ne nous arriva que trois semaines plus tard à Detroit ; je n'avais aucunement participé aux négociations qui furent assurées par nos imprésarios ; il ne fut jamais question du genre de musique que Yehudi et Hephzibah joueraient ; et tout ce que je savais concernant la culture musicale des Ford était que Henry Ford collectionnait de vieux violons italiens de valeur. Pour cette raison, j'avais toujours présumé qu'il s'y connaissait un peu en bonne musique et je n'aurais jamais osé formuler les remarques que l'on m'attribuait. Quand les trois générations de la famille

Ford vinrent nous voir à notre hôtel, à Detroit, nous les trouvâmes absolument charmants.

Il n'existe aucun endroit au monde aussi beau que la Californie quand les abricotiers, les pêchers et les cerisiers sont en fleur. La terre s'éveille soudain, les pelouses reprennent vie et le renouveau de la nature se manifeste partout, tandis qu'au sommet des montagnes la neige persiste encore sur les crêtes. A notre retour — la première semaine de mars —, notre vie paisible reprit son cours.

Une seule ombre restait au tableau : Hollywood et ses perpétuelles propositions. Plus je montrais de vigueur à les repousser, plus la presse nationale était violente à mon égard en m'accusant de « jouer les coquettes ». Pour Hollywood, « Non ! » n'était pas une réponse. Boris Morros cita toute une liste de grands artistes qui n'étaient pas mécontents de « confier » leur talent au cinéma : « Si le jeune maestro redoute tellement de " prostituer " son art à l'écran, il pourrait inversement servir avantageusement l'art musical s'il acceptait de se produire au cinéma qu'il anoblirait de ce fait. »

Un journaliste écrivit aussi : « Gigli a joué dans le film " Forever Yours " ; (...) Jascha Heifetz apparaîtra bientôt dans " The Great Music Festival " (...) et aujourd'hui, ceux qui observent les tendances affirment que Yehudi Menuhin succombera à une offre de plus de 500 000 dollars pour se produire dans un film intitulé " Humoresque ". »

La grande autorité d'Hollywood, Louella O. Parsons, exprima ainsi la situation : « Eh bien, apparemment Paramount ne prend pas trop au sérieux l'attitude hostile de Yehudi à l'encontre du cinéma parce qu'ils ont lancé Gil Gabriel (...) sur une histoire destinée à stimuler l'intérêt des Menuhin. Albert Lewin (...) étudie un projet de film dans lequel Yehudi se produira avec sa sœur Hephzibah qui joue du piano. »

Mais, de cette période, je garde surtout le souvenir des premières amours et affaires de cœur de nos enfants. C'était un plaisir de regarder Yehudi et Rosalie Leventritt danser le tango, les yeux brillants, le cœur rempli de joie, dans le hall qui donnait sur la piscine. Je vis jaillir une larme dans les yeux de Rosalie quand Yehudi lui dit au revoir à Oakland Pier le jour où elle repartit pour New York, à la fin de l'été 1937. Peut-être Rosalie rentra-t-elle chez elle, en rêvant — tout comme Yehudi sans doute — d'un avenir commun. Cependant, Yehudi demanda conseil à deux confidentes en qui il avait confiance, sa mère et Willa

Cather, qui l'invitèrent à être patient et à mûrement réfléchir avant de choisir la compagne de sa vie.

En dépit de tous ces émois sentimentaux, du « soleil éternel » et du ciel bleu, Yehudi ne négligea jamais son premier amour, la musique. Tous les matins, il consacrait quelques heures à l'étude. Pour la saison suivante, il commença à sélectionner des œuvres qu'il avait travaillées avec Enesco mais qu'il n'avait jamais jouées en public, comme le concerto en fa mineur de Lalo, les sonates de Pizzetti et de Lekeu, la « Fantaisie » de Robert Schumann. Puis, en avril 1937, il se produisit un événement étonnant. Yehudi venait de commencer à travailler avec diligence sur le texte original de la « Fantaisie », Opus 131 [1], de Schumann, quand il reçut la reproduction photographique de deux concertos inconnus : l'édition complète « Urtext » d'un concerto pour violon « perdu » de Schumann et le deuxième concerto pour violon en si mineur de Paganini. Ce cadeau provenait d'un grand admirateur de Yehudi, l'éditeur de musique allemand Wilhelm Strecker, de B. Schott's Söhne. Herr Strecker demandait à Yehudi de jouer le concerto de Schumann et de lui faire ensuite connaître son avis quant à « la valeur de cette œuvre sur le plan concertant ». Il nous raconta que l'œuvre avait été écrite pour Joseph Joachim à la fin du mois de septembre et au début du mois d'octobre 1853, qu'elle était dédiée à Joachim, mais qu'il ne l'avait jamais jouée en public. Joachim avait pris la responsabilité d'en interdire la publication, tout comme son exécution en public, pendant les cent premières années suivant la mort de Schumann.

Schumann composa le concerto vers la fin de sa vie, quand il avait encore toute sa raison, que son cœur était « joyeux mais ardent » et son génie inventif éclatant. Il supplia Joachim, le plus grand violoniste de l'époque, de le jouer en public cette saison-là, mais Joachim tergiversa et l'esprit de Schumann commença rapidement à sombrer dans une mélancolie dont il ne guérit jamais.

Le mystère plane sur la décision de Joachim de ne pas jouer ce concerto en public, bien qu'il l'ait joué de nombreuses fois en privé. Tout aussi inexplicable est l'interdiction qu'il imposa dans

1. Cette œuvre fut composée par Schumann durant les deux premières semaines de septembre 1853 et dédiée à Joseph Joachim. Joachim la joua le 27 octobre de la même année, à Dusseldorf, puis à nouveau à Hanovre où il était premier violon de l'orchestre symphonique local.

son testament. Joachim mourut en 1907 et, au cours de cette même année, le concerto et tous les autres manuscrits, journaux et biens de Schumann furent confiés à la Bibliothèque Nationale prussienne. Les héritiers de Joachim insistèrent pour que ses dernières volontés fussent respectées.

L'attitude de Joachim est déconcertante. Dans nombre de ses lettres, il faisait un éloge enthousiaste du concerto qu'il avait dû étudier sérieusement avec son ami intime Brahms, son collaborateur de toujours. Dans une longue lettre à son biographe, Andreas Moser, Joachim a donné une vague explication de son attitude, mais elle n'est guère satisfaisante : « Certaines pages (comment pourrait-il en être autrement ?) témoignent de la profonde sensibilité du compositeur, mais ceci, par contraste, en rend malheureusement les faiblesses encore plus évidentes. » Il avait le sentiment que c'était son devoir de protéger la mémoire de son ami et « ne pouvait permettre la publication de l'œuvre, même si le public le souhaitait très vivement ».

L'histoire du concerto perdu avait une conclusion bizarre. Les grandes-nièces de Joachim, Yelli d'Aaranyi et sa sœur Adila Fachiri, toutes deux violonistes, prétendirent avoir reçu de l'au-delà des messages provenant de Schumann, via Joachim, dans lesquels Joachim admettait qu'il avait manqué de tolérance et que Schumann insistait pour que l'œuvre soit « exhumée ».

Quand Yehudi eut fini d'étudier le manuscrit, ses yeux brillaient et son enthousiasme était sans bornes. Ce qui le frappait le plus nettement, c'était l'extraordinaire similarité entre le concerto « perdu » et le concerto pour violon de Brahms. Il appela Hephzibah au piano pour qu'elle l'accompagne et ils le jouèrent et le rejouèrent sans fin. Pour Yehudi, c'était de la grande musique schumannienne, mélancolique, romantique, pleine de maturité et de lyrisme, comme seul Schumann savait en écrire. Puis ils sortirent le concerto de Brahms. Quelles étranges ressemblances et quels contrastes magnifiques et impressionnants ! Du vrai Schumann et du vrai Brahms, mais reliés par les liens du sang. Et le Brahms avait déjà sa niche dans le firmament de la musique classique, tandis que le Schumann était enterré vivant. Yehudi fit vœu de l'exhumer. Il écrivit une longue lettre enthousiaste à Herr Strecker, en lui demandant de lui fournir l'explication complète des raisons pour lesquelles l'œuvre ne pouvait pas être publiée et jouée immédiatement. Il supplia Strecker de faire le maximum pour obtenir les droits nécessaires afin de publier l'œuvre tout de suite et de le laisser la jouer en public durant la saison suivante, en septembre et octobre 1937. Strecker fut si stimulé par la lettre de Yehudi qu'il décida de surmonter tous les obstacles. Il réussit à négocier un accord avec le Professeur Schunemann, conservateur de la Bibliothèque Nationale prussienne ; il obtint du fils de Joachim l'autorisation de publier le manuscrit ; il parvint à un arrangement avec la fille de Schumann qui, âgée de quatre-vingt-six ans, vivait en Suisse, et avec les autres héritiers.

Tout semblait s'arranger. Mais nous n'avions pas tenu compte d'Adolf Hitler. Une fois qu'il fut connu en Allemagne que Yehudi Menuhin allait jouer le concerto, la politique raciste s'en mêla. L'Allemagne nazie ne pouvait laisser un Juif jouer le concerto « perdu » de Schumann avant un violoniste de pure race allemande. Yehudi voulait jouer le concerto au début d'octobre avec le San Francisco Symphony Orchestra, mais le gouvernement nazi ordonna à Herr Strecker de ne pas lui transmettre les parties orchestrales. Une série de télégrammes en provenance d'Allemagne réussirent à faire repousser à plusieurs reprises le concert que devait donner Yehudi.

Finalement, le concerto fut d'abord joué à Berlin par le violoniste allemand Kulenkampf, le 26 novembre 1937. Le concert fut radiodiffusé en Amérique et, bien entendu, Yehudi l'écouta. Le *New York Times* l'interviewa pour connaître ses réactions sur la façon dont Kulenkampf l'avait joué et déclara dans son reportage : « Yehudi Menuhin a regretté que le violoniste n'ait pas joué l'édition originale. M. Menuhin a exprimé l'opinion que l'arrangement du concerto s'était peut-être efforcé d'accentuer l'importance du violon... Schumann n'a pas besoin d'assaisonnement. »

Strecker avait envoyé à Yehudi un exemplaire de la version jouée par Kulenkampf, « arrangée et revue pour usage pratique par un compositeur-interprète renommé de notre époque », et avait demandé son avis à Yehudi. Celui-ci le regarda et me demanda de télégraphier immédiatement à Herr Strecker pour lui demander de n'imprimer que la version « Urtext » et pour l'assurer que lui-même ne jouerait que la partition originale. Herr Strecker obtempéra. Yehudi joua pour la première fois le concerto, accompagné seulement au piano, lors de son récital au Carnegie Hall, le 6 décembre 1937 ; et la première exécution orchestrale qu'il en donna eut lieu à

St. Louis, le 23 décembre (concert répété le 26 décembre 1937)[1].

Le flot d'*ukases* en provenance de l'Allemagne nazie ne fut pas la seule cause d'émotion à Los Gatos à cette époque-là. Il y eut l'idylle naissante avec Rosalie Leventritt, les bals et les représentations théâtrales. Les enfants avaient instauré une tradition consistant à jouer une pièce le jour de notre anniversaire de mariage, le 7 août, et ils avaient formé une troupe théâtrale familiale dans laquelle ils enrôlaient quiconque séjournait alors chez nous. Il y eut aussi leurs farces : quelques jours avant de partir en tournée, Yehudi offrit à tous ses amis des feuilles de sumac vénéneux à porter au revers de leurs vestes et naturellement en arbora lui-même. Marutha se transforma en infirmière pour tout le monde et soigna les victimes à l'aide de lotions apaisantes. Yehudi commença sa tournée de concerts avec des démangeaisons et une irritation entre les doigts.

Marutha et moi aurions été heureux de rester à Los Gatos s'il n'avait été nécessaire d'accompagner nos enfants sur la piste des concerts. Et ils mouraient d'envie de retourner en Europe.

Les progrès d'Hephzibah en musique nous faisaient plaisir à tous; mais Marutha, elle, avait des inquiétudes concernant l'avenir de notre fille aînée. Elle dit à Carolyn Anspacher, du *San Francisco Chronicle* : « Hepzibah aspire à des récitals en soliste et à faire carrière de son côté. A mon avis, il vaut mieux qu'elle soit heureuse plutôt que célèbre. Je lui dis que la seule immortalité qu'une femme devrait souhaiter est d'avoir un foyer et des enfants. Les femmes carriéristes perdent ce qu'il y a de plus important dans la vie et ne s'en rendent compte que lorsqu'il est trop tard. »

Mlle Anspacher informa ses lecteurs : « Pendant la saison prochaine, Hephzibah se produira huit fois avec son célèbre frère dans des récitals de sonates. Ce duo étonnant, dont on dit que la " simpatia " est plus forte que les liens qui unissaient Mozart à sa sœur, joueront dans huit capitales du monde et pendant chacune de ces représentations, Marutha Menuhin se désolera et priera le ciel de délivrer Hephzibah de l'épouvantable fléau qu'est la célébrité. »

The American Hebrew, hebdomadaire new-yorkais, demanda à Yehudi et à Hephzibah d'écrire quelques lignes pour le journal

1. La Gramophone Company of England a sorti un enregistrement de l'exécution par Yehudi du concerto « perdu » de Schumann.

concernant « les efforts nécessaires pour dissiper les préjugés et instaurer une meilleure compréhension entre les hommes de croyances différentes ». Les enfants me demandèrent de répondre à leur place et voici quelques-unes des idées que j'exprimai :

Nous ne pouvons conserver de préjugés à l'encontre du monde chrétien parce que certaines minorités bruyantes et agressives parmi celui-ci prospèrent grâce au sang versé par Israël.

Nous ne pouvons pas nous vanter des actes glorieux de notre histoire ancienne, pas plus que nous ne pouvons condamner le monde chrétien dans sa totalité, parce que des antisémites ont amassé du capital à cause de certains vauriens juifs qui ont profité ou profitent de quelques Gentils innocents !

Ni nous (ma femme et moi) ni nos enfants n'avons jamais rencontré le moindre signe de racisme au cours des voyages que nous avons faits à l'étranger, où que ce soit ! La plupart des professeurs, des amis et des imprésarios de nos enfants et la majorité de leur public à travers le monde sont des Gentils. Cependant, nous n'avons jamais ressenti le moindre préjugé ni la moindre mesquinerie de leur part en raison de notre judéité. Le public de Melbourne (ou de Munich, quand l'Allemagne faisait partie de nos tournées), de Londres, Paris, Rome, Florence, Amsterdam, Zurich ou Johannesburgh adore en Yehudi l'artiste et oublie complètement, tout comme son âge, le fait qu'il est juif et américain.

Dans le monde et l'atmosphère de la musique, notre nature humaine a trouvé son dénominateur commun et son ciment. Bach, Mozart, Beethoven sont universels, et il en est de même pour leurs interprètes : Toscanini, Enesco, Koussevitzky, Kreisler, Menuhin. (...) Ils unissent l'humanité et la fondent en une communauté fraternelle où les préjugés disparaissent.

Evidemment, la cruauté, les préjugés et les persécutions existent. Et plus le monde est divisé par des barrières économiques et nationalistes, plus les préjugés resurgissent.

Nous rêvons d'une fraternité universelle et d'une civilisation supérieure qui, tout en tirant profit des manifestations passées et passagères de nationalisme, évoluera vers l'universalisme où se fondront en un seul héritage spirituel les éléments positifs de toutes les cultures, de toutes les fois et de toutes les philosophies.

CHAPITRE XXII

IDYLLES ET MARIAGES

(1937-1938)

Yehudi ouvrit la saison 1937-1938 le 30 septembre 1937, à San-Francisco, où il apparut pour la première fois en « queue de pie ». Depuis son vingt et unième anniversaire, le 22 avril 1937, ses gains étaient versés directement sur son propre compte bancaire, et il allait bientôt affirmer sa maturité de bien d'autres manières encore.

Après avoir joué dans différentes villes à travers les Etats-Unis, puis en Angleterre, en Ecosse et en Irlande, il donna le 6 mars 1938, au Royal Albert Hall, un concert avec le London Philharmonic Orchestra dirigé par Sir Henry Wood. Celui-ci devait être suivi d'un récital dans la même salle, le dimanche 20 mars à trois heures de l'après-midi, mais une heure avant, nous apprîmes que le jeune accompagnateur américain avait oublié ses partitions dans l'autobus, alors que nous rentrions à l'hôtel après avoir déjeuné non loin de Piccadilly Circus. Les partitions perdues étaient celles de la sonate de Tartini « La trille du diable », la Chaconne de Bach pour violon seul, le concerto en fa de Lalo et un ensemble de morceaux plus courts de Brahms, Joachim, Locatelli, Rossini et Paganini. Le pauvre accompagnateur était effondré quand il nous annonça cette perte. Nous étions tous prêts à partir pour le récital. Yehudi dit très calmement : « Fais ce que tu peux, Aba, mais ne t'inquiète pas ! »

Il n'y avait pas de temps à perdre. Je me précipitai au téléphone, ignorant naïvement qu'à Londres, l'expression « Fermé le dimanche » a tout son sens. J'appelai la compagnie des autobus et la police. Ils ne purent rien faire pour moi. Il fut bientôt deux heures et demie et nous décidâmes qu'il ne nous restait plus qu'à nous rendre à l'Albert Hall, en espérant que les choses s'arrangeraient.

Nous arrivâmes là-bas à trois heures cinq. L'imprésario, Harold Holt[1], nous reçut poliment, mais il était de toute évidence contrarié car le public s'était mis à taper des pieds à l'unisson. C'est une loi immuable à Londres que les concerts du Royal Albert Hall commencent ponctuellement à trois heures. Après tout, le roi, ou la reine, pouvait choisir d'y assister. J'enjoignis Holt de raconter aux spectateurs ce qui se passait et de leur demander, au cas où l'un d'eux eût apporté avec lui les partitions, qu'on veuille bien nous les prêter. En cas de réponse négative, il demanderait alors si quelqu'un n'habitant pas trop loin de l'Albert Hall n'avait pas la musique chez lui. Nous donnerions à cette personne cinq livres pour qu'elle aille la chercher en taxi. A cette annonce, un étudiant nous jeta du poulailler son exemplaire personnel de la sonate de Tartini « La trille du diable », qui se trouvait être la première œuvre au programme. Quelques personnes acceptèrent les billets de cinq livres et partirent à toute vitesse en taxi. Personne d'autre ne quitta son fauteuil. Il y avait du drame dans l'air. Tandis que Yehudi exécutait « La trille du diable », je songeai que je ne l'avais jamais entendu jouer de manière aussi démoniaque ni aussi lyrique. Même le malheureux pianiste trouvait une inspiration nouvelle.

Le morceau suivant était la Chaconne de Bach qui se jouait sans accompagnement. Yehudi tirait de son Stradivarius des sonorités semblables à celles d'un orgue dans une imposante cathédrale. A la fin, l'auditoire tout entier se leva et lui fit une ovation sans précédent.

Aucun des membres de la « brigade des taxis » n'était encore revenu. Un entracte fut annoncé. Yehudi se reposait dans la loge des artistes en buvant un vers de jus d'orange quand Harold Holt entra :

« M. Holt, puis-je vous dire ainsi qu'à Aba ce que j'envisage depuis le début ? J'ai toujours voulu jouer un programme composé uniquement de sonates et de partitas de Bach pour violon seul. Voici une occasion providentielle de le faire. Si nous n'avions pas eu la sonate de Tartini, je m'apprêtais à présenter mes excuses au public et à leur donner du Bach ininterrompu. Si le concerto de Lalo arrive, nous nous en tiendrons bien entendu au programme ;

1. Harold Holt, l'un des imprésarios les plus éminents, était un de nos amis intimes.

sinon, ce sera Bach ! Je m'attends à connaître un grand moment ! »

La sonnerie indiquant la fin de l'entracte se fit entendre. On frappa à la porte et une dame toute essouflée apporta la musique du concerto de Lalo. Derrière elle, se trouvaient d'autres personnes avec quelques-uns des morceaux plus courts, mais pas tous. Le pianiste retrouva son sang-froid et Yehudi donna bientôt le concerto de Lalo dans la meilleure tradition musicale française : il le joua avec délicatesse et cependant avec de la force et du charme. Cette interprétation était nouvelle pour les mélomanes londoniens qui manifestèrent leur approbation sans aucune ambiguïté.

Puis Yehudi accomplit son rêve : quand il en vint aux morceaux courts et aux « bis », ce fut Bach, Bach et encore Bach pour violon seul. Le public fut pris de folie et Yehudi rayonnait [1].

Dans la queue des centaines de personnes qui attendaient à la porte de la loge des artistes, se trouvait le Professeur Heinze, chef d'orchestre du Melbourne Symphony Orchestra. Il était accompagné de deux jeunes Australiens, frère et sœur, appelés Lindsay et Nola Nicholas, qui avaient assisté aux concerts que Yehudi avait donnés au Melbourne Town Hall, quatre ans auparavant. Les gens entraient et sortaient, mais les Nicholas restaient et bavardaient avec animation avec Yehudi et Hephzibah. Il s'avéra que nous séjournions tous dans le même hôtel, Grosvenor House, et les quatre jeunes gens se mirent d'accord pour se retrouver plus tard, dans la suite des Nicholas. Ceux-ci leur montreraient des films sur leur élevage de moutons en Australie. Naturellement, l'invitation s'adressait aussi à Yaltah, Marutha et moi. J'avais promis des interviews à un certain nombre de journalistes et je dus la décliner, mais les autres s'y rendirent. Marutha et les enfants ne regagnèrent notre suite que vers minuit et je perçus sur-le-champ chez Yehudi et Hephzibah un sentiment d'exaltation. Leurs yeux brillaient. Quand la petite Yaltah mentionna incidemment que Nola Nicholas avait demandé à Marutha la permission de l'appeler « Mammina » [2], mon cœur se mit à battre violemment et un pressentiment m'envahit.

J'avais toujours redouté que Yehudi fût victime d'un coup de

1. Pendant la saison 1937-1938, les concerts et les récitals de Yehudi lui rapportèrent près de 300 000 dollars brut. Le bénéfice net fut de plus de 150 000 dollars rien qu'aux Etats-Unis.

2. C'est-à-dire « Mère ».

foudre, qui le conduirait, après une cour brève et tumultueuse, à un mariage irréfléchi. A cette époque-là, je n'avais rien contre les mariages précoces (avec une sagesse rétrospective, j'ai aujourd'hui un point de vue différent), mais j'étais hostile aux mariages précipités avec des personnes relativement inconnues. Il est vrai que Marutha et moi nous étions mariés très précipitamment et de manière tout à fait inattendue, alors que nous étions tous les deux très jeunes ; mais nous nous connaissions depuis plus de quatre ans.

Je devinai que le feu de la passion avait pris naissance dans la loge des artistes de l'Albert Hall et avait embrasé le cœur de Yehudi dans la suite des Nicholas ; mais je ne pouvais imaginer que Yehudi, après ses expériences de Los Gatos et de New York, ne prendrait pas son temps. Je me rappelais qu'il avait consulté sa mère et Willa Cather à propos de son premier amour, Rosalie Leventritt, et je supposai qu'il continuerait à suivre leurs bons conseils, en dépit du charme et de la beauté de Mlle Nicholas. Mais je me trompais. Ce dimanche-là marqua le début de la fin de cette union merveilleuse à laquelle nous avions donné le nom collectif de Mo-Ma-Ye-He-Ya. Pour des parents, il n'existe pas de joie plus grande que de voir s'éveiller et s'épanouir tout naturellement chez leurs enfants l'instinct amoureux ; mais des mariages malheureux peuvent désespérer les parents les plus dévoués et les plus attentionnés.

Nous restâmes tous en Angleterre pendant environ deux semaines après le récital de l'Albert Hall. Yehudi devait donner quelques autres concerts en province ainsi qu'un récital de sonates avec Hephzibah au Queen's Hall.

Tandis que lui et moi étions en dehors de Londres, Mlle Nicholas s'arrangea pour rendre souvent visite à sa nouvelle « Mammina », à Grosvenor House. Marutha se rappelle le comportement doux, chaleureux, modeste et affectueux de Nola. Quand Yehudi et Hephzibah faisaient des enregistrements à Londres, Lindsay et Nola les rejoignaient invariablement dans le studio où je me trouvais aussi. Lindsay était un mélomane authentique et avait l'habitude de tourner les pages pour Hephzibah et Yehudi pendant les enregistrements. C'étaient là des moments romantiques et joyeux que nous appréciions tous. Tout cela me semblait être une simple camaraderie entre garçons et filles. Certes, Yehudi et Nola s'arrangèrent pour faire ensemble une promenade à Kew Gardens, mais ce fut vraiment la seule fois où le pauvre garçon se trouva seul avec elle.

Nous partîmes ensuite pour une tournée de concerts à Amsterdam, Zurich et Paris. Le jour de notre arrivée en Hollande, Yehudi téléphona à Nola qui se trouvait à Londres, pour la demander en mariage. Elle dit oui, mais à la condition toutefois qu'ils attendent le consentement de son père qui, venant d'Australie, était en route pour Londres avec la femme qu'il venait d'épouser. Devant ce *fait accompli*[1] et soupçonnant que quelque chose de semblable couvait entre Hephzibah et Lindsay, nous invitâmes les deux jeunes Australiens à nous rejoindre à Sorrente pour y passer deux semaines de vacances.

Le printemps à Sorrente ! Quel décor plus romantique peut-on souhaiter pour des amoureux ? Les jeunes gens passaient une grande partie de leur temps seuls, apprenant à se connaître ; sauf un soir où nous partîmes tous ensemble faire une promenade sur les pentes du Vésuve et où nous marchâmes avec précaution entre les crevasses où ruisselait de la lave liquide bouillante. Plus tard, nous dînâmes dans le restaurant qui se trouve sur le toit de l'hôtel Cucumela, au son d'une musique sentimentale, tandis que les jeunes gens échangeaient à voix basse des confidences. Tout cela paraissait sain et romantique. Ces vacances exceptées, nos enfants ne voyagèrent jamais nulle part avec Nola et Lindsay avant leurs mariages.

Le 26 mai 1938, deux mois après leur première rencontre, Yehudi épousait la séduisante, la sémillante Nola Nicholas au bureau de l'état civil de Caxton Hall à Londres. Quatre mois plus tard, Hephzibah épousait le beau, le distingué frère de Nola sur la pelouse de notre maison, au cours d'une cérémonie civile que présidait le maire de Los Gatos.

Je me souviens toujours avec douleur des aventures matrimoniales que connut ensuite Yaltah, alors âgée de seize ans et demi. A Londres, et surtout à Sorrente la romantique, le complexe qu'avait notre fille parce qu'elle était la troisième reprit de plus belle. Voyant son frère et sa sœur brûler d'amour, Yaltah décida qu'elle ne serait pas en reste. Elle découvrit qu'elle était éprise d'un charmant garçon de Londres, appelé Keith Pulvermacher. Tandis que Yehudi et moi étions en tournée dans les provinces anglaises, Yaltah et Keith projetèrent de s'enfuir ensemble à

1. En français dans le texte. (N.d.T.)

Gretna Green, en Ecosse (équivalent britannique de Reno)[1] et de coiffer ainsi Yehudi et Hephzibah au poteau.

Keith était un jeune Juif anglais sérieux et distingué, issu d'une bonne famille de Londres que nous connaissions bien ; mais, à nos yeux, Yaltah était vraiment encore une enfant. Elle parlait plusieurs langues et composait d'excellents poèmes en français ; elle écrivait remarquablement bien et jouait du piano admirablement, mais sur tous les autres plans, elle était complètement immature. Les mesures que nous prîmes pour retarder et décourager son mariage semblaient justifiées, mais Yaltah fut terriblement malheureuse quand un terme fut discrètement mis à « l'affaire Keith ».

Pendant ce temps, Hephzibah avait écrit à l'un de ses petits amis en Amérique pour lui parler de son attachement pour Lindsay Nicholas. Le garçon, William Stix, jeune avoué charmant, était indubitablement amoureux de Hephzibah et de Yaltah à la fois, mais il avait présumé qu'elles étaient toutes les deux trop jeunes pour se marier. Voyant Hephzibah sur le point de lui être ravie, il décida de ne plus perdre de temps et téléphona de St. Louis, Missouri, à Yaltah, pendant que nous étions à Amsterdam. Yaltah était aux anges d'avoir reçu un coup de téléphone de si loin et quand elle l'entendit la demander en mariage, elle accepta immédiatement, en oubliant complètement qu'elle avait un soupirant à Londres. Des lettres enflammées traversèrent l'Atlantique dans les deux sens et, quand nous repartîmes pour Los Gatos, Yaltah épousa William Stix à New York en juin 1938 et alla vivre avec lui à Washington, D.C., où il travaillait pour le gouvernement. Le mariage ne devait durer que quelques mois.

De retour à Los Gatos, Marutha et moi laissâmes la grande maison à Yehudi et Nola et nous nous installâmes dans une partie du pavillon des invités, alors en cours d'agrandissement pour pouvoir y loger le clan Nicholas qui devait bientôt débarquer dans cette relativement petite maison pour le mariage de Hephzibah et Lindsay. Les Nicholas supplémentaires restèrent un certain temps. Il y avait le père, sa nouvelle jeune épouse, son autre fille et son mari, leur bébé avec sa gouvernante, et le frère cadet de Lindsay, accompagné de son tuteur. Ils envahirent notre maison d'Alma, « perdue » dans la montagne, qui fut ouverte pour l'occasion, et nous engageâmes des domestiques supplémentaires.

Marutha et moi avions rêvé voir Yehudi une fois marié installer

1. Reno est célèbre en raison d'une législation libérale qui facilite les mariages ultra-rapides. (N.d.T.)

son foyer à Alma, et c'était la raison pour laquelle nous n'avions pas vendu cette propriété quand fut achetée la maison de Los Gatos où nous habitions alors. Nous désirions très vivement qu'il puisse préserver le mode de vie stable mais stimulant que nous avions institué pour lui et qui lui permettrait de continuer à se développer et ferait de lui un musicien de valeur et une personne cultivée. Nous n'étions pas certains que sa nouvelle jeune épouse, qui aimait bien s'amuser, serait capable de s'adapter au rôle que ce plan exigerait d'elle. Après tout, elle avait à peine commencé à profiter des plaisirs du tourbillon mondain des années 30. Orpheline de mère depuis son enfance, elle avait été élevée par son père, George R. Nicholas, ancien pharmacien de Melbourne qui avait fait fortune pour avoir découvert une substance chimique, substitut de l'aspirine, quand ce médicament était pratiquement introuvable pendant la première guerre mondiale. Sa réponse à la pénurie avait été le cachet Aspro.

Le mariage de Yehudi et de Nola ne devait durer que neuf ans, mais durant toute cette période, Yehudi continua à développer son talent artistique et à augmenter son répertoire.

Les mariages de Yehudi et de Hephzibah avec des chrétiens n'avaient pas échappé à l'attention des secteurs les plus fanatiques de la presse juive. Les journaux yiddish et hébreux d'abord, puis les revues anglo-juives, lancèrent de vigoureuses attaques contre nous, en commençant par s'en prendre à Marutha et à moi pour charger ensuite Yehudi. Un nommé S. Zirelson écrivit un article qui fut publié dans de nombreux journaux juifs et qui commençait en général par ces mots : « L'auteur de cet article connaît bien la famille Menuhin. » Nous n'avions jamais entendu parler de lui.

Zirelson commençait par décrire les mariages de Londres et de Los Gatos et poursuivait :

> Dans ces circonstances, le nom de Yehudi ne manque pas d'ironie... La tragédie guette à la porte de Moshe Menuhin et de sa femme Marutha, qui sont coupables de cet exode massif du bercail juif. Sans leur ambition effrénée de fuir les Juifs et de grimper dans l'échelle sociale, le jeune, le digne, le sérieux Yehudi se serait uni à quelqu'un de sa foi, et la charmante Hephzibah n'aurait jamais envisagé d'accomplir une démarche allant dans le sens de l'assimilation.
>
> Les parents Menuhin ont bien préparé cette décision et de manière si catégorique que les enfants n'ont eu d'autre solution que d'entrer dans leurs vues. Les Menuhin ont refusé de laisser leurs enfants avoir quoi que ce soit à faire avec les Juifs ou la vie juive... Les parents Menuhin sont si obnubilés

par leur désir de pénétrer dans la société non-juive que non seulement ils se déclarent non-Juifs mais en fait Tartares !...

« Né en Crimée, mon père était Tartare, tout comme ses ancêtres avant lui. Moi aussi, je suis née en Crimée, dans la ville de Yalta. Ma mère était italienne et mon mari est juif. Ce mélange de traditions anciennes s'est exprimé dans le sang de nos enfants. » Ces mots sont extraits d'un article paru dans le numéro de mars de *The Woman's Home Companion* et écrit par Marutha Menuhin.

Cependant, depuis quelque temps, les Menuhin méprisent leurs origines. A chaque étape de l'ascension de Yehudi sur l'échelle de la gloire, Moshe Menuhin a abandonné dans son sillage une longue file d'amis. Plus le virtuose est entré en contact avec des gens riches et influents, plus il a tourné le dos avec détermination à ses associés d'antan.

Le désir qu'ont les Menuhin d'échapper à leurs origines apparaît très clairement dans le fait que Yehudi ne s'est jamais rendu en Palestine, terre où son père est né et qui lui a donné sa nourriture spirituelle. Pourquoi ? parce qu'en Palestine, Yehudi jouerait devant des auditoires composés à cent pour cent de Juifs et, selon les propres termes de Moshe Menuhin, cela « ne serait pas bon pour lui ». ... Telle est l'explication qu'il a fournie quand Yehudi était en Egypte, à six heures de voyage de la Palestine [1].

Comme on pouvait le prévoir, un rabbin important se joignit aux attaques. Le rabbin Louis Newman écrivit un article intituté « N'allez pas le crier sur les toits ! », qui fut largement diffusé dans les magazines juifs. Voici un extrait de son long article :

Les lecteurs ont récemment appris le mariage des trois jeunes Menuhin, auxquels nous souhaitons tous tout le bonheur possible. Mais des Juifs et des non-Juifs circonspects ont sans aucun doute froncé les sourcils en lisant que, jusqu'à présent, les cérémonies qui ont eu lieu étaient des « cérémonies civiles », célébrées par un magistrat non-juif. Le comble a été atteint le samedi après-midi du 16 juillet à quatre heures, quand Hephzibah a été mariée par un magistrat civil lors d'une cérémonie civile. (...) Une question se pose : pourquoi les Menuhin devraient-ils heurter les sensibilités du groupe dont ils font inévitablement partie en célébrant une cérémonie civile le samedi après-midi ? Même les Juifs les plus assimilés de la côte ouest n'ont jamais, à ma connaissance, célébré de mariage l'après-midi du Sabbat. (...) Je me demande aussi ce que diront les Juifs partout dans le monde quand ils apprendront que le Yehudi qu'ils ont applaudi par le passé et la famille à laquelle il appartient font si peu de cas de la cause d'Israël qu'ils commettent ce *Hillul Hashem* (profanation de Dieu).

A ces invectives et à d'autres, j'envoyai en réponse deux lettres ouvertes, l'une adressée au journal *The Daily Forward*, le quoti-

1. Yehudi n'était jamais allé en Egypte.

dien yiddish le plus important, dont j'admirais beaucoup le directeur Abraham Cahan, et l'autre à divers magazines anglo-juifs. Dans la mesure du possible, j'essayai de rétablir les faits. Par exemple, Marutha n'avait jamais de sa vie écrit d'article pour un magazine, encore moins le prétendu article de *The Woman's Home Companion*. Dans la lettre au *Daily Forward*, j'écrivis entre autres :

Il est tout à fait exact que certains des premiers ancêtres du père de ma femme ont embrassé le judaïsme il y a de cela des générations. L'épisode des Caraïtes de Crimée est bien connu de nombreux érudits. (...) Les amis et les gens qui connaissent les Menuhin se gardent bien de les soupçonner de céder au conformisme, de devenir brusquement des arrivistes et des parents ambitieux. (...) La vérité, c'est que nous, ces « fous » de Menuhin, ne recevons jamais selon le mode conventionnel et nous n'autorisons jamais la société à nous recevoir. (...) Aujourd'hui, comme il y a vingt ans, nous choisissons de mener une vie solitaire et retirée, que ma femme et moi-même préférons à la vie brillante, vide et débauchée que mènent les riches autour de nous. (...)

A l'heure actuelle, où d'un côté sévissent des Hitler et des Zabotnisky sinistres et où de l'autre l'humanité cherche partout à se libérer, un Juif qui en insulte ou en stigmatise un autre parce qu'il a osé épouser un sympathique Gentil n'est pas moins réactionnaire ni détestable que ces gangsters abominables qui règnent à présent en Allemagne, qui prêchent en faveur de l'ostracisme, du fouet et des camps de concentration, et répandent les théories insensées de la supériorité raciale

Dans ma lettre aux magazines anglo-juifs, je demandais aux lecteurs d'examiner les faits suivants :

Les Menuhin n'ont jamais rencontré ni connu un homme du nom de Zirelson et ils ne lui ont jamais parlé. (...) Depuis l'année 1913 où, enfant, je me rendis de Palestine en Amérique, via l'Egypte et la France, ni moi ni mon fils Yehudi ne nous sommes jamais trouvés à moins de dix mille kilomètres de l'Egypte ou de la Palestine. (...) Nous n'avons jamais abandonné aucun de nos vieux amis juifs, pas une des vieilles familles authentiquement orthodoxes du « bon vieux temps », quand j'étais directeur des écoles hébraïques de San Francisco. Ils nous rendent encore souvent visite et réciproquement. Plus de la moitié des amis qui séjournent chez nous ce week-end appartiennent à des synagogues orthodoxes. (...)

Les parents et les enfants Menuhin (...) sont consciemment, fièrement et ouvertement Juifs dans leur vie publique comme dans leur vie privée. Ils considèrent hautement estimable et honorable l'histoire de leur héritage spirituel. En suivant la voix de leurs cœurs, Yehudi et Hephzibah n'ont jamais abandonné un seul instant ni leur peuple ni leur foi ; ils n'ont jamais envisagé autre chose pour l'avenir que d'apporter leur sympathie, leur soutien et leur fidélité à leur propre peuple juif, partout où il se trouve.

Mes réfutations contrarièrent pour un temps les attaques de la presse juive, mais le poison était toujours là, inoculé dans l'esprit de nombreux Juifs, et l'incident aiguisa l'appétit des commères qui se mirent à jacasser à propos de l' « apostasie » des Menuhin. Une de nos amies nous rapporta qu'à une réunion d'un club de femmes juives à Oakland, en Californie, elle fut obligée de se lever pour contredire une femme qui avait affirmé savoir que Yehudi Menuhin avait embrassé la foi catholique ! Les attaques reprenaient chaque fois que mon fils ou moi étions amenés à exprimer notre opinion sur un problème ou une controverse juifs. Récemment, Yehudi a retrouvé sa position de « Grand Prêtre » dans le monde juif, en particulier en Israël. Les directeurs de publication juifs ont exprimé leur honte et leur regret à propos de ce qu'ils avaient publié sur Yehudi entre 1938 et le début des années 50. Mais moi, je suis resté aux yeux d'un bon nombre de gens un « mauvais Juif » invétéré, surtout après avoir adhéré au Conseil américain pour le judaïsme et après avoir osé dénoncer par écrit les idéaux et les activités anachroniques des nationalistes « juifs » fanatiques.

CHAPITRE XXIII

YEHUDI ET LES SYNDICATS
(1938-1941)

La première tournée de concerts que Yehudi fit aux Etats-Unis après son mariage commença à Los Angeles où il inaugura comme soliste la saison de la Symphony Association, sous la direction d'Otto Klemperer. Le contrat avait été signé un an auparavant avec l'association et les détails du concert avaient été mis au point des semaines à l'avance par l'imprésario de l'orchestre, Mme Leiland Atherton Irish, et moi-même. Mme Irish avait confirmé par écrit tous nos arrangements mais, dans une lettre datée du 25 octobre, elle ajoutait les lignes suivantes : « J'en arrive à présent à une décision très importante qui doit être prise. Nous avons signé un contrat avec l'A.G.M.A. Tous les artistes se produisant sur notre scène doivent par conséquent être membres de cette organisation. Nous sommes donc obligés de demander à Yehudi d'adhérer à l'A.G.M.A. avant son concert. »

Dans le même temps, une lettre nous parvint du quartier général de l'A.G.M.A. à New York, écrite par le secrétaire de l'organisation : « Comme vous le savez probablement, le Southern California Symphony Association a renouvelé son contrat avec l'A.G.M.A. et une clause du contrat stipule que tous les solistes se produisant avec le Los Angeles Symphony Orchestra doivent être membres accrédités de cette organisation. Je vous serais reconnaissant de bien vouloir nous renvoyer le formulaire d'inscription ci-joint avec un chèque représentant la cotisation et les droits d'entrée, afin que nous puissions vous envoyer votre carte de membre accrédité de notre organisation. »

L'A.G.M.A. était l'American Guild of Musical Artists [1]. Elle avait été fondée quelques années auparavant par Jascha Heifetz et plusieurs autres solistes. Heifetz en était vice-président.

Nous découvrîmes que le contrat entre l'A.G.M.A. et le Los Angeles Symphony Orchestra comportait une clause prévoyant une franchise de dix pour cent pour que les solistes qui n'étaient pas membres de l'A.G.M.A. puissent paraître avec l'orchestre et que le nom de Yehudi avait été mentionné spécifiquement quand le contrat avait été renouvelé entre la Symphony Association et l'A.G.M.A.

Notre réponse à la lettre de Mme Irish fut formulée par Yehudi lui-même en ces termes : « Je poursuis mes plans comme si de rien n'était et je compte que les termes de mon contrat, signé l'an dernier sans qu'il y soit fait mention de l'A.G.M.A., soient exécutés. »

En apprenant cette nouvelle, l'A.G.M.A. fit interdire la représentation de Yehudi avec l'orchestre de Los Angeles. Pas question d'exemption ou d'exception pour lui ! Elle publia une déclaration : « Etant donné que Menuhin a déclaré qu'il considérait déshonorant pour lui d'adhérer à notre organisation (...), nous ne pouvons accorder de dispense permettant au Los Angeles Symphony Orchestra de laisser Menuhin, qui n'est pas membre de l'A.G.M.A., se produire avec lui. »

La réponse de Yehudi fut publiée par le *New York Times :*

> Je suis surpris et blessé par la déclaration, soi-disant faite par le comité directeur de l'A.G.M.A., selon laquelle je refuse d'adhérer à cette organisation en arguant que ce serait me « déshonorer ». Je démens cette information. J'ai effectivement dit qu'on m'avait parlé d'autres artistes qui avaient été contraints d'adhérer à l'A.G.M.A. et que je considérais de telles manœuvres déshonorantes pour un artiste. (...)
>
> Je n'ai rien contre les syndicats (...) mais je considère sincèrement qu'un syndicat n'a aucun rôle à jouer vis-à-vis d'un artiste qui (...) ne se produit que sur une scène de concert. (...) Toscanini, Kreisler, Rachmaninov, Paderewski, Hoffman et d'autres, et même le Dr Otto Klemperer sous la direction de qui je me suis engagé à jouer à Los Angeles, ne sont pas membres de l'A.G.M.A. [2].

Le Comité directeur de la Southern California Symphony Association, organisme qu'il n'était pas question de traiter à la

1. Guilde Américaine des Artistes Musicaux. (N.d.T.)
2. *The New York Times,* 2 novembre 1938.

légère, annonça à la presse qu'il avait l'intention de respecter le contrat qu'il avait signé avec Yehudi.

Les concerts furent un succès. Quatre jours plus tard, nous retournâmes à Los Angeles pour un récital donné dans la même salle. Le jour de ce récital, M. Behymer, notre imprésario local, vint nous rendre visite. Il était furieux parce qu'un membre de l'A.G.M.A. lui avait demandé d'être remboursé. Il semble que les membres locaux de l'A.G.M.A. aient été avisés que s'ils assistaient au récital de Menuhin, ils auraient à verser à l'A.G.M.A. une amende de 100 dollars. Nous n'avons jamais réussi à savoir si c'était une rumeur délibérément répandue pour dissuader les gens d'y assister, mais un nombre substantiel de membres de l'A.G.M.A. demandèrent à être remboursés. Cela n'eut pas d'effet sur la recette. Les billets qu'on nous rendait étaient immédiatement rachetés, un bon nombre d'entre eux par des membres de l'A.G.M.A. qui refusaient de se laisser intimider. Le récital eut lieu à guichets fermés. Dans la semaine qui suivit la défaite de l'A.G.M.A. dans cette affaire, tous les artistes de concert d'une certaine importance en Amérique reçurent de Jack Salter et de moi un rapport complet sur la question.

Que cachait la guerre de l'A.G.M.A. contre Yehudi ? Vers le 1er avril 1936, Heifetz nous avait téléphoné à New York et nous avait demandé de le recevoir pour « parler affaires ». Il avait passé deux heures avec nous à discuter de l'A.G.M.A. qui se trouvait alors dans sa phase d'organisation finale. Une chose se dégageait de tous les arguments de Heifetz : les imprésarios de concert étaient l'ennemi à abattre ; il fallait les contrôler et les faire plier. J'avais dit à Heifetz que nous avions toujours eu d'excellentes relations avec nos imprésarios ; ils étaient nos associés. Je lui avais posé la question suivante : « Si les solistes ont vraiment besoin d'une quelconque organisation pour les protéger, celle-ci ne devrait-elle pas leur être exclusivement réservée, plutôt que d'être un syndicat qui s'occupe de salaires, d'heures et de conditions de travail, problèmes dont aucun ne concerne les solistes ? D'autre part, si l'A.G.M.A. doit être un syndicat, avec des statuts émanant de la Fédération Américaine du Travail, qu'y a-t-il à redire contre le syndicat de musiciens existant, l'A.F.M., la Fédération Américaine des Musiciens ? »

Je posai une autre question encore à M. Heifetz : « Professionnellement, qu'y a-t-il de commun entre les solistes de concerts qui travaillent de manière indépendante, qui n'ont pas d'employeurs, et les musiciens qui travaillent pour un salaire et qui ont des problèmes à discuter collectivement avec leurs employeurs? Comment pouvez-vous et pourquoi devriez-vous mélanger des groupes aussi incompatibles? »

Nous ne pûmes obtenir de réponses satisfaisante. Mais nous nous étions néanmoins séparés de manière très amicale. Nous avions rencontré Heifetz plusieurs fois auparavant. Yehudi et moi le considérions comme un artiste admirable, et je lui écrivis pour le remercier de sa visite en ajoutant ces mots : « Nous apprécions vivement votre façon sincère et intelligente de présenter la défense de votre Guilde. Toutefois, l'impression et la réaction de Yehudi sont conformes à nos principes et à notre tradition familiale : l'individualisme! L'individualisme est notre code et nous ne pouvons matériellement pas nous résigner à violer ce principe familial éprouvé de longue date. »

Pendant ce temps, les journaux yiddish et anglo-juifs qui s'affairaient encore à attaquer les Menuhin au sujet des mariages mixtes, soulevèrent alors le faux problème du syndicalisme. Traditionnellement, et à juste titre, la presse yiddish prenait parti pour les ouvriers exploités et non-syndiqués des ateliers de New York, de Chicago et de Los Angeles; c'est pourquoi les ennemis des Menuhin ont dû juger qu'ils tenaient maintenant Yehudi à leur merci et le dénoncèrent en tant que « jaune » ou l'accusèrent d'antisyndicalisme. Je trouvais significatif que ceux qui critiquaient Yehudi ne s'en prennent pas également à Toscanini, Stokowski, Stock, Enesco, Kreisler, Rachmaninov, Nelson Eddy et John Charles Thomas. Eux aussi avaient refusé d'adhérer à l'A.G.M.A..

L'A.G.M.A. s'aperçut brusquement qu'en attaquant Yehudi, elle s'était fait un nouvel ennemi très redoutable en la personne de James C. (« Petit César ») Petrillo, président de l'A.F.M., organisation qui comptait 260 000 membres et qui avait joué un rôle vital dans l'amélioration du sort de ses membres, dont la plupart avaient subi des conditions de travail et de salaires humiliantes comme musiciens anonymes dans toutes sortes d'orchestres. Le 5 août 1940, Petrillo diffusa une lettre d'avertissement aux membres de l'A.G.M.A., en soulignant que les statuts de l'A.F.M., établis par la Fédération Américaine du Travail, exigeaient de tous les instrumentistes qu'ils adhèrent à cette organisation. Il poursuivait en disant que si jusqu'à présent, l'A.F.M. n'avait pas essayé de syndicaliser les artistes solistes, « considérant qu'ils étaient en mesure de défendre eux-mêmes leurs intérêts », le fait que certains des instrumentistes avaient formé un syndicat, l'A.G.M.A., contraignait l'A.F.M. à demander à tous les musiciens appartenant à l'A.G.M.A. de démissionner pour adhérer à l'A.F.M.

Petrillo signifia alors à l'A.G.M.A. qu'il avait averti toutes les stations de radio, tous les studios de cinéma, les orchestres symphoniques et les agences de location que « ces personnes » (les membres de l'A.G.M.A.) « ne seraient pas reconnues par l'A.F.M. » et que « les adhérents de l'A.G.M.A. ne seraient pas autorisés à accorder leurs services, quelle que fût leur fonction, à moins qu'ils ne deviennent membres de l'A.F.M., au plus tard le jour de la Fête du Travail de 1940 ».

Le gant avait été jeté et quand la bataille juridique entre l'A.F.M. et l'A.G.M.A. vint en appel à la Cour Suprême, c'est l'A.F.M. qui l'emporta, et Petrillo publia un ultimatum demandant à tous les instrumentistes de rejoindre son syndicat avant le 1er mars 1941.

Yehudi ne souhaitait pas plus adhérer à l'A.F.M. qu'il n'avait voulu adhérer à l'A.G.M.A. ; il se considérait toujours comme indépendant. J'aimerais faire apparaître très clairement que lorsqu'il s'est efforcé de le convaincre d'adhérer à l'A.F.M., Petrillo n'a jamais essayé d'intervenir dans aucune des représentations de Yehudi, où que ce soit en Amérique. Au lieu de cela, il a poursuivi patiemment de longues discussions tout à fait correctes avec lui, par correspondance, au téléphone, et lors de rencontres en tête à tête. Et ce pendant plus d'un an. Yehudi rappela à Petrillo les propres termes du chef de l'A.F.M. : « Dès le début, l'A.F.M. a refusé de s'immiscer dans les affaires des artistes solistes et elle a bien fait d'agir ainsi. »

Sans adhérer à l'A.F.M., Yehudi continua à jouer avec des orchestres symphoniques américains après le 1er mars 1941, date limite pour devenir membre de cette organisation, et Petrillo n'intenta aucune action contre lui. Mais les pressions exercées sur M. Petrillo pour le pousser à le faire augmentaient, d'autant plus qu'en pratique, tous les solistes, y compris Heifetz, avaient adhéré à l'A.F.M. Ces pressions devaient atteindre un point critique en mars 1942, quand Yehudi fut engagé pour jouer à Pittsburgh avec le Boston Symphony Orchestra, dont les membres n'appartenaient pas à l'A.F.M. Petrillo envisageait de faire appel aux syndicats de machinistes et d'électriciens pour qu'ils invitent leurs membres à faire grève contre l'orchestre « jaune ». De ma propre initiative, j'allai voir Petrillo dans sa suite du Waldorf Astoria pour lui parler. Dans un compte rendu que j'envoyai ce jour-là, je rapportai mot pour mot ce que Petrillo m'avait dit :

Cher Monsieur Menuhin, vous savez que j'aime votre fils. C'est un « gentleman », un garçon admirable et très sympathique. Il mène sa vie, il s'occupe de ses affaires, il ne se mêle pas de politique, il vit et laisse les autres vivre. Ses principes et son attitude ont été et sont corrects. N'ai-je pas dit à ces gens puérils et bizarres que sont les solistes de concert que je ne voulais pas d'eux, que du moment qu'ils ne m'enlevaient pas mes gars — les salariés, instrumentistes ou chefs d'orchestre — je serais content de vivre sans eux durant les cinquante prochaines années, comme je l'ai fait jusqu'à présent. Eh bien, ce... [un qualificatif grossier] de Tibbett et ce... [un terme encore plus grossier] de Heifetz ont persisté à vouloir nous combattre. Ils ont traîné l'A.F.M. devant les tribunaux. Nous avons dépensé 50 000 dollars. Puis il nous a fallu repartir à zéro... A présent, cher M. Menuhin, nous les tenons tous, chacun de ces... [quelques adjectifs grossiers] de solistes de concert.

J'ai eu toute la patience du monde vis-à-vis de votre fils. J'ai encore de la patience à l'égard de votre charmant garçon. Mais les gars du syndicat et les artistes de concert qui ont adhéré à notre syndicat insistent pour que je règle le problème avec votre fils et que j'utilise la force. J'ai horreur de cela. Non, je n'ai pas envie de le faire, mais il y a deux manières pour que votre fils nous donne une chance de régler cette affaire et que nous le laissions tranquille : soit nous lui conférons le titre de membre honoraire (à vrai dire, j'aurais adoré faire cela, mais il y aurait de la jalousie et cela déclencherait un conflit, et je serais accusé de payer votre fils pour ne pas avoir adhéré de son plein gré), soit (et cette seconde solution est la meilleure et je vous prie, je vous supplie, de m'accorder cette faveur) vous obtenez de votre fils qu'il prenne sa carte et vous nous épargnez l'obligation de nous battre contre lui. Si votre fils trouve que nous ne le traitons pas correctement, il peut ensuite démissionner en signe de protestation. J'ai toujours suivi sa carrière et apprécié sa gentillesse. Je l'estime et je le respecte. Je le traiterai comme il le mérite. Obtenez-moi simplement cette faveur qu'il adhère à notre syndicat.

Je dis à Petrillo que je transmettrais ses propos à Yehudi et je lui expliquai ensuite que s'il mettait en grève les machinistes et les électriciens de Pittsburgh pour le concert avec le Boston Symphony, il ruinerait la charmante imprésario locale, Miss May Beegle, qui donnait toujours des garanties aux solistes et aux orchestres qu'elle engageait, et que cela desservirait la cause de la bonne musique dans cette ville. Je le suppliai de laisser Miss Beegle donner le concert avec le Boston Symphony Orchestra cette fois-ci et de la prévenir suffisamment à l'avance s'il décidait en d'autres occasions de lancer un mot d'ordre de grève. Petrillo annula immédiatement par téléphone le projet de grève à Pittsburgh et, se tournant vers moi, me dit : « Vous voyez, M. Menuhin, que nous sommes des gens humains et corrects, et que nous ne ressemblons pas à cette bande qui a agi de manière si déloyale envers votre fils à Los Angeles. »

Dans une lettre qu'il m'envoya peu après, Petrillo me dit que c'était seulement une fois son conflit avec l'A.G.M.A. terminé qu'il s'était finalement permis d'inviter Yehudi à rejoindre l'A.F.M. et il me suppliait de comprendre sa position. Le 29 mai 1942, Yehudi adhéra à la section locale nº 6 de San Francisco de la Fédération Américaine des Musiciens et en est toujours resté membre depuis [1].

Pour en revenir à la tournée de 1938-1939, Nola nous accompagna dans notre périple vers l'est. Les moments que nous passions dans les petites villes n'étaient pas très drôles pour elle, mais nous arrivâmes bientôt à New York, avec ses théâtres et sa vie mondaine. Elle adorait cela. Elle était dans son élément. Ils prirent d'abord une suite au Savoy Plaza et, plus tard, un appartement dans Hampshire House.

Au début de 1939, nous partîmes pour l'Angleterre à bord du *Queen Mary*, avec l'accompagnateur hollandais de Yehudi, Hendick Endt. Je choisis délibérément de partager avec celui-ci une table séparée dans la salle à manger, et j'envoyai une note à Nola avant que nous arrivions à Southampton pour lui dire que je séjournerais à Londres dans un hôtel différent du leur, en ajoutant ces lignes :

N'oubliez pas un seul instant, un seul jour, que Yehudi est à l'étranger pour une tournée de concerts fatigante qui exige tranquillité d'esprit, détente, repos, sommeil et travail. Pour être en bonne santé, pour préserver sa position et sa réputation face à un monde qui l'observe, pour poursuivre sa carrière avec succès et susciter l'intérêt du monde et pour qu'on fasse appel à lui, il ne peut gaspiller son temps et son énergie dans des « obligations » sociales et faire plaisir à tous les gens que vous connaissiez ou que vous connaissez. Il y a une obligation plus noble et plus haute que Yehudi doit à son destin, à son art, au monde de la musique, auxquels il s'est consacré. A cette fin, nous devons nous mettre à son service, nous devons le ménager et le protéger.

Ne laissez pas le téléphone, les coups de sonnette, la société, les curieux, prendre une minute du temps de Yehudi ni une once de son énergie. Quand vous allez tous les deux (ou Yehudi tout seul) vous reposer, je vous en prie, n'oubliez pas de faire débrancher le téléphone et placez un panneau « NE PAS

1. Yehudi n'adhéra à l'A.G.M.A. qu'au mois d'août 1949, et ce fut alors de sa propre initiative.

DÉRANGER » sur la porte de Yehudi. Ce sont là les exigences d'un système nerveux.

Le dimanche 16 avril 1939, dans l'après-midi, Yehudi donna au Royal Albert Hall un concert de bienfaisance « au profit des réfugiés juifs allemands et autrichiens, femmes et enfants, victimes innocentes de la persécution », où il joua trois concertos avec le London Philharmonic Orchestra, dirigé par Sir Henry Wood. Voici ce qu'indiquait le programme : « Les compositeurs de l'Allemagne, Bach, Beethoven et Bruch, seront invités, par l'intermédiaire de leurs concertos pour violon, à réparer les brutalités sauvages infligées à un peuple innocent et qui souffre depuis si longtemps, bouc-émissaire de l'histoire. » Une énorme somme d'argent fut recueillie pour cette bonne cause.

Pendant son séjour en Grande-Bretagne, Yehudi commença à aller sans moi dans les différentes villes et cités de province. J'avais pris cette initiative pour qu'il apprenne à être indépendant. Nola ne l'accompagna que pour quelques engagements. Je restai à Londres et profitai pleinement de ma liberté nouvelle. Pour la première fois de ma vie, je me rendis au musée tous les jours et au théâtre tous les soirs. Ce fut la belle vie !

En Hollande et en France, je suivis la même politique et pris mes distances vis-à-vis de Yehudi et de Nola. Je faisais mon travail, assistais aux répétitions et m'occupais du courrier. Immédiatement après le dernier concert à Paris, je pris le bateau pour New York, avant Yehudi et Nola, et me précipitai à Los Gatos.

Yehudi et Nola passèrent l'été et l'automne 1939 à Alma. Nous leur avions cédé notre propriété là-bas et ils transformèrent la petite maison compacte en une vaste demeure luxueuse dont ils firent aménager le terrain. Notre dévoué jardinier, Lino Nannini, avait déjà planté sur le devant de grands arbres qui donnaient de l'ombre [1].

Le vendredi 29 septembre 1939, à San Francisco, Nola mit au monde le premier enfant de Yehudi, une fille qu'ils appelèrent Zamira. Yehudi me fit rire comme jamais je n'avais ri de ma vie quand il me dit les honoraires qu'il avait versés à l'obstréticien : « J'ai demandé au médecin ce que je lui devais et il m'a dit : " Oh, c'est à vous de décider, monsieur Menuhin. " J'ai alors pensé que

1. Ces arbres donnent de l'ombre à la plus grande et la plus agréable des deux maisons, que Yehudi avait agrandie à partir du « pavillon des invités » original que nous avions construit pour nous.

mon cachet le moins élevé pour un concert était de 2 000 dollars, et je lui ai donc fait un chèque de ce montant. »

« Mais Yehudi, dis-je, le médecin peut facilement mettre au monde cinq enfants par jour. Peux-tu accoucher de cinq concerts par jour ? »

L'année suivante, quand Yehudi m'écrivit d'Australie pour m'annoncer la naissance de leur fils, Krov, il prit soin d'indiquer que l'obstétricien de là-bas lui avait fait payer 35 livres australiennes, c'est-à-dire à peu près 100 dollars !

Deux jours après la naissance de Zamira, Yehudi ouvrit sa saison de concerts 1939-1940 à San Francisco, par un récital à l'Opéra que le critique musical Alfred Frankenstein déclara être le plus beau qu'il eût jamais entendu Yehudi donner : « Des tonalités splendides et radieuses, un déploiement technique d'un brio parfait, un sens vivant de la musique et un raffinement poétique. » Le mariage n'empêchait pas notre fils de progresser dans son art d'élection.

Le déclenchement de la guerre en Europe, au début de septembre 1939, signifiait que la tournée mondiale que nous avions prévue était hors de question. Tout ce que nous pouvions sauver du désastre était la partie australienne ; il était encore sans danger de se rendre là-bas sur des bateaux américains. Nous commençâmes à nous intéresser sérieusement à des territoires nouveaux, tels que l'Amérique latine.

Peu après la fin de la tournée de concerts de Yehudi aux Etats-Unis, Nola, Zamira et sa gouvernante, l'accompagnateur de Yehudi et Yaltah partirent en Australie pour une tournée de concerts qui devait aussi être l'occasion de longues et heureuses retrouvailles avec Hephzibah et Lindsay. Quand Yehudi et son groupe, qui comprenait à présent Krov, revinrent à Los Gatos, je lui parlai très franchement : « Veux-tu que je continue à voyager avec toi ou peux-tu te débrouiller sans moi ? »

La réponse de Yehudi fut la suivante : « Aba, tu aimes voyager et je déteste être seul dans les petites villes. » Je repartis donc avec lui sur la route. J'envoyai Marutha et Yaltah de leur côté à New York et Yehudi fit de même avec Nola, les bébés et la gouvernante. Yehudi et moi progressâmes lentement vers l'est, en nous arrêtant dans les villes où nous avions des engagements. Durant cette tournée, je veillai particulièrement à ce que Yehudi reçoive la presse tout seul. J'étais complètement absent de ces entretiens.

Depuis le début de la saison 1938-1939, je n'avais pas du tout participé à la publication des nouveaux « Dossiers de Presse

Yehudi Menuhin » annuels. Ceci en accord avec un arrangement de Yehudi avec Grace Aaronson Salter, une spécialiste de la publicité très autoritaire qui avait récemment épousé notre dévoué imprésario américain, Jack Salter [1], et qui avait gagné les bonnes grâces de Nola et de Yehudi, et même de Marutha. Je pris l'habitude d'appeler Mme Salter « GAS ». Yehudi croyait honnêtement que, grâce à cet arrangement, il offrait aux Slater les revenus supplémentaires dont ils avaient besoin. J'adhérai aux vœux généreux de mon fils. Cependant, je fus rapidement et de plus en plus troublé par la nature particulière de bien des coupures de presse que je recevais du service chargé de nous les procurer. Certaines d'entre elles étaient carrément révoltantes : il y avait des photos de Yehudi entouré de pigeons, de chevaux, de serpents et de chatons, et des histoires qui racontaient comment un jour, pendant qu'il jouait, il avait fait battre la mesure avec ses ailes à un pigeon. On rapportait que d'avoir observé un charmeur de serpents l'avait soi-disant amené à jouer pour des animaux et des oiseaux. Il y avait des gros titres comme ceux-ci : « Comment apprêter les aliments : une tâche facile pour la mère du prodige », ou bien : « La mère de Yehudi offre des menus variés à son fils, le célèbre violoniste » et un article proposait en vedette des menus soi-disant considérés comme les meilleurs de Marutha : « œufs au four à la tomate », « petits pains d'épinards et de langue », « pommes-hérissons », etc. ! Marutha n'avait jamais rien cuisiné de tel !

Puis parut le « Décalogue de Yehudi Menuhin : dix commandements pour les auditeurs, offerts par le célèbre violoniste ». Il y eut pire encore : des dépliants portant un slogan que GAS et son accommodant mari inscrivirent sur la première page du nouveau « Dossier de Presse Yehudi Menuhin » : « Le Prodige d'hier, le Génie d'aujourd'hui, l'Immortel de demain ».

Dans la biographie de mon fils écrite par Magidoff, je passe pour avoir inventé ce slogan d'une vanité ridicule et déplacée, et l'on présente Willa Cather en train de gronder Yehudi pour avoir permis à son père d'utiliser un langage aussi dépourvu de dignité et Yehudi répondant : « Je préférerais être tourné en ridicule par le monde entier plutôt que de blesser mon père. »

En réalité, je n'avais rien eu à voir avec la préparation ni la publication d'aucun de ces matériaux publicitaires et j'avais dit à-

1. Nous aimions beaucoup la charmante femme de Jack dont il divorça pour épouser Grace Aaronson.

Willa Cather combien je les trouvais vulgaires. Si Yehudi a cru que j'en étais responsable, c'est peut-être parce qu'il était trop occupé à découvrir qui se cachait derrière et qu'il avait oublié que GAS était seule responsable du travail de publicité dans l'agence de son mari. Elle avait transformé la liberté en licence et ne soumettait jamais pour approbation aucun de ses projets ou de ses créations, ni à moi ni à Yehudi.

Chaque fois que la presse interviewait Yehudi, il était irrité par les questions portant sur le contenu des nouveaux dossiers de presse rassemblés par GAS : « je n'ai jamais rien fait de la sorte », « je n'ai jamais mangé chez ma mère quoi que ce soit qui ressemblât à cela ». « Je n'ai jamais défini ces dix commandements. » « Je n'ai jamais joué pour des oiseaux ou des animaux. »

Un jour de novembre 1940, je me rendis au bureau de Jack Salter à New York et lui demandai à voir tous les nouveaux dossiers de presse. J'en fus atterré. J'avertis Jack que nous allions sûrement nous brouiller, lui et moi, s'il laissait se poursuivre ce genre de choses. C'est environ à cette date-là que prit fin, peut-être à l'instigation de GAS, l'association d'Evans et Salter, qui avait été l'une des plus réussies et des plus réputées en Amérique. Yehudi « appartenait » à présent à l'agence Jack Salter Artists Management, Inc., qui était une branche de Columbia Concerts Inc.

Je me trouvais avec Yehudi à Toledo, Ohio, en décembre 1940, pour un concert en soirée, quand, au cours d'une promenade effectuée au début de l'après-midi dans la campagne environnante, Yehudi me dit brusquement : « Aba, serais-tu d'accord pour continuer le travail merveilleux que tu fais pour moi comme imprésario, à la maison et à New York, mais en cessant de m'accompagner désormais en voyage ? »

« Bien sûr, Yehudi !, répondis-je. Je ferai exactement ce que tu souhaites. » Je ne voulais pas le pousser à me donner ses raisons. Car cela aurait pu nuire à sa concentration sur la musique qu'il devait jouer ce soir-là. Mais nous avions tous deux les larmes aux yeux.

De retour à New York, alors que Yehudi, Nola et les bébés séjournaient dans leur appartement luxueux de Hampshire House et Marutha et moi dans le plus modeste Hôtel Salisbury, il y eut une atmosphère de vacances. C'était Noël. Mais il fallait que je discute avec Yehudi de certaines affaires pressantes, concernant la tournée en Amérique du Sud, ainsi que des comptes de fin d'année de nos imprésarios. Ni lui ni moi ne remarquâmes particulièrement que Nola tournait autour de nous, à écouter notre conversation. Tout à coup, elle s'écria : « Yehudi, pourquoi Aba a-t-il sa part de tes affaires, de tes gains ? Qu'est-ce qu'il a à voir, lui, dans tout cela ? »

Yehudi lui répondit vivement que je travaillais pour l'argent que je gagnais et que je lui rendais des services essentiels pour sa carrière ; mais je compris alors la requête inattendue et étrange que Yehudi m'avait faite à Toledo.

Quand Yehudi reprit tout seul la route, je lui fis une note concernant certaines choses dont il devait se souvenir et que j'avais toujours réglées pour lui : des affaires banales, comme de conserver les factures et les notes que les services des impôts pouvaient souhaiter examiner, et des conseils pour faire face aux demandes que la société lui présenterait.

Au moment où la tournée en Amérique du Sud devait débuter, Yehudi avait changé d'avis. Il me demanda, et non aux Salter, de l'accompagner. Puis, en février 1941, il remercia GAS et nous fîmes détruire tous les dossiers de presse qu'elle avait préparés.

La tournée en Amérique du Sud — au Brésil, en Uruguay et en Argentine — fut merveilleuse, sauf que Marutha me manquait. Elle avait souhaité venir avec nous, mais Yaltah était alors au milieu d'une aventure amoureuse et ne voulait pas quitter la ville, malgré nos supplications. A la dernière minute, Marutha renonça au voyage afin de rester avec Yaltah, en me laissant partir avec Yehudi, Nola et notre accompagnateur.

Je me jetai corps et âme dans ce nouveau territoire. J'étais seul mais heureux d'être à nouveau vraiment utile à Yehudi, alors qu'il préparait solidement le terrain pour de futures tournées en Amérique du Sud.

La tournée fut une réussite stupéfiante, avec dix concerts consécutifs à guichets fermés rien qu'à Buenos-Aires. Je veillai à ce qu'on épargnât à Yehudi tout souci, de sorte qu'il puisse avoir le nombre d'heures nécessaires pour se concentrer sur sa musique et également se détendre avec Nola, en partant se promener en voiture dans la campagne ou en allant au théâtre. Nous nous arrangeâmes même pour assister à quatre pièces yiddish classiques, présentées par le célèbre acteur yiddish Maurice Schwartz et sa troupe de New York, qui étaient eux aussi en tournée là-bas. Nous fixâmes la date de nos concerts de manière à ce qu'ils n'interfèrent pas avec les pièces yiddish. Celles-ci furent une révélation pour Yehudi, car il n'avait jamais pu trouver le temps de faire quoi que ce soit de la sorte pendant ses séjours à New

York : il était toujours trop occupé. Nola aussi apprécia énormément ces pièces yiddish. L'une d'elles était *Sender Blank* de Sholem Aleichem, que M. Schwartz avait choisi de présenter le 11 juin 1941 au Teatro Soleil, en homage à Yehudi. En remerciement, Yehudi écrivit à M. Schwartz une lettre exprimant l'attachement de toute notre famille à la culture juive authentique :

> Vous seul probablement pouvez vous rendre pleinement compte de la profondeur de mon émotion l'autre soir ! Je connais depuis longtemps les liens extraordinaires et les relations indissolubles qui existent entre la masse des gens qu'on appelle communément les Juifs et moi-même. Mais c'est avec une profonde reconnaissance envers votre génie que j'admets m'être pour la première fois trouvé confronté à cette émotion.

Nous revînmes à Los Gatos après l'une des tournées les plus triomphales que nous ayons jamais connues et profitâmes d'un été merveilleusement détendu chez nous. Yehudi, Nola et leurs enfants commencèrent alors à utiliser pour leur plus grand plaisir la piscine toute neuve dont j'avais fait commencer la construction par un entrepreneur local pendant que nous étions en tournée. C'était notre cadeau pour leur troisième anniversaire de mariage.

CHAPITRE XXIV

YEHUDI ET LA GUERRE

(1939-1945)

Le seconde guerre mondiale prenait une place de plus en plus importante dans nos vies ; Pearl Harbor détruisit tous les projets que nous avions faits de nous retirer pendant dix-huit mois. Yehudi se lança dans une éreintante série de concerts pour les troupes d'Europe et des zones de combat de l'Atlantique et du Pacifique, et joua dans des camps, des hôpitaux et des fabriques de munitions. Cela se poursuivit presque sans interruption jusqu'à la fin de la guerre et même au-delà. Les concerts professionnels passèrent au second plan. J'abandonnai mes divers rôles d'imprésario, d'attaché de presse et de compagnon de tournées, et Yehudi prit en main toute l'organisation de ses concerts, professionnels ou autre, avec la collaboration de ses imprésarios pour les gérer tant aux Etats-Unis qu'à l'étranger. Cependant il me maintenait toujours totalement informé de ses principaux déplacements, de ses itinéraires, des programmes de ses concerts, de ses enregistrements et bien entendu de ses contrats. Et quand il donnait des concerts à New York, Marutha et moi allions y assister.

Je continuai de participer aux réunions de travail avec nos imprésarios américains, mais pendant la guerre mes tâches se limitèrent à la gestion des cachets de Yehudi, de ses « comptes », de ses déclarations de revenus et du paiement de ses impôts. Il m'exprimait sa reconnaissance, mais s'il jugeait que je commettais une erreur, il me le disait sans ambages.

Je suis probablement la seule personne au monde (et sincèrement, j'aurais voulu qu'il y en eût davantage) à avoir été témoin des colères brutales, irrépressibles, de Yehudi. Certains de ses éclats étaient injustifiés à mes yeux, mais ils lui servaient de soupape de sûreté, la seule, peut-être, à sa disposition. J'étais toujours extrêmement malheureux d'avoir suscité la colère de Yehudi, mais dans le même temps, j'éprouvais une certaine fierté de ce qu'il trouvait au moins en moi un ami complètement désintéressé, sur la loyauté, le dévouement et la compréhension inconditionnels duquel il pouvait toujours compter, qui ne profiterait pas de lui et qui ne l'exploiterait pas, quelle que fût la force des ressentiments que nous pouvions avoir l'un envers l'autre. De mon côté, je n'ai jamais eu le moindre doute concernant l'amour profond et sincère de mon fils pour sa mère et pour moi.

J'avais renoué des liens amicaux et intimes avec Jack Salter, dont la femme Grace avait été contrainte de quitter son agence, Columbia Concerts ; mais en 1943, il tomba si gravement malade qu'il dut abandonner son travail d'impresario de concert [1]. Lawrence Evans prit la relève jusqu'à ce qu'il tombât malade à son tour, à la fin de la guerre. Les affaires de Yehudi furent alors confiées à Kurt Weinhold, homme extrêmement digne, humble et avisé, que j'appris à beaucoup apprécier.

En Australie, comme en Grande-Bretagne — en guerre avec l'Allemagne depuis le mois de septembre 1939 —, Hephzibah participait à la lutte antifasciste en donnant des concerts et des récitals de bienfaisance pour des organisations d'aide aux militaires des forces alliées et à leurs familles, ainsi qu'aux blessés et aux réfugiés. En 1940, Yehudi se joignit à elle pour un certain nombre de ces manifestations.

Quand les Japonais attaquèrent Pearl Harbor, Yehudi était en train de traverser la frontière entre le Mexique et les Etats-Unis à El Paso, au Texas, pour se rendre à Mexico où il avait un engagement. Le conseil de révision de Los Gatos le classa « 3 A », c'est-à-dire qu'il fut temporairement exempté du service militaire parce qu'il était marié et père de famille ; mais en réalité, au cours des quatre années suivantes, il devait se trouver plus souvent dans des zones de combat que bien des hommes en uniforme. Sur les cent soixante concerts qu'il donna en 1942, plus d'une centaine furent donnés au front. En 1943, il se rendit dans un bombardier de la R.A.F. en Grande-Bretagne où il joua pour les troupes britanniques et américaines et pour des organismes d'assistance. L'un de ces concerts de bienfaisance eut lieu au profit de la France

1. Jack mourut en 1947, à la tristesse de tous ceux qui l'avaient admiré et aimé.

libre. Ensuite, le Général de Gaulle épingla à son revers la croix de Lorraine et promit que lorsque Paris serait libéré, Yehudi serait le premier artiste de concert de rang international invité à jouer dans la capitale.

Le nombre des concerts que Yehudi donnait au front doublait ou triplait chaque année. En mars et avril 1944, il y en eut soixante-quatre en Alaska et dans les îles Aléoutiennes, dans le Pacifique nord où le temps était glacial ; puis il alla jouer pour le personnel de l'armée et de la marine dans le Pacifique central, puis il revint en Grande-Bretagne, après un bref répit dans la maison d'Alma. La libération de Paris, le 25 août 1944, lui permit de mettre à l'épreuve la parole du Général de Gaulle. Le concert eut lieu à l'Opéra le 7 octobre 1944, dans l'après-midi parce que l'électricité et le gaz n'avaient pas encore été rétablis. Avec en ouverture la Marseillaise, le programme comportait la Symphonie espagnole de Lalo, le concerto pour violon de Beethoven et celui de Mendelssohn qui avait été interdit pendant l'occupation nazie parce que le compositeur était juif.

Cinq jours plus tard, Yehudi rentrait aux Etats-Unis. Les photos qui parurent dans les journaux new-yorkais le montraient en compagnie de ses enfants, mais sans Nola. Personne ne devine jamais vraiment ce qui se passe dans le cœur de ceux qui s'efforcent de sauver les apparences en cachant leurs peines. Yehudi n'a certainement jamais partagé les siennes avec aucun être vivant, sinon sa sœur Hephzibah. Mais malgré la façade, il était évident que, en ce qui concernait Nola, quelque chose avait commencé à se briser dans le cœur de Yehudi, entre les premiers mois de 1944 et octobre de cette même année. Il n'en était pas encore là en janvier : dans une lettre qu'il nous adressa de Charlotte, en Caroline du Nord, il nous parlait avec ravissement de sa vie familiale : « Nous irons au Mexique en juin ou juillet avec les enfants pour y prendre vraiment du bon temps, visiter le pays, nous baigner à Acapulco, faire de la musique de chambre avec les Lener, les Dorati, etc. »

Après avoir terminé sa saison de concerts aux Etats-Unis, y compris une représentation avec le San Francisco Symphony Orchestra pour les délégués à la conférence pour la fondation des Nations Unies, le 28 avril 1945, Yehudi retourna en Europe. La guerre là-bas était terminée ; mais il y avait encore des troupes à distraire, ainsi que les survivants des camps de concentration. Après avoir joué pour eux lors d'un concert de bienfaisance au Royal Albert Hall à Londres, en juillet 1945, il se rendit en

Allemagne pour interpéter des concertos et des sonates, à Belsen, Dachau, Buchenwald et d'autres camps de concentration où les prisonniers survivants qui venaient d'être libérés habitaient à présent les anciennes casernes de leurs gardes S.S.

« C'était déchirant », nous dit-il plus tard.

Bien que les armes se fussent tues, Yehudi avait encore des contrats pour un grand nombre d'autres concerts de bienfaisance en Europe. En outre, un autre projet lui tenait à cœur : depuis quelque temps, J. Arthur Rank, de Gainsborough Pictures, insistait auprès de lui pour qu'il enregistre la musique de « L'Archet magique », film consacré à la vie de Paganini, et pour qu'il collabore au scénario, et il avait réussi à intéresser considérablement Yehudi à ce projet. Tant que dura la guerre, Yehudi n'avait pas voulu prendre du temps sur ses concerts au front pour remplir des engagements professionnels de ce type. Mais dès que se dessina la fin de la guerre, il promit que s'il n'était pas enrôlé, il serait prêt à collaborer au film, à l'automne 1945. Le rôle de Paganini était tenu par Stewart Granger.

Dès le printemps 1945, Yehudi avait donné quelques idées originales pour le scénario, grâce à sa connaissance intime de la vie de Paganini, comme son aventure tumultueuse avec la chanteuse italienne Bianchi et son habitude de terminer ses représentations par un morceau inspiré des bruits d'une cour de ferme. Ces dernières imitations furent soigneusement enregistrées par Yehudi pour le film. Il reproduisit également l'interprétation que ce grand virtuose avait donnée sur une seule corde de « la Fantaisie de Moïse », après que les trois autres eurent cassé lors d'un concert public.

Yehudi passa environ six semaines à enregistrer pour « L'Archet magique » huit morceaux de violon soigneusement choisis qui duraient quarante-cinq minutes. Pour les gros plans de ses doigts, il portait chacun des costumes utilisés par Stewart Granger. J'ai vu le film lors de sa projection à San Francisco et j'en ai adoré tous les instants.

Un autre grand moment de cette tournée fut la brève mais enthousiasmante visite que Yehudi fit à Moscou sur l'invitation du « V.O.K.S. », l'organisation d'échanges culturels soviétique. Les mélomanes de Moscou lui firent des ovations frénétiques ; on le fêta, on lui offrit du vin, on l'invita à dîner et on satisfit à toutes ses requêtes, quelles qu'elles fussent. Il eut de longues conversations avec Oistrakh et Chostakovitch et persuada les autorités soviétiques de lui organiser une liaison téléphonique avec Georges

Enesco en Roumanie. Enesco supplia Yehudi de venir à Bucarest donner une série de concerts de bienfaisance avec lui dès que cela serait possible. Naturellement, Yehudi promit.

Il fit le voyage de Moscou à Berlin dans un avion de transport russe, avec tout un groupe hétérogène de passagers, russes pour la plupart. « Très vite, raconta-t-il, l'inévitable vodka apparut. Je fus invité à aller me joindre à une petite fête. Nous bûmes de la vodka dans une bouteille commune (...). Puis du fromage et du poisson fumé furent déballés. Avec les boissons, les Russes se mirent à chanter. (...) Ils me demandèrent de jouer et me mirent le violon plus ou moins de force sous le menton. Et c'est ainsi que, dominant le vrombissement de l'avion, après avoir bu beaucoup de vodka, les doigts pleins de graisse, j'ai joué tous les morceaux russes dont je pouvais me souvenir : " Otchi Chornia ", " Les Bateliers de la Volga ", n'importe quoi. (...) Ce fut un voyage inoubliable ! »

CHAPITRE XXV

LA RUPTURE

(1945-1947)

Lors de son séjour à Londres en 1945, Yehudi passa beaucoup de son temps avec une jeune et belle ballerine, Diana Gould, dont la mère, Lady Harcourt, elle-même musicienne de renom, était l'amie d'un parent éloigné de Marutha. Yehudi avait rencontré Diana en septembre 1944, lors d'une visite antérieure, et était rapidement tombé amoureux d'elle. Sa femme Nola et leurs deux enfants, Zamira, âgée de six ans, et Krov, âgé de cinq ans, étaient en Australie. A la fin de l'automne 1945, il décida donc de se rendre là-bas et, après avoir annulé une tournée aux Etats-Unis prévue depuis longtemps, il obtint de ses agents qu'ils organisent à la hâte une autre tournée « aux antipodes » pour le mois de décembre suivant. Cependant, quelque chose lui fit changer d'avis, car il annula le voyage en Australie et fit rétablir par ses imprésarios la tournée américaine durant laquelle il devait faire ses débuts de chef d'orchestre. Nola et les enfants ne vinrent pas le rejoindre aux Etats-Unis et ce n'est qu'en avril 1946, à Londres, qu'ils furent réunis. Ils l'accompagnèrent à Bucarest où il se rendit le mois suivant pour y retrouver son vieux mentor, Georges Enesco, avec qui il donna en dix jours une série de sept concerts au bénéfice de la Croix Rouge roumaine, de l'Orphelinat juif, du Fonds philharmonique et de la Conférence mondiale juive.

Yehudi commença sa tournée américaine de 1946 en septembre et Nola et les enfants l'accompagnèrent à New York ; mais quand il arriva à Alma un peu avant Noël, après avoir passé trois mois « sur la route », ils ne vinrent pas le rejoindre et restèrent à New York. Miss Gould s'y trouvait aussi.

Nous étions occupés à préparer notre fête de Noël traditionnelle pour les enfants. Hephzibah et Lindsay arrivèrent d'Australie avec leurs petits garçons, Kronrod et Marston ; nos autres invités étaient Yaltah, son second mari Benjamin Rolfe, et leur jeune fils Lionel.

La veille de Noël, notre cher ami, Ezra Shapeero, habillé en Père Noël, descendit de notre toit avec un énorme sac rempli de cadeaux et la fête commença.

A cette date-là, Miss Gould était arrivée sur la côte ouest et séjournait près d'Alma, chez des amis, George Dennison et Frank Ingerson, tous deux artisans d'art pleins de talent : c'était par eux que Yehudi avait entendu parler de Diana pour la première fois. Yehudi l'amena à notre fête de Noël. Nous la trouvâmes charmante, astucieuse et décidée. Mais nous ne savions pas exactement ce qui se passait et, compte tenu de la présence du frère de Nola, Lindsay, la situation était plutôt délicate.

Peu après ces vacances, Yehudi alla se mettre au calme dans une retraite secrète, quelque part en Floride, où Hephzibah devait le rejoindre pour préparer leur tournée commune en Europe. Lindsay partit avec lui mais ils se séparèrent à un certain point, Lindsay mettant le cap sur New York pour parler à Nola. Hephzibah et ses fils restèrent chez nous environ une semaine encore avant d'aller retrouver Yehudi en Floride. Quand Lindsay revint de New York, il était évident qu'il avait réussi à convaincre Nola d'accepter le fait que Diana lui avait pris Yehudi. Cette dernière se rendit alors en Floride, ainsi que Yaltah et son fils Lionel, tandis que Lindsay repartait en Australie avec « Kron » et « Marsty ».

Après cette réunion de Noël, plutôt tendue, et toutes ces allées et venues, et comme nous n'étions pas informés de ce qui se passait réellement, Marutha et moi avions le cœur brisé devant les difficultés évidentes que connaissait notre fils. Nous fîmes un voyage à Mexico pour apaiser l'angoisse que nous ressentions.

Mais l'année suivante, nous eûmes la satisfaction de recevoir d'Europe de merveilleux comptes rendus des apparitions de Yehudi et de Hephzibah là-bas. Il nous fallut supporter par ailleurs les menaces et les critiques acerbes proférées à l'encontre de Yehudi par certains de nos coreligionnaires juifs parce qu'il jouait devant des auditoires allemands. Une représentation qu'il devait donner dans un camp de personnes déplacées, où il avait reçu précédemment des applaudissements chaleureux, fut boycottée. A Berlin, il joua avec Furtwängler et le Philharmonique de Berlin, dans des concerts qui avaient été organisés, sous les auspices du principal rabbin de Berlin, au profit de ce qui restait de la communauté juive berlinoise. Yehudi et Wilhelm Furtwängler s'étaient finalement rencontrés cet été-là au festival de musique de Lucerne et ils avaient enregistré le concerto de Beethoven avec l'Orchestre symphonique du Festival de Lucerne. A cette date, Furtwängler avait été officiellement et totalement blanchi par les Alliés de toutes les accusations de collaboration avec les nazis dont il avait fait l'objet.

Diana se trouvait à Berlin avec Yehudi. Ils se marièrent le 19 octobre, quelques jours après que Nola et lui eussent officiellement divorcé.

CHAPITRE XXVI

L'AFFAIRE FURTWÄNGLER

(1945-1954)

Yehudi profita de son séjour à Berlin en 1945 pour se renseigner, auprès des musiciens allemands de sa connaissance, sur Wilhelm Furtwängler, qui avait si désespérément tenté en 1933 de nous persuader de respecter l'engagement qu'avait pris Yehudi de se produire cette année-là avec le Philharmonique de Berlin. Les autorités des troupes alliées d'occupation avaient interdit à Furtwängler de reprendre la direction du Philharmonique de Berlin et d'occuper quelque fonction que ce soit dans le monde musical allemand, sous prétexte qu'il avait coopéré avec les nazis.

Tout ce que Yehudi apprit de ses amis allemands, y compris des musiciens juifs, et tout ce que lui et moi avions glané dans des articles de journaux et de revues musicales concernant Furtwängler depuis 1933, nous avait convaincus que la proscription imposée par les Alliés à ce grand chef d'orchestre allemand était injuste. Par la suite, notre confiance en lui fut confortée par d'autres témoignages que j'obtins au cours d'un échange de lettres avec le Dr Daniel Gillis, chercheur américain qui avait consacré des années à étudier la vie de Furtwängler et avait été autorisé par Frau Furtwängler à consulter sa correspondance [1].

Wilhelm Furtwängler n'a jamais adhéré au parti nazi, malgré les fortes pressions qu'il subit à cet effet, et il conserva tant que ce fut possible les membres juifs de son orchestre, le Philharmonique

1. Le Dr Gillis a écrit *Furtwängler Recalled* (Atlantis Verlag, Zurich, 1965), *Furtwängler and America* (Ramparts Press, Palo Alto, California, 1970) et une série d'articles intitulée « Furtwängler : In Memoriam ». Le Dr Gillis enseigne au Département d'Etudes classiques, à Haverford College, Haverford, Pennsylvania.

de Berlin. Un an après l'échec de ses tentatives pour obtenir de Yehudi qu'il maintienne son engagement pour la saison 1933, il défia publiquement le gouvernement nazi en incluant dans le programme de l'Opéra de Berlin, dont il était aussi directeur, « Mathis der Maler », un opéra de Paul Hindemith qui avait été mis sur la liste noire de l'organisation pour « la protection de la culture spirituelle du peuple allemand » du parti nazi, parce qu'il fréquentait des Juifs, était membre d'une association internationale de compositeurs atonaux et qu'il avait écrit une parodie de la *Kammermusik*, marche militaire bavaroise très appréciée des nazis.

Herman Goering, Ministre-Président de Prusse et chef de la police dans cette région, et également Ministre de l'Air du Reich, donna l'ordre d'annuler les représentations de « Mathis der Maler » et, avec l'approbation du Ministre de l'Information et de la Propagande du Reich, Joseph Goebbels, Alfred Rosenberg, chef du Ministère des Affaires étrangères du parti nazi, déversa un flot d'attaques contre Furtwängler dans *Der Voelkischer Beobachter* et d'autres journaux du parti nazi[1]. En réponse, Furtwängler écrivit un article, publié dans *Die Deutsche Allgemeine Zeitung*, défendant Hindemith et son œuvre, et il prévint que si les attaques dirigées contre lui et diffusées dans les journaux sous contrôle nazi persistaient, il démissionnerait de toutes ses responsabilités officielles. Elles persistèrent et l'une d'elles fut une réponse signée de Goebbels à l'article de Furtwängler, qui exécuta donc sa menace. A partir de cette date et durant toute la durée du régime nazi, Furtwängler ne dirigea le Philarmonique de Berlin qu'à titre strictement privé et en engageant personnellement l'orchestre pour la représentation.

Deux ans plus tard, il refusa d'accéder à la demande que lui fit Hitler, lors d'une rencontre en tête à tête, de mettre son nom et ses talents au service des campagnes de propagande nazies. Furieux d'être repoussé, le dictateur allemand menaça d'envoyer Furtwängler dans un camp de concentration. Calmement, Furtwängler lui répondit : « Dans ce cas, Monsieur le Chancelier, j'y serai en excellente compagnie »[2].

D'une manière ou d'une autre, probablement à cause de sa renommée exceptionnelle dans le monde de la musique, Furtwän-

1. Après l'invasion nazie en Russie, Rosenberg, né en Estonie, devint Ministre des Territoires de l'Est occupés et mit en œuvre la politique nazie vis-à-vis des habitants de ces régions.

2. La petite-fille de Richard Wagner, Friedelind, fut témoin de cette rencontre qui eut lieu chez sa mère à Bayreuth. Elle fuit l'Allemagne en 1939.

gler survécut à cette menace et à bien d'autres et continua à jouer de son influence pour maintenir en Allemagne la musique à l'écart de la politique. A la différence de certains autres chefs d'orchestres allemands, il ne fit jamais le salut nazi sur l'estrade et refusa d'accompagner le Philharmonique de Berlin dans ses tournées dans les pays occupés par les nazis, considérant qu'il aurait ainsi servi les objectifs politiques des nazis.

En réponse à tous ceux qui le critiquaient d'être resté en Allemagne, Furtwängler écrivit ceci : « Chacun d'entre nous doit subir le sort auquel il est contraint par son époque, par sa race ou par son pays. Je suis allemand, né en terre allemande. En tant que musicien, je dois m'acquitter des tâches de ce pays. Sur le plan artistique, mes ancêtres étaient des musiciens allemands et je construis sur un sol qui durant deux siècles s'est avéré d'une fertilité incessante. »

Furtwängler n'était pas hostile à l'idée de prendre provisoirement une responsabilité musicale dans un autre pays ; mais il insistait pour rester en contact avec les milieux musicaux allemands en dirigeant chaque année des concerts dans son pays, à titre purement privé. C'est pourquoi lorsqu'en 1936, sur la recommandation de Toscanini, le New York Philharmonic Orchestra invita Furtwängler à lui succéder comme Directeur après le départ de ce dernier à la retraite, en stipulant toutefois que, même s'il était autorisé à diriger des orchestres en Allemagne, il n'aurait pas le droit d'occuper un poste officiel, il n'eut aucune difficulté à accepter.

Sa nomination suscita une tempête de protestations dans certains milieux juifs de New York qui menacèrent de boycotter l'orchestre, en accusant Furtwängler d'être une personnalité officielle du régime nazi. Le Dr Gillis m'a décrit la situation dans une lettre :

Deux choses rendirent la situation de Furtwängler à New York désespérée :

1) Goering, qui avait pour projet l'Opéra de Berlin, cherchait depuis deux ans à obtenir de Furtwängler qu'il en reprenne la direction dont il avait démissionné en 1934, et n'avait pu parvenir à ses fins. Il eut donc recours à une astuce : il publia une déclaration selon laquelle Furtwängler avait accepté sa nomination comme Directeur de l'Opéra de Berlin. Le conseil d'administration du New York Philharmonic, choqué par cette histoire, et ce à juste titre, demanda à Furtwängler, qui était en vacances en Egypte, si la nouvelle était exacte. Furtwängler répondit qu'il n'était pas Directeur de l'Opéra de Berlin et qu'il n'avait pas l'intention de le devenir.

2) La seconde raison qui militait contre les chances de Furtwängler à New York était que Hitler, en envahissant la Rhénanie, provoqua alors une réaction populaire anti-nazie à New York. Malgré tout, le Conseil d'administration tint bon en faveur de son candidat. Mais Furtwängler lui-même, se rendant compte que l'atmosphère dans la ville lui était hostile, décida de retirer sa candidature.

Un an plus tard, en 1937, Toscanini s'aperçut qu'après tout, il était trop jeune pour prendre sa retraite et cesser de diriger régulièrement, et R.C.A. Victor et N.B.C. créèrent pour lui le N.B.C. Symphony Orchestra. Il reprenait du service et Furtwängler se retrouvait dans la situation de rival. Quand Toscanini et Furtwängler se rencontrèrent à Salzbourg en août 1937, cet élément entra apparemment en ligne de compte. D'après le Dr Gillis,

Toscanini accusa Furtwängler d'être nazi, parce que, selon ses propres termes, « quiconque reste en Allemagne et dirige un orchestre dans ce pays est nazi ». Après la guerre, Toscanini refusa de revenir à Salzbourg si Furtwängler s'y trouvait. Les ennemis de ce dernier étaient incapables de se rendre compte que, dans l'Allemagne nazie, la musique était tout ce qui restait au public, sous la dictature qui l'écrasait, et que les Allemands non-nazis se tournèrent vers Furtwängler et virent en lui le symbole de leur liberté et de leur intégrité, ainsi que de leur germanité au bon sens du terme. Psychologiquement, Furtwängler a dû se sentir dans l'impossibilité d'abandonner ce public allemand qui avait plus que jamais besoin de lui. Furtwängler a dû prendre en considération un autre facteur encore : les nazis avaient menacé d'arrêter sa vieille mère s'il osait émigrer.

Cependant, en prenant le risque de mettre en danger sa propre famille et lui-même, Furtwängler utilisa ce qui lui restait d'influence pour aider ceux qui avaient des ennuis, en particulier les musiciens juifs. L'un d'eux était le violoniste Carl Flesch qui avait été emprisonné en Hollande par la Gestapo. Furtwängler s'arrangea pour le faire partir en Suisse avec sa femme. Parmi ceux qu'il aida à sauver, il y avait Robert Henreid, Guido Adler, Issay Dobrowen, Felix Lederer, Victor Zuckerkandel et Mark Hindricks Leuschner.

Alors que la Seconde Guerre mondiale touchait à sa fin, les soupçons des nazis concernant Furtwängler atteignirent un point critique, comme le relate le Dr Gillis :

Depuis novembre 1944, Furtwängler était suivi par la Gestapo. Son dernier concert à Berlin eut lieu en janvier 1945. (...) Le Ministre Speer le prévint que sa vie était en danger et lui conseilla de ne pas revenir en

Allemagne, une fois parti pour donner les concerts prévus à Vienne et à Zurich. (...) A Vienne, Furtwängler alla trouver le Consul de Suisse et lui dit ce qu'il avait appris. De sa propre autorité, le Consul lui donna un visa d'entrée en Suisse. (...) Furtwängler quitta Vienne à cinq heures du matin et se rendit par un chemin détourné dans un village où il se cacha jusqu'à ce que son laissez-passer soit valable. (...)

La secrétaire de Furtwängler, Agathe von Thiedman, fut arrêtée par la Gestapo et interrogée mais, comme Furtwängler ne lui avait pas dit où il allait, ils ne purent obtenir d'elle aucun renseignement. Furtwängler traversa la frontière. (...) Le Ministère des Affaires étrangères allemand demanda son extradition. Le Gouvernement suisse lui donna asile.

En 1947, un homme ayant fait partie du personnel de Speer raconta à Furtwängler que Speer avait vu son nom sur la liste des personnes à liquider et envoyé en Suisse deux télégrammes à Furtwängler pour lui dire de ne pas rentrer en Allemagne. Ces télégrammes ne lui sont jamais parvenus. Dans ces derniers jours frénétiques de la guerre, de nombreux Berlinois furent exécutés et Furtwängler, sans aucun doute, eût été parmi eux s'il était resté là-bas.

Malgré tout cela, quand Furtwängler essaya de reprendre sa place dans le monde musical allemand, après la guerre, il en fut empêché par un certain nombre de généraux d'occupation qui, par sens politique, obéissaient indubitablement aux pressions des groupes qui, dans le pays, lui étaient hostiles. Il fut accusé d'avoir soutenu les nazis. Le Dr Gillis a décrit ses divers « procès » en ces termes :

En mars et en juin 1946, trois commissions ainsi que la Commission de Dénazification (bien que Furtwängler n'ait jamais adhéré au parti, ce qui fait que cette procédure n'aurait jamais dû légalement intervenir) recommandèrent que Furtwängler soit autorisé à diriger le Philarmonique de Berlin. Mais les Américains refusèrent. (...) On avait l'impression qu'une bataille avait lieu parmi les Américains, et que le clan des pro-Furtwängler l'avait emporté. Et pourtant, après avoir entendu plus de témoignages que nécessaire pour prouver l'innocence de Furtwängler et l'héroïsme avec lequel il avait sauvé de nombreux Juifs, les Américains refusèrent pendant près de deux ans de lui permettre de travailler. (...) Les Russes essayèrent d'amener Furtwängler à reprendre la direction de l'Opéra de Berlin (...) mais il préféra attendre d'être disculpé par les Américains afin de pouvoir travailler avec son Philarmonique de Berlin.

De retour à New York en décembre 1945, avec en sa possession de plus amples renseignements sur les activités de Furtwängler pendant la période nazie, émanant d'informateurs allemands fiables, Yehudi donna une conférence de presse au cours de laquelle il plaida le dossier de Furtwängler. Cela mit en fureur les journaux yiddish et le *New York Times* publia une déclaration d'Ira Hirschman, ancien membre du conseil d'administration du New York Philarmonic Orchestra qui, en 1936, avait mené la campagne contre la nomination de Furtwängler à sa tête, dans laquelle il disait :

> Au moment même où les employeurs de M. Furtwängler sont l'objet d'un procès international pour avoir commis des massacres en série, que quelqu'un essaie de blanchir l'un de leurs complices semble incroyable. (...) Le peuple américain ne tolérera pas que son air soit pollué par un musicien ayant servi les chefs nazis avec un dévouement total. Si des efforts sont faits pour faire venir en Amérique le nazi Furtwängler, il rencontrera une résistance et une opposition hautement organisées. La vie musicale américaine peut prospérer sans Furtwängler. Nous sommes outragés à la simple pensée que ce nazi puisse envahir l'Amérique [1].

Yehudi répondit par une lettre au *New York Times* dans laquelle il indiquait que certains musiciens juifs du Philharmonique de Berlin, que Furtwängler avait aidés à sortir d'Allemagne, étaient à présent membres du New York Philharmonic. Il affirmait : « C'est à coup sûr une erreur de condamner Furtwängler, à propos de qui les avis sont partagés, sans le juger loyalement. Je n'ai jamais dit que Furtwängler devait venir dans ce pays. (...) Mais il devrait avoir la possibilité de servir son pays, de diriger des orchestres allemands et de donner aux Allemands la meilleure des musiques. »

Yehudi savait qu'avant de pouvoir diriger à nouveau un orchestre en Allemagne, Furtwängler devait être officiellement innocenté de toute collaboration avec les nazis ; il en appela directement au gouvernement militaire américain à Berlin pour qu'ils cessent d'empêcher Furtwängler de redevenir Directeur du Philharmonique. Quand toutes les accusations contre Furtwängler eurent été rejetées lors des audiences finales de son procès et qu'il reprit son ancien poste, Yehudi fut invité à jouer dans ses concerts d'inauguration en Allemagne. A partir de ce moment-là, Furtwängler se fit peu à peu acclamer à Paris, à Londres et dans d'autres centres musicaux d'Europe.

Toutefois, Ira Hirschman ne voulut pas se laisser convaincre, pas plus que Mordecai Danzis, du journal yiddish new-yorkais, *Day*, qui écrivit :

1. *New York Times*, 11 décembre 1945.

Le problème avec ce violoniste virtuose, c'est qu'il porte un nom très fièrement juif mais qu'il a un faible pour les cannibales allemands. (...) Menuhin a grandement contribué à réhabiliter et à blanchir Furtwängler. Si celui-ci est à nouveau chef d'orchestre aujourd'hui, il doit pour une grande part en remercier Yehudi Menuhin, ce violoniste juif qui naquit sur la terre d'Israël[1] et dont le père se vantait jadis (avant de rejoindre, à force de courbettes, les rangs des Gentils) d'être diplômé du lycée Herzlia de Tel-Aviv. (...) Notre Yehudi est allé en Allemagne jouer du violon pour nos ennemis. (...) Ses concerts furent donnés au profit de toutes sortes de causes, par exemple pour recueillir des fonds en vue d'acheter des instruments de musique aux musiciens allemands[2]. (...) La plupart de ceux qui assistèrent à ses concerts étaient hier des nazis qui, directement ou indirectement, encouragèrent le massacre de millions de Juifs et qui sont prêts à la première occasion à commettre à nouveau les mêmes atrocités effroyables, car il n'existe pas d'autres types d'Allemands.

Dans l'intervalle, bien que de telles histoires aient continué à paraître dans des journaux yiddish de New York, Montréal, Buenos Aires et Johannesburg, un nombre croissant de personnalités de renom prirent publiquement la défense de Furtwängler : Albert Schweitzer, Pablo Casals, Ernest Ansermet, Bruno Walter, Pierre Monteux, Charles Münch, Otto Klemperer, Fritz Kreisler, Joseph Szigetti, Erica Morini, Leopold Stokowski, Leo Blech, Nadia Boulanger, Sir Thomas Beecham, Sir Adrian Boult, Edwin Fischer, Dimitri Mitropoulos, Max Reinhardt, Paul Hindemith, Arthur Honegger, Hugo Kohlberg (premier violon juif du Philharmonique de Vienne), Myra Hess, Neville Cardus et Claudia Cassidy.

Cependant, les vieilles accusations contre Furtwängler reprirent quand, vers la fin de 1948, le Chicago Symphony Orchestra annonça qu'il l'engageait pour une partie de la saison 1949-1950. Lily Pons, son mari d'alors André Kostelanetz, Isaac Stern, Vladimir Horowitz et Arthur Rubinstein firent des déclarations publiques et menacèrent de boycotter l'orchestre s'il ne revenait pas sur la nomination de Furtwängler. Yehudi contre-attaqua en menaçant de son côté de boycotter l'orchestre s'il le faisait. Le problème fut résolu quand Furtwängler décida volontairement de

1. Yehudi était né à New York.

2. Danzis, fort à propos, passait sous silence le fait que, lors de ces concerts, Yehudi avait recueilli 75 400 marks (soit 20 000 dollars) pour la communauté juive de Berlin — à comparer avec les 15 300 marks pour la Hochschule für Musik de Berlin, 7 540 marks pour aider des orchestres et 3 770 marks pour la campagne contre la poliomyélite.

rompre son engagement avec le Chicago Symphony Orchestra « pour lui éviter des difficultés supplémentaires ».

Dans une déclaration sur la situation, le président de l'Association orchestrale de Chicago, Edward L. Ryerson, fit remarquer que Rudolf Pechel, directeur du *Deutsche Rundschau* et l'un des chefs de la résistance allemande contre les nazis, avait déclaré que Wilhelm Furtwängler était le seul musicien allemand qu'il considérait comme l'un des leurs.

Bien que, par la suite, divers projets pour faire venir Furtwängler aux Etats-Unis aient été discutés, aucun ne se réalisa avant sa mort en Allemagne, le 30 novembre 1954.

Selon Albert Schweitzer,

> il quitta ce monde après avoir accompli toute sa vie une œuvre magnifique. Comme tant d'autres, nous nous souvenons avec reconnaissance des heures précieuses où il nous a prodigué sa splendide musique. Notre gratitude nous maintient en union avec lui. Et ceux qui eurent le privilège de le connaître se souviennent non seulement du grand artiste mais aussi de l'être noble et aimé. A l'époque de la servilité, il ne s'est jamais soumis et il a supporté les persécutions avec dignité et courage. En tant qu'homme, également, il a signifié beaucoup pour son époque. Nous le remercions aussi d'être resté fidèle à lui-même [1].

1. Cité dans « Furtwängler : in Memoriam », par le Dr Daniel Gillis.

CHAPITRE XXVII

FAMILLE ET AMIS LOINTAINS
(1950-1955)

En dehors des occasions que nous offraient nos réunions intermittentes, nous suivions les activités de notre fils et de nos filles par l'intermédiaire de leurs lettres et des comptes rendus que la presse donnait de leurs concerts et de leurs récitals, alors qu'ils poursuivaient, chacun indépendamment, le cours de leur vie, séparés les uns des autres par de grandes distances. Cependant, leurs carrières musicales les réunissaient de temps en temps.

Les attaques dont Yehudi avait été l'objet dans les journaux yiddish new-yorkais avaient monté les Juifs d'Israël contre lui. L'annonce faite en 1950 que Yehudi allait se rendre dans ce pays devint un problème national : fallait-il l'accueillir chaleureusement où le boycotter ? Certains exprimèrent leurs craintes que des fanatiques fassent sauter l'auditorium de Tel-Aviv où il devait donner le concert d'ouverture de sa tournée.

En 1940, huit ans avant l'instauration de l'Etat d'Israël, Yehudi avait participé au Carnegie Hall à un concert spécial au profit du Conservatoire de Musique de Jérusalem. Depuis cette date, il avait donné dans le monde entier de nombreux concerts de bienfaisance pour des causes culturelles et économiques en Israël. Dès son enfance, il m'avait entendu parler avec enthousiasme des pionniers de l'ancienne Palestine, ces idéalistes qui s'y étaient rendus pour œuvrer au salut de leurs âmes en menant une sorte de vie communautaire. A présent, il voulait voir par lui-même la manière dont vivaient et se comportaient là-bas les Juifs.

Lors d'un dîner donné en son honneur à Londres par le Club anglo-israélien, vers la fin de l'année 1949, un membre du

Parlement, H. L. Austin, pressa Yehudi d'aller en Israël. En réponse, Yehudi annonça qu'il espérait se rendre dans ce pays en mai 1950, et déclara que ce qu'il connaissait d'Israël lui venait en grande partie de son père.

En janvier 1950, il donna un concert de bienfaisance au profit du « Joint Palestine Appeal Charitable Trust ». En février, il en donna un autre, cette fois-ci pour le Fonds National Juif. Les deux concerts eurent lieu à guichets fermés. Il s'envola ensuite d'Angleterre pour aller faire une grande tournée en Afrique du Sud. Plusieurs de ses concerts à Johannesburg étaient au profit des Amis sud-africains de l'Orchestre d'Israël et du théâtre Habima. Une énorme somme d'argent fut remise à l'Orchestre symphonique d'Israël et à d'autres institutions culturelles et charitables de ce pays. Tout cela était parfaitement normal; Yehudi s'était engagé dans ce genre d'entreprises depuis le début de la Seconde Guerre mondiale et a continué jusqu'à ce jour.

Pour sa première représentation en Israël, Yehudi aurait aimé se produire avec un orchestre israélien, mais, au lieu de cela, il dut se contenter d'un récital. En fait, Hephzibah eut la possibilité de venir d'Australie le rejoindre et de jouer avec lui.

Quelques jours avant l'arrivée de Yehudi en Israël, le quotidien yiddish de New York, *Forward,* fit la déclaration suivante : « La venue attendue du célèbre violoniste a suscité un âpre débat public. Le thème n'en est pas nouveau : le grand artiste est-il un traître à son peuple et faudrait-il par conséquent le boycotter ? Ou devrait-on lui pardonner ses " péchés " ? A-t-il d'ailleurs seulement péché ? »

En Israël, les gros titres annonçaient : « Menuhin divise les Israéliens », « La tournée en Israël de Menuhin peut provoquer des émeutes », et un journal faisait état d'une « allégation selon laquelle Yehudi Menuhin aurait déclaré qu'il n'avait plus de liens avec le judaïsme ». Mais la presse israélienne était loin d'être unanime à condamner Yehudi. Le quotidien influent *Ha'aretz* publia un éditorial vigoureux, défendant catégoriquement ses activités en Allemagne.

Lors d'une conférence de presse à son arrivée en Israël, Yehudi déclara : « Je suis né Juif et je suis resté Juif, et je viens aujourd'hui en Israël pour m'identifier aux Juifs d'ici comme d'ailleurs. »

Des policiers furent affectés à la protection de Yehudi et de Hephzibah à l'aéroport et à l'hôtel, et une garde importante surveilla l'Ohel Shem Music Hall où la première représentation devait avoir lieu. La salle fut isolée par un cordon de police et seules les personnes en possession de billets furent autorisées à approcher. Le lendemain matin, de nombreux journaux du monde entier contenaient le compte rendu suivant de l'A.P. : « Les manifestations hostiles redoutées ne se sont pas matérialisées hier soir pour le premier concert en Israël du violoniste virtuose Yehudi Menuhin, que la presse israélienne a attaqué violemment pour s'être produit en Allemagne après la guerre. Au lieu de cela, la salle était comble et les 1 500 spectateurs qui ont payé 14 dollars le billet d'entrée ont applaudi chaleureusement le célèbre violoniste juif et sa sœur Hephzibah, la pianiste. »

Quelques semaines plus tard, je reçus une lettre de l'imprésario de Yehudi en Israël, B. Gillon, qui décrivait avec vivacité l'enthousiasme suscité par la tournée de Yehudi et de Hephzibah :

> Yehudi et Hephzibah se sont produits dans une longue série de concerts de bienfaisance à Tel-Aviv, Jérusalem, Haifa, Givat Brener, Tel Litvinski et dans d'innombrables petites villes, villages et colonies, ainsi que dans de nombreux camps militaires. Ils furent fêtés et reçus royalement par le Président de la République, le Dr Chaim Weizmann, par le Président de l'Université hébraïque, le Professeur Brodetzki, par les maires des villes et des cités. Ce fut une longue réception triomphale, telle qu'Israël n'en a jamais vue de semblable et qu'elle n'oubliera jamais. (...)
>
> Des milliers de personnes à l'extérieur des théâtres (...) les suivirent jusqu'à leur voiture en criant « Longue vie à Yehudi Menuhin ! », « Longue vie à Hephzibah Menuhin ! », et nombre d'entre elles embrassèrent les vitres de la voiture. (...) De même que nous avions dû demander au gouvernement de faire protéger (...) les Menuhin par la police lors de leur arrivée en Israël (...) contre un petit groupe de fanatiques et de zélateurs irresponsables, nous dûmes, pour notre grande satisfaction, faire de nouveau appel au gouvernement après leur premier concert pour qu'il fasse protéger les Menuhin, cette fois-ci contre leurs admirateurs trop enthousiastes.

Tout ceci eut un curieux résultat. L'Agence télégraphique juive, l'agence de presse d'Israël, propriété de l'Etat, envoya des « rapports » selon lesquels, en Israël, Hephzibah avait « persuadé son frère de s'excuser pour ses actes ». Hephzibah était furieuse : « Je suis véritablement offensée par ces rapports. Ce ne sont pas seulement des rumeurs malsaines ; ils me présentent sous un jour que je n'ai pas la moindre intention d'accepter. Je n'ai certainement pas fait de telles déclarations, et qui plus est, je porte à mon frère la plus grande admiration pour ses convictions honnêtes, pour le travail qu'il accomplit inlassablement afin d'aider les autres, et pour le courage avec lequel il fait front à toutes ces fausses accusations. »

Au cours d'une conférence de presse à Londres, Yehudi déclara : « Je n'ai pas besoin de m'excuser d'avoir joué dans des camps de concentration ni d'avoir donné des concerts sous les auspices du gouvernement américain en Allemagne. (...) Quant aux habitants d'Israël, ce sont les gens les plus ouverts et les plus dénués de préjugés au monde ! » D'après Yehudi, il avait « laissé son cœur en Israël » lors de cette première visite. A chaque séjour suivant, il en vint de plus en plus à admirer les réalisations d'avant-garde de son peuple sur le plan artistique et scientifique. De leur côté, les Israéliens apprirent à aimer et à respecter Yehudi.

Après sa seconde tournée en 1951, même la presse yiddish de New York commença à redécouvrir que Yehudi était, après tout, « un bon Juif ».

Dorénavant, les tournées annuelles de concerts de Yehudi ne se limitèrent plus seulement aux Etats-Unis et à l'Europe de l'Ouest mais elles inclurent aussi des pays comme le Japon, l'Inde, l'Afrique du Sud, l'Australie, la Nouvelle-Zélande, le Congo belge (à présent nommé Zaïre), l'Union soviétique, la Hongrie, la Pologne, la Yougoslavie, la Roumanie, la Tchécoslovaquie, l'Allemagne de l'Est et des nations d'Amérique centrale et d'Amérique du Sud, ainsi que certains pays méditerranéens, y compris l'Afrique du Nord. Yehudi ne prenait plus guère de vraies vacances entre ses tournées. Il acheta de nombreuses œuvres inconnues et en commanda de nouvelles à des compositeurs contemporains. Hephzibah joua avec lui dans des récitals de sonates. Il trouva aussi le temps de participer à des débats et de donner des conférences aux réunions du Mouvement Mondial pour un Gouvernement Fédéral du Monde, une organisation à laquelle il s'intéressait tout particulièrement.

A Johannesburg, pendant la tournée d'Afrique du Sud de 1950, il s'attira le mécontentement de certains éléments du gouvernement là-bas en jouant pour les Zoulous de la maison de correction de Diepkloof d'où Alan Paton avait tiré une grande partie de son matériel pour son livre *Pleure, ô mon pays bien-aimé*, pendant les douze années où il en fut le directeur. Yehudi avait lu l'ouvrage. Il fut emmené dans cette institution par Trevor Huddleston, un pasteur anglican, opposant notoire de la politique raciste de l'Afrique du Sud, qui avait été poussé à créer le célèbre Orchestre de jazz Huddleston à la suite d'une remarque que lui avait faite

Yehudi lors d'une visite antérieure dans ce pays. Le Révérend Huddleston a évoqué cet événement dans un article qui parut dans le numéro de novembre 1957 de *Harper's Magazine* :

Il était venu donner une série de concerts en Afrique du Sud et, typiquement, avait insisté pour jouer devant un auditoire africain, un auditoire qui, autrement, n'aurait pas eu l'occasion de l'entendre. Tandis que nous quittions Johannesburg en voiture pour nous rendre à Sophiatown, le quartier noir que la plupart des gens décriraient comme un bidonville mais où je me sens chez moi, il se tourna vers moi et me dit : « Souvenez-vous, mon Père, que c'est grâce à l'orchestre de jazz noir que la ségrégation raciale en Amérique a commencé à être levée. » Quatre années après environ, alors que j'avais quitté Sophiatown et que j'habitais dans une autre de nos missions à Johannesburg, les paroles de Menuhin me sont revenues à l'esprit avec une force étrange et tenace, (...) la vision que m'avait transmise Menuhin, la vision d'orchestres de jazz africains comme moyen d'accéder à la liberté.

Le dernier jour de sa tournée, Yehudi se trouva à Capetown. Il prit des dispositions avec une banque bien connue pour faire transférer ses gains nets, qui étaient assez importants, sur son compte à San Francisco. Puis il alla écouter un débat à l'assemblée provinciale du Cap auquel participait un membre éminent de l'opposition. Un correspondant de l'*Observer* de Londres rapporta :

Yehudi Menuhin se passionna tellement qu'il dut être averti par un messager du Parlement que s'il se penchait trop par-dessus la balustrade de la galerie réservée au public, il pourrait tomber. Un peu plus tard, Yehudi Menuhin fit sursauter la Chambre en applaudissant brusquement et en criant « Bravo ! » lorsqu'un membre de l'opposition eut fini d'attaquer le projet de loi du gouvernement sur le recensement de la population.

Quand il retourna à son hôtel, il fut averti par la banque que le permis l'autorisant à transférer ses fonds avait été annulé. Son argent resta bloqué là-bas pendant assez longtemps.

En 1956, il fit une autre tournée triomphale en Afrique du Sud, et à nouveau, il n'hésita pas à jouer pour la population noire. En fait, il parvint à ce que certains Noirs puissent assister à ses concerts officiels. Il adhéra à la « South African International Arts League of Youth ». Apprenant que les gens de couleur n'avaient pas le droit d'y adhérer, il menaça ouvertement de démissionner si la ségrégation raciale n'était pas supprimée.

Un incident amusant survint à Rome alors que Yehudi se

rendait en Israël, de retour d'Afrique du Sud. Il s'était arrangé pour donner un concert pendant l'escale. Tous les billets avaient été vendus et de nombreuses personnes n'avaient pu en avoir, parmi lesquelles l'inspecteur en chef des douanes de l'aéroport de Rome. Quand Yehudi revint à l'aéroport et passa la douane, l'inspecteur en chef lui-même était à la table de contrôle.

« Qu'avez-vous dans cet étui ? », demanda-t-il.

Yehudi expliqua qu'il contenait son Stradivarius. On lui demanda de l'ouvrir.

« Qui êtes-vous ? » demanda d'un air sévère l'inspecteur.

« Je suis Yehudi Menuhin. »

« Ah oui !, répondit l'inspecteur. Tous les contrebandiers de violons disent qu'ils s'appellent Yehudi Menuhin. »

Yehudi montra son passeport, mais l'inspecteur lui dit froidement :

« Ce sont tous de faux documents. Si vous êtes vraiment Yehudi Menuhin, prouvez-le. »

Yehudi sortit son Stradivarius et joua le toujours populaire « Caprice viennois » qu'il jugeait convenir pour un auditoire qui comprenait à présent tous les autres inspecteurs des douanes en service, plus quelques centaines de badauds ravis. L'inspecteur des douanes n'avait toujours pas l'air convaincu.

« Signor, vous jouez bien, dit-il, mais pas assez bien pour Yehudi Menuhin. Il se trouve que je sais que Menuhin joue des sonates de Bach pour violon seul. Ecoutons comment vous jouez du Bach. »

Yehudi n'avait pas le choix et dut s'exécuter. Quand il eut fini, il y eut des « bravos » enthousiastes de tous côtés. L'inspecteur se confondit en excuses, remercia Yehudi et, tout en l'accompagnant jusqu'à son avion, lui murmura : « Cher Monsieur Menuhin, c'était un coup monté, à la suite d'un pari. Il y a à Rome des centaines d'étudiants en musique qui n'ont pas pu avoir de billets pour votre concert hier soir. Certains d'entre nous, du bureau des douanes, non plus. C'est pourquoi, sachant que vous preniez l'avion ce soir, nous avons organisé cette petite mise en scène ! Nous sommes très heureux d'avoir réussi. Dieu vous bénisse ! Et veuillez nous pardonner. »

Les étudiants en musique qui n'avaient pu obtenir de billets se trouvaient parmi les badauds.

A la fin d'une tournée couronnée de succès au Japon, plus tard cette même année, et voulant donner un repos bien mérité à son Stradivarius « Prinz Khevenhüller », Yehudi acheta le célèbre

Stradivarius « Soil ». L'autre Strad et le Guarnarius purent ainsi se remettre un peu de leur fatigue.

En février 1952, Yehudi partit pour la première de plusieurs tournées qu'il devait donner en Inde, à la suite d'une invitation qu'il avait reçue depuis longtemps de la part du Premier ministre Nehru. Tous ses gains, à ses dépenses près, furent versés à des œuvres de charité indiennes. Etant les invités de Nehru à Delhi et à Calcutta, Yehudi et Diana vécurent avec lui, mangèrent avec lui, se promenèrent avec lui et discutèrent avec lui « à en perdre la tête ». Pendant les exercices de yoga que Yehudi et Nehru firent ensemble le matin, les deux hommes parlèrent même la tête en bas !

Les orchestres symphoniques avec lesquels Yehudi joua en Inde n'existaient pas avant son arrivée dans ce pays. Il s'agissait de musiciens individuels, de professeurs de musique, d'intellectuels et de personnes cultivées qui avaient appris à jouer d'un instrument. Ils avaient été regroupés et organisés en orchestres par deux musiciens consacrés : Francisco Casanovas, chef d'orchestre, et Mehli Mehta, premier violon. Après bien du travail et de nombreuses répétitions, ils parvinrent à exécuter de manière tout à fait satisfaisante certaines œuvres orchestrales majeures.

Marutha et moi reçûmes une lettre des plus touchantes de la secrétaire de l'organisation qui avait mis sur pied les concerts de Yehudi à Bombay, Mme J. K. Daruvala, dans laquelle elle disait :

> Nous avons profondément apprécié le geste magnifique de votre fils pour aider Bombay à avoir un orchestre permanent. (...) Ce fut si gentil de sa part de prêter son merveilleux violon à M. Mehli pour qu'il en joue. Il n'est pas étonnant que les gens sentent qu'il possède en lui la vraie qualité du Yoga, qui est la bonté au niveau essentiel, la bonté pour la bonté. (...) Ce serait merveilleux si vous pouviez venir en Inde avec votre fils la prochaine fois. (...) En Inde, nous avons toujours l'impression que la grandeur d'une personne est le reflet de la bonté et de l'affection de ses parents, et nous savons que votre fils apprécie en vous toutes ces qualités.

A un reporter londonien, Yehudi dit un jour : « Je considère l'Inde comme la noble mère de tous les arts. Je compare son art et sa philosophie au tronc de l'arbre dont notre culture européenne est un rameau. » Pendant ses tournées dans ce pays, il étudia la musique et la danse indiennes, et par la suite, il fit connaître en Europe et en Amérique certains des représentants éminents de ces arts.

Pendant qu'il se trouvait en Inde, Yehudi entreprit également de rencontrer ses coreligionnaires, les Juifs de l'Inde, les « *Benei Israel* », et d'apprendre tout ce qu'il pouvait sur leurs vies, encore régies aujourd'hui par des croyances et des coutumes juives. Il découvrit que la communauté juive indienne, vieille de 2 000 ans, avait augmenté en raison de l'arrivée de réfugiés fuyant les persécutions nazies en Europe et comptait à présent environ quinze mille personnes.

(Près d'un quart de siècle plus tard, Yehudi fera son premier voyage en Chine et donnera des cours magistraux à Pékin et à Shanghaï. Il sera si impressionné par certains jeunes musiciens chinois qui jouèrent pour lui qu'il s'arrangera pour les faire admettre dans son école en Angleterre.)

A la fin de 1953, à la suite de la mort de son ami Jacques Thibaud et du jeune pianiste américain, William Kapell, dans des accidents d'avion survenus à l'automne de cette année-là, et ayant à l'esprit la mort de Ginette Neveu, l'une des meilleures violonistes au monde, dans une autre catastrophe aérienne quelques années auparavant, Yehudi annonça qu'il allait boycotter les voyages en avion jusqu'à ce qu'on ait fait quelque chose pour améliorer la sécurité aérienne, en installant des radars dans les avions commerciaux. Sa position suscita une controverse dans les journaux et lui valut des critiques, mais il maintint son boycott jusqu'en 1962, date à laquelle il se rendit compte que les compagnies aériennes avaient suffisamment progressé dans l'installation de radars sur leurs appareils pour justifier l'abandon du boycott. Il nous persuada immédiatement, sa mère et moi, de venir à New York en avion pour assister à l'enregistrement d'un programme de télévision spécial dans lequel il apparaissait en compagnie de Hephzibah. Cette émission faisait partie d'une série intitulée « Festival des Arts du Spectacle ». Puis nous repartîmes en avion avec eux pour Londres afin de passer Noël dans leur famille.

Le 4 mai 1955, le maître bien-aimé de Yehudi, Georges Enesco, mourut à Paris. Depuis la Seconde Guerre mondiale, il s'était produit comme violoniste, comme pianiste, comme chef d'orchestre et comme compositeur devant des auditoires enthousiastes en Europe, en Afrique du Nord et en Amérique du Nord, parfois avec Yehudi. A propos d'un concert au Carnegie Hall, le critique musical du *New York Herald Tribune,* Virgil Thomson, avait écrit : « Dans l'ensemble, le concert n'aurait pas été marquant si

Georges Enesco, soliste dans le concerto de Brahms, n'avait donné de l'élan au programme ni fait venir les larmes aux yeux de tous les spectateurs. »

M. Thomson remarquait que les privations de la guerre avaient laissé leur marque, « des déformations dues à de l'arthrite sur cette silhouette jadis majestueuse », mais, ajoutait-il, « ses accents sont amples et mélodieux, son ton est impeccable, son style est à tous égards grave et imposant ».

Le dernier concert dans lequel Yehudi s'était produit avec Enesco avait eu lieu Salle Pleyel le 27 avril 1953. Peu après, Enesco avait eu une attaque de paralysie qui l'avait rendu invalide. Yehudi avait continué à lui rendre fréquemment visite dans son appartement de deux pièces et leurs relations devinrent de plus en plus intimes et filiales, alors que Yehudi avait pris la responsabilité de veiller au bien-être d'Enesco. Ce grand Roumain n'était pas homme à accepter quoi que ce soit facilement et Yehudi avait dû s'y employer avec une extrême délicatesse. Il s'était souvent trouvé au chevet d'Enesco durant ses dernières années difficiles ; mais, quand le grand musicien roumain mourut, Yehudi était à New York. Il envoya une couronne de trois cents roses, avec cette inscription : « A mon maître ». Quand la presse de New York lui demanda de dire quelques mots sur Enesco, il déclara : « Enesco était l'homme que je révérais le plus en musique, l'homme qui a eu l'influence la plus grande sur ma vie musicale. C'est l'homme à qui je dois le plus. » Et dans un panégyrique pour *The New York Times,* il écrivit :

Je sens qu'il en sera de Georges Enesco comme de Bela Bartok : ses contributions les plus profondes à notre culture ne seront appréciées que progressivement, quand les fruits de son œuvre seront connus d'un public toujours plus vaste.

Enesco lui-même n'a jamais été homme à apprécier l'hommage du public. Il le recevait aussi fréquemment qu'il le souhaitait, mais, au fond du cœur, c'était un créateur. Il a souvent exprimé le désir de rester au calme quelque part — peu importait où du moment qu'il avait son stylo, de l'encre et du papier à musique.

En fait, les dernières années de sa vie d'infirme, qui ne lui permettait de circuler ou de se déplacer qu'avec difficulté, le maintinrent en quelque sorte prisonnier dans une petite pièce de son appartement de la rue de Clichy. Il y restait dans un fauteuil, avec d'un côté un bureau sur lequel étaient entassés des manuscrits et de la musique, et de l'autre son piano. Il ne quittait presque jamais ce fauteuil, sauf pour être confiné au lit.

Il n'existait pour ainsi dire pas d'œuvre musicale qu'il ne connût pas, de Monteverdi et Bach à Schoenberg en passant par tous les styles et tous les pays. Quels que fussent l'opéra, la symphonie, l'œuvre de musique de chambre mentionnés devant lui, il pouvait les jouer au piano avec une extrême inspiration, en faisant appel à d'autres moyens d'expression divers tels que des sifflements, des grognements et des chants, pour transmettre tous les effets et toute l'ampleur de la partition. Il pouvait rendre sur le clavier de son vieux piano Pleyel un « Tristan » comme il n'en a peut-être jamais existé que dans l'imagination des plus grands interprètes.

Mais, en dehors de sa musique, qui représentait toute sa vie, j'aimerais évoquer mes souvenirs de lui en tant qu'être humain. On trouverait difficilement une personne plus désintéressée, plus noble, plus généreuse. A tout moment il était prêt à donner une partie de lui-même. Ses talents étaient si considérables qu'il pouvait agir avec la largesse d'un Dieu sans jamais sembler épuiser ses ressources.

Les funérailles d'Enesco furent malheureusement perturbées par des incidents déplaisants qui se produisirent alors que le convoi quittait l'église orthodoxe roumaine de Paris. La couronne de Yehudi était accrochée à côté de celle du Gouvernement roumain, qui avait vainement supplié Enesco de revenir d'exil. La couronne communiste faillit causer une émeute : elle fut arrachée du corbillard et jetée dans le caniveau, ce qui déclencha une bagarre entre communistes et anti-communistes, et la police dut intervenir. Il y eut des cris de protestation ; des femmes pleuraient tandis que les antagonistes se battaient en criant. La femme d'Enesco, la Princesse Cantacuzène, qui était assise à l'avant du corbillard, enveloppée d'épais voiles de deuil, se cacha les yeux. Quand le directeur des pompes funèbres essaya de remettre la couronne (ou du moins ce qui en restait) à sa place sur le corbillard, elle fut enlevée à nouveau et mise en pièces.

Cet incident m'a rappelé quelque chose qu'Enesco m'avait écrit après que nous ayons repris contact à la suite de la Seconde Guerre mondiale : « Je n'ai que du dégoût pour la politique, et tout particulièrement sous la forme où on l'exerce aujourd'hui. Longue vie à la musique ! Longue vie à l'Art ! Longue vie à l'intellectualisme ! A bas les politiciens ! »

Vers le milieu des années 50, Yehudi s'était installé en Europe, en achetant d'abord une maison à Gstaad en Suisse, puis plus tard une autre maison à Londres. Il fut mêlé de plus en plus intimement aux affaires musicales européennes, surtout aux festivals tels que ceux de Bath et de Gstaad. Il créa l'Orchestre de Musique de Chambre du Festival de Bath ; il se mit à jouer du Bach, sans accompagnement, dans des cathédrales et des églises et les recettes de ces concerts étaient consacrées à des causes valables, comme les fonds pour la restauration des cathédrales, la Société Nationale des Handicapés Moteurs et l'Action Chrétienne, une organisation qui s'intéressait en particulier aux problèmes raciaux en Afrique. Il fut nommé Président de la « National Trust Concerts Society of England » et membre du conseil consultatif du « Commonwealth Arts Festival » en 1964, ainsi que juré officiel au concours de musique international « Reine Elisabeth de Belgique » à Bruxelles. Il commença à donner régulièrement des cours d'été à l'Ecole américaine de Nadia Boulanger à Fontainebleau et enseigna également au Dartington Hall en Angleterre. Finalement, en 1964, il fonda sa propre école à Stoke d'Abernon, au sud de Londres, école destinée aux jeunes gens du monde entier dont les talents musicaux avaient été décelés.

Juste avant notre cinquantième anniversaire de mariage, le 7 août 1964, Marutha et moi reçûmes une lettre de Yehudi qui nous causa une grande joie :

> Très chers Aba et Mammina,
>
> Dans quelques jours, vous célébrerez vos noces d'or et j'ai essayé de trouver un geste approprié pour marquer cet important événement. (...) Hier, j'ai auditionné trois enfants pleins de talent, parmi lesquels un garçon de huit ans m'a paru avoir *tous* les dons : de la personnalité, une grande maîtrise, de l'oreille, de la mémoire, du rythme, etc. Il s'appelle Nigel Kennedy. Je voudrais créer une bourse qui s'appellerait la Bourse M.M.M. (Moshe Marutha Menuhin) (...) pour l'enfant que j'ai trouvé le plus digne d'être admis à l'école. (...) J'essaie simplement de faire pour eux ce que vous avez fait pour moi, et cela me semble juste. J'espère que vous serez d'accord.

Dans son autre ville d'adoption, Gstaad, Yehudi fonda l'Académie Internationale de Musique Menuhin, qui tout au long de l'année dispense des cours aux jeunes qui font des études supérieures de musique; c'est dans ces talents que puise la Camerata Lysy de Gstaad.

CHAPITRE XXVIII

L'AFFAIRE MAGIDOFF
(1955)

En 1955, une biographie de mon fils, Yehudi Menuhin, écrite par Robert Magidoff, fut publiée aux Etats-Unis. L'édition britannique parut ultérieurement et l'ouvrage fut traduit dans un certain nombre d'autres pays.

Ce livre nous dépeignait, Marutha et moi, comme des parents indignes, tyranniques et stupides. La liste de nos fautes et de nos crimes semblait interminable. Marutha était accusée d'avoir « atrophié tout esprit d'initiative » chez nos enfants, tandis qu'on me présentait comme une sorte de benêt, un « prince consort » qui n'exerçait pour toute autorité que le peu que me laissait ma femme, et comme quelqu'un qui se laissait piétiner comme un paillasson.

L'auteur d'un compte rendu de l'ouvrage, convaincu par les accusations contenues dans le livre que nous avions « presque détruit Yehudi Menuhin », écrivit : « Que Yehudi ait survécu à tout cela sans finir par haïr ses parents témoigne chez lui d'une générosité d'esprit à laquelle il faut rendre hommage. La plupart d'entre nous ne pourraient faire preuve d'autant de grandeur d'âme. »

Parmi les autres critiques qui furent sollicités pour présenter et commenter le livre, il se trouva cependant quelques personnes qui suivaient depuis de nombreuses années la carrière de Yehudi et qui avaient fini par bien connaître tous les membres de notre famille. Parmi elles, Alexander Fried, rédacteur de la rubrique musicale du *San Francisco Examiner*, qui écrivit ces lignes :

S'il vous est arrivé un jour d'assister à une discussion sur un scénario de film, il se peut que vous ayez entendu le producteur demander à ses auteurs :

« Le conflit ! Où est le conflit ? Il n'y a pas d'histoire sans conflit ! »... Il semble que ce genre d'idée typiquement hollywoodienne ait obsédé Robert Magidoff quand il s'est mis à écrire son livre *Yehudi Menuhin : l'homme et le musicien.* Le conflit clé dont Magidoff a rêvé pour son propos (ainsi que d'autres avec lui) est, à mon avis, profondément injuste. (...) Certains d'entre nous « étaient là », comme on dit. Notre connaissance intime de toute la carrière de Yehudi nous a permis de constater un fait fondamental : Yehudi et son biographe peuvent exprimer la plus extrême reconnaissance à ses parents qui, loin d'avoir été pour lui un fardeau, ont fait de lui un artiste et une grande personnalité.

Yehudi lui-même semble être d'accord là-dessus. Dans une lettre qu'il adressa à Marutha de sa résidence suisse de Gstaad, le 18 septembre 1956, il écrivit : « En réalité, les penchants que j'ai aujourd'hui, tout comme mes goûts et mes opinions, sont les conséquences toutes naturelles de l'éducation que vous m'avez donnée et je peux faire remonter presque tout à une graine que vous avez plantée avec beaucoup de clairvoyance et d'inspiration à un moment ou à un autre au cours de mon enfance. »

Quand Louis Persinger lut dans l'ouvrage de Magidoff que Yehudi aurait dû être autorisé à apprendre à faire des gammes et des arpèges avec Ysaÿe parce que personne d'autre, ni Anker, ni Persinger, ni Enesco, ni Busch, ne connaissait ni ne lui avait enseigné ces éléments fondamentaux *secrets,* il fut furieux et m'écrivit qu'il avait fait étudier à Yehudi les arpèges et les gammes, « sans l'aide d'un livre », ainsi que « pratiquement toute la littérature existante sur les études, les capriccios, etc., et des livres techniques de toutes sortes. »

Il soulignait également le fait qu'il avait écrit pour Yehudi « toute une série de gammes en tierces afin de lui permettre de pratiquer les tierces dans toutes les clés, y compris les tons mineurs naturels, mélodiques et harmoniques, sans s'arrêter pour chaque clé. »

Il ne fait pas de doute pour moi qu'en choisissant comme professeur pour Yehudi, durant ses premières années, Persinger, élève si fidèle de Ysaÿe quand celui-ci était dans toute sa gloire, nous avions confié notre fils à un homme éminent et capable de transmettre la science du grand maître Ysaÿe. Et je suis convaincu que nous avons eu raison de choisir ensuite Enesco et Busch pour poursuivre l'éducation musicale de Yehudi. Et pourtant, dans un livre lu dans le monde entier nous nous trouvons accusés de ne pas lui avoir procuré les professeurs qui convenaient.

Nous sommes aussi accusés de ne pas lui avoir permis d'être « dans le coup »... Et comme prétendue preuve de sa naïveté, l'auteur déclarait que Yehudi avait « grandi sans savoir qui était Greta Garbo » !

Dans une interview menée par Tex McCrary et Jinx Falkenburg pour *The New York Herald Tribune*, en mai 1951, Yehudi fit une révélation intéressante :

A l'âge de trois ans, avec tout le sérieux d'un adulte prononçant ses vœux dans un ordre religieux, j'ai décidé de devenir violoniste. (...) Quand j'étais enfant, je n'écoutais pas la radio, je n'allais pas au cinéma, je ne passais pas mon temps à lire des bandes dessinées. Non pas parce que mes parents considéraient que ce genre de distractions ferait de moi un jeune délinquant, mais parce que ces passe-temps ne créaient pas l'atmosphère adéquate pour développer une personnalité musicale. (...) Mes parents, qui savaient à quel point je voulais devenir violoniste, comprirent que je serais contraint de vivre presque à la limite de la frustration affective si je ne voulais pas relâcher mes efforts. Ils savaient que je ne devais me permettre aucune distraction, aucun exutoire qui risquerait de faire baisser la pression. Alors, de temps en temps, je jouais dans un concert et donnais libre cours à mes émotions.

Dans le livre de Magidoff, on lit ceci :

L'histoire de Yehudi Menuhin est l'histoire d'un succès fabuleux et d'un désastre évité de justesse. (...) Le violoniste bredouillait, résultat inévitable des idées de ses parents. (...) C'est tout à l'honneur de Menuhin d'avoir finalement réussi à devenir un adulte mûr et averti ; car rares sont ceux qui, pendant aussi longtemps, ont été l'objet d'un maternage si éhonté et si absolu, au pire sens du terme. (...)

Au moment précis où Yehudi Menuhin, alors âgé de trente-et-un ans, s'était tragiquement laissé embourber désespérément dans la fange d'une adolescence interminable, Dieu lui a envoyé Miss Diana Gould pour le sortir de là. Elle a fait de lui un homme.

Rien d'étonnant à ce que le magazine littéraire *The Saturday Review* ait fait ce commentaire : « Le sujet [Yehudi Menuhin] reste un adolescent pendant les trois quarts du livre ! »

En ce qui concerne la relation personnelle profonde de notre fils avec Marutha et moi, je me satisfais d'une remarque faite par Yehudi il y a quelque temps à la télévision australienne : « J'ai vraiment beaucoup de chance d'avoir de tels parents. »

CHAPITRE XXIX

ENGAGEMENT POLITIQUE

A partir de 1941 et durant toute la guerre, je me considérais toujours jeune et fort et je cherchai un nouvel exutoire pour l'excès d'énergie que je croyais encore posséder. Yehudi était très pris par ses concerts et ses récitals pour les Alliés et il ne me restait pas grand-chose à faire en tant que son imprésario. Marutha et moi avons alors acheté un ranch de trois hectares, à l'extérieur de Los Gatos, que nous avons baptisé « Rancho Yaltah ». Je m'y consacrai avec toute l'ardeur du néophyte et à l'exclusion de toute autre tâche. La pauvre Marutha commença à trouver que je la délaissais trop pour le ranch. J'avais décidé que chaque centimètre carré de nos trois hectares devait produire de quoi nous nourrir et de quoi nourrir aussi nos amis et nos voisins. Ce serait ma contribution aux efforts de guerre. Je plantai de jeunes arbres fruitiers : avocatiers, orangers, citronniers, limettiers, pêchers, abricotiers et brugnonniers. Je fis également pousser des artichauts, des laitues, des oignons, des tomates, des poivrons, des aubergines, des choux, et d'autres légumes encore, ainsi que mes fleurs préférées, des delphiniums et des marguerites du Tansvaal.

J'avais une serre, où je faisais pousser mes semis, et des poulaillers remplis de poulets et de poules pondeuses. Il y avait aussi dans le ranch des dindes et une chèvre, si bien que Marutha put fabriquer son fromage de chèvre favori. Il fallait mettre de l'engrais dans le sol, nettoyer les plantes et faire des pulvérisations, labourer le terrain autour de la maison avec mon tracteur personnel et tondre les pelouses. Je dus me mettre à potasser des ouvrages sur les problèmes de sols, de récoltes et d'insecticides. L'écoulement de notre production fut un autre problème que j'eus à résoudre. Il nous fallut presque *supplier* les gens de nous en débarrasser !

Je n'avais pas cessé de m'intéresser aux affaires du pays de ma jeunesse, la Palestine, ni à ce que manigançaient là-bas — et aux Etats-Unis — les sionistes. Entre le 6 et le 11 mai 1942, six cents sionistes de Palestine, d'Europe et des Etats-Unis s'étaient rencontrés au nouvel Hôtel Biltmore à New York, sous prétexte de « résoudre le problème des Juifs expatriés ». Je dis « sous prétexte » car, ultérieurement, quand les Etats-Unis et les principaux gouvernements du Commonwealth britannique proposèrent un plan pour réinstaller dans leurs pays les Juifs qui avaient survécu à l'holocauste, les sionistes firent pression sur le Président Roosevelt pour qu'il le rejette [1].

Un sioniste britannique éminent, membre du Parti Travailliste et Ministre du gouvernement, Richard Crossman, écrivit à propos de cet incident : « Les sionistes sont incroyables. (...) Leur préoccupation principale n'est pas de faire sortir vivants d'Europe les Juifs, mais de les envoyer en Palestine » [2]. Un autre sioniste expliqua : « Le Sionisme n'est pas un mouvement de réfugiés mais un mouvement destiné à reconstruire l'Etat juif pour la nation juive sur la terre d'Israël. »

Chaim Weizmann et David Ben Gourion, respectivement Secrétaire Général et Président du Congrès Sioniste Mondial, et Nahum Goldmann, alors membre de son Comité exécutif, assistèrent à la réunion de New York. Poussé par Ben Gourion et par le rabbin Abba Hillel Silver de Cleveland, le congrès exigea que l'Agence juive ait le contrôle de l'immigration en Palestine et que le pays soit transformé en un Etat juif avec un drapeau et des forces qui lui soient propres.

En Palestine, un vieux colon sioniste de tempérament plus posé et plus libéral, Moshe Smilanski, décrivit le paroxysme de nationalisme que suscita la Déclaration de Biltmore, comme on l'appelait, chez les Juifs vivant là-bas :

> Une certaine atmosphère de triomphe a commencé à s'installer dans la vie des *Yishuv* [les colonies juives]. (...) A partir de l'époque de Biltmore, toute liberté de pensée et d'expression a été bannie. Les scribes se sont transformés

1. Voir la déclaration faite au congrès national du Conseil américain pour le Judaïsme, le 22 avril 1950, par Morris L. Ernst, envoyé personnel du Président Roosevelt en Grande-Bretagne sur cette question.

2. Richard H. S. Crossman, *Palestine Mission : A Personal Record* (Harper & Bros., New York & London, 1947).

en *shofars* [trompettes] claironnant les slogans dictés d'en haut. Quiconque ose avoir une opinion personnelle est considéré comme un traître. (...)

La malédiction morale dont sont victimes les Etats de petite taille me semble une perspective bien plus redoutable que la malédiction économique. Dieu merci ! nous sommes encore loin d'être un Etat ! »[1].

Le Professeur Albert Einstein, qui était comme moi partisan de l'assimilation, affirma un jour à mon ami le Dr Alfred Lilienthal qu'il n'avait jamais encouragé la création de l'Etat d'Israël. Cela m'était déjà apparu clairement dans une déclaration que le Dr Einstein avait faite quand on commença à parler de diviser la Palestine en deux Etats, l'un arabe, l'autre juif.

En réaction au « programme de Biltmore », Moshe Smilanski s'associa au Dr Judah Magnes, au Professeur Martin Buber, au Professeur Ernest Simon, au Dr S. Shereshevsky, à 'Reb Binyomin et à d'autres en Palestine pour former l'Association *Ihud* dont l'objectif était de réaliser « l'union des Juifs et des Arabes dans une Palestine bi-nationale, fondée sur la parité des deux peuples et l'union de la Palestine bi-nationale avec les pays voisins. » *Ihud* commença immédiatement à œuvrer au rapprochement « judéo-arabe », à l'instauration de la paix et de la fraternité en Palestine.

Aux Etats-Unis, un groupe de quatre-vingt-douze rabbins réformistes, se désolidarisant de ceux qui, comme une marée, apportèrent un soutien euphorique aux sionistes, se réunit à Atlantic City en juin 1942 et publia un manifeste commençant par ces mots : « Le jour est venu de crier " Halte ! " La mise en condition de la communauté juive américaine au moyen d'un drapeau juif, d'une armée juive, d'un Etat en Palestine et d'une double citoyenneté en Amérique, dépasse ce que nous pouvons accepter. » Le 31 août 1943, ces rabbins fondèrent le Conseil Américain pour le Judaïsme (A.C.J.). Leur déclaration de principe comportait le paragraphe suivant :

A la lumière de notre interprétation universaliste de l'histoire et du destin juifs, et aussi parce que nous sommes soucieux du bien-être et du statut des Juifs vivant dans d'autres parties du monde, nous sommes dans l'incapacité de souscrire ou d'apporter notre soutien à la surenchère politique qui prévaut à l'heure actuelle dans le programme sioniste. Nous sommes enclins à croire que le nationalisme juif tend à semer la confusion parmi nos compatriotes en ce qui concerne notre place et notre fonction dans la société ; il détourne également notre attention de notre rôle historique qui est de vivre en communauté religieuse partout où nous pouvons nous trouver.

1. Numéro de juillet 1946 du journal *Commentary*.

L'A.C.J. était soutenu activement par le rabbin Louis Wolsey de Philadelphie, le rabbin Morris Lazaron de Baltimore, le rabbin Elmer Berger de Flint (Michigan) et des laïcs juifs américains aussi éminents que Lessing Rosenwald de Philadelphie, qui en devint le premier secrétaire général, et Clarence L. Coleman Jr. Le rabbin Elmer Berger fut nommé Directeur exécutif et Bill Gottlieb, écrivain de renom, Directeur de la publicité et rédacteur de son journal bien documenté, *Issues*, et du bulletin, *Brief*.

En 1947, quand le Président Truman réfléchit à la politique que devraient suivre les Etats-Unis à propos de la création d'un Etat juif en Palestine, il consulta les dirigeants juifs américains. C'étaient quasiment tous des sionistes engagés. L'A.C.J. ne fut pas autorisé à présenter son point de vue au Président et celui de ses membres qui réussit à voir Truman s'avéra être sioniste à tous égards, sinon de réputation !

Je devais bientôt vouer une grande admiration et apporter mon soutien à une personnalité fort différente de la communauté juive américaine, William Zuckermann : il fonda son propre journal antisioniste, *The Jewish Letter*, après avoir rompu avec le Sionisme qu'il avait auparavant servi pendant de nombreuses années comme correspondant du *Daily Foward* et du *Morning Journal*, deux journaux yiddish de New York, et de la *Jewish Chronicle* de Londres. Il avait également été attaché de presse de Chaim Weizmann quand le secrétaire général de l'Organisation Sioniste Mondiale avait fait une tournée aux Etats-Unis. Jusqu'à sa mort en octobre 1961, ou presque, M. Zuckermann continua courageusement à publier son précieux bulletin, malgré les difficultés et les pressions considérables qu'il eut à affronter. Quand il mourut, il n'y eut malheureusement personne pour poursuivre la publication de *The Jewish Newsletter*.

Un autre grand Juif américain qui ne put être ni acheté ni contraint à servir la cause sioniste fut le Dr Henry Hurwitz, rédacteur en chef de *The Menorah Journal*, que j'avais rencontré en 1914 quand il était venu à l'Université de New York s'adresser aux étudiants juifs. En 1959, il fonda le Collège Menorah « afin de diffuser la culture juive, sur laquelle puisse se fonder une allégeance juive moderne et éclairée ». Le Professeur Hans Kohn et bien d'autres intellectuels juifs éminents se joignirent à lui dans cette entreprise, mais lui-même et son œuvre suscitèrent l'hostilité de l'appareil sioniste. Les sionistes s'employèrent à le détruire en persuadant toutes les fédérations et œuvres de bienfaisance juives aux Etats-Unis et au Canada de rayer de la liste de leurs bénéficiaires son Association Menorah qui publiait *The Menorah Journal*. Il s'efforça cependant de poursuivre son action, mais la mort mit fin à son précieux travail.

Le Professeur Morris B. Cohen fut une autre figure notoire de notre groupe, qui progressivement en vint à compter des dizaines de milliers de Juifs américains, sans parler de tous ceux qui sympathisaient avec nous mais craignaient de s'exprimer, de peur d'attirer des représailles de toutes sortes sur eux et sur leurs familles. Dans son livre *A Dreamer's Journey*, le Professeur Cohen exprimait ce que, selon ma conviction, la plupart des Juifs libéraux américains ressentent au fond de leur cœur, même si relativement peu d'entre eux l'admettent pour le moment :

Je ne connais pas de croyance religieuse partagée par un nombre substantiel de Juifs qu'on ne puisse également trouver parmi d'autres peuples. Les Juifs sont d'abord des hommes, et ce ne sont des Juifs qu'incidemment. (...) Nous ne sommes pas un peuple sans patrie. Nous avons aidé à construire notre patrie américaine. Une écrasante majorité d'immigrants juifs et leurs descendants dans ce pays ont fondé leur vie sur les principes de base de la démocratie américaine afin qu'ici, dans ces Etats-Unis, des hommes et des femmes d'origines différentes et multiples puissent coopérer en apportant chacun leur contribution à une civilisation supérieure à toutes celles qui ont jamais existé. (...) Fondamentalement, les sionistes acceptent l'idéologie raciale des antisémites mais en tirent des conclusions différentes : ce ne sont pas les Teutons mais les Juifs qui sont la race la plus pure, la race supérieure.

Le Professeur Hans Kohn, Juif de Tchécoslovaquie qui avait passé cinq ans en Palestine à essayer d'encourager la compréhension entre Juifs et Arabes dans la *Brit Shalom* (Ligue de la Paix) du Dr Judah Magnes avant d'émigrer aux Etats-Unis en 1931, a écrit de nombreux ouvrages et articles sur le Sionisme politique dans lequel il voyait le produit de pulsions malsaines, colonialistes, impérialistes et nationalistes. Son vieux mentor (qui fut aussi le mien), le Dr Judah L. Magnes, fondateur de l'Université hébraïque de Jérusalem, faisait aussi connaître son point de vue sur le sujet :

Les Juifs de Palestine vont-ils, dans leurs efforts pour créer un organisme politique, devenir partisans de la force brute et du militarisme, comme ce fut le cas de certains anciens *Hashmonayim* [Macchabées] ? Il semble que nous ayons pensé à tout sauf aux Arabes. Si nous souhaitons vivre dans cet endroit, nous devons vivre avec les Arabes et essayer de faire la paix avec eux [1].

Dans l'intervalle, le rabbin Elmer Berger était si occupé à donner des conférences et à écrire pour le Conseil Américain pour le Judaïsme qu'il fut obligé d'abandonner son poste de secrétaire général à Léonard Sussman, autre Juif éminent, et devint vice-président de l'A.C.J. Ses livres : *The Jewish Dilemma* (Le Dilemme juif), *A Partisan History of Judaïsm* (Histoire partisane du Judaïsme), *Who Knows Better Must Say So* (Qui sait mieux doit parler) et *Judaism or Jewish Nationalism* (Judaïsme ou nationalisme juif) firent de lui le chef spirituel de l'anti-sionisme en Amérique.

Après vingt-cinq ans à la tête de l'A.C.J., le rabbin Berger estima que la pression sioniste sur les directeurs de l'organisation commençait à produire ses effets. M. Sussman démissionna en 1966. A la suite de la guerre de juin 1967, qui augmenta si tragiquement le contrôle d'Israël sur les territoires arabes, ordre fut donné à l'état-major de l'A.C.J. de cesser toute critique à l'encontre de l'Etat d'Israël et de sa politique. Dorénavant, l'A.C.J. devait se limiter à préserver le judaïsme aux Etats-Unis. Lors d'un repas donné en l'honneur du nouveau secrétaire général de l'A.C.J., Norton Mezvinsky, à San Francisco, je l'entendis dire : « Les Juifs en Palestine sont à égalité avec les Arabes. » A mes yeux, cela camouflait les actes de type nazi accomplis par l'Israël sioniste, les meurtres et l'exil supplémentaires d'Arabes innocents. Je me levai et protestai contre la déclaration de Mezvinsky. Mon judaïsme ne me permet pas de compromission : « Tu ne tueras pas ; tu ne voleras pas ; tu ne convoiteras pas le bien d'autrui. »

Au conseil d'administration de l'A.C.J., une campagne s'était développée pour expulser Elmer Berger, campagne soutenue par Lessing Rosenwald qui avait été auparavant l'un des défenseurs les plus vigoureux du Dr Berger. Une réunion annuelle des membres de l'A.C.J. devait avoir lieu en octobre 1968 et la situation d'Elmer comme dirigeant était en jeu. Je décidai de me mettre au travail pour fortifier ses positions et l'aider à changer le cours pris par l'ancien conseil. Tout au long de l'été, j'envoyai des lettres à tous les membres de l'A.C.J. dont je pensais qu'ils soutiendraient nos points de vue, en les priant d'assister à la

1. Cité dans le livre de Norman Bentwich, *For Zion's Sake*.

réunion et de... voter ! J'eus de longues conversations téléphoniques avec nombre d'entre eux. Ils vinrent à la réunion, applaudirent Elmer quand il présenta son rapport d'activité et votèrent contre les motions de l'ancien conseil. Mais les directeurs ne se considérèrent pas pour autant battus. Ils manœuvrèrent pour reprendre leur place dans le nouveau courant et, quelques mois plus tard, Elmer démissionna. Avec quelques amis et partisans fidèles, il fonda une nouvelle organisation, « American Jewish Alternatives to Zionism Inc. » (A.J.A.Z.) (Alternatives juives américaines au Sionisme), pour poursuivre le travail de l'A.C.J. originelle. Cette association n'a pas reçu la même attention du public que l'A.C.J., en partie parce que le monde et même la communauté juive n'ont guère entendu parler de son existence. L'annuaire juif américain de 1972, qui publiait une liste complète de toutes les organisations nationales juives, ne comportait pas l'A.J.A.Z., alors que l'A.C.J. s'y trouvait. Elmer continua de parler à des réunions dans tout le pays et nous rendit visite quand il vint dans cette région. Entre-temps, nous restions en contact par l'intermédiaire de lettres et de coups de téléphones fréquents.

Un Juif américain qui, depuis 1949, mène publiquement une bataille individuelle pour défendre les idéaux que nous partageons est le Dr Alfred Lilienthal, ancien membre du Ministère des Affaires étrangères, qui renonça à faire carrière dans ces fonctions pour dénoncer les machinations tramées afin de faire adopter aux Nations Unies, en novembre 1947, le projet de partition de la Palestine et la reconnaissance *immédiate* d'Israël par le Président Truman en mai 1948. L'article qu'il écrivit pour le *Readers' Digest* en 1949, « Israel's Flag Is Not Mine » (Le drapeau d'Israël n'est pas le mien) et les livres qu'il a publiés depuis sont des merveilles de recherche et d'observation, révélatrices et bien documentées. Ils comprennent *What Price Israel* (1953) (A quel prix, Israël ?), *There Goes the Middle East* (1957) (Ainsi va le Moyen-Orient), *The Other Side of the Coin* (1965) (Le revers de la médaille), et *The Zionist Connection* (1978) (La filière sioniste). Depuis de nombreuses années, il dirige et publie l'admirable bulletin, *Middle-East Perspective*.

Alfred et moi sommes devenus très bons amis. Il a la réputation d'être caustique mais je sais qu'il s'est donné du mal pour rattraper certaines des choses qu'il a dites dans la chaleur du moment et qui ont blessé des personnes qu'il respectait. Il aurait pu être froissé par mon attitude le jour où je me suis levé au milieu de l'assistance, lors d'un échange de questions et de réponses à la suite d'une conférence qu'il avait donnée au San Jose State College[1]. Un des étudiants ne semblait pas satisfait d'une réponse que lui avait faite le Dr Lilienthal. Avec impertinence, je me suis levé et j'ai demandé à Alfred de m'autoriser à répondre à la question de cet étudiant. Quand il eut accepté, je fis un discours probablement trop long et trop passionné, qui me valut des applaudissements. Mais Marutha qui était là avec moi me reprocha ensuite de ne pas m'être conduit correctement.

En Israël même, d'autres critiques du Sionisme sont apparus et y mènent vaillamment le combat, bien que nombre d'entre eux soient allés le poursuivre en Europe. De tous ceux qui sont restés, je considère le Dr Israel Shahak, Président du Département de Chimie organique à l'Université hébraïque et secrétaire général de la Ligue Israélienne pour la Défense des Droits Humains et Civiques, comme le plus éminent. Ayant survécu à la destruction du ghetto de Varsovie et de Bergen-Belsen, il partit en Palestine à la fin de la Seconde Guerre mondiale et y fit des études dans mon ancienne école, le lycée Herzlia, puis devint bientôt militant sioniste. La guerre de juin 1967 l'amena cependant à mettre en question ses convictions sionistes : il se mit à défendre les droits des Palestiniens opprimés et finit par devenir anti-sioniste. Il entreprit également de traduire régulièrement d'hébreu en anglais des livres, des manuels scolaires, des articles, des éditoriaux et des discours de sionistes en Israël. Il les fait parvenir à l'étranger aux personnes qui cherchent à savoir ce que veulent réellement les sionistes ; car la presse étrangère évite soigneusement de transmettre les points de vue exprimés oralement ou par écrit en hébreu par les leaders, les idéologues et les « éducateurs » sionistes, qui pourraient déplaire à leurs amis dans les pays étrangers et peut-être réduire l'importance du soutien financier, politique et militaire qu'ils accordent à Israël. Le Dr Shahak a poursuivi ouvertement et courageusement dans cette voie, en dépit de tracasseries, de menaces et de tentatives pour pervertir son organisation pour les droits civiques et je lui ai apporté mon soutien par tous les moyens possibles. J'ai été heureux d'apprendre qu'il avait été invité à parler devant une commission du Congrès des Etats-Unis sur les conditions existant dans les territoires arabes occupés par les Israéliens ; mais ce qui m'attriste, c'est le peu d'attention accordée à ses propos. Il est venu me rendre visite dans notre maison de Los Gatos et m'a beaucoup impressionné. Je le

1. Aujourd'hui San Jose State University.

considère comme le plus grand dirigeant juif vivant à l'heure actuelle. Ses communications et ses livres[1] constituent des documents de valeur pour quiconque s'intéresse sérieusement aux problèmes du Moyen-Orient.

Je rends aussi hommage aux jeunes Israéliens qui subissent la prison plutôt que de servir dans les forces armées israéliennes, aux jeunes qui, dans ces forces armées, refusent de servir dans les territoires arabes occupés, aux Israéliens de tous âges qui appartiennent au mouvement « Peace Now » (La Paix maintenant), au Général de réserve Peled qui a demandé qu'on rende justice aux Palestiniens, et à Nathan Chofshi, un autre Israélien, qui a été cité dans la *Jewish Newsletter* du Dr Zuckermann de février 1959 pour avoir dit : « Nous sommes arrivés et nous avons fait des autochtones arabes de pitoyables réfugiés ; et malgré tout, nous osons les calomnier et les diffamer et salir leurs noms. Au lieu d'être profondément honteux de ce que nous avons fait et d'essayer de réparer une partie du mal que nous avons commis, nous justifions nos actes atroces et nous nous efforçons même de nous en glorifier. »

Ces propos expriment parfaitement ce que je ressens. Malheureusement, des déclarations comme celle-ci ne touchent que la petite minorité qui lit des bulletins comme celui de Bill Zuckermann (qui n'existe plus aujourd'hui), *Middle East Perspective* d'Alfred Lilienthal, *Link,* bulletin de l'A.M.E.U. (Américains en faveur de la Compréhension au Moyen-Orient), et l'excellent journal publié à Londres sous la direction de mon ami Michael Adams, *Middle East International,* ainsi que les articles d'Eric Rouleau dans *Le Monde.*

Il est rare que des Juifs qui expriment les vraies valeurs humaines du Judaïsme et s'opposent à ce que l'on détourne notre

1. Les livres du Dr Shahak comprennent :
Israel's Global Role : Weapons for Repression (Le rôle global d'Israël : les armes de la répression), A.A.U.G., 1982.
The Shahak papers (Les papiers Shahak), Ligue israélienne pour la défense des droits humains et civiques, et publié aussi par le Bureau œcuménique du Moyen-Orient pour l'information et l'interprétation, Beyrouth.
Civil Rights in Israel Today (Les droits civils en Israël aujourd'hui), Comité pour la Justice au Moyen-Orient, 1972.
The Non-Jew in the Jewish State (Le Non-Juif dans l'Etat juif), série de documents présentés par Israel Shahak, Ligue Israélienne pour la défense des droits humains et civils, 1975.
Nicht-Juden im Jüdischen Staat, Progress Dritte Welt, Wuppertal, 1977.
Le Racisme de l'Etat d'Israël, G. Authier, Vérités, Paris, 1975.

foi à des fins politiques sionistes puissent avoir un impact sur l'opinion publique par l'intermédiaire des média, qu'il s'agisse d'articles ou d'interviews à la radio ou à la télévision. Même si les livres qu'ils écrivent sont bien documentés et soigneusement objectifs, toutes sortes de difficultés les attendent pour arriver à les faire publier et, quand ils y parviennent, rares en sont les comptes rendus dans les journaux, les magazines et les revues littéraires importants. La plupart des librairies refusent de les avoir en stock, encore moins de les exposer dans leurs vitrines ou sur les tables de présentation. J'ai même entendu raconter qu'une librairie avait refusé de commander pour un de ses clients ce genre d'ouvrage. Le livre écrit par un ancien sioniste fanatique, le scénariste et auteur dramatique talentueux Ben Hecht, aujourd'hui disparu, a connu le même sort quand il a décidé de dénoncer ce qu'il avait découvert concernant la collaboration sioniste avec les nazis dans les années 30 et pendant la Seconde Guerre mondiale. L'ouvrage était intitulé *Perfidy*. Je me réjouis qu'une nouvelle œuvre sur ce sujet, dont l'auteur est un jeune écrivain juif américain, Lenni Brenner, voie le jour [1].

Michael Selzer, dans son livre *The Aryanization of the Jewish State* [2], a expliqué avec beaucoup de conviction et à partir de ses propres expériences pourquoi le caractère raciste de l'Etat sioniste a contraint des milliers d'immigrants juifs idéalistes à quitter Israël parce qu'ils étaient désenchantés.

Dorothy Thompson, membre du célèbre groupe de correspondants en Europe dans les années 1920-1930, est un écrivain goy que nous avons appris à estimer, mais ce, trente ans plus tôt. En 1934, Mlle Thompson fut expulsée d'Allemagne sur ordre personnel d'Hitler. A cette époque-là, elle était mariée au romancier Sinclair Lewis. De retour aux Etats-Unis, elle s'efforça, par l'intermédiaire de ses éditoriaux dans la presse et de ses tribunes à la radio, de faire entendre sa voix avec la plus grande force afin d'amener le public à prêter attention et à s'opposer activement aux persécutions infligées aux Juifs par Hitler. En 1939, elle figura en couverture de *Time Magazine*, avec ce commentaire : « Cette femme et Eleanor Roosevelt sont indubitablement les femmes les plus influentes des Etats-Unis ».

Ayant naïvement prêté son nom et son énergie à la cause

1. *Zionism in the Age of Dictators* (Le Sionisme à l'époque des dictateurs), Croom Helm, London, 1983 ; Lawrence Hill, Westport, Connecticut, 1983.
2. Black Star, New York, 1967.

sioniste dans les années 40, Mlle Thompson se rendit en Israël peu après la création de l'Etat juif. Quand elle commença à exprimer son inquiétude concernant le traitement subi par les Arabes de Palestine, elle se trouva brusquement diffamée par les sionistes qui, très rapidement, réussirent par toutes sortes de pressions et de manœuvres à faire que bon nombre de journaux renoncent à publier ses articles, largement diffusés auparavant. Elle connut le même sort que son ami Vincent Sheean, le brillant correspondant américain à l'étranger dont les comptes rendus sur la Palestine (où, Gentil favorable au Sionisme, il était allé en 1929 en toute confiance, tout comme Dorothy dix-neuf ans plus tard) révoltèrent les sionistes et les incitèrent à ruiner sa carrière journalistique. Le chapitre intitulé « The Holy Land » (La terre sainte) de son livre *Personal History* (Histoire personnelle) [1] est la description honnête des moyens grâce auxquels les sionistes ont empoisonné les relations entre Juifs et Arabes.

Nous avons déploré la disparition des éditoriaux de Mlle Thompson et regretté de ne plus entendre sa voix sur les ondes. Nous l'avions rencontrée et eu le plaisir d'échanger quelques lettres avec elle. Elle mourut le 31 janvier 1961, et restera pour nous cette belle dame talentueuse qui avait osé lutter pour la justice et l'humanité et qui eut à payer pour son audace.

En 1954, j'eus une crise cardiaque. Une fois que je fus rétabli, Marutha insista pour que nous vendions le ranch et que nous achetions la maison où nous habitons aujourd'hui, dans Kimble Avenue à Los Gatos. Le moment semblait venu de m'embarquer dans la rédaction de cette autobiographie. Cependant, nous devions d'abord transformer en une demeure agréable la vieille maison un peu primitive que nous avions achetée et planter des arbres fruitiers sur notre petit bout de terrain. Quand ce fut fait, je me préparais à m'accorder une période de détente, à lire et à écouter des disques avant de commencer ce livre, quand, le 12 novembre 1955, jour de mon soixante-deuxième anniversaire, je reçus le choc de la biographie de Yehudi que venait de publier Robert Magidoff. Elle me mit tellement en fureur que je décidai que je ne pouvais retarder d'une seule minute la rédaction de mon autobiographie.

En apprenant mon intention, Yehudi m'envoya comme cadeau

1. Publié par The Literary Guild, New York, 1934, et en livre de poche « Sentry » par Houghton Mifflin, New York, 1969.

d'anniversaire une machine à écrire électrique. Je la lui renvoyai avec les explications suivantes :

Tu m'as donné mon plus beau cadeau d'anniversaire dimanche à Montalvo en jouant avec tant de maîtrise et de spiritualité... Cela a eu un effet apaisant. Merci du fond du cœur !

Mais la coûteuse machine à écrire électrique neuve Royal est une autre histoire. J'apprécie ton insouciance et ta générosité. Le geste est touchant... mais je ne peux simplement pas l'accepter. Je suis obligé de te la renvoyer. Oh ! que j'aimerais pouvoir te dire que c'est un heureux anniversaire ! Sans modestie aucune, mais humainement parlant, ta mère et moi avons bien mérité d'avoir non seulement un heureux anniversaire mais aussi une vieillesse heureuse. Hélas ! on se demande, quand on lit la biographie que tu t'es bien légèrement laissé persuader de faire publier, quelle sorte de monstres sont tes parents ? On se demande qui, après tout, est responsable de ce que tu as été, de ce que tu es et de ce que tu seras, intrinsèquement et fondamentalement ? N'est-ce pas le lait, l'amour et le dévouement sincères de ta mère qui t'ont permis, te permettent et te permettront toujours de surmonter toutes les difficultés, de te débrouiller et de parvenir à accomplir la destinée prévue à ta naissance ?

Je sais que tu subis de multiples pressions et je me rends parfaitement compte qu'il est humainement trop tard à présent pour que tu fasses savoir au monde que le livre de Magidoff travestit les faits de manière éhontée à chaque page et à chaque paragraphe : les distorsions, les mensonges, les préjugés, les propos venimeux, la licence avec laquelle l'auteur a jugé bon de s'en prendre à ces « vauriens » que nous sommes !... Ce sont là, hélas ! des douleurs et des déceptions permanentes, une source de tristesse perpétuelle qui empoisonne notre vieillesse.

Quelque temps après la publication de son livre, Magidoff lui-même vint nous voir à Los Gatos, en implorant notre pardon. Il avait découvert que les histoires qu'on lui avait racontées et qui l'avaient amené à écrire certaines de ses critiques les plus graves à l'encontre de Marutha et de moi-même étaient fausses ou avaient été déformées. Je lui dis que j'appréciais sa visite mais que les dégâts causés étaient irrémédiables. Il aurait dû vérifier ses sources. Après tout, il avait une carrière brillante comme correspondant à l'étranger, comme auteur et comme poète. Quand nous le fîmes raccompagner à la gare de San Jose par notre chauffeur, il paraissait très abattu. Par la suite, j'ai appris qu'il était devenu professeur d'études russes à l'Université de New York, mon « alma mater », et qu'il était mort en février 1970 en Suisse.

Pendant les neuf années qui suivirent la publication du livre de Magidoff, j'écrivis des lettres et des articles dans différents journaux, dont l'un, intitulé « The Lavon Affair » (L'affaire

Lavon), parut dans le journal du Conseil Américain pour le Judaïsme, *Issues*. Mais je passais la majeure partie de mon temps à faire des recherches et à écrire ce livre. Peu après l'avoir commencé, je me rendis compte que, tout en racontant l'histoire des Menuhin, je faisais le point sur ma vie en tant que Juif et sur le monde nouveau en pleine évolution. Il m'apparut aussi que deux thèmes se dégageaient qui demandaient chacun un livre particulier : d'une part, l'histoire de la famille Menuhin, provisoirement intitulée *Les Menuhin*; d'autre part, un récit relatant comment le judaïsme avait été dénaturé et exploité à des fins politiques au cours du siècle actuel. Je ne divisai pas le manuscrit en deux avant de l'avoir fini, c'est-à-dire après huit années de travail. Tout au long de sa rédaction, je négligeai mes amis et mon jardin qui cessa rapidement d'être le sanctuaire de verdure qu'il était devenu.

Après un bref répit, durant lequel je pris le temps de pulvériser de l'insecticide sur nos pommiers, ce qui me valut une récolte exceptionnelle, j'entrepris de partager mon manuscrit et de le réécrire en deux livres distincts. Le premier des deux, mon analyse des contradictions existant entre le Sionisme et le Judaïsme, fut publié à compte d'auteur par la maison d'édition Exposition Press en 1965, sous le titre *La Décadence du Judaïsme à notre époque*. Dans le compte rendu de l'ouvrage qui parut dans la *Jewish Chronicle* de Londres, habituellement pro-sioniste, on admettait que

> l'expérience remarquable et, dirait-on même, unique de Moshe Menuhin lui donne toutes les qualifications nécessaires pour raconter son « aventure sprirituelle ». (...) Ce livre est une attaque directe, à découvert, et sur une grande échelle, où tous les coups sont permis, du Sionisme politique (...) Aucun lecteur ne peut mettre en doute le fait que l'auteur est parfaitement sérieux. Nous pouvons au moins lui être reconnaissant d'avoir inclus dans son ouvrage des déclarations qui apparaissent rarement dans les livres écrits par des sionistes.

Quatre ans plus tard, le livre fut republié par l'Institut d'Etudes Palestiniennes de Beyrouth [1], avec en post-scriptum une mise à jour intitulée « Quo Vadis Zionist Israel ».

1. Récemment l'I.P.S. (l'Institut d'Etudes Palestiniennes) m'a fait savoir qu'il allait sortir une troisième édition du livre, en réponse à « un flux constant de commandes émanant de librairies situées pour la plupart dans la région de New York ». Il ajoutait que plus de soixante-quinze exemplaires avaient été envoyés par la poste à des organisations religieuses juives, à des séminaires théologiques, à des universités rabbiniques et à des particuliers.

Dans l'intervalle, j'avais fait paraître d'autres articles : « Un dissident diffamé et mis à mal » dans *Issues* en 1966, et en 1968, dans *The Arab World,* deux articles concernant l'assassinat, perpétré en Palestine en 1948 par des Sionistes, du Comte Folke Bernadotte, le médiateur envoyé là-bas par les Nations Unies et qui avait sauvé des milliers de Juifs des camps de concentration nazis vers la fin de la Seconde Guerre mondiale. Plus tard, dans les années 1970, j'autorisai la Ligue des Etats arabes à republier mon article « Un dissident diffamé et mis à mal » sous la forme d'une brochure dans laquelle j'inclus également un essai à valeur de testament que j'avais écrit récemment. J'intitulai cet opuscule *Critiques juives du Sionisme.*

J'ai été l'objet de critiques, non seulement de la part de sionistes, mais aussi de quelques amis, pour avoir autorisé des journaux arabes comme *The Arab World* et des institutions arabes telles que la Ligue Arabe, l'Institut d'Etudes Palestiniennes et l'Association des Diplômés de l'Université américano-arabe, à publier certains de mes écrits. Pourquoi établir une discrimination à l'encontre des Arabes comme éditeurs de mon œuvre ? Une telle attitude est une forme de préjugé. J'ai publié dans des journaux juifs et le ferais encore avec le plus grand plaisir s'ils m'y invitaient. Les personnes qui sont à la tête des journaux et des institutions arabes qui publient ce que j'écris sont des hommes et des femmes que je porte en grande estime car ce sont des êtres humains civilisés et honnêtes. Je refuse de renoncer au forum qu'ils me proposent pour exposer mes idées en raison du simple fait qu'ils sont Arabes. Lequel de mes lecteurs refuserait d'écrire pour un journal ou pour un magazine uniquement parce que le rédacteur en chef ou l'éditeur ou le propriétaire est juif ? J'espère qu'il n'en existe aucun.

Des gens bien intentionnés se sont demandés pourquoi j'ai attaqué aussi ouvertement et aussi violemment le Sionisme et Israël qui, aux yeux de beaucoup mais pas aux miens, sont censés représenter les intérêts du peuple juif, mon peuple, et même assurer notre survie. L'explication en est simple : c'est parce que j'ai vu ce qui arrivait aux valeurs et à la vie juives. On était en train de les pervertir par une doctrine erronée et j'en étais tourmenté sur le plan spirituel. J'étais révolté par le militarisme d'Israël, par la manière discriminatoire et répressive dont on traitait ses citoyens chrétiens et arabes musulmans, par sa politique expansionniste. J'avais été choqué pas ses guerres impérialistes de 1948 et de 1956 avant de me mettre à écrire *La Décadence du Judaïsme à notre époque* et mon opinion s'est trouvée confirmée par ce qu'a accompli Israël durant la guerre des Six Jours de 1967. Cette nation se comportait comme une grande puissance. Elle cherchait à faire venir tous les Juifs du monde dans les territoires conquis (politique de l'*aliyah*). Elle avait contraint par le terrorisme et par des crimes massifs des centaines de milliers de Palestiniens innocents à s'enfuir de chez eux ; puis, au mépris des conventions internationales et des promesses qu'elle avait faites aux Nations Unies quand elle fut admise comme membre de cette organisation internationale, elle avait refusé de les laisser revenir. Tout cela devait être dénoncé ; les revendications *spirituelles* du Sionisme devaient être démenties. Car elles constituaient une dégénérescence dramatique d'une grande religion prophétique. En tant que Juif, je ne pouvais rester silencieux. Se taire était approuver.

Par l'intermédiaire de mes écrits, et en particulier de mon livre, et malgré les barrières qui les empêchaient d'atteindre le grand public, j'ai peu à peu connu un cercle de gens toujours plus vaste, composé de Gentils et de Juifs. Grâce à mes contacts avec des personnes comme le Professeur Walid Khalidi de l'Université américaine de Beyrouth, qui, né à Jérusalem, est le fondateur et le directeur de l'Institut d'Etudes Palestiniennes, j'ai aussi découvert le monde de l'intelligentsia arabe. Il m'a envoyé un exemplaire de sa magnifique étude *From Haven to Conquest* (Du refuge à la conquête) avec une dédicace personnelle que je n'avais guère l'impression d'avoir méritée : « A Moshe Menuhin, conscience du Judaïsme, architecte de la paix future en Palestine entre les deux peuples les plus proches du monde. En témoignage d'affection et d'admiration, Walid Khalidi, Beyrouth, 6 octobre 1971. » Ces mots m'ont profondément ému.

Le Professeur Khalidi ne fut que le premier de nombreux intellectuels arabes à m'écrire. Leurs caractéristiques les plus remarquables sont leur désintéressement, leur largeur d'esprit et leur sublime objectivité. Pour préserver ces qualités, il leur a fallu surmonter, par une auto-discipline extraordinaire, les sentiments d'amertume suscités par les grandes tragédies personnelles qu'ils ont endurées : la perte de membres de leurs familles et de leurs biens dans leur patrie et des années de privation.

Les Arabes admirables dont j'ai fait la connaissance sont trop nombreux pour que je puisse les présenter ici et je n'en mentionnerai donc que quelques-uns. Le Professeur Hisham Sharabi, de Georgetown University, est le rédacteur en chef de

The Journal of Palestine Studies. Il a dit à propos des Juifs et des Arabes palestiniens : « Nous sommes deux peuples qui, peut-être parce qu'ils ont beaucoup souffert, ont été dans l'incapacité de se voir clairement. » Je n'ai jamais rencontré d'érudit plus serein, plus humain et plus réfléchi que le Professeur Fouad Moughrabi, qui enseigne les sciences politiques à l'Université du Tennessee. C'est, lui aussi, un Arabe de Palestine, né dans le petit village d'Ain Karem où nous, garçons et filles juifs, avions l'habitude de nous rendre de Jérusalem à dos d'âne (des ânes qui appartenaient à des Arabes) pour y passer la journée. Le Professeur Fayez Sayegh, ancien conseiller du Ministre des Affaires étrangères du Koweit et professeur de sciences politiques à l'Université de Stanford, était l'un des intellectuels et des orateurs les plus brillants que j'aie jamais rencontrés. Sabri Jiryis est un Arabe palestinien chrétien qui était citoyen d'Israël. Homme de loi, il vécut pendant de nombreuses années à Haïfa, mais il eut ensuite à subir plus d'un an de détention et d'assignation à résidence avant de s'enfuir à Beyrouth. C'est autant un spécialiste du monde hébreu que du monde arabe. Il a écrit en hébreu son livre soigneusement documenté, *Les Arabes en Israël*, qui a été traduit en arabe, en français, en allemand et en suédois. Noam Chomsky a écrit dans la préface : « Sabri Jiryis a accompli là une tâche d'une importance exceptionnelle en présentant certains faits fondamentaux qui sont généralement peu connus et souvent ignorés délibérément. »

La conclusion de Jiryis est que les Arabes en Israël sont des citoyens de second rang, privés de bien des droits dont jouit la majorité juive. Cette distinction a été réalisée explicitement par la politique suivie par Israël, qui a mis des restrictions à la liberté individuelle, à la propriété, à la possibilité de trouver et d'occuper des emplois. Le parallèle avec l'Afrique du Sud s'impose douloureusement.

Parmi les nombreux visiteurs arabes que nous avons reçus chez nous à Los Gatos, citons cette journaliste palestinienne intrépide qui travaillait pour l'Agence France-Presse, Mme Raymonda Tawil, dont j'ai beaucoup apprécié le livre *Ma Patrie, Ma Prison*, qui relate sa vie dans un pays successivement sous domination britannique, jordanienne et pour finir israélienne. Citons aussi Mohamed Yusef Sadiq, jeune Arabe d'Israël, brillant spécialiste de littérature comparée, qui fut emprisonné en Israël pour avoir écrit une pièce sur les mauvais traitements infligés aux Juifs par les Russes et qui faisait allusion de manière détournée au traitement infligé aux Arabes par les Israéliens. Il était étudiant à l'Université hébraïque à cette époque-là et la pièce fut présentée par un groupe d'acteurs composé à la fois d'étudiants juifs et d'étudiants arabes. Sa libération quelques années plus tard fut obtenue à la suite d'interventions du Dr Israel Shahak et d'autres universitaires israéliens et américains. Mais M. Sadiq fut obligé de s'exiler et vint aux Etats-Unis où il obtint un diplôme de littérature hébraïque de l'Université de Californie à Berkeley. Il parle parfaitement bien l'hébreu. A ce que je crois comprendre, il enseigne à présent dans un collège américain.

Je citerai enfin un autre Arabe palestinien pour qui j'ai le plus profond respect et la plus grande admiration : Yasser Arafat. C'est une personnalité extraordinaire. Il a réussi miraculeusement à maintenir soudée pendant de nombreuses années une coalition de conservateurs, de radicaux, de musulmans, de chrétiens, d'athées, de paysans, d'ouvriers, de commerçants, d'enseignants, de docteurs, d'ingénieurs, de banquiers, de juristes et de propriétaires terriens, tous unis pour la cause de la libération nationale.

Je me suis senti très honoré le jour où j'ai reçu par la poste une lettre de ce grand Palestinien :

31 janvier 1975.

Cher Monsieur Menuhin,

Je vous suis très reconnaissant de m'avoir fait parvenir votre monographie intitulée *Critiques Juives du Sionisme* que j'ai lue et appréciée du début à la fin. J'ai aussi lu votre livre précédent, *La Décadence du Judaïsme à notre époque*, et j'ai été vivement impressionné par l'érudition que vous y manifestez, ainsi que par la portée considérable des propos que vous y exprimez, en proposant les bases d'une solution logique à l'une des grandes tragédies de l'histoire, c'est-à-dire la persécution et l'antisémitisme juifs. Vous pouvez être certain que le peuple de Palestine, que le destin a condamné à supporter le poids de la réparation de cette injustice historique, s'intéresse profondément à vos idées et les apprécie très vivement.

Je sympathise intimement avec vous et avec les nombreux autres dissidents juifs qui ont élevé la voix avec courage et avec conviction pour sauver les adeptes de la foi juive des embûches et des dangers du Sionisme. Vous payez tous chèrement vos positions courageuses qui vous donnent une place à part comme symboles du courage et de l'intégrité morale dans un monde troublé qui ne peut trouver son salut que grâce à quelques individus de valeur prêts à souffrir le martyre pour sauver leurs semblables.

Dieu vous bénisse !

Cordialement,

Yasser Arafat.

Alfred Lilienthal a écrit un jour que les Arabes ont une incapacité congénitale à collaborer les uns avec les autres. Malgré cela, quand je songe aux innombrables Palestiniens combattant pour la liberté qui ont donné leur vie pour défendre les droits de leur peuple, et aux nombreux grands intellectuels palestiniens qui ont consacré tout leur travail à défendre la même cause, je constate le progrès extraordinaire accompli par le peuple arabe depuis l'époque du colonialisme et de l'impérialisme.

Si j'ai suscité la colère des sionistes en Amérique à cause de mes livres et de mes articles (sans parler de mon amitié avec des Arabes), en République Fédérale Allemande c'est parce que j'ai écrit pour le journal de droite, *Deutsche National Zeitung*, entre 1966 et 1970, que j'ai eu des problèmes, et certainement pas seulement avec les sionistes, bien que ce soient eux qui aient exploité la situation en essayant de me discréditer et de me présenter comme travaillant avec les nazis ou les néo-nazis. Compte tenu des relations de travail étroites et suivies des sionistes avec les nazis et avec d'autres fascistes européens pendant les années 30 et durant une grande partie de la Seconde Guerre mondiale, voilà qui ne manque pas d'ironie [1] ! Mais je crois que mes lecteurs ont le droit de demander tout à fait légitimement comment j'en suis venu à avoir affaire avec la *Deutsche National Zeitung*.

Ma réponse doit prendre en compte ma naïveté et mon désespoir à cette époque particulière. Pendant mes tentatives pour trouver un éditeur pour les deux livres qui étaient issus du manuscrit sur lequel je travaillais depuis 1955, je m'étais trouvé confronté à une violente opposition de la part de mon fils et de ma femme. Reconnaissant le bien-fondé des objections, de Marutha au moins, à voir révélée l'histoire personnelle de nos vies, j'avais retiré la partie du manuscrit qui a constitué la base de ce livre-ci et poursuivi mes recherches pour publier mon ouvrage sur les contradictions existant entre le Sionisme et le Judaïsme. Comme on pouvait le prévoir, *La Décadence du Judaïsme à notre époque* ne

1. On trouvera dans l'Appendice II une liste partielle d'ouvrages et d'articles (la plupart écrits par des auteurs juifs) qui fournissent des documents ou des références sur la collaboration entre les sionistes et les nazis allemands et entre les sionistes et les fascistes italiens pendant les années 30 et au début des années 40.

reçut pas beaucoup d'attention en dehors d'un cercle limité d'antisionistes, et pas seulement parce que le livre n'avait été l'objet d'aucune publicité ou presque, à part celle que j'avais pu financer moi-même. Ce qui se comprend peut-être puisqu'il s'agissait d'un ouvrage à compte d'auteur, les critiques littéraires des grands journaux et magazines littéraires l'ignorèrent et presque aucune librairie ne l'avait en stock.

Après tout le travail que je lui avais consacré, c'était décourageant. Il me semblait qu'il n'y avait aucun moyen d'information, juif ou non juif, surtout en Amérique, par lequel je pourrais vraiment faire connaître au grand public les vérités que j'essayais de transmettre. A cette époque-là, on disait au monde juif : « Faites comme vous dit de faire Ben Gourion ! » Et pourtant j'étais citoyen américain et non citoyen israélien. Je me sentais frustré. Tout ce qui était juif en moi se révoltait contre ce qu'était devenu le Judaïsme dans la Palestine que j'avais si bien connue dans mon enfance.

Un jour, en février 1966, je reçus une lettre d'un homme dont je n'avais jamais entendu parler auparavant, le Dr Gerhard Frey, que son papier à lettres à en-tête présentait comme rédacteur en chef de la *Deutsche National Zeitung*.

Cher Monsieur Menuhin,

La *Deutsche National Zeitung* est le second hebdomadaire politique en importance d'Allemagne de l'Ouest et, en tant que porte-parole important et indépendant de centaines de milliers d'Allemands attachés à un Etat et à une démocratie constitutionnels, il porte depuis longtemps un intérêt tout particulier à votre travail. Nous sommes certains que vous serviriez valablement la réconciliation entre les nations en général, et entre les Allemands et les Juifs en particulier, en écrivant pour la *National Zeitung*. (...) Vos opinions personnelles nous intéressent et nous souhaiterions les publier sans aucune modification. (...)

Maintenant que plus de vingt ans se sont écoulés, il est temps de rétablir les relations entre les Allemands et les Juifs, de même qu'entre l'Allemagne de l'Ouest et l'Etat d'Israël. (...) A notre avis, les multiples pressions dont les Allemands sont l'objet, surtout de la part des milieux sionistes, empoisonneront les relations entre les Allemands et les Juifs pendant des générations. Et c'est là ce que nous voulons empêcher. (...) Je suis en complète harmonie avec vous quant aux idées que vous avez exprimées dans votre livre, *La Décadence du Judaïsme à notre époque*. Je considère votre philosophie comme brillante et convaincante.

Je sais que la *National Zeitung* est calomniée et qu'on a tendance à parler à son sujet de « nazis hitlériens inébranlables et immuables ». A quel point toutes ces allégations sont méprisables apparaît dans le fait que j'ai trente-trois ans, que je suis issu d'une famille anti-nazie, etc. Voici ce qui semble être à la base de toutes ces calomnies : quiconque n'agit pas comme le souhaitent les sionistes militants est traité d'antisémite et de nazi.

Je décidai d'essayer la *National Zeitung*, d'écrire ce que j'aurais écrit dans un magazine juif si l'un d'eux m'avait ouvert ses colonnes. Mon premier article parut dans le journal de Frey le 5 août 1966. J'écrivis un papier sur l'éducation que m'avait donnée mon grand-père, fondée sur le Judaïsme des prophètes et sur les thèmes : « La justice, tu poursuivras la justice » et « Tu aimeras ton prochain comme toi-même ». Je prônais l'universalisme et la bonté et non une terre-patrie, comme fondements de notre religion. Je parlais du plus grand écrivain hébreu qui ait jamais existé, Ahad Ha'Am, qui, à la fin du Congrès des sionistes de Theodor Herzl à Bâle, écrivit :

Hier, à Bâle, je suis resté assis tout seul au milieu de mes frères, comme une personne en deuil à un mariage. (...) Ce nouvel enthousiasme est artificiel, et le résultat d'espoirs fallacieux sera le désespoir. (...) Le salut d'Israël (du peuple juif) viendra des prophètes et non des diplomates [1].

Je citais le Dr Martin Buber, professeur émérite à l'Université hébraïque, qui a dit entre autres choses :

Quand nous sommes retournés en Palestine, la question capitale était : voulons-nous y venir en alliés, en amis, en frères, en membres de la communauté future des peuples du Moyen-Orient ou en représentants du colonialisme et de l'impérialisme ? (...) La majorité du peuple juif a préféré

1. Après qu'Ahad Ha'Am se soit installé en Palestine et ait été témoin des résultats sanglants de la tactique sioniste, il adressa deux lettres ouvertes de protestation au quotidien *Ha'aretz*. Je n'en citerai que quelques lignes :

« Des Juifs et du sang ! N'y a-t-il pas plus grande contradiction que cela ? Qu'avons-nous sauvé de notre destruction sinon les enseignements de nos prophètes que nous avons emportés avec nous sur la longue route de notre exil pour éclairer notre sombre vie ? Notre sang a été répandu dans tous les coins du globe pendant des milliers d'années mais nous n'avons répandu le sang de personne. (...) Telle a été l'existence de notre peuple de génération en génération, parmi des nations qui vivaient de leurs épées et qui répandaient tout naturellement le sang de leurs semblables. Notre peuple ne voulait pas participer à cette vie barbare.

» Qu'allons-nous dire maintenant si ceci est réellement vrai ? [c'est-à-dire l'assassinat par vengeance d'Arabes innocents].

» Mon Dieu, est-ce la fin ? Est-ce là le but pour lequel nos pères ont lutté et pour la défense duquel toutes les générations ont souffert ? Est-ce là le rêve d'un retour à Sion : souiller son sol d'un sang innocent ? Et aujourd'hui Dieu m'a infligé de vivre assez longtemps pour voir de mes propres yeux que je me suis apparemment trompé. (...) Si c'est là le Messie, alors je ne souhaite pas être témoin de sa venue. »

suivre les leçons d'Hitler plutôt que les nôtres. (...) Hitler a montré que l'histoire ne va pas dans le sens de l'esprit mais dans le sens du pouvoir et que, si un peuple est assez puissant, il peut tuer en toute impunité. (...) Telle était la situation que nous avons eu à combattre. (...)

Seule une révolution intérieure peut avoir la force de guérir notre peuple de cette maladie meurtrière qu'est sa haine injustifiée des Arabes.

Elle nous apportera sûrement la destruction complète. Et c'est alors seulement que jeunes et vieux dans notre pays comprendront à quel point était grande notre responsabilité envers ces malheureux réfugiés arabes. Car nous avons installé dans leurs villes des Juifs qu'on a fait venir de très loin ; nous avons hérité de leurs maisons ; nous semons et nous moissonnons à présent dans leurs champs ; nous récoltons les fruits de leurs jardins, de leurs vergers et de leurs vignes ; et dans leurs villes dont nous les avons dépouillés, nous construisons des lieux de culture, de charité et de prières, en bredouillant et en prétendant de manière insensée que nous sommes « le peuple de la Bible et la lumière des nations ».

Je citais une personnalité aussi forte que celle d'Albert Einstein qui, dans son livre *De mes dernières années,* insistait sur « la maladie fatale de notre époque : le nationalisme exacerbé et la haine aveugle » :

Je préférerais de loin voir s'instaurer un accord raisonnable avec les Arabes de Palestine, sur la base d'une cohabitation pacifique, plutôt que la création d'un Etat juif. En dehors de toutes considérations pratiques, la conscience que j'ai de la nature fondamentale du Judaïsme refuse l'idée d'un Etat juif, avec des frontières, une armée et une certaine somme de pouvoir temporel, aussi modeste soit-elle. Je redoute les dégâts que subira en profondeur le Judaïsme, en raison surtout du développement d'un nationalisme étriqué à l'intérieur d'un Etat juif. Nous ne sommes plus les Juifs de l'époque des Macchabées ! Retrouver une nation au sens politique du mot reviendrait à s'écarter du caractère spirituel de notre communauté que nous devons au génie de nos prophètes.

Un autre sujet que j'abordais était le massacre d'au moins 254 hommes, femmes et enfants arabes innocents dans le village de Deir Yassin, les 9 et 10 avril 1948. Ils furent abattus de sang froid et leurs corps mutilés furent jetés dans un puits ou brûlés en tas. Les quelques habitants restants furent transportés en camions dans la partie juive de Jérusalem et promenés dans les rues où on les a hués et on leur a craché à la figure avant de les emmener dans une carrière où ils ont été exécutés en masse dans le pur style nazi. Ceux qui ont perpétré ce massacre étaient les terroristes de l'Irgun Zwei Leumi (Organisation Militaire Nationale), dirigé par Menachem Begin, et je citais son récit de ce qu'il appelait « sa » victoire là-bas et de ses résultats : « Les Arabes d'*Eretz Israel* ont été pris de panique. Dans le reste du pays, les Arabes se sont mis à fuir, terrorisés et affolés, en criant « Deir Yassin ». Toutes les forces juives entreprirent de pénétrer dans Haïfa comme un couteau dans le beurre. (...) Le massacre n'était pas seulement justifié, mais il n'y aurait pas eu d'Etat israélien sans la victoire de Deir Yassin. »

Je racontais aussi comment furent ensuite tués plusieurs douzaines de civils juifs, y compris des médecins et des infirmières qui se rendaient au Mont Scopus dans un convoi militaire qui fut pris en embuscade par les forces de résistance palestiniennes. C'était peut-être là leur réponse au massacre incroyable de Deir Yassin[1].

J'écrivis longuement sur la Résolution des Nations Unies du 29 novembre 1947 concernant la partition de la Palestine et racontai en détail comment les pressions sionistes sur certains Etats membres avaient abouti à une division inhumaine de ce pays. Les Juifs ne constituaient alors qu'un tiers de la population et possédaient tout juste six pour cent des terres mais, grâce à ce plan de partition, ils reçurent cinquante-six pour cent de la Palestine, dont la plupart de ses meilleures zones agricoles, pour y implanter leur nouvel Etat sioniste[2]. Mais même cela ne suffit pas aux sionistes. Ils voulaient la totalité du pays, et plus encore, comme l'histoire l'a prouvé. Par le terrorisme et des massacres comme celui de Deir Yassin, ils ont contraint 700 000 Palestiniens arabes chrétiens et musulmans à fuir leur patrie. Des villes entièrement arabes ont été complètement vidées de leur population pour laisser la place aux colons venus d'Europe ou simplement pour servir d'autres objectifs sionistes[3].

1. Un professeur qui a passé plusieurs mois chaque été à Munich et qui était ami du Dr Frey avait l'habitude de dire dans ses conférences et dans ses articles à propos du massacre de Deir Yassin : « Ce massacre, véritablement sanglant et contraire à tout ce que croyaient les Juifs, a été commis en réaction contre le massacre arabe de l'équipe d'ambulanciers de l'Hôpital Hassadah sur le Mont Scopus. »

J'ai attiré son attention sur le fait qu'il inversait les dates de ces deux tragédies, erreur encouragée par la propagande sioniste. Un rabbin qui s'était également laissé prendre à ce piège et excusait de la même manière le massacre de Deir Yassin, à maintes reprises, m'a remercié de lui avoir signalé son erreur sur les dates.

2. Environ 497 000 Arabes demeureraient dans le nouvel « Etat juif » et 10 000 Juifs dans le reste de la Palestine que les Palestiniens allaient être autorisés à conserver comme nouvel Etat arabe.

3. Les 50 000 habitants arabes de Ramleh et Lydda, où ne vivait aucun Juif, furent expulsés parce que les sionistes voulaient leurs terres pour y construire un nouvel aéroport qui desservirait Tel Aviv.

La politique de type nazi et les attitudes racistes des sionistes me préoccupaient depuis l'époque de la Déclaration de l'Hôtel Biltmore. De nombreuses proclamations extravagantes ont été faites par Dayan, Ben Gourion et d'autres leaders israéliens concernant la conquête de toute la Palestine arabe. Tout homme raisonnable devrait se rendre compte que susciter l'hostilité de 750 millions de Musulmans en Asie et en Afrique ne ferait que créer des ennuis aux Juifs. Ceux-ci vivaient et prospéraient depuis plus de mille ans dans le monde musulman, le plus souvent en toute tranquillité. C'était un crime d'empoisonner ces relations, mais voilà ce que les sionistes étaient en train de faire.

J'écrivis régulièrement dans cette optique pour la *Deutsche National Zeitung*, pendant près de trois ans ; mais j'étais de plus en plus malheureux à propos des articles ultra-conservateurs dont le Dr Frey remplissait son journal. Cela m'ennuyait aussi que des journaux libéraux que je respectais aient désapprouvé que je collabore avec lui. Cependant, c'était le seul débouché qui m'était offert. La presse juive me condamnait totalement et même Yehudi critiquait certains de mes propos. On citait une remarque de lui formulée ainsi : « Mon père était très fortement sioniste dans sa jeunesse. (...) Ensuite, il a vu se développer des faits qu'il redoutait : le comportement comme puissance mondiale d'Israël... les intrigues... l'intolérance des mentalités nationalistes... Ses paroles sont toujours exagérées, toujours passionnées, toujours partiales, mais une grande partie de ce qu'il dit est valable. »

Mes relations personnelles avec le Dr Frey étaient très chaleureuses. Naïvement, je me persuadais que je pourrais finalement réussir à le faire changer de point de vue, qu'il aurait alors les idées plus larges et qu'il serait moins nationaliste. Dans ses lettres, il me traitait presque comme si j'étais son mentor spirituel et il m'avait donné le titre de « Berater für Kulturpolitik », c'est-à-dire conseiller en politique culturelle de son journal.

Il y avait en Allemagne deux Juifs intéressants qui commencèrent à correspondre avec moi à la suite de mes articles dans le journal de Frey. L'un d'eux était à la tête d'une organisation juive dans ce pays et l'autre était un célèbre professeur de sciences politiques (ils ont tous deux demandé à rester anonymes dans ce livre). Ils m'ont exprimé leur approbation des points de vue présentés dans mes articles.

Le professeur m'a écrit en ces termes : « Je crois que vos contributions à la *Deutsche National Zeitung* reflètent à un très haut niveau cet esprit que les prophètes Amos et Michée ont prêché et que le Judaïsme est censé représenter. (...) Mes félicitations pour vos articles dans la N.Z. Ne laissez personne vous empêcher de continuer votre tâche. » Mais il poursuivait ainsi : « Je ne suis pas prêt à reconnaître vos prémisses sur la juste cause des Arabes. Je suis fermement convaincu, bien que je sois violemment anti-sioniste, que la République d'Israël doit conserver tous les territoires qu'elle a conquis sur la République Arabe Unie, la Syrie et la Jordanie. »

En réponse à une question que je lui avais posée concernant les sentiments du Dr Frey à l'égard des Juifs, le professeur me dit dans une lettre du 18 mars 1968 : « Prétendre qu'il [Frey] est nazi ou antisémite est absolument grotesque. En réalité, Frey dénonce ces individus qui furent des nazis très actifs sous Hitler. (...) Il est cependant vrai que Frey est un champion militant et fanatique des revendications allemandes sur des territoires depuis longtemps perdus. »

Mon autre correspondant juif en Allemagne sur les affaires concernant la *Deutsche National Zeitung* confirma ce qu'avait dit le professeur à propos de l'attitude du journal envers les Juifs. Il m'écrivit :

> Non seulement la *National Zeitung* n'est *pas* antisémite, mais en réalité c'est le seul journal dans ce pays qui ne l'est pas. (...) Si je m'abstiens d'écrire moi-même dans la *National Zeitung*, c'est uniquement pour ne pas perdre mes ouvertures dans la grande presse. (...) Je souscris totalement à vos écrits, à vos principes, à vos méthodes et à vos activités.

Je me sentais rassuré dans ma décision d'autoriser la *Deutsche National Zeitung* à publier mes articles.

Bien entendu, les sionistes n'appréciaient pas leur publication et je fus informé qu'ils avaient fait des démarches acharnées auprès du Ministre de la Justice ouest-allemand pour faire interdire officiellement mes écrits dans la *Deutsche National Zeitung*. Ils ne parvinrent apparemment pas à leurs fins, mais les pressions formidables, tant politiques que juridiques, qu'ils exerçaient à l'encontre du journal lui-même semblaient porter leurs fruits car je m'aperçus que mes articles étaient revus et que, plus particulièrement, on en avait supprimé mes violentes critiques contre Israël. De la même manière, mes articles traitant de la situation au Vietnam et au Cambodge étaient expurgés. J'eus bientôt une autre cause d'inquiétude : la *Deutsche National*

Zeitung menait une campagne malsaine contre Willy Brandt que j'admirais énormément.

Tandis que se déroulaient les élections allemandes de 1969, les attaques de la *National Zeitung* contre Willy Brandt devinrent de plus en plus violentes, malgré mes protestations, et je décidai de démissionner. Le 5 septembre 1970, j'adressai ma dernière lettre au Dr Frey où je lui disais :

Je suis parvenu aujourd'hui à la conclusion qu'il n'y a aucun espoir que j'arrive jamais à modifier votre opinion violente et hostile à l'encontre de quiconque a un point de vue humain, libéral ou soi-disant gauchiste ou universel sur l'instauration de la paix et de la justice sur une base de collaboration et de tolérance. (...) Maintenant, cher Dr Frey, respirez profondément avant de lire ce qui suit : dans notre monde civilisé tragique, blessé, saignant et souffrant, il n'existe pour ainsi dire pas un seul homme d'Etat en Amérique ou en Europe qui soit digne de guider l'humanité ainsi que son propre peuple sur le chemin qui mène à la paix sur la terre et à la bonne volonté entre tous les humains, excepté Willy Brandt, homme de l'Allemagne nouvelle. Oui, il montre au monde que l'Allemagne nouvelle a appris sa leçon et qu'elle peut devenir, qu'elle devient en fait, un phare pour toutes les nations.

Le 25 septembre 1970, parut la déclaration suivante signée conjointement par le Dr Frey et moi-même et qui mettait fin à toute collaboration future de ma part avec qui que ce soit dans une organisation collective quelconque. On y lisait ceci :

Le Dr Gerhardt Frey, directeur de la D.N.Z., et Moshe Menuhin, conseiller pour la *Kulturpolitik*, sont d'accord sur les points suivants :

1) M. Menuhin considère l'orientation politique de la D.N.Z. à propos d'Israël et du Sionisme comme insuffisamment militante et propice aux compromis.

2) M. Menuhin désapprouve la campagne intransigeante de la D.N.Z. menée contre l'*Ostpolitik* du gouvernement Brandt et considère juste et bonne la politique du gouvernement actuel.

3) Pour ces raisons, M. Menuhin démissionne de son poste de conseiller de la D.N.Z.

4) M. Menuhin et le Dr Frey souhaitent préciser en même temps que, malgré leurs opinions divergentes, leur amitié personnelle et étroite persiste.

Cette déclaration était signée par nous deux.

A cette date, le dirigeant du groupe juif avec qui j'avais été en correspondance en était venu également à émettre de sérieuses réserves sur ma collaboration avec la *Deutsche National Zeitung*. Dans une lettre qu'il m'envoya en août 1970, il disait : « A présent, mon cher Moshe, tout le monde vous rend responsable des attaques absurdes, insensées et stupides portées contre des hommes comme Brandt ou Scheel. »

Il voulait que je quitte le Dr Frey en faisant un éclat ! La manière dont je mis fin à cette association lui déplut et il changea complètement de ton avec moi. Cela ne fit qu'ajouter à mon découragement concernant les Juifs d'aujourd'hui. Il me fallut attendre les années 80 pour commencer à voir un rayon de lumière au bout du long et sombre tunnel dans lequel la Déclaration Balfour avait jeté le monde.

Durant les années 70 et 80, j'ai continué à écrire sur les problèmes politiques du Moyen-Orient à un vaste cercle d'amis et de relations, à des politiciens et à des rédacteurs en chef de journaux ; mais mon exutoire le plus satisfaisant en dehors de ce livre a peut-être été la série de onze conversations d'une heure [1] que j'ai enregistrées au magnétophone avec mon ami gallois Colin D. Edwards. Correspondant politique et auteur de documentaires, il s'occupe depuis très longtemps des problèmes du Moyen-Orient et particulièrement du développement de la résistance palestinienne, ainsi que des mouvements de libération dans d'autres parties du monde. Notre série d'émissions fut diffusée sur la chaîne Pacifica dont les stations aux Etats-Unis fonctionnent sans publicité et grâce au soutien des auditeurs, et elle fut distribuée en bandes et en cassettes dans les universités, les écoles et les bibliothèques par le Centre de Diffusion par les Média de l'Université de Californie à Berkeley, de 1971 à 1981, date à laquelle ce Centre cessa ses activités de diffusion de bandes enregistrées.

Tous les efforts d'anti-sionistes comme moi ont-ils été vains ? Avons-nous touché la conscience de l'immense masse de mes

1. Cette série comprend les émissions suivantes :
   1) « Enfant des pogroms ».
   2) « Le hassidisme et la route de Jérusalem ».
   3) « La vie dans l'ancienne Palestine ».
   4) « Le Sionisme : de Bâle à Biltmore ».
   5) « Des Juifs qui se sont fait entendre ».
   6) « Les guerres de 1948 et de 1956 ».
   7) « La guerre de 1967 et ses conséquences ».
   8) « Israël, la Russie et l'antisémitisme ».
   9) « Israël et l'Occident ».
   10) « En guise de testament : ce que signifie être Juif ».
   11) « Message au monde et particulièrement aux Juifs ».

coreligionnaires juifs ? Je trouve un certain réconfort dans le fait que Nahum Goldman, qui est depuis longtemps à la tête de l'Organisation Sioniste Mondiale, ait récemment commencé à reprendre certaines des choses que nous disons depuis des années. En témoignent les remarques qu'il fit à un symposium international à Washington, D.C., en novembre 1979 :

> Le temps travaille de plus en plus contre Israël et en faveur des Arabes. S'il se produit un autre conflit, plus violent, plus brutal, plus dévastateur que les précédents, il ne faut pas oublier que le monde pourrait concevoir le Moyen-Orient sans Israël, mais non sans les Arabes. (...) Le plus grand danger qui menace la survie d'Israël aujourd'hui, ce n'est ni les Arabes, ni l'O.L.P., ni les Etats qui nous sont hostiles à travers le monde, mais l'érosion de la force morale de notre pays et la disparition d'un consensus national minimal dans tous les domaines importants. (...) Jour après jour, Israël perd son avantage moral et devient un simple petit Etat agressif qui surestime ses capacités, qui ne fait pas assez attention à son image ni à l'opinion du monde non juif, et qui perd de ce fait le respect et l'admiration de la majeure partie de l'opinion mondiale, ce qui est lourd de conséquences sur la solidarité de la diaspora juive à l'égard d'Israël.

Je me souviens aussi d'une déclaration faite par un ancien dirigeant du mouvement sioniste mondial, Chaim Weizmann, qui fut le premier président d'Israël : « Notre pays sera jugé d'après son attitude vis-à-vis des Arabes. »

CHAPITRE XXX

FINALE

Au fur et à mesure que nous approchions de nos quatre-vingts ans, et ensuite, Marutha et moi avons eu notre lot de souffrances débilitantes. Mes cordes vocales étaient si fatiguées que parler longtemps me faisait souffrir ; mais c'est pourtant dans cet état que je me lançai dans les seize heures de conversation avec Colin Edwards qui devaient aboutir à nos onze émissions d'une heure. J'eus à subir des opérations qui m'obligeaient à prendre du repos à intervalles réguliers durant la journée, et en raison de mes problèmes cardiaques, je devais absorber fréquemment des comprimés de nitroglycérine. Mais en organisant soigneusement mon temps chaque jour, je réussis à rester régulièrement en correspondance avec un grand nombre de gens et à accomplir diverses tâches dans la maison et dans le jardin ; il m'arriva même d'écrire de temps en temps un texte de nature politique.

Autrefois, Yehudi et moi passions des heures et même parfois des jours à examiner ensemble ses problèmes professionnels et financiers ; mais à quatre-vingt-sept ans, je suis maintenant sur la touche ! Aujourd'hui, je discute avec lui de ces questions par lettre une ou deux fois par an et quand il vient nous voir. Quel que soit l'endroit où il se trouve, il ne manque jamais de m'envoyer son itinéraire ; il nous téléphone fréquemment et nous rend visite aussi souvent qu'il le peut. Je continue à lui dire de « s'arrêter un peu ».

Marutha aussi a dû subir des opérations, dont l'une fréquente chez des femmes de son âge : l'installation d'une hanche artificielle en métal. Elle s'était cassé cet os en tombant sur un radiateur électrique après avoir trébuché en entrant dans la salle de bains, la nuit, alors qu'elle essayait de gagner la cuisine dans l'obscurité.

Elle est devenue une sorte d'oiseau nocturne et il lui arrive de passer une partie de la nuit à lire ou même à manger légèrement. Notre chirurgien orthopédiste, le Dr Frank Griffin, vint au chevet de Marutha peu après sa chute et l'envoya immédiatement à l'hôpital. Mais elle fut rapidement rétablie : il en faut beaucoup à ma femme pour qu'elle se laisse abattre ! A présent, elle fait chaque jour des kilomètres à pied en s'appuyant sur sa canne. Nous avons tous les deux des problèmes de cataracte qui nous gênent d'autant plus que nous dévorons l'un comme l'autre avec avidité toutes sortes de textes imprimés ; mais nous nous débrouillons encore et pour lire et pour écrire.

Pour affronter tous ces problèmes dus à la vieillesse, nous disposons d'une ressource particulière sur laquelle nous pouvons toujours compter pour nous venir en aide et nous réconforter : la famille Lynott, et plus précisément Mme Rita Lynott et ses filles Stéphanie et Elizabeth. Catholiques irlandais, ce sont nos proches voisins dans Kimble Avenue. M. Lynott est ingénieur chez I.B.M. Nous avons fait leur connaissance aux environs de l'année 1965 quand leur fils Tony, qui venait d'avoir dix ans, est devenu notre « aide-jardinier » et est venu m'aider à m'occuper de notre demi-hectare de pelouses, avec ses arbres, ses allées, ses plates-bandes de fleurs et ses plants de légumes. En un rien de temps, nous sommes devenus amis intimes, à tel point même que lorsque nos problèmes physiques se sont multipliés, Mme Lynott, qui a le cœur extraordinairement généreux, nous a fait nos courses et a emmené Marutha en voiture rendre visite à une amie malade dans une maison de repos éloignée ; et quand nous avions des invités à déjeuner ou à dîner et que nous ne pouvions confectionner nous-mêmes les repas, elle nous préparait parfois dans sa propre cuisine une douzaine de blancs de poulet et un bon dessert qu'elle nous apportait ensuite. Elle faisait tout cela en plus de son travail de mère de famille nombreuse (huit enfants !) et de toutes sortes de bonnes actions auprès de personnes nécessiteuses. Je me souviens qu'elle est allée un jour aider une vieille dame impotente qui vivait toute seule et dont le gaz et l'électricité avaient été coupés par la compagnie.

Quand Stéphanie et Elizabeth, que nous nous mîmes à considérer comme nos filles adoptives, grandirent, elles prirent en charge ces services de bon voisinage que leur mère avait assumés par pure charité chrétienne. Elles ont donné pour nous à cette expression son sens véritable.

En 1979, notre librairie locale me montra un prospectus

concernant un livre à paraître intitulé *Les Menuhin,* écrit par Lionel Menuhin Rolfe, fils aîné de notre fille Yaltah qui, comme son frère Yehudi et sa sœur Hephzibah, s'était fixée à Londres. Le fait de me voir priver du titre original prévu pour mon autobiographie me causa un choc, mais qui fut sans commune mesure avec ce que je ressentis à la lecture de la version que donnait Lionel de nos vies, et surtout du rôle de Marutha. Une courte citation montre le problème qu'il avait eu en essayant de traiter son sujet : « Ma mère était la moins appréciée des enfants [Menuhin]. (...) Petite fille, elle était obligée de faire la vaisselle et la couture pendant que son frère et sa sœur jouaient de la musique. »

C'était là une invention cruelle.

Je savais que Yehudi aidait Lionel depuis des années et je lui écrivis immédiatement au sujet du livre qui venait de paraître. Voici sa réponse : « Je comprends parfaitement votre réaction peinée au livre de Lionel. (...) Moi aussi, je vous ai fait de la peine, bien que tout à fait involontairement et innocemment, en contribuant au livre de Magidoff, en en autorisant et en facilitant la publication. »

Je devais bientôt apprendre qu'il avait eu connaissance du livre de Lionel alors qu'il était encore sous sa forme manuscrite et qu'il l'avait aidé à l'écrire. Cependant, une lettre que m'écrivit Yehudi alors qu'il travaillait à sa propre autobiographie, *Voyage Inachevé,* m'apporta quelque consolation : « Très cher Aba, j'espère que l'autobiographie que je suis en train de dicter ces jours-ci vous apportera à Mammina et à toi le réconfort que vous méritez. »

Après avoir lu ces lignes, je décidai immédiatement de détruire les lettres que notre fils nous avait écrites et où il me conseillait vivement de ne pas publier mon propre livre, ce livre.

Il est important que le lecteur comprenne bien que mon fils, Yehudi Menuhin, n'est en aucune façon responsable de ce que je dis dans cette autobiographie, en dehors des citations que j'utilise et qui proviennent de ce qu'il a écrit ou dit lui-même. Lui et moi sommes totalement indépendants l'un par rapport à l'autre, tant sur le plan intellectuel que sur le plan spirituel.

Marutha est restée remarquablement la même à travers toutes nos épreuves et toutes nos tribulations : une personne forte, indépendante et de tempérament très marqué. Elle n'a pas changé d'un iota par rapport à ce qu'elle était à seize ans, quand je l'ai rencontrée. A cette époque-là, elle était déjà mûre et elle est restée notre rempart, notre forteresse, notre havre ! Elle a donné son âme et sa vie à ses enfants, exclusivement et joyeusement. L'argent n'a jamais compté dans la manière dont elle les a élevés. Un million de dollars n'auraient pas pu la faire changer d'attitude en ce qui concernait ses devoirs et ses privilèges de mère. Si une telle personne a jamais existé, elle est *par excellence*[1] celle qui *donne*, et jamais celle qui *prend !* Qu'un ami, un voisin ou même un complet inconnu mentionne fortuitement devant elle quelque problème ou difficulté personnelle, et immédiatement ce problème ou cette difficulté dont elle ignorait tout une minute avant, devient son problème ou son souci immédiat, comme si elle était la mère de tous les affligés. Quelle femme exceptionnelle avec qui vivre toute une vie !

Tous les matins, quand je me réveille et que je « lève les yeux » vers les montagnes qui nous entourent de trois côtés et que je me tourne ensuite pour regarder en contre-bas la vallée de Santa Clara, tandis que pénètrent par les fenêtres toujours ouvertes de ma chambre les brises fraîches venant du Pacifique, éloigné à peine d'une trentaine de kilomètres, et que le soleil déverse sa lumière sur la terre verte alentour, je remercie le ciel de ma chance !

De temps à autre, surtout maintenant que j'approche de mes quatre-vingt-dix ans, je deviens sentimental. Bien que je sois presque complètement sourd, je passe alors sur mon magnétophone mon enregistrement préféré : il comprend cinq morceaux enregistrés par nos enfants pour la vieille Gramophone Company of England quand ils étaient très très jeunes. Il s'agit du mouvement lent du concerto pour violon en mi majeur de Bach que Yehudi a enregistré à Paris avec Enesco à la tête de l'Orchestre symphonique de Paris, du dernier mouvement du trio de Tchaïkovski joué par Yehudi, Hephzibah et Maurice Eisenberg, de l'andante sostenuto d'une sonate en si bémol de Mozart joué par Yehudi et Yaltah, des « Chansons que ma mère m'a apprises » de Dvorak-Persinger et du *Kaddiche*, prière juive pour les morts, joués par Yehudi.

Cette musique évoque pour moi bien des souvenirs agréables et fascinants des jeunes Menuhin. Quand elle s'achève, un sentiment de sérénité m'envahit. C'est dans la musique que je trouve l'expression la plus pure de l'universalisme, de l'héritage commun à toute l'humanité.

1. En français dans le texte. (N.d.T.)

POSTSCRIPTUM

Le 1er janvier 1981, notre bien-aimée Hephzibah est morte à Londres où, depuis des années, elle vivait dans des conditions de vie effroyables dans un quartier pauvre, en essayant de venir en aide aux nécessiteux et aux indésirables mais, sans aucun doute selon moi, au prix de sa santé. Elle n'allait pas très bien depuis quelques années mais elle paraissait avoir repris des forces à la suite d'une chimiothérapie et, trois semaines seulement avant la fin, elle bavardait gaiement avec nous au téléphone depuis Londres au sujet de concerts qu'elle avait prévu de donner avec Yehudi à Paris, à Londres et à New York cette année-là.

La perte d'Hephzibah est quasiment intolérable et nous rend douloureusement insupportable la perspective d'avoir à affronter les jours qui nous restent à vivre. Aucun mot ne peut exprimer tout ce qu'elle représentait pour nous. Pourtant, une lettre que Yehudi nous a écrite au moment de sa mort, et l'hommage qu'il lui a rendu et qui a été publié dans le programme du concert qu'il a donné le 22 février 1981 au Carnegie Hall où ils avaient prévu de se produire ensemble, constituent le meilleur témoignage qu'aucun de nous puisse apporter. Car ils partageaient tous les deux ce que Yehudi appelait « une âme siamoise ». Je l'ai convaincu de m'autoriser à inclure ces lignes en épilogue à mon autobiographie.

Grand Hôtel Hof Ragaz
CH-7310 Bad Ragaz
Le 27 janvier 1981

Très chers Aba et Mammina,

Tous les jours, je songe à votre tristesse, à votre douleur et je me sens complètement impuissant. Il n'y a que moi qui puisse comprendre ce vide béant, surtout quand se demander « A qui la faute ? » est totalement absurde, car la situation est irréversible et ne peut en aucune manière être utile pour l'avenir.

Les regrets les plus profonds ne peuvent même pas être tempérés par la haine, le désir de vengeance, et il n'y a aucune leçon à tirer pour la suite. La douleur est nue et irrémédiable, et elle est aussi permanente.

L'une des deux parties de ma vie les plus agréables, les plus solides et les plus constantes a disparu. Ses restes mortels sont enterrés mais, de manière tout à fait extraordinaire, tout ce qu'elle représentait réellement, toutes ses qualités de sympathie et d'amour, toutes les émotions profondes qu'elle ressentait et qu'elle communiquait demeurent plus vives que jamais et emplissent à tout moment de sa présence ma vie musicale. Je ne peux dire si elle est partie ou si elle est arrivée, si elle est de retour avec moi, plus proche que jamais, bien que, plus jamais, je n'entendrai sa voix, je ne la verrai ni ne jouerai de musique avec elle. Cependant, environné de l'amour universel qu'elle suscitait, comme en témoignent cinq cents télégrammes et lettres, des souvenirs affluant de partout, de toutes les couches de la société, je ne peux m'empêcher de sentir que sa cruelle absence est encore plus stimulante que sa chère présence.

Avec toute mon affection,

Yehudi.

HEPHZIBAH MENUHIN
1920-1981

par Yehudi Menuhin

Tout récemment, ma mère m'a rappelé que j'avais « passé commande » pour une petite sœur qui est née quatre ans après moi. Et dès le départ, elle a été si bénie des Dieux qu'on l'a appelée « Hephzibah », ce qui veut dire « celle qui a été attendue dans la joie, celle qui apporte la lumière » ; car il émanait déjà d'elle un rayonnement dont je me souviens, le jour où mes parents et moi, le grand frère de quatre ans, nous l'avons accueillie dans la joie à la maison.

Et cet éclat ne l'a jamais quittée. Elle était l'un de ces rares êtres humains privilégiés pour qui vivre signifiait tout simplement servir. Et pour elle, servir, c'était compatir avec et pour les autres, avec une compréhension si intime qu'elle pouvait partager leurs souffrances les plus intenses et leurs craintes les plus profondes grâce à un instinct et une intuition qui lui étaient propres. Durant toute ma vie et tout au long de notre association, pendant les années où nous avons été séparés par la guerre tout comme lorsque nous étions ensemble, je me suis toujours senti privilégié car jamais « commande » adressée à la divine Providence n'a été si bien exécutée. J'étais de plus en plus fier d'elle au fur et à mesure que les années passaient et qu'elle donnait la preuve de toutes ses aptitudes extraordinaires dans bien des domaines, alors que nous grandissions tous trois, Hephzibah, notre sœur cadette Yaltah et moi.

Je ne sais si cela était dû à sa nature radieuse, à son tempérament égal et à son optimisme inépuisable, conjugués à une intelligence vive et à une grande ouverture d'esprit, mais tout ce qu'elle tentait, elle le réalisait avec une aisance qu'on pouvait lui envier et sans aucune tension que ce soit. Elle franchissait allègrement ses cours de piano et donna son premier récital à San Francisco à l'âge de huit ans ; elle apprit successivement plusieurs langues étrangères avec une rapidité et en atteignant à une perfection grammaticale qui nous faisait grincer des dents, Yaltah et moi, et qui lui valut le surnom de « Madame Larousse », donné par exaspération fraternelle ! Alors que nous luttions tous deux contre l'anxiété et les obstacles, Hephzibah voguait sur la mer paisible de sa personnalité remarquablement structurée et elle surmonta les difficultés qu'elle eut à affronter ultérieurement, nantie de ces qualités auxquelles s'ajoutaient une abnégation totale, un merveilleux sens de l'humour, une patience inlassable et ce don qu'elle avait — un don reçu des Dieux — de ne jamais perdre espoir. Cela ne l'empêchait pas d'être totalement humaine, de pouvoir ressentir des passions intenses et réagir avec une spontanéité que tempéraient alors sa douceur et sa modestie innée.

Elle fut prête à quitter le refuge d'une maison bien organisée et capable, à dix-sept ans, de sauter dans les eaux inconnues du vaste monde, dans les océans inexplorés d'un mariage qui la séparait géographiquement du reste de la famille par des milliers de kilomètres et qui apparemment la coupa de tout ce que sa vie antérieure avait signifié. Et cependant, pour elle, une telle coupure n'a jamais existé ; car sa nature était si solide qu'elle ne pouvait être déracinée. Au contraire, elle se réjouit de connaître de nouvelles expériences, de nouveaux défis et surtout de faire de nouvelles rencontres, car Hephzibah ne pouvait vivre seule. Malgré l'amour qu'elle portait à son premier mari, Lindsay Nicholas, ainsi qu'à la campagne australienne, aux fermiers et aux toucheurs de bestiaux, l'aisance dans laquelle elle vivait lui rongeait le cœur, car elle savait quelles souffrances et quelles douleurs la guerre faisait subir à l'Europe et elle trouva de plus en plus intolérable de ne pas en avoir sa part. Il est vrai que là-bas, elle fonda la première et la seule bibliothèque ambulante qui permettait d'apporter des livres aux habitants de l'intérieur du pays. Elle continua à progresser musicalement et devint durant ces années-là la meilleure pianiste d'Australie. Elle accrut ses connaissances déjà considérables en musique de chambre en donnant des concerts avec les musiciens européens qui fuyaient l'holocauste et que l'Australie accueillait alors, en jouant pour d'innombrables œuvres de bienfaisance, et ce faisant, elle acquit comme artiste une dimension nouvelle qui lui apporta une stature et une indépendance réelles. Elle donna la première d'œuvres modernes qu'elle apprenait avec la même rapidité et la même aisance que toujours, et en particulier elle fit connaître en Australie les concertos de Bartok. Elle décida également, je m'en souviens, d'ajouter le russe à la longue liste de langues qu'elle connaissait ; elle l'apprit grâce à des cours par correspondance et bien entendu réussit brillamment ses examens.

Mais tout ceci était pour elle un jeu d'enfant ; elle rongeait toujours son frein et si elle avait pu découvrir un dialecte grâce auquel elle aurait pu communiquer aux 50 000 moutons et aux troupeaux d'Aberdeen Angus de Lindsay le sentiment d'une conscience individuelle et collective, elle se serait sans aucun doute attelée à cette tâche avec la même aisance, la même détermination et le même plaisir manifestés jusque-là pour d'autres œuvres sociales. Mais on ne peut refréner quelqu'un comme Hephzibah. Elle aspirait à aller travailler sur le terrain, dans les rues, au milieu des pauvres et des démunis, des malheureux et des désespérés, ceux que, pour sa tranquillité d'esprit, la société préférait ignorer. Ne craignant pas d'affronter la détresse, le dégoût et même l'horreur, elle tirait sur la laisse de sa vie facile et était prête à faire le saut dans l'inconnu et l'inexploré.

Et finalement, elle rencontra l'homme qui devait devenir son second mari, Richard Hauser, un Autrichien de nationalité britannique qui avait administré les camps de réfugiés pour l'armée britannique à Rome et qui s'efforçait alors de résoudre des problèmes industriels dans des secteurs comme le service des tramways à Sidney. Comme, pour ce faire, il occupa pendant plusieurs semaines les fonctions de receveur de tramway, et que par ailleurs il possédait un humour viennois piquant et un esprit vif, il était évident que Hephzibah avait rencontré là l'homme avec qui elle pourrait partager son immense désir d'aider l'humanité (même si, j'en suis convaincu, il lui avait fallu conduire le tramway !). Par la suite, elle pénétra dans tous les coins et recoins où la misère sévissait comme une moisissure, tous les endroits où s'était accumulée la poussière du désespoir. Elle et lui se complétaient de manière indépendante et originale pour composer leur propre version du travail social, sans se soucier des « ismes » et des schismes dont fourmille cette non-science insaisissable qu'est la sociologie.

Ils finirent par venir en Europe et à Londres où ils continuèrent à accomplir tout le travail que les autres trouvaient trop sale ou trop ingrat pour eux. Hephzibah la partenaire fidèle, Hephzibah toujours prête quand je lui faisais signe à venir donner avec moi des récitals, exactement comme si rien ne pouvait faire obstacle à notre longue association, ni les problèmes dramatiques à démêler dans les prisons, les hôpitaux, les maisons de redressement, ni ceux des femmes battues, des familles monoparentales, des enfants illégitimes ou des chevaux abattus qui pouvaient, selon toute vraisemblance, contrarier notre longue et parfaite collaboration musicale.

Son équilibre intérieur permanent était, je suppose, ce qui faisait d'elle à cet égard un être unique et, loin de nuire à sa façon de jouer du piano, son travail social (ou, devrais-je plutôt dire, son amour et son intérêt pour l'humanité) alimentait ses talents musicaux ; ses interprétations au piano, toujours empreintes de grâce et de perfection, révélaient alors une profondeur et une chaleur, une dimension supérieure qu'il m'est insupportable de savoir aujourd'hui disparues, alors qu'elle avait trouvé tant de choses à dire en plus dans sa musique et qu'après s'être longtemps posé des questions, elle était parvenue à la concilier avec son désir de servir l'humanité.

Quand elle fut atteinte de sa maladie fatale, son énergie indomptable ne faiblit jamais. Gardant toujours vive dans son cœur jusqu'au dernier soupir la flamme de l'espoir, elle fit un ultime voyage en Australie, le pays qu'elle avait tant aimé, où elle rendit visite à ses deux splendides garçons, Kronrod et Marston, et à ses petits-enfants, puis elle revint affronter courageusement une série de traitements et m'accompagna dans ce qui devait être notre dernière tournée américaine, toujours calme, sans jamais se plaindre, jusqu'à ce que son âme vaillante ne puisse plus contrôler son corps défaillant. C'est ainsi qu'elle nous a quittés, ici, dans ce Londres où elle avait apporté tant de choses sur le plan musical et humain, entourée de l'affection de son mari, de son fils adoptif Michael, et de sa jolie fille Clara. Elle manquera douloureusement à tant de gens qu'il me semble ne pas avoir le droit de mettre en avant mon chagrin personnel, aussi profonde que soit la blessure et aussi grand le vide que son départ a causés. A mes yeux, elle a illustré le verset du prophète Michée : « Il t'a montré, ô homme, ce qui est bien ; et que te demande le Seigneur sinon d'agir dans un esprit de justice et d'aimer la miséricorde et de marcher avec humilité devant ton Dieu ? »

Note de l'éditeur :

Moshe Menuhin lui-même est décédé le 4 février 1982, à l'hôpital de Los Gatos, dans le nord de la Californie, après une longue et douloureuse maladie.

APPENDICE I

Dans son livre, *Le Mouvement Haskalah en Russie*, le Dr Jacob Raisin écrit à propos de mon ancêtre, Shneur Zalman :

Le hassidisme a subi un changement radical sous la direction du rabbi Shneur Zalman de Liady (1747-1813). Il a répété avec insistance que son devoir n'était pas d'accomplir des miracles mais d'enseigner la vertu. Prenant pour ses disciples le nom de *Habad*— en hébreu, les trois lettres H-B-D sont les initiales des mots *hokma* (sagesse), *binah* (raison) et *da'at* (connaissance) —, il servit la cause de l'édification de ses adeptes de la seule manière possible parmi eux. Son objectif était de faire disparaître les restrictions rabbiniques figées (*gezorot*) et de développer à la place chez les Juifs le côté émotionnel.

Je suis tombé par hasard sur la présentation suivante de l'ancien hassidisme historique Habad dans la *Jewish Chronicle* de Londres :

Le hassidisme était un défi à l'hégémonie du Talmud en tant que seule littérature respectable. Grâce au hassidisme, la littérature hébraïque a été délivrée de la monotonie dans laquelle elle stagnait depuis des générations.

Pendant des générations successives, les parents racontèrent à leurs enfants l'expérience merveilleuse qu'ils avaient eue à regarder danser le rabbi Yitzhak de Berditchev le jour de *Simhat Torah* (fête de la Loi). Il tenait contre son cœur le *Sefer Torah* (le parchemin de la Bible), il fermait les yeux et son visage brillait du feu divin tandis qu'il dansait sans fin, ses pieds touchant à peine le sol comme s'il flottait dans l'air. Tous les fidèles présents restaient à une distance prudente, tremblant de peur. A ce moment-là (et c'est ici que la légende reprend son cours), le monde supérieur tout entier devenait silencieux et même les anges secourables retenaient leur souffle et cessaient leur chant de louange quotidien devant le Seigneur — qu'Il soit béni ! — et la légende se termine ainsi : il n'y eut jamais, vraiment jamais, au ciel une aussi grande joie spirituelle.

La citation suivante est tirée d'un livre hébreu écrit par M. S. Slonim, *L'Histoire de la Famille du Rabbi de Liady, Shneur Zalman*, publié récemment à Tel-Aviv :

On racontait au sujet du *Rav* (Rabbi) de Liady qu'il affronta un jour un groupe d'érudits et d'opposants à sa philosophie de la vie qui lui posèrent de nombreuses questions et énigmes difficiles auxquelles il ne put fournir de réponses satisfaisantes. Le Rabbi ne répondit à aucune de ces questions, mais resta en contemplation, silencieux. Au bout d'un moment, il dit : « Vous êtes venus entendre la parole de Dieu et chercher des réponses aux problèmes de la vie qui vous torturent tous. Je vais vous chanter une mélodie et chacun d'entre vous aura la réponse complète à ses problèmes. » Il se mit à chanter les paroles de la *Mishnah* (le Talmud) : « Et tous les Maîtres de la mélodie, âmes et anges, émettent des mélodies et s'immergent dans la mélodie. » Puis il répéta la mélodie sans paroles dans la joie et l'extase jusqu'à ce que l'incantation touche chacun d'eux jusqu'à des profondeurs insondables et que les ondes de la mélodie et de l'harmonie, en les portant vers les sphères supérieures, fassent naître en eux des pensées élevées. Les voies de la sagesse s'ouvrirent soudain et ils trouvèrent ainsi réponse à toutes leurs questions.

Les chants extatiques sans paroles (*nigun* en hébreu) furent composés par les *Tsaddikim* (Saints) hassidiques comme moyen de parvenir aux transports les plus grands — *Hitpashetut Hagashmiut* (désincarnation).

Ahad Ha'am, le plus grand écrivain, érudit et philosophe hébreu de l'époque moderne, et père du Sionisme spirituel judaïque (par opposition au Sionisme politique étranger), a dit à propos du hassidisme, dans son essai en hébreu intitulé « La chair et l'esprit » :

Au Moyen Age, sans aucun doute, le Judaïsme n'a pas échappé à la contagion de théories étrangères fondées sur la haine de la chair ; mais les meilleurs philosophes juifs, comme Maïmonide, ont essayé d'endiguer la marée de l'influence étrangère et sont restés fidèles au point de vue juif traditionnel, en apprenant aux gens à respecter leur corps, à attacher du prix à la vie physique et à satisfaire ses besoins légitimes en évitant de mettre le corps et l'âme en désaccord. Ce fut seulement après leur expulsion d'Espagne, quand les Juifs furent persécutés à travers la Diaspora, que les Cabalistes, surtout ceux de Palestine, parvinrent à obscurcir la lumière et convertirent de nombreuses personnes à l'ascétisme sous sa forme la plus rébarbative. Toutefois, leur domination fut de courte durée. Ils furent renversés par un mouvement issu en leur sein, d'abord par la secte de Sabatai Zevi et, plus tard, par le hassidisme. Ceux-ci coupèrent l'herbe sous les pieds de l'ascétisme et la vie matérielle retrouva estime et importance.

Parmi les interprètes les plus récents du hassidisme, je préfère le Dr Judas L. Magnes, fondateur de l'Université hébraïque de Jérusalem, et le Professeur Martin Buber, qui est universaliste. Le Dr Buber a défini en ces termes la *hitlahavut* (exaltation ou inspiration) hassidique :

L'âme s'empare de la voix de l'homme et la fait chanter ce que l'âme a ressenti dans les hauteurs, et la voix ne sait pas ce qu'elle fait. Ainsi un *Tsaddik* (rabbin hassidique) est resté en prières durant les jours de terreur (Nouvel An et Jour des

Propitiations) et a chanté des mélodies nouvelles — merveille des merveilles ! — qu'il n'avait jamais entendues et qu'aucune oreille humaine n'avait jamais entendues auparavant, et il ne savait pas du tout ce qu'il chantait, car il était en union avec le monde supérieur.

Shneur Zalman de Liady était à la fois un *tsaddik* (un sage) et un grand compositeur de musique liturgique hassidique et c'est lui qui réalisa le premier livre de prières hassidique. On dit qu'il s'était écrié : « Dans les hautes sphères, il existe des temples dont on ne peut ouvrir les portes qu'en chantant. »

Cette tradition fut transmise de génération en génération. L'histoire suivante est racontée par le fils de Shneur Zalman, deuxième Rabbi de Liady, dans le livre *'Haadmore Haemtzayi — Dov Baer Shneuri*, écrit par le rabbin S. Glitzenstein et publié à Tel-Aviv :

« Que dois-je faire, Rabbi ? », demanda au Rabbi de Liady un de ses vieux disciples. « Je ne comprends tout simplement pas votre enseignement. Les mots solennels me dépassent. » Le Rabbi de Liady répondit : « Ecoute ! Je t'expliquerai tout par des chants. Ecoute ! » Le Rabbi se mit à chanter et comme son chant devenait de plus en plus profond, l'âme de cet homme commença à saisir de plus en plus la profondeur du monde et il s'écria : « A présent, je peux m'y plonger et la sentir. » Là-dessus, chaque fois que le Rabbi prêchait un sermon, il le faisait suivre d'un chant, si bien que tous ceux qui ne pouvaient pas comprendre les paroles qu'il avait prêchées ressentaient leur signification grâce à ces mélodies sans paroles. Ce Rabbi en composa dix différentes et il captivait toujours le cœur de ses disciples grâce à sa musique envoûtante, mystique et sublime.

APPENDICE II

Bibliographie partielle des ouvrages publiés traitant du problème de la collaboration sioniste avec les partis nazis et fascistes et les puissances de l'Axe pendant les années 30 et 40.

BRENNER, Lenni, *Zionism in the Age of Dictators* (Le Sionisme à l'époque des dictateurs), Croom Helm, Londres, 1983 ; Lawrence Hill, Westport, Connecticut, 1983.

GLUBB, Faris, *Zionist Relations with Nazi Germany* (Les Relations des Sionistes avec l'Allemagne nazie), Centre de Recherche sur la Palestine, Beyrouth, pp. 15-35, 40-50, 57-76, 81-2.

HECHT, Ben, *Perfidy* (Perfidie), Messner, New York, 1961, pp. 58-9, 67, 124-9, 180-5, 194, 195, 199, 200, 202, 267 (n. 134), 268 (n. 159).

MAKAI, György, *A History of Political Zionism* (Histoire du Sionisme politique), Kossuth, Budapest, 1971.

PETRAN, Tabitha, *Zionism : A Political Critique* (Critique politique du Sionisme). New England Free Press, Boston, pp. 12, 16-35, 40-47, 49-63.

SUSSMAN, Leonard, *An Analysis of Perfidy* (Analyse de la Perfidie), Conseil Américain pour le Judaïsme, New York.

Note de l'éditeur :

M. Menuhin et moi-même avons tous deux pris connaissance, en les appréciant à leur juste valeur, des documents sur ce sujet découverts grâce aux recherches effectuées par d'autres chercheurs dans ce domaine historique, en particulier par Lenni Brenner (qui nous a transmis des exemplaires de ses découvertes au fur et à mesure qu'il progressait dans ses recherches), Laila van der Hoeven Leonhard, Faris Glubb, Tabitha Petran, William Zuckermann, Alfred M. Lilienthal, György Makai et Klaus Polkehn. Nous avons exploité leur travail et nous l'avons intégré dans nos propres dossiers, d'où cette brève bibliographie est tirée.

C. E.

INDEX

TABLE DES MATIÈRES

A LA MÊME LIBRAIRIE

dans la série « Documents »

George CLARE : *Dernière valse à Vienne* (la destruction d'une famille, 1842-1942).

Paul HOFMANN : *Ô Vatican* (du Saint-Siège considéré sans indulgence et même avec une certaine insolence).

Michel LAMY : *Jules Verne, initié et initiateur.*

Ella MAILLART : *Oasis interdites* (de Pékin au Cachemire, une femme à travers l'Asie centrale en 1935).

Achevé d'imprimer le 14 novembre 1984
sur presse CAMERON
dans les ateliers de la S.E.P.C.
à Saint-Amand-Montrond (Cher)

— N° d'Impression : 1728-1212. —
Dépôt légal : novembre 1984.

Imprimé en France